KB117980

우리의 분노는 길을 만든다

우리의 분노는 길을 만든다

RAGE BECOMES HER

THE POWER OF WOMEN'S ANGER

소라야 시멀리 지음

류기일 옮김

문학동네

일러두기
1. 미주는 원서의 주이며, 본문 내 주석은 옮긴이주다.
2. 본문 중 고딕체는 원서에서 이탤릭으로 강조한 부분이다.

분노하는 여성들에게
부끄러움 모르는 여자아이들에게
우리를 믿는 남성들
특히 그들이 보낸 사랑과 격려에
나의 어머니 노마에게
나의 딸 이저벨, 캐럴라인, 노엘에게
그리고 나의 남편 토머스에게

우리의 감정이야말로 앎으로 가는 가장 진정한 길이다.

오드리 로드

(여기 이 책은 말한다)
의식 있는 사람이 되는 모든 행동은
부자연스럽다.

에이드리언 리치, 「분노의 현상학」

'분노'를 맞이하며

내 부모님의 1965년 결혼식은 오백여 명의 하객이 참석한 가운데 스무 시간이 넘도록 이어진 호화행사였다. 사진을 보면 기다란 이브닝가운을 입은 매력적인 여성들과 섬세하게 재단된 검은색 타이를 매고 웃고 있는 남성들이 화려한 모습으로 모여 가로세로 1.5미터의 정사각 테이블을 뒤덮은 케이크 옆에 서 있다.

그날 부모님이 받은 선물 중 가장 값진 것은 웨딩 도자기였다. 흰색과 금색으로 된 접시는 값비싼 의례 그 이상의 의미가 있었다. 그것은 성인이 되었다는 중요한 상징이자, 결혼이라는 보편적인 의식에, 그리고 바로 이 특정 결혼에 대한 사회와 가족의 승인이었다. 엄마에게 이 그릇들은 자기 정체성의 중추와도 같았다. 한 명의 여성이자 곧 어머니가 될 사람, 가정을 보살피는 사람이라는 정체성의 중추. 이 '눈으로만 감상하시오' 그릇들은 내가 자라는 동안 엄마가 세운 그릇의 계급체계 최상위에 있었다. 나와 형제들이 어렸을 때는 정말 특별한 날에만 드물게 사용했고 늘 극도로 조심히 다뤄야 했다.

그것이 내가 열다섯 살이던 어느 날, 엄마가 부엌 밖의 기다란 베란다에 서서 후덥지근한 공기 속으로 그릇을 한 장 한 장, 가능한 한 멀리, 가능한 한 세게 내던질 때 넋을 놓았던 이유다. 당시 우리집은 굽이굽이 이어지는 길 끝 언덕 꼭대기에 위태롭게 자리한 건물이었고 부엌은 그 2층이었다. 나는 가벼운 무게 덕분에 한참을 날렵하게 허공을 가르다 저 아래 테라스에 부딪혀 산산조각나는 접시들을 바라보았다.

그 모습은 아직도 머릿속에 생생한 반면 소리에 대한 기억은 없다. 그나마 기억하는 것은 엄마가 체계적으로 접시를 한 장, 한 장, 또 한 장 날리고 또 날려 이윽고 손이 빌 때까지 아무런 잡음이 없었다는 것이다. 엄마는 내내 어떤 소리도 내지 않았다. 누가 보고 있었다는 걸 알기는 했을까. 접시를 다 던진 엄마는 다시 부엌으로 들어와 내게 학교는 잘 다녀왔는지 마치 아무런 일도 없었다는 듯 물었다. 나는 내가 본 광경이 대체 무엇인지 몹시 궁금했지만 물어보기 적절한 때가 아닌 듯했다. 그래서 앉아서 숙제를 했고, 엄마는 저녁을 준비했고, 그렇게 하루가 저물었다. 우리는 분노라는 감정에 대해 이야기를 나눈 적이 없었다.

✖✖

어째서 우리는 어떻게 화를 내야 하는지 배우지 않는 것일까?

우리의 분노는 길을 만든다

우리 대부분이 그러하듯 나 역시 정보의 공백 상태에서 주변 사람들을 관찰하며 분노라는 감정에 대해 배웠다. 화가 나면 사람들은 무엇을 하는지, 남들에게 어떻게 반응하는지. 부모님이나 다른 어른들이 분노에 대해 직접적으로 이야기를 해준 기억은 없다. 슬픔에 대해 이야기해준 적은 있다. 질시, 불안, 죄책감은? 있다. 하지만 분노는 없었다. 알고 보니 여자아이들에게는 흔한 일이었다. 부모들은 아들보다 딸과 감정에 대한 이야기를 더 많이 나누지만 거기는 분노가 빠져 있다. 잠깐 생각해보자. 감정에 대해, 특히 분노에 대해 어떻게 받아들이도록 처음 배웠는가? 분노를 어떻게 받아들여야 할지, 화가 나면 무엇을 해야 할지 권위자나 롤모델과 이야기를 나눠본 기억이 있는가? 당신이 여자라면 답은 "없다"일 확률이 높다.

내가 분노에 대해 일찍이 이해한 것이라곤 접시 던지기 사건이 전부다. 엄마는 줄곧 분노하고 있었을지 몰라도 겉으로는 늘 즐겁고 행복해 보였다. 엄마는 줄곧 침묵을 지키며 자신의 감정을 특정한 방식으로 배출하기를 택했고, 그럼으로써 다음의 귀중한 정보를 전해주었다. 분노는 홀로 느끼는 것이며 입 밖으로 꺼내 다른 이들과 공유할 가치가 없다는 것. 격분의 감정은 혼자만의 비밀이라는 것. 그 감정이 불가피하게 내뿜어져나올 때 그 결과는 무섭고 충격적이며 파괴적일 수 있다는 것.

그날 엄마는 많은 여성의 전형적인 방식으로 행동하고 있었다. 자신의 화를 '꺼내놓고' 있었지만 인간관계와는 동떨어진 채였던 것이다. 대부분의 여성들은 혼자 있을 때, 그리고 대인관계 문제로 가장 많은 분노를 느낀다고 한다. 그리고 부정적인 감정을 표현할지, 또

표현한다면 어떻게 할지를 결정할 때도 의식적으로든 무의식적으로든 자신이 맺고 있는 관계, 즉 가정과 일터, 심지어 정치적 맥락 안에서의 관계를 우선시한다.[1]

접시 던지기는 일종의 대처기제로 볼 수 있지만 분노를 표현하는 효과적인 방법도, 건강한 방법도 아니다. 분노에 대한 대처로 자기침묵*을 하거나 무력감에 빠지는 경우가 많은데, 분노를 이런 식으로 꺼내는 것은 분노를 가시화하는 것과는 다른 일이다. 분노를 가시화하는 것은 자신 주변의 세상을 바꾸게끔 도와주는 일종의 변환도구다. 그러나 엄마는 접시를 던져 화가 났다는 내색 없이 화를 낼 수 있었다. 이런 방식으로 '착한' 여성, 즉 까다롭거나 시끄럽게 칭얼대지 않는 여성이 될 수 있었다. 이것은 삼십오 년도 더 된 이야기지만, 우리가 감정에 관해, 특히 여성의 분노에 관해 생각하고 느끼는 방식이 사회규범의 지배를 받는다는 것은 여전한 사실이다.

하지만 이에 앞서, 우리가 분노를 경험할 때 무슨 일들이 일어날까? 화를 느끼는 것은 생리학, 유전학, 인지과정 등의 요소와 연관되어 있으며, 이런 것들이 분노의 기질을 만들어낸다. 예를 들어 당신은 '특성분노trait anger'라 알려진 것처럼 급격히 화가 나는 성향일 수도 있고, 천천히 화가 쌓이다 자극을 받아야만 감지하는 사람일 수도 있다. 이런 경우는 '상태분노state anger'라고 한다. 그러나 두 경우 모두 전후 맥락은 중요하다. 자극에 대한 우리의 반응, 평가, 판단은 언

---

* self-silencing, 타인과의 관계를 우선하여 자신의 목소리를 지우고 표현을 제한하는 행위를 뜻하는 심리학 용어.

제나 기질과 맥락 사이를 오간다. 당신이 어디서 누구에게 화가 나든, 그 감정과 관련된 보다 넓은 사회적 구조(소위 '정서문화'의 일부) 역시 중요하다.

분노는 우리 내부에서 경험되지만, 타인의 기대치와 사회적 금기로 인해 외부에서, 즉 문화 속에서 다뤄진다. 역할과 책임, 권력과 특권이 분노의 프레임을 구성하게 된다. 관계, 문화, 사회적 지위, 차별에의 노출, 빈곤, 권력에 대한 접근성 등 이 모든 요인이 우리가 분노를 생각하고 경험하고 이용하는 방식에 영향을 미친다. 국가와 지역에 따라, 심지어 같은 주의 이웃한 지역사회에서도 분노의 단면으로서 드러나는 행동양식과 사회역학은 제각각이다. 가령 어떤 문화권에서 분노는 좌절을 표현하는 방식이다. 하지만 다른 곳에서는 권력행사에 가깝다.[2] 미국에서 백인 남성의 분노는 정당하고 애국적인 것으로 묘사되지만 흑인 남성의 분노는 범죄와 관련된 것으로, 흑인 여성의 분노는 위협으로 묘사된다. 이 책에서 주목하는 서구권 여성의 분노는 주로 '광기'와 결부된다.

분노는 일방향이 아닐뿐더러 우리가 의식하지 못하는 사이 정신과 육체, 지성이 무한히 영향을 주고받으며 순환하는 하나의 회로, 즉 피드백 루프feedback loop와도 같다. 때로는 이를 보이지 않는 곳에 숨은 부끄러움이나 두려움 등 다른 감정에서 비롯했다는 뜻으로 '2차적' 감정이라 부르기도 한다. 당신은 분노가 늘 불편함이나 고통, 괴로움을 야기하는 것은 아니라고 여길지도 모른다. 하지만 자세히 들여다보면 당신이 겪는 감정에는 대개 표현되지 않았거나 부적절하게 표현된 분노가 숨어 있다. 어떤 사람들의 경우 분노가 불안을 부르고 이는 더 큰 분노로 이어진다. 어떤 사람들은 분노가 신체에 남아 물리적 불편을 초래하고, 그들을 다혈질에 불행한 사람으로 만들어 결국 건강을 해친다. 이러한 분노의 피드백 루프는 주로 수면 위로 드러나지 않은 사회의 불의와 직결되어 있다. 여성들에게 가장 흔한 분노의 피드백 루프 중 하나는 차별로 인해 생긴 것으로, 차별이 부정되면 분노가 격화되어 스트레스 및 그로 인한 악영향은 더욱 커진다.

물론 모든 사람들이 분노를 느낀다. 연구 결과에 따르면 분노의 경험에 남녀의 차이는 사실상 없다. 차이가 있다 해도 이 연구들은 남성이 화를 더 잘 낸다는 고정관념에 반기를 든다. 우리가 앞으로 알아볼 여러 이유로 인해 여성들은 남성보다 더 자주, 더 깊이, 더 오래 분노를 느낀다.[3] 분노에 얽힌 대부분의 상황은 물리적 상호작용이 아닌 언어적 상호작용과 관련 있으며, 여성이 남성보다 더 분노와 공격성이 드러나는 언어를 사용한다. 그리고 남성들이 분노를 강력함과 연관짓는 반면, 여성들은 현저히 분노를 무력함과 연관짓는다.

모두가 분노를 느낀다면, 왜 여성에게 초점을 맞추는 것일까? 왜 젠더가 문제가 되는 것일까?

남녀가 비슷하게 분노를 느껴도 이에 대한 우리의 반응과 주변의 수용이 엄연히 다르기 때문이다. 남성과 여성은 또한 분노를 유발하는 자극에 생리학적으로 다른 반응을 보인다. 성역할의 요구에 인종역할의 요구가 겹쳐지기도 하는데, 이 중첩은 우리가 개인의 삶에서 분노를 얼마나 효과적으로 이용하고 사회와 정치에 얼마나 참여할지 결정해버린다. 그로 인한 정도의 차이는 있지만 여성들의 반응은

공적 논쟁의 장에서, 분노 역학 분석에서, 그리고 수많은 '분노조절' 해결책에서 일상적으로 무시된다.[4]

이분법적 성도식은 나날이 도전받고 해체되고 있지만 여전히 우리의 삶을 깊게 지배한다. 성도식은 우리가 유년 시절에 습득하는 일반화의 체계를 완성하며, 우리 주변의 세계를 단순화하고 문제적 차별을 계속 양산한다. 태어날 때 부여받은 남성과 여성이라는 범주를 바탕으로 가정 내 역할, 자질, 책임, 지위 등이 정해진다. 이는 우리가 어떻게 스스로의 감정을 경험하는지에 더해 타인이 어떻게 그것을 인지하고 반응할지도 분명하게 결정한다.

아이들은 분노가 남성에게는 전통적인 성역할을 강화해주지만 여성에게는 혼란을 안긴다는 것을 가정에서 빠르게 배워나간다. 화를 내는 것이 여성적인 것과 거리가 멀고 매력적이지 않으며 이기적이라는 생각은 주로 어릴 때 학습된다. 우리 다수는 화를 내면 주위에 부담을 주며 남들이 우리를 성가셔하고 좋아하지 않을 것이라고 배운다. 사랑하는 사람들로부터 고립되거나 관심을 얻고 싶은 사람들과 멀어질 거라고 배운다. 분노는 얼굴을 찌푸려 못생기게 만든다고 배운다. 심지어 격앙되고 위험한 상황에서 스스로를 보호하기 위해 화를 내는 경우에도 그렇다고 말이다. 여자아이들은 분노를 두려워하고 무시하고 숨기고 변형시키는 방법은 배워도 인정하고 관리하는 방법은 그만큼 배우지 못한다.

반면 분노와 남성성은 긴밀히 엮여 서로를 강화한다. 남성의 경우 분노는 통제의 대상이지만 종종 덕목으로 여겨지기도 하는데, 특히 무언가를 보호하거나 방어하거나 이끌어야 할 때 그렇다. 분노는 분열, 소란스러움, 권한, 저속함 및 물리적 공격, 정복의 맥락에서 해석되고 폭력과 상투적 남성성의 맥락에서 표현된다. 남자아이들은 분노는 일찍 배우지만 다른 감정의 학습은 한참 더뎌서 그들 자신과 사회에 다른 방식으로 문제가 된다. 여성스러워 보이면(다시 말해 공감을 잘하고 여리고 인정이 많으면) 사회의 지지를 얻지 못하므로 그들은 감정의 대안으로 움츠러들거나 분노를 공격적으로 표출하는 길을 택한다.

가정에서 사회로 나가면 우리는 자원과 문화자본의 배분은 물론 감정의 표현까지 정해주는 구조를 마주하게 된다. 젠더는 인종, 계급, 나이, 기타 정체성과 사회적 지위 등과 맞물려 우리가 어떻게 행동하고 대우받는지에 영향을 미친다.

✖✖

살아 있는 여자들 중 여성의 분노는 공개적으로 비난받는다는 것을 이해하지 못하는 사람은 한 명도 없을 것이다. 이를 이해하기 위해서는 별다른 책이나 연구 자료, 이론, 전문가가 필요하지 않다. 지난 수년간 나는 학교에서, 콘퍼런스에서, 기업에서 수많은 여성을 대상으로 강연을 해왔다. 강연 후 그들은 백이면 백 내게 와서 두 가지 똑같은 이야기를 꺼냈다. "화가 났거나 냉소적인 사람으로 보이지 않으면서" 스스로를 변호하는 방법을 알고 싶고, 또 자신이 화를 낼 때, 특히 여성으로 사는 고충에 관해 분노를 표현할 때 사람들이 얼마나 못 미더워하고 종종 공격적으로 나오는지 자신의 경험을 공유하고 싶다고.

여성들이 겪는 차별의 양상은 제각기 다르지만, 화를 내거나 단지 단호하게 말했을 뿐인데 "미쳤다" "짜증난다", 더 심하게는 "악마 같다"라는 말을 듣는 경험은 모두가 똑같다. 우리가 우려하는 이유는, 연구 결과들이 보여주듯 부득불 분노를 다른 감정으로 포장하고 무시하고 변형하고 사소한 것으로 치부하는 이유는, 우리가 분노를 밖으로 드러냈을 때 치러야 할 비용을 잘 알고 있기 때문이다. 우리 사회는 여성의 분노를 묵과하고 병처럼 여기는 데 무한히 창의적이다. '화난 여자'로 보이는 것만으로도, 때로는 그저 의견을 큰 소리로 말하는 것만으로도 감정과잉에 비이성적이고 '격한' 사람인데다 어쩌면 히스테리컬하고 분명 '객관성이 떨어지고' 흐리멍덩한 사람이 된다는 것을 나는 잘 알고 있다.

만약 어떤 여성이 제도적, 정치적, 전문적인 배경을 갖추고 분노를 표현할 경우 그 여성은 자동적으로 젠더규범을 어기게 된다. 그녀는 주변으로부터 혐오를 당하고, 더 적대적이고 성마른데다 덜 유능하고 비호감인 사람으로 여겨지는데, 사회적 인맥을 유지해야 하는 부류의 사람들에게 이는 파멸이나 마찬가지다. 화를 잘 내는 공격적인 남성 밑에서 일하기를 선택한 이들도 상사가 여성일 경우 같은 행동에 덜 관대한 경향을 보인다. 논쟁이나 토론에서 남성이 화를 내면 사람들은 자신의 입장을 사수하기를 포기하고 그의 말을 따른다. 하지만 여성이 똑같은 방식으로 화를 내면 정반대의 반응이 돌아온다. 천성적으로 언제나 화가 나 있다고 여겨지는 여성들의 경우 자기 의견을 주장하거나 스스로를 보호하는 것, 또는 자기에게 중요한 사안을 지지하며 의견을 표현하는 것은 대단히 위험한 일일 수 있다. 예를 들어, '화난 흑인 여자'라는 고정관념 때문에 상시 침묵하는 흑인 소녀와 성인 여성들은 정당한 분노를 표현했다는 이유로 일상적 폭력에 지속적으로 노출될 위험에 맞서 싸워야 한다. 남성이 여성과 달리 화내는 것을 힘을 강화하는 방식으로 여긴다는 연구 결과는 설득력이 있는데, 왜냐하면 남성들에게는 분노가 힘을 강화해줄 가능성이 훨씬 높기 때문이다.

이러한 가르침은 교묘하고 한결같다. 우리는 '귀여운 공주'에서 '드라마 퀸'으로, 또 '까다로운 년'으로 변한다. 불공정이나 부당함에 반기를 들면 놀림당하고 비웃음을 산다. 여성은 과민하거나 호들갑스러운 것으로 묘사된다. 가정이나 대중문화에서 접하는 이러한 묘사와 반응은 우리의 분노가 우리 자신에게도 또 타인에게도 대수롭지 않은 것이라고 가르친다. 여성은 화를 내면 놀림과 조소가 따라올 것이라 예상하고 두려워하게 된다. 여성의 주관, 지식, 합리적 우려를 꾸준히 부정하는 소위 가스라이팅은 지극히 해롭고 때로는 폭력적이다. 부정적 반응에 대한 여성들의 예상은 왜 여성이 스스로 필요하고 바라고 느끼는 것에 대해 침묵하는지, 왜 남성은 그토록 손쉽게 친밀한 태도 대신 무시와 지배를 택하는지 보여준다.

양육자나 생산 대리인이라는 성역할 고정관념을 공고히 하는 경우를 제외하면 여성의 분노는 거의 모든 활동의 영역에서 폄하된다. 다시 말해 화를 내도 우리 자신을 위해 내는 것은 허락되지 않는다는 것이다. 자신의 '본분', 즉 엄마나 선생님의 위치에서 화를 낸다면 그 여성은 존중받고 그녀의 분노는 이해받으며 수용된다. 그러나 경계를 넘어 남성의 영역으로 간주되는 전통적 정치계 또는 일터에서 화를 낸다면 그녀는 어떤 식으로든 불이익을 받는다.

여성들은 이런 사고방식과 사회적 관습으로부터 마법처럼 보호받지 않는다. 우리는 이를 수시로 내면화하고, 화를 내는 것은 우리에게 우선적으로 부여된 보호자 역할에 부합하지 않는다고 생각한다. 어떤 여성들은 자신이나 다른 여성이 화가 난 기색만 보여도 대단히 불편해한다. 화가 나지 않은 것처럼 보이려 노력하면서 우리는 반추*한다. '합리적'이고 '침착한' 사람으로 보일 방법을 찾는다. 분노를 축소하고 이를 좌절, 성급함, 안달, 짜증 같은 단어로 명명한다. 분노와 달리 이 표현들은 사회와 공공의 본질적인 요구를 담고 있지 않다. 우리는 우리 자신을 억누른다. 우리의 목소리를, 두발과 복장을, 그리고 무엇보다 우리의 말을 억압하는 법을 배운다. 분노는 여성들이 "아니요"를 말할 수 없는 세상에서 "아니요"라고 말하는 것이다. 심지어 첨단기술에도 이런 통념이 내포되어 있다. 가상의 비서들(시리, 알렉사, 코타나가 떠오른다)은 공손한 여자 목소리로 "네" "무엇을 도와드릴까요?"라고 대답하는 것이 주된 임무이자 존재의 이유다.

타인의 필요를 우선시하고 남들을 편하게 해주려는 여성적인 습관은 우리를 종종 불리하게 만든다. 특히 나이가 많건 적건 여성들은 갈등과 긴장을 완화하고 우리와 타인을 위험에 빠트리는 상황을 피하거나 대치의 온도를 낮추기 위해 분노를 한쪽으로 제쳐두는 법

---

* rumination, 지나간 일의 원인과 결과를 곱씹어 고통에 집중하는 행동을 뜻하는 심리학 용어.

을 배운다. 그리고 언제나 어딘가 잠재하는 남성 폭력의 가능성에 적응하려면 어쩔 수 없이 화내기를 포기해야 한다고 납득하게 된다. 실제로 남성이 여성에게 폭력을 행사하는 사회에서 우리는 아는 사람이든 모르는 사람이든 남성이 어떻게 반응할지, 폭력을 행사할지 아닐지 알 수 없다. 우리는 그저 믿고, 바라고, 위험을 최소화할 수 있을 뿐이다.

이렇게 층층이 쌓인 습관들 위에는 우리가 지속적으로 내려온 평가에 대한 만연한 침묵이 자리한다. 그리하여 우리는 집과 학교, 직장의 남성들이 우리의 경험을 적극 부정하는 한편 스스로를 표현하려는 우리의 끊임없는 노력에 무지할 수 있다는 사실을 마주하게 된다. 자기 주변 여성들이 얼마나 진심으로 분노하고 있는지 안다면, 그리고 여성의 침묵을 강요하는 이 구조를 이해한다면 남성들은 충격에 빠질 것이다.

이런 행위가 학습되는 것이고, 특정 젠더에 강요되는 것임을 아는 것이 우선 중요하다. 화를 낼 때 많은 여성이 '남성적' 기질을 보이듯, 수많은 남성도 '여성적'인 행동의 전형을 보인다. 남성적 기질을 높이 평가하는 사람은 더 공개적으로 화를 내고 그런 행동에 거리낌이 없는 반면 좀더 여성적인 사람은 화를 절제하고 다른 표현으로 그 감정을 덮으려 한다. 양성구유, 논바이너리/젠더플루이드,* 젠더 기반의 역할기대에서 자유로운 사람들은 생산적인 방식으로 분노를 표

---

* 논바이너리(nonbinary)는 성의 이분법적인 구분에서 벗어난 사람을, 젠더플루이드 (gender-fluid)는 성별 정체성이 유동적으로 전환되는 사람을 가리킨다.

현하고, 탄탄한 통제력을 길러 감정을 효과적으로 이용하는 경향을 보인다.[5]

분노는 물과 같다. 아무리 막으려, 분산하고 부인하려 한들 결국 저항이 적은 곳으로 갈 길을 찾아간다. 뒤에서 살펴보겠지만, 여성들은 몸으로 분노를 '감지'하기도 한다. 처리되지 않은 분노는 우리의 외모와 신체, 식습관, 인간관계의 영역을 누비고 다니고 낮은 자존감과 불안, 우울, 자해, 나아가 신체의 질병에 연료를 공급한다. 그러나 그 피해는 신체적인 차원 이상이다. 분노에 관한 젠더적 관점은 우리가 스스로와 스스로의 감정을 의심하게 하고, 우리의 필요를 무시하게 하며, 도덕적 신념을 위해 자신의 능력을 포기하게 한다. 분노를 인정하지 않음으로써 우리는 스스로에게 무심해지고 사회가 우리에게 무심해지도록 용인한다. 그러나 여성의 분노와 고통을 이런 식으로 다룰수록 우리가 재생산, 노동, 섹스, 이데올로기의 영역에서 더욱 쉽게 착취당한다는 것은 자명한 사실이다.

✳✖

스스로에게 물어보라. 왜 사회는 여자아이와 성인 여성이 요람에서 무덤까지 분노를 느끼고 표현하며 그 분노를 지렛대 삼아 존중받을 권리를 부정하는 것일까? 나쁜 평가와 달리 분노는 우리의 모든 감정 중 가장 희망에 차 있고 진취적이다. 분노는 변화를 부르고 열정을 표명하는 동시에 우리를 세상에 계속 발붙이게 한다. 분노는 침입, 폭력, 무질서에 대한 이성적인 동시에 감정적인 반응이다. 분노는

'현상'과 '이상' 사이에, 힘겨운 과거와 나은 미래 사이에 다리를 놓는다. 분노는 폭력과 위협, 모욕에 본능적인 경고신호를 보낸다.

많은 여성들이 그러듯 나도 여자가 '그렇게 화나 보이지' 않는 편이 '더 좋다'고 자꾸 되새기게 된다. '더 좋다'는 건 정확히 무슨 뜻일까? '이해하고' 용서하고 잊기 위해 분노를 제쳐두면서까지 '더 좋은' 사람이 되라는 주문은 어째서 여성들의 어깨를 유독 더 짓누르는 것일까? 그런다고 우리가 '좋은' 사람이 되는가? 그것은 건강한 방법일까? 그럼으로써 우리는 우리의 이익을 보호하거나 고군분투하는 공동체에 변화를 일으키거나 실패한 제도를 뒤집어엎을 수 있는가?

절대 아니다.

심각하게 부패한 현상을 유지시킬 뿐이다.

우리가 화를 내고 그에 대한 합당한 반응을 기대할 때, 우리는 이러한 현상 유지에 맞서 걸어나가는 것이다. 분노를 표현하고 그 분노에 귀를 기울이라고 요구하면서 우리는 주변 세계에 관여하고 이 세계를 만들어갈 수 있다는 깊은 신념을 드러낸다. 이것은 지금까지 거의 항상 남성만의 권리였다. "나 화났어"라고 말하는 것은 "내 이야기를 들어봐" "내 말을 믿어줘" "나를 신뢰해줘" "나는 진실을 알아" "이제 무언가를 할 차례야"로 가기 위한 필수적인 첫걸음이다. 어떤 여자아이나 성인 여성이 화를 내고 있다면 그녀는 "내가 느끼고 생각하고 말하는 것은 중요하다"라고 말하고 있는 것이다. 우리의 분노가 어떤 취급을 받는지, 우리의 정치적 위상이 어떠한지가 생생히 보여주듯 이는 당연시할 만큼 보장된 권리가 아니다.

분노는 우리가 우리 자신을 진지하게 받아들인다는 명확한 증거다. 그리고 이것이 우리의 분노가 위험한 진짜 이유다.[6] 우리의 가정에서도, 대외적 삶에서도 마찬가지다. '좋은 여성상'에서 분노가 분리되었다는 것은, 위험과 불의로부터 우리를 가장 잘 지켜주는 감정이 여성과 분리되었다는 것이다.

✖✖

분노에 대한 은유는 부엌 이미지와 관련된 것이 많다. 분노는 끓는 점에 이를 때까지 부글거리고 김이 난다. 이것은 '묵히고' 또 '식혀야 한다'. 우리는 분노를 '담아두거나' 그 위에 '뚜껑을 덮어야' 한다. 그러지 않으면 '뒷맛이 쓰다'. 재미난 우연의 일치 그 이상이다. 여성으로서 우리는 종종 혀를 깨물고 말을 먹고 자존심을 삼켜야 한다. 내 딸의 말을 빌리자면 부엌에 분노를 가두는 셈이다. 그리고 이를테면 우리는 그곳에서 접시를 던지는 것이다.

나는 접시를 던지는 대신 말을 던진다. 내 안의 분노를 알아차리기까지는 수년이 걸렸고, 마침내 알아차렸을 때는 어떻게 해야 할지 몰랐다. 스스로가 낯설어지는 느낌이었다. 상당히 아이러니했다. 진정으로 옳지 못한 것은 나의 분노를 알아차리는 것이 아니라 부인하는 것이었기 때문이다. 나는 지금 적고 또 적고 적는다. 나의 분노를 종이 위에, 세밀하게 쪼개 적는다. 내 몸에서, 내 머릿속에서 분노를 꺼내 적고 이를 세상에, 솔직히 분노가 원래 있어야 할 곳에 내놓는다. 그 때문에 내 주변 사람들은 불편할지도 모르고 나는 때때로 개인적, 직업적 비용을 치러야 한다. 하지만 그 결과 더 풍부하고 생산적인 경험과 관계로 삶이 이어지기도 한다. "너 화난 것 같네"라고 말하는 사람들은 하나같이 "왜 화가 났어?"라고 묻는 일에는 전혀 신경쓰지 않는다는 것을 깨닫기까지 오랜 시간이 걸렸다. 그들이 관심 있는 것은 대화가 아니라 정적이다. 분노를 표현하는 여성에 대한 이런 반응은 스케일이 점점 더 커진다. 학교에서 예배 장소로, 일터로, 정치의 영역으로. 여성의 분노를 존중하지 않는 사회는 여성을 인간으로, 생각하고 아는 사람으로, 적극적인 참여자로, 시민으로 존중하지 않는 사회다.

전 세계 여성들은 분명 화가 나 있고 그 감정에 따라 행동하고 있다. 필연적으로 이는 화난 여성을 위험하고 미친 사람으로 폄하하기 좋아하는 '온건파들' 사이에서 잦은 백래시*가 일어남을 의미한다. "무엇 때문에 그렇게 화가 나나요?" 혹은 "우리가 어떻게 해야 할까요?"라고 질문하는 것보다는 화난 여성을 비난하는 편이 편하다. 그 질문에 대한 답에는 분열적이고 혁명적인 힘이 깃들어 있을 것이므로.

이런 질문들의 배경에는 진정으로 긴급한 상황이 있다. 우리는 만천하에 분노가 널려 있고 격분이 거의 끊이지 않는 시대를 살고 있는 듯하다. 화가 나는 일은 너무나 많고, 돌아보는 곳곳마다 사람들은 몹시 분개하며 성급하게 군다. 나는 대담하고 당당하게, 미안한 기색 없이 자기 의견을 말하는 화난 여성을 볼 때마다 그녀의 표현이 문화적으로 무엇을 상징하는지 알기에 박수를 보낸다.

이 책은 분노에 대한 통념을 바꾸기 위해 쓰였다. 여기서 다룰 내

---

* backlash, 사회변화에 반발하는 심리 또는 행위.

우리의 분노는 길을 만든다

용은 여자아이와 성인 여성이 "나 화났어"라고 말하는 것이 개인적으로, 그리고 사회적으로 왜 중요한지다. 이 책은 무절제한 분노에 대한 지지도, 당신을 화나게 하는 사람의 얼굴에 재빠르게 돌려차기를 날려도 된다거나 당신의 삶과 일터를 적대감과 불편함으로 채워도 된다는 승인도 아니다. 당연히 자기계발self-help이나 분노조절에 관한 책도 아니다. 자기계발은 자기효능감과는 다른 것으로, 우리는 흔히 사회로부터 필요한 도움을 받지 못할 때 스스로를 도우려 애쓴다. 우리의 방식이 경청되고, 진지하게 받아들여지고, 공평하고 적절하고 존엄 있게 취급받도록 '스스로를 돕는 일'은 불가능하다. 평화나 정의의 길로 가기 위해 '스스로를 돕는 일'도 불가능하다.

이 책은 오히려 다음 같은 질문에 주목하기를 바라는 물음표와도 같다. 우리의 감정을 비非젠더화한다는 것은 어떤 의미일까? 우리 모두가 어떤 제재도 받지 않고 우리의 모든 감정을 생산적으로 표현하고 경험할 수 있다면 세상은 어떤 모습일까? 여자아이들과 성인 여성들이 여성스러워지기 위해 특정 감정으로부터 그토록 자주 차단되지 않는다면? 여성들의 분노에 귀기울이지 않고 이를 존중하지 않으면 우리는 개인적으로, 그리고 사회적으로 무엇을 잃는가? 무엇보다, 우리 사회가 '여성들의 정서에서 분노를 제거하는 방식'은 어떻게 민주주의와 관련되고 권위주의라는 위험을 초래하는가?

바람이 있다면 『우리의 분노는 길을 만든다』가 분노와 젠더, 정서생활, 그리고 이 모든 것의 정치적 영향에 대한 우리 생각을 바꿔놓는 것이다. 부디 이 책이 당신과 주변 환경을 보다 명확하게 바라볼 수 있는 도구들로 당신을 무장시키고, 궁극적으로는 당신의 삶과 그

궤도에 속한 이들의 삶을 개선할 수 있기를. 왜냐하면 진실은, 분노는 우리의 앞길을 가로막는 장애물이 아니라 그것이 바로 우리의 길이라는 것이므로. 우리가 할 일은 분노를 온전히 우리 것으로 만드는 것뿐이다.

우리의 분노는 길을 만든다

1장
화난
여자아이들

나의 어머니는 가능성에 대한 경의를,
그리고 그 가능성을 붙들 의지를 물려주었다.

ㅡ앨리스 워커

매일 아침 나의 딸은 유치원에서 블록, 리본, 종이로 커다란 성을 공들여 지었다. 하지만 늘 같은 반 남자아이가 신나게 부수는 장난 감이 될 뿐이었다. 일이 다 저질러진 뒤에야 늘 유쾌한 표정인 부모 중 하나가 나서서는 씩씩대는 내 딸 앞에서 하나 마나 한 말을 몇 번 이고 반복하는 일이 몇 주 동안 이어졌다. "이러는 시기가 있는 거란 다!" "남자애 아니랄까봐! 뭘 부수는 걸 그렇게 좋아하네." 가장 마음 에 드는 표현은 이거였다. "그냥, 아무도, 말릴 수, 없어!" 딸아이는 점 점 더 좌절하고 화가 났다.

그러나 딸아이는 소리치지도, 발길질을 하거나 떼를 쓰지도, 남자 아이를 때리지도 않았다. 처음에는 그 아이에게 멈춰달라고 예의바 르게 부탁했다. 그다음에는 그 아이를 몸으로 막아섰지만 조심스러 운 태도였다. 성이 덜 무너지도록 토대를 튼튼하게 쌓았고, 교실의 다른 곳으로 자리를 옮기기도 했다. 마치 좋은 사람이 되기 위한 모든 규칙을 따르는 것처럼, 정확히 다른 사람이 자신에게 해줬으면 하는 대로 행동했다. 그러나 소용이 없었다.

몇 주가 지나도록 그 부모는 남자아이의 행동을 전혀 저지하지 않았고 성을 부순 뒤에야 몇 마디 보탤 뿐이었다. 다른 부모들처럼 나도 다른 사람의 자녀는 훈육하지 않는다는 암묵적 룰을 따른다. 나는 남자아이의 부모가 무슨 생각일지 상상해보았다. 그들이 종종 머릿속 생각을 큰 소리로 내뱉곤 했기 때문이다. "어떤 활달한 남자애가 그걸 안 부수고 배기겠어?"

유혹적이긴 했다. 딸아이는 모두가 보는 장소에 반짝이는 탑을 세우고 있었다. 상대는 자기 자신을 통제하지 못하는 남자아이였고, 남자아이라는 이유로 폭력적인 성향을 갖고 있었다. 게다가 궁극적으로 자신이 지은 성을 안전하게 지키는 것은 딸아이의 책임 아닌가? 그 아이가 성을 무너뜨렸을 때 딸이 소란을 피우지 않은 걸 보면 자기도 신경을 덜 썼던 게 분명하다. 사실 딸아이는 연구 결과들이 말하는, 그 또래 여자아이들이 흔히 보이는 행동을 한 것이었다. 화가 난 학령기 여자아이들은 화를 분출하기보다는 안으로 파고들어 자신의 이익을 조용히 보호할 방법을 찾는다.

반면, 화난 딸에게 나는 어떤 본보기가 되었을까? 이는 사람마다 관점이 다를 것이다. 대개 참을성 있고 친절하고 공손하고 이해심 깊은 사람이 되도록 가르치는 것은 좋은 일이라고들 한다. 돌아보니 나는 끔찍한 본보기였던 듯하다. 해가 될 일은 피하고 다른 사람과 협조하며 좋은 시민이 되라고 가르치려던 나의 노력은 도움이 되지 않는 방향으로 젠더화되어 있었다. 나는 딸아이가 온전한 성을 만드는 목표를 완수하도록 도와주려 했지만 아이의 화에 마땅한 인정과 지지를 보여주지는 못했다. 주변의 다른 성인들도 마찬가지였다. 아이가 화를 내는 것이 당연했지만 나는 그 화를 표현하도록, 수면 위로 드러내 갈등을 일으키고 마땅한 권리를 요구하도록 격려해주지 않았다.

교우관계를 망치지 않도록 나는 조심히 남자아이의 부모에게 말을 걸었다. 그들은 내 딸이 겪는 좌절에 공감하긴 했지만 아이의 기분이 나아지기를 진심으로 바란다는 정도일 뿐이었다. 그들에게는 내 딸의 화가 '보이지' 않는 듯했고, 그 화가 자신들의 안일한 태도와 직결된 아들에 대한 요구라는 것도 이해하지 못했다. 그들은 남자아이가 하고 싶은 일을 하면서 여자아이의 협조를 구할 때면 흡족해했으면서, 남자아이에게 그 반대를 요구하는 일에는 전혀 의무감을 느끼지 못했다. 이런 초기의 환경, 상대적으로 때묻지 않은 환경에서도 남자아이는 이미 "싫어"의 의미를 잘못 배우고 있었다. 아이는 무슨 일이 생길지 아랑곳하지 않고 사람들 주변을 뛰어다니고 있었다. 자연히 남자아이의 감정은 우선시되었고, 주변을 장악하도록 용인받는 것을 넘어 그러도록 장려받았다.

이런 시나리오는 유년기 내내 반복되고 또 반복된다. 내 경험상 많은 성인들이 여자아이에게 기대하는 통제력과 행동 수준을 남자아이에게도 기대할 수 있고 또 기대해야 한다는 생각을 받아들이지 못한다. 여자아이가 분노를 느끼고, 남자아이의 발달에 기꺼이 기여하지 않을 타당한 권리가 있다는 것은 더더욱 받아들이지 못한다.

2014년 몇몇 대학의 연구자들은 4개국을 대상으로 젠더와 취학 전 준비상태에 관한 대규모 연구를 시행했다.[1] 미국의 아이들은 자기조절능력에서 젠더 간 커다란 격차를 보였다. 연구자들은 젠더에 따른 부모와 선생의 기대치가 아이들이 행동하고 평가받는 것에, 궁극적으로는 자기 자신을 통제할 책임감을 느끼는지 여부에 영향을 끼친다는 것을 알아냈다. 또다른 연구가 지적하듯, 남녀의 자기통제 차이는 유전적 소인과 사회문화적 기대의 상호작용(소위 후생유전학)이 반영된 것에 가깝다.

만약 내 딸이 갈등을 일으키고 소란스럽게 화를 냈더라면 논의의 초점은 아마도 남자아이가 아닌 딸의 행동에 맞춰졌을 것이다. 딸의 행동을 남자아이의 잘못된 행동에 대한 정당한 반응이라고 보는 대신, 남자아이의 공감능력 및 통제력 부족과 동등한 수준의 문제라고 생각하거나 심지어 그보다 더 큰 문제로 여겼을 것이다.

✖✖

1976년, 부모의 편견이 아이의 행동에 미치는 영향을 이해하기 위한 초기 시도로 아기의 성별을 가린 채 성인들에게 관찰한 바를 설명하게 하는 연구가 있었다. 성인들은 자기가 판단한 성별이 남자인지 여자인지에 따라 아기의 감정상태를 다르게 '보았다'.[2] 가령 칭얼대는 남자 아기의 경우 짜증이 났거나 화난 것으로 보았고, 여자 아기의 경우 무서워하거나 슬퍼하는 것으로 묘사했다.[3] 사람들은 심지어 선으로 그린 단순한 그림도 성별을 반영해 감정을 해석한다. 1986년 진행된 일련의 실험이 밝힌 결과, 특정 그림을 관찰한 성인들은 그림을 그린 것이 남자아이라고 생각할 때 그림이 더 많은 분노를 담고 있으며 폭력적이며 적대적이라고 설명하는 경향을 보였다.[4]

성인들에게 감정에 대한 성적 편견이 있다는 발견은 수십 년이 지난 지금도 유효하다. 부모가 아이에게 말하는 방식을 연구하는 영국 서리대학의 발달심리학자 해리엇 테넌바움은 이렇게 말한다. "대다수의 부모는 아들이 표현을 좀더 잘했으면 좋겠다고 말한다. 그러나 정작 [자신들이] 그들에게 다른 메시지를 주고 있다는 사실은 알지 못한다."[5] 부모들은 딸과는 감정에 대해 더 많은 이야기를 하고 다양한 범주의 어휘를 사용한다.[6] 연구자들이 '감정대화'라고 부르는 이것이 다루지 않는 예외가 하나 있다면, 그것은 분노와 부정적인 감정이다. 부모들은 남자아이와는 분노에 대해 이야기를 나누지만 여자아이들과는 그러지 않는다.[7] 어떤 엄마들은 남자아이와의 대화에서 분노와 관련된 단어를 사용하는 경향을 보이기도 한다.[8]

감정과 젠더에 관한 가설은 성인기에도 무리 없이 적용된다.

2011년 UCLA 심리학 및 언론학 조교수인 케리 존슨 박사는 젠더와 감정인지에 관한 혁신적인 연구 결과를 발표했다. 그녀는 다음같이 말한다.[9] "남성은 분노를 표현해도 괜찮다. 심지어 표현하길 장려받기도 한다. 하지만 여성은 부정적 감정을 느낄 때 그 불쾌함을 슬픔으로 표현하길 요구받는다."

성적 편견으로 인해 여성의 얼굴에서는 행복과 두려움이 더 쉽게 읽히고, 중립적 표정을 지을 때면 남성의 경우보다 덜 화난 것으로 분류된다.[10] 이 연구에서 여성의 중립적 표정은 "순종적인" "순진한"

"겁에 질린" "행복한" 등으로 묘사되었다. 어떤 경우는 "협조적인" "아기 같은"으로 명명되기도 했다.[11] 실험 결과 사람들은 화난 여성의 얼굴을 가장 분석하기 어려워했으며,[12] 화가 난 표정의 중성적 얼굴은 압도적으로 남성으로 분류했다.[13]

'슬픈' 여성과 '화난' 남성이 겪는 부정적인 감정은 엇비슷한 것인지 모른다. 하지만 그들에게서 도출되는 이런 용어들과 고정관념은 철저히 다른 결과를 낳는다. 그 차이는 사소하지 않다.

어떤 이론가들은 분노의 감정을 느끼기 위해서는 힘이라는 '티켓'이 필요하다고 생각한다. 그러나 힘은 슬픔의 필수 요소는 아니다.[14] 분노는 '접근'의 감정인 반면 슬픔은 '후퇴'의 감정이다.[15] 어떤 사람이 슬프다고 생각하면 그 사람은 연약하고 보다 순종적인 사람으로 보인다. 슬픔과 달리 분노는 누군가의 환경을 통제하는 것, 예를 들어 경쟁, 독립, 리더십과 연관된다. 슬픔과 달리 분노는 단호함, 고집, 공격성으로 이어진다. 슬픔과 달리 분노는 주도적으로 변화를 만들고 도전을 마주하는 방식이다. 슬픔과 달리 분노는 더 높은 지위와 존경의 인지에 연결된다.[16] 행복한 사람과 마찬가지로, 화가 난 사람은 보다 긍정적이고 변화가 가능하며 자신이 결과에 영향을 미칠 수 있다고 느낀다. 슬프고 두려움에 찬 사람들은 비관적이고 변화를 만드는 데 무력하다고 느낀다.[17]

사회과학 연구자 마테이스 바스, 카르스턴 더드뢰, 베르나르트 네이스타트는 슬픔과 다르게 분노는 창의적인 임무를 맡은 사람의 '비정형적 사고'를 독려하며, 또 화를 잘 내는 사람이 아이디어를 내는 데 더 뛰어남을 밝혔다. 더 흥미로운 것은, 한 연구에 따르면 화를 잘

우리의 분노는 길을 만든다

내는 사람들이 낸 아이디어가 아주 독창적이었다는 점이다.[18]

그러나 슬픔에는 인지적 이점이 있다. 예컨대 슬픔은 자신을 화나게 하는 것에 대해 더욱 깊이, 차분히 생각함을 의미한다. 슬픈 사람들은 개인에게 책임을 묻는 대신 사회의 병폐를 고려한다. 슬픈 사람들은 더 관대하기도 하다.[19] 단점이라면 슬픔은 무력한 반추로, 저하된 기대로, 대가가 따르는 성급함으로 바뀔 수 있다는 것이다. 슬픈 사람들은 무언가를 기대하고도 부족한 결과로 만족한다.[20]

여성성에서 분노를 분리한다는 것은 우리 여성에게 무엇을 의미할까? 우선, 이는 분노를 개인이나 집단의 자원으로 활용하지 못하게 막는 것을 의미한다. 여성의 분노를 이렇게 취급하는 것은 강력한 통제나 마찬가지다. 여성이 겪는 불평등에 대한 반발을 줄이는 이상적인 방법인 것이다.

✖✖

2012년 아동의 감정표현을 다룬 삼십 년간의 연구들을 대상으로 젠더, 아동기, 감정조절에 대한 심도 있는 분석이 진행되었다. 2만 1000여 건의 피험자를 대상으로 한 이 연구들은 아이들이 자신을 표현하는 방식뿐 아니라 성인들이 그에 어떻게 반응하고 아이들은 어떻게 성인들의 기대에 부응하는지를 보여준다. 연구자들은 남자아이와 여자아이의 감정표현과 감정경험에는 "중대하지만 아주 미세한 차이"가 있는 반면 그들이 감정을 다루는 방식에는 중대한 차이가 있음을 발견했다.

가정이나 돌봄시설에서 아기들은 성적 편견의 대상이 되어 자신의 감정을 학습하는데, 이는 성인 대다수가 아기의 성별에 따라 다른 대우를 한다는 것을 의미한다. 여자 아기는 성인의 기분이 좋아지게 할 것을, 보다 우호적이고 도움이 되며 협조적일 것을 요구받는다. 긍정적인 감정을 보여주거나 고분고분하면 여자 아기는 웃음과 다정함, 음식 등으로 보상받는다. 반면 남자 아기는 뚱하고 거칠게 굴어도 비슷한 보상을 받는다. 영아기가 지나면 여자아이는 부정적인 감정과 공격성을 공공연히 표현하는 일이 언어적으로도, 신체적으로도 점점 줄어든다.[21]

미취학 아동 대부분이 이미 분노는 남성적인 표정이며, 남자아이들은 화가 잘 나는 게 정상이지만 여자아이들은 아니라는 믿음을 갖는다.[22] 친숙한 가정을 벗어나 학교로, 스포츠클럽으로, 예배 장소 등으로 보내진 아이들은 고정관념대로 행동해야 한다는 강한 사회적 압력 아래 놓인다. 분노를 표현하는 방식의 차이는 가정 바깥에서 더욱 커지는데, 아이들이 지배적인 사회규범에 순응하여 사회와의 마찰을 줄이려 노력하기 때문이다.

학교에 들어갈 즈음이면 아이들은 이미 파괴적인 행동과 확신에 찬 태도, 예를 들어 목소리를 크게 내고 타인을 방해하고 트림하고 농담과 악담을 던지는 것이 남성성의 언어적 지표이며 남자아이들에게만 용인되는 것이라고 생각한다.[23] 아이들은 어른들의 기대치에 세밀하게 부응한다. 어른들은 여자아이가 정당하게 화를 내며 목소리를 높이면 그 상황이 얼마나 불편한지 줄곧 설파한다. 여자아이들은 '친절한' 목소리로 말하도록 남자아이들보다 3배 더 요구받으며 주변 사람들의 감정과 필요를 우선시하도록 배운다.[24] 이는 자신의 불편함과 분노는 무시한다는 의미이기도 하다.

부모들에게 물어보면 자신들은 젠더와 상관없이 아이가 예의바르게 크도록 가르치고 있다고 확신에 차 말할 것이다. 그러나 보다시피 남자아이와 여자아이는 그 가르침을 동일한 수준으로 배우지 않는다. 한 연구진은 선물을 주는 상황극을 통해 아이들을 고의로 실망시켰다. 대다수 여자아이는 실망감을 느꼈더라도 개의치 않고 웃으면서 고맙다고 말하며 행복한 시늉을 했다. 여러 연구 결과, 이 연령대에 행동장애를 보이기 시작하는 여자아이들은 실망감이 들어도 불쾌함이나 화를 공개적으로, 심지어 사적으로도 표현할 수 없다고 느낀다는 항목에서 높은 점수를 보였다.[25] 이렇듯 자기침묵과 연기는 하나가 다른 하나의 가능성에 기반을 두고 쌍방으로 작용한다.

여자아이들은 미소 짓는 것을 일찍 배우며, 다수의 문화가 여자아이들에게 노골적으로 "예쁜 표정을 지으라"라고 가르친다. 타인을 우선시하고 사회적 관계를 유지하며 실망과 좌절, 분노, 두려움은 감추라는 기대에 부응해 특정한 표정을 지음으로써 주변 사람들을 달래라는 것이다. 우리는 더 순응적이고 덜 적극적이고 덜 지배적이기를 요구받는다.[26] 그렇게 여자아이의 미소는 진정성이 부족해지고, 자기이해에서도 진정성이 부족해진다.

흑인 여자아이들에게 미소를 기대하는 것은 인종차별 및 역사적 강압과도 연관된다. 흑인은 불평등한 환경에 불만이 없다는 걸 보여줌으로써 백인들을 안심시켜야 했기 때문이다.[27] 아직도 어떤 사람들은 여자아이에게 "착하게 행동하도록" 격려하고 "웃을 때 더 예쁘다"

며 훈계하는 일이 사회적 지위와도 관련된 것임을 미처 생각하지 못한다.

호감 가는 소녀가 되도록 가르치느라 바쁜 우리는 여자아이들도 남자아이들처럼 존중받아야 한다고 가르치는 것을 잊는다.

문화 연관성은 자의식에 관여한다

심리학자들이 잠복기라 부르는 시기가 지나면 여자아이들은 사춘기에 접어들고 다시 분노를 포함한 감정들을 좀더 공개적으로 자주 표현하기 시작한다. 아이들의 자기주장이 강해지면, 특히 자신을 언짢게 하는 대상에 단호한 태도를 취하면 어른들은 주춤한다. "우리 다정한 딸이 무슨 일이지?" 이는 흔한 질문이다. 그러나 여자아이들은 자신이 왜 이런 감정을 느끼는지 알지 못한 채 부정적인 감정을 표현하곤 한다.

정도의 차이는 있지만 모든 여자아이들은 여성이 상대적으로 문화와 연관이 없고 무력하며, 비교적 무가치하다는 메시지에 젖어들게 된다. 여자아이, 성인 여성, 여성성에 대한 경멸을 전달하는 이미지와 언어는 빠르고 격렬하게 다가오는 반면, 남자아이들은 대부분, 심지어 계급과 인종으로 불이익을 받는 아이들까지도 남자다움과 남성성이라는 문화적 중심부에서 망토 아래 보호받은 채 성인으로 자라난다.

여자아이들은 대중영화나 흥미진진한 스포츠 경기를 관람하는 등

문화행사에 참여하고 문화를 소비할 때 종종 단순한 선택을 해야 한다. 성인 남성과 남자아이에 공감할 것인가, 아니면 자신과 비슷한 여자아이나 성인 여성이 상대적으로 눈에 띄지 않고, 침묵하고, 오해받는 것이 의미하는 바를 고민할 것인가. 대다수의 나라에서 여성들은 지폐 속 인물이나 공공장소의 동상으로 인정받지 못한다. 책, 영화, 게임, 대중문화 속 주인공은 성인 남성 혹은 남자아이가 2~3배 많으며[28] 대개는 백인이다.[29] 아이들이 성장할수록 이런 지표는 더욱 기정사실이 된다.

매해 실시되는 미디어 분석의 결과는 변화가 없다. 남성, 역시나 대다수가 백인인 남성이 미국 흥행영화 배역의 70~73퍼센트를 차지한다. 주요 배역은 물론 화면 안팎의 제작과 운영도 그렇다.[30] 전 세계적으로 영화 속 젠더는 한쪽에 편중되어 있다.[31] 영화 안에서의 젠더와 인종, LGBTQ 묘사 양상을 연구한 2014년 논문에 따르면 45세 이상의 여성이 주연이나 공동 주연을 맡은 경우는 없었다. 오직 세 명의 주연 또는 공동 주연 여성이 소수자 출신이었고 레즈비언이나 양성애자 역할의 여성 주인공은 전무했다.[32]

비디오게임부터 학습자료에 이르기까지, 미디어에서는 이런 패턴이 뚜렷하다. 많은 성인이 비디오게임의 폭력성을 우려하지만 여성이 아무리 지워지고 쉽게 대상화되어도 게임을 금지할 정도라고는 생각하지 않는다. EA 스포츠의 그 유명한 축구게임 〈FIFA〉는 2015년 판이 나오기 전까지 여성팀이 전무했다. 이 게임을 하는 사람들이 선수, 매니저, 코치, 심지어 관람객 중에서도 여성을 보지 못한다는 것은 정말 문제인가?

심지어 학교에서도 아이들은 누구의 이야기가 더 중요한지 미묘하게 주입받는다. 흔히 문학수업에서는 여성이나 비백인 남성이 쓴 문학작품은 (수많은 백인 남성 작가들 작품 사이에서) 예외적 존재로 취급하고, 어떤 학교는 선택과목에서나 그들의 작품을 접할 수 있다. 최근 해외 논평에 따르면 성편견은 "교과서에도 만연"하다.[33] 이런 교육학적 선택은 결과적으로 아이들의 자존감, 동정심, 이해심을 형성한다. 그리고 동시에 분노와 혼란을 형성한다.

몇 년 전 나는 강의 도중 학생들에게 노예제도와 시민권운동을 배운 적 있는지 물었다. 강의실을 채운 백 명 이상의 열네 살에서 열여덟 살 사이의 학생들은 모두 그렇다고 답했다. 그날 우리는 캠퍼스 내 성폭행에 대해 이야기를 나누고 있었다. 그래서 나는 노예제와 인종차별 정책이 남아 있던 시기에, 그리고 시민권운동 당시에 흑인 여성이 강간을 당한 건 아는지 물었다. 안다고 대답하는 학생은 거의 없었다. 대중영화에서 강간을 소재로 한 농담을 듣고 웃은 적이 있냐고 물었다. 90퍼센트 이상이 그렇다고 답했다. 미국에서 여성들이 자유를 쟁취하기 위해 몇 세기간 싸웠던 사실에 대해, 혹은 이 싸움이 인종평등이나 LGBTQ의 권리를 위한 싸움과 분리될 수 없다는 사실에 대해 배운 사람은 손을 들어보라고 했다. 대여섯 명 정도였다. 소저너 트루스*는 인디밴드 이름이 아니라고 설명해야 할 것 같은 기분이었다.

---

* Sojourner Truth, 19세기에 활동한 미국의 노예해방운동가. 남북전쟁 당시 여성의 선거권과 노예제도 폐지를 주장했다.

거의 모든 것이 남자아이와 성인 남성의 시점으로 만들어지는 현실 속에서 여자아이들은 일찍부터 남성의 입장에 서는 법을 배운다. 그러지 않으면 마땅히 상상할 만한 것이 없을 것이다. 그러나 남자아이들은 여성 입장에 서는 법을 거의 배우지 않으며 어떤 경우는 그렇게 하는 걸 부끄러워한다. 남자아이들은 여성을 롤모델로 올려다보지 않으며 문화를 소비할 때 젠더를 바꿔가며 공감할 필요도 없다. 그렇게 실재하는 중심성과 가시성은, 특히나 미국의 어린 백인 남자아이들에게는 무형의 자산이자 자부심의 근원으로 자존감에 뚜렷이 반영된다.[34]

그러나 여자아이들의 문제는 존재의 말소, 편견, 고정관념 그 이상이다. 문제는 조용히 전혀 눈에 띄지 않게 여성성을 비하하는 분위기가 만연하다는 것이다. "여자애처럼 운다" "여자애처럼 소리지른다" 같은 표현들은 여전히 여러 공동체에서 사회적으로 수용되는 유년의 근간이다. 일상의 언어는 긍정과 경멸 사이를 오가는 비방이 가미되어 있고, 여기에는 남성성/좋음과 여성성/나쁨 사이의 구조적 불평등이 반영되어 있다. 우리는 전부 대기중인 쌍년이자 창녀다. 쌍년slut이나 씨발년bitch처럼 '재전유된' 단어는 폭력의 위협과 자연스럽게 연결된다. "생일 축하해, 이년아!"는 순식간에 "거기나 빨아, 씨발년아"로 수위가 높아진다. 누군가를 씨발년이라 부른다고 해서 그 대상이 반드시 여자란 의미는 아님을 사람들은 대부분 알고 있다. 그러나 그 말이 함의하는 바는 지배당하고 무력한 것이 여성적인 상태라는 것 또한 알고 있다.

사람을 괴롭히고 학대하는 주범으로 소셜미디어가 거센 비난을 받지만, 사이버폭력의 전통 깊은 뿌리를 생각해보는 것은 중요하다. 우리가 늘상 성차별, 인종차별, 호모포비아라고 불러온 것들, 즉 집단 괴롭힘은 이제 네트워크라는 힘을 갖추었지만 근본적인 문제는 문화적 관습이지 테크놀로지가 아니다. 그럼에도 긍정적인 면이 있다면 온라인상에서 사람들은 전에 없던 방법으로 좀더 자기주장을 하면서 커뮤니티를 찾고 폄하에 대응할 수 있다는 것이다.

이는 문화의 중요한 힘이다. 많은 여자아이들이 소셜미디어를 통해 생산해낸 사진, 스냅챗, 밈,* 댓글은 여성을 부정적으로 그리거나 터무니없이 이상화하는 고정관념에 강하게 도전한다. 예컨대 밈을 창조하고 셀카를 이용함으로써 여자아이들은 창의력과 유머, 분노를 발휘해 유해하고 쓸데없는 미디어 묘사에 맞서고 이를 약화시키고 비판할 수 있다.[35] 여자아이들은 이 미디어를 구성하고 이야기하고 정의하고 만들고 소유할 수 있다. '함부로 다룰 수 없는' 신체를 보이는 것으로 강요된 수치심에 맞설 수 있다.

그러나 우리가 새로운 규범을 만들어나가기 위해 테크놀로지를 이용한다 해도, 저렴하고 손쉽게 확산되는 것들이 만연한 현실에 종속되어 살아간다는 사실은 여전하다. 셀카문화는 미덕도 있지만, 마른 몸매와 하얀 피부, 이상적인 미에 집중하고 여성이 어떻게 '보여야 하는지' 강조하기도 한다. 모든 매체에서 여자아이와 성인 여성은 자그마한 체구에 저체중, 취약하고 연약하며 무력한 모습으로 최소

---

* meme, 리처드 도킨스가 『이기적인 유전자』(1976)에서 처음 사용한 용어로 '유전자 대신 모방을 통해 전달되는 문화적 요소'를 가리켰으나, 최근에는 온라인을 통해 빠르게 전파되는 이미지 혹은 유행어를 가리킨다.

4배 더 많이 묘사된다.[36] 신체적으로 더 많은 기준을 통과할수록 사회적 인기는 올라간다. 아동에 관한 각국의 연구는 여자아이들은 이미 열 살만 되어도 자신이 정말로 힘없고 약하며 남자아이처럼 용감하지 않고 '보호'가 필요하다고 믿는다.[37] 여자아이들은 이 정보를 곱씹어서 결국 신체적으로 취약하다는 한계를 느끼고 공연히 걱정하게 된다. 연구 결과에 의하면 평등을 지지한다고 말하는 부모조차 암묵적으로는 여자아이들이 더 연약하며 할 수 있는 것이 더 적다고 여긴다.[38] 그들은 밤에 돌아다니지 못하게 하거나 화장실을 갈 때 친구들과 가도록 가르치는 등 여자아이들에게 신체적 제약을 가하는 것으로 위험을 전한다. 우리가 많은 여자아이들에게 주입한 학습된 취약함과 무력함의 감각은 개인적으로, 혹은 문화적으로 받은 피해에 대한 회복력의 향상을 더 어렵게 만든다.

여자아이들은 똑똑하게 이런 요구들을 헤쳐나가지만, 여성의 말과 생각, 흥미, 능력과 노력이 외모보다 뒷전으로 보인다는 것이 어떤 의미인지도 고려하고 있다. 여성은 무엇보다 성적인 오락의 대상으로 보인다. 이 글을 쓰던 날 나는 여자아이가 만약 "여성 운동선수"를 검색한다면 무엇을 보게 될지 궁금해졌다. 제일 먼저 검색된 것은 "2017년 가장 핫한 여자 운동선수 50명"이었다. 2015년 "여성 CEO"를 검색했을 때 제일 먼저 나온 것은 실제 여성이 아니라 바비 인형 사진이었다.[39] 그렇다. 품명이 'CEO 바비'인 바비 인형 말이다.

이런 반복적 현상은 여성을 대표하는 자매연대sorority가 현저히 부족하다는 사실과 떨어뜨려놓고 생각할 수 없다. 많은 경우 여성은 다른 여성들에게서 고립되어 남성 무리 속에 홀로 존재하는 것으로 묘사된다.[40] 만약 어떤 여성이 뛰어나고 강력하다면 그 여성이 독특해서다. 전설적인 힘을 물려받은 여자아이들과 여성을 그리며 멋진 성공을 거둔 〈원더우먼〉은 근래 손꼽히게 흥행한 대표적인 영화지만, 여성이 다른 여성과 동지애를 쌓는 이야기를 하는 데는 고전한다.[41] 가령 원더우먼이 아마조니아 낙원을 떠난 뒤로 그녀의 주된 전우와 맞수는 다 남성이다. 영화에는 훌륭한 여성 롤모델과 여성들의 우정에 대한 긍정적 묘사, 세계의 다양성을 반영한 설정이 있지만 연구 결과들이 보여주듯 해가 바뀌어도 여성들은 주변부에 머물고 대개는 여전히, 혼자다.

내가 지금까지 이분법적 젠더관에 기반해 설명한 것은 아동기의 감정조절과 젠더유동성에 대한 연구가 거의 없기 때문이며, 우리 문화에 논바이너리를 위한 사회적 '각본', 즉 사고하고 행동할 때 무의식적으로 따르는 가이드라인이 없기 때문이다. 대부분의 연구는 분석을 위해 전통적인 이분법을 이용한다. 유년기에 형성되는 동성애자, 양성애자, 트랜스젠더에 대한 지배적 고정관념 중 긍정적인 것은 거의 없다. 이분법을 거부하는 아이들은 비난의 대상이 되고, 그들의 부모는 안전한 환경을 만들고 사회가 변화하기를 요구하거나, 아니면 자녀들에게 현실에 순응해야 한다는 유해한 요구를 하게 된다. 의식적으로든 아니든 간에 말이다.

여성폄하가 전통적인 성역할을 따르지 않는 아동 및 성인의 삶과 감정 형성에 얼마나 깊게 영향을 미치는지는 주목할 필요가 있다. 아동기 괴롭힘의 압도적 다수는 호모포비아, 트랜스포비아, 성차별적 괴롭힘의 형태로 다양하게 젠더를 걸고넘어지는 일에서 시작된다.

젠더든 섹슈얼리티든 이분법을 따르지 않는 아이들, 가령 기꺼이 여성성을 선택하는 남자아이나 남성의 특권을 누리기 위해 여성성을 포기하는 여자아이에 대한 처벌은 몹시도 가혹하다.

트랜스 활동가 줄리아 세라노는 이렇게 말한다. "나를 조롱하거나 무시하려는 사람들의 비난은 단순히 내가 젠더규범을 따르는 데 실패했다는 사실을 트집잡는 것이 아니다. 대신 그들은 내 여성성을 조롱한다. 내가 감당해야 했던 반反트랜스 정서는 여성혐오로 설명하는 편이 더 나을 듯하다."[42]

여자아이들을 이런 현실에 노출시키면서 그 현실이 유발하는 분노는 무시하고 감추도록 최대치의 사회적 압력을 가하는 것은 잔인한 장난이다. 우리는 여자아이들의 분노를 외면하고 그들의 자존감을 약화시키는 체제를 구축하는 일에 공모한다. 그러고는 돌아서서 그렇게 여자들의 자신감을 깎는 '선천적 요인'은 대체 무엇일지 궁금해하는 것이다.

여자아이들의 자신감을 약화시키는 것은 그들의 분노를 부인하고, 폄하하고, 관심을 전환하는 시도와 긴밀히 연관되어 있다. 여자아이가 화를 냈을 때 맞닥뜨리는 첫 반응은 아마도 사진이나 동영상을 찍히는 것이다. 화난 여자아이는 '귀엽고' 혹은 '도도하다'. 이것이 구글에 "화난 여자아이"를 검색했을 때 가장 연관성이 높다고 나오는 두 가지 표현이다. 분노와 좌절을 표현하는 10대 청소년 여자아이는 덜 귀엽다. 만약 성격이 어둡고 음침하기까지 하면, 그 아이는 덜 귀여운데다 '건방진' 것이 된다.

호모포비아, 연령차별, 인종차별은 우리의 분노가 해석되는 방식에 적극 관여한다. 우리의 분노가 용납되는 시기란 없다. 10대 여자아이들은 자신을 변호하기엔 너무 응석이 많거나 멍청하거나 감상적이다. 그보다 나이든 여성들, 지쳐 있고 실제로 지쳤다고 말하는 나이든 여성은 거세된 심술꾼이다. 화가 난 여성은 부치, 레즈비언, 남성혐오자다. 우리는 슬픈 동양인 여자 혹은 다혈질 라틴 여자, 미친 백인 여자, 화난 흑인 여자로 불린다. '화난 여자'가 '못생긴 여자'라는 것은 말할 필요도 없으며, 여성의 가치, 안전, 명예가 주변 남성을 상대로 한 성적 가치와 번식 가치에 좌우되는 세상에서 이는 그야말로 대죄다. 이중 어떤 것도 분노가 여성의 도덕적 자산, 정치적 자산이라 생각하게 두지 않는다.

모든 것을 알고 있었음에도 나는 내 편견을 마주할 준비가, 이런 생각이 얼마나 완고한 영향을 미칠 수 있는지 마주할 준비가 되어 있지 않았다. 딸아이의 교실에서 벌어지는 일들에 나는 익숙한 습관대로 반응했다. 이리저리 계산했고 남자아이의 부모와 이야기를 나누면서 공공연히 화내봤자 내 딸이 바라는 대로 되지 않을 거라고 자체적인 판단을 내렸다. 이는 '선제적 자기비난preemptive self-condemnation'으로, 여성이 화가 났을 때 흔히 있는 일이다. 내 분노가 하찮게 받아들여질까 예민했던 나는 기성의 대안을 따랐다. 나는 정중히 제안했다. 교사에게 개입해줄 것을 부탁했다. 남자아이 부모의 말을 참을성 있게 들었다. 평화를 지키고 관계를 돈독히 하고 싶었다.[43] 분노 자체도, 화를 내며 좌절감을 표현하는 행위도 다 소용없는 일이고 잠재적으로 해롭다고 생각했다.

화내는 것이 감수할 가치 없는 모험처럼 보일 때 자존감에 생기는 변화
—

젠더 간 자신감 격차에 관한 일반적인 논의에서 분노는 잘 언급되지 않는다. 대략 다섯 살이 될 때까지 여자아이들과 남자아이들은 본질적으로 비슷한 자존감, 유능감, 야망을 누린다. 여자아이들 대부분이 남자아이들처럼 스스로를 높게 평가하고 자신의 젠더에 자부심을 느끼며 고결한 포부를 품는다. 남자아이들보다 더 수치심을 느끼지도 않는다.

그러나 다섯 살이 지나면 남자아이들과 달리 여자아이들은 자신의 능력에 대한 믿음이 흔들리고 불안정해지고 무너진다. 2017년 미국에서 실행된 한 연구에 따르면 아이들은 5세에는 남녀 모두 자신의 젠더와 천재성을 연관짓는 경향을 보인다. 일 년 후 남자아이들은 그런 경향을 유지하지만 여자아이들은 아니다. 6, 7세가 되면 남자아이의 65퍼센트가 남자는 "정말, 정말 똑똑하다"라고 느끼는 반면, 여자가 그렇다고 느끼는 여자아이는 48퍼센트에 그친다.[44] 남자아이들의 자신감이 과하고 여자아이들이 좀더 현실적인 것일 수도 있지만, 어쨌든 이 격차는 눈에 띄게 두드러진다. 심지어 자신감 격차라는 프레임조차 남성을 기준으로 여성이 그 수준에 도달해야 한다는 가정이 깔려 있다.

청소년기 동안 남자아이들은 사실상 여자아이들의 평균점수나 지망하는 대학이 더 상위임에도 자신이 탁월하고 유능하다는 느낌을 유지한다. 스스로에 대한 높은 평가, 특히 리더십에 대한 높은 평가는 연령 불문이다. 반대로 여자아이들은 상대적으로 자신감이 부족하며 이 경향은 성인기까지 이어진다. 미국의 여자아이들은 예닐곱 살부터 우월한 학업성취도에도 불구하고 좀처럼 유능감을 느끼지 못하고 남녀가 함께하는 자리에서 리더로 행동하고 싶어하지 않으며, 학생회 임원에 출마하거나 다른 여자 후보들, 특히 백인 여자아이를 지지하려 하지도 않는다.[45] 우리의 딸들은 입학할 때 지녔던 자신감 이상이 아닌 그 이하로 졸업하게 된다.

린 마이클 브라운, 캐럴 길리건, 레이철 시먼스는 이 같은 전환기 여자아이들의 정서생활을 광범위하게 연구하고 저술해온, 노련하고 저명한 심리학자이자 교육자다. 연구를 통해 이들은 분노와 공격성을 이해하는 것이 얼마나 중요한지 점점 주목하기 시작했고, 여자아이들이 자신의 부정적 감정에 대한 정보의 공백 상태에서 타인의 루머를 퍼뜨리고 험담하는 행위를 통해 분노와 공격성을 은근히 전한다는 것을 설명했다. 다른 여자아이들로부터 부정적인 평가를 받지 않기 위해 스스로를 감시하기도 한다.

세 연구자는 수십 년의 연구를 통해 여자아이들의 사회적 위치의 차이, 즉 서열이 분노의 표현방식에 어떤 영향을 끼치는지 관찰했다. 이들의 설명에 따르면 젠더, 감정, 자존감에 대한 대부분 연구는 백인 중산층 여성이라는 지배적인 기준이 반영된 것이다. 주변부의 소수자 여자아이들은 보다 자유롭게 화를 내며, 분노를 언제 어떻게 의식적으로 사용할 것인지에 대한 감각이 좀더 발달해 있다. 시먼스는 자신의 책 『소녀들의 심리학 *Odd Girl Out: The Hidden Culture of Aggression in Girls*』에서 이렇게 적었다. "경제적으로 어렵고 권리 박탈이 만연한 곳에서, 단호함과 공격성은 놀이터와 아이스크림 트럭만

큼이나 사회적인 풍경이 된다. 이런 세상에서 침묵은 비가시성과 위험을 의미할 수 있다."[46]

분노는 특히나 위험요소가 된다. '전통적인 여성성'의 특징인 감정과 취약성 및 수동성을 전시하는 것은 약하다는 신호다. 그러나 암묵적 편견에 관한 연구에 따르면, 말을 에둘러 하지 않고 대화의 거리를 적극적으로 요구하는 여자아이들, 그렇다, 아마도 미쳤다고 할 수 있을 자기주장 강한 여자아이들은 성인들로부터 무례하고 반항적이고 비협조적이며 선을 넘는다는 평가를 받는다.

청소년기면 여자아이들 대부분은 노골적으로 분노를 드러내는 것이 자신의 안전과 성공에 위협이 된다는 것을 깨닫는다. 분노가 자신의 지위, 호감도, 인간관계를 위험에 몰아넣는다는 것을 이해하는 것이다.[47] 더 나쁜 것은, 남자아이들과 달리 여자아이들은 분노를 수치와 연결지으려는 경향이 훨씬 강하다는 것이다. 노동계급의 사람들과 흑인 여자아이들 역시 분노가 수치스러운 것이라 느끼고 분노를 표현하면 빈축을 산다는 것을 안다. 하지만 그들에게는 분노가 유익하고 필요한 자기방어수단일 때가 많기 때문에 상황은 특히나 더 복잡하고 위험해진다.

'화난 흑인 여자'라는 비난은 여성을 정형화하고 침묵시키고 감시하는 데 이용되기 앞서 '말대답하고' '공격적으로 굴고' '지나치게 건방진' 여자아이들을 벌주는 데 이용된다.[48] '화를 잘 낸다' '파괴적이다'라는 딱지가 붙은 흑인 여자아이들의 행동은 '통제 불가'에 '잠재적 리더십'의 징후가 보인다는 백인 남자아이들의 행동과 실상 다르지 않다. 유년기 초반부터 사람들은 흑인 여자아이는 덜 순수하다거나 보호와 양육이 덜 필요하다고 생각한다.[49] 유치원 때부터 흑인 여자아이들은 징계, 정학, 또는 퇴학 처분을 받을 가능성이 또래의 5배, 지역에 따라서는 7배에 달한다.[50] 이런 편견이 흑인 여자아이들을 학교에서 교도소로 이어지는 파이프라인에 밀어넣는다는 것은 충분히 입증된 사실이다. 이런 교육환경에서 많은 여자아이는 '착해지려' 스스로를 밀어붙이고, 자신을 방어해야 할 상황에서조차 화를 내지 않게 된다.

라틴계 여자아이들은 '반항'하면 방임될 가능성이 높다. 에덴 E. 토레스는 『사과하지 않는 치카나 Chicana Without Apology』에서 이렇게 썼다. "주류인 사람들은 우리가 뭐라고 하는지 잘 듣지 못한다. 우리가 다혈질에 잘 폭발하는 사람이라는 고정관념을 갖고 우리 말을 듣기 때문이다."[51] 정신건강 분야의 옹호자인 디오르 바르가스는 어머니와 할머니로부터 전해져 내려오는 여성상, 즉 분노를 붙들고 씨름하는 모습을 뚜렷이 기억한다. "여자들은 부정적인 감정을 더욱 담아뒀어요. 그런 감정을 이야기해선 안 됐어요. 가슴에 추를 얹은 듯한 기분이었죠." 바르가스는 내게 설명했다. "우리는 화를 표출해서는 안 되지만 우는 건 괜찮다고 이해하는 방향으로 사회화됐어요. 여자가 감정을 보인다면 그건 눈물을 의미했어요. 나는 남자는 생물학적으로 못 우는 줄 알았어요. 그러나 사실 우는 것도 그리 환영받지 못하니 우리는 느낀 걸 표현할 길이 거의 없어요."

동양인 여자아이들은 반면 '타고나길' 조용하고 순종적일 것이란 기대를 받는다. 작가이자 여성권리 활동가인 레지나 야우는 이렇게 말했다. "어릴 때 오빠가 성질내면 주변에서 이해해주고 그냥 눈감아주는 걸 많이 봤어요. 반면 부모님과 주변 어른들은 내가 어떤 식으로든 화를 낼 때면 엄격해졌죠." 그녀의 말에 많은 여성이 공감할 것이다. "본분을 잘 지키고, 고분고분하고, 온순한 딸이라는 고정관념 때문에 주변 어른들의 우려를 샀어요. 나는 성깔이 있는 편이었는데 이게 정말 치명적 결점처럼 느껴졌죠. 나는 이유가 뭐든 화내선 안 되고 '그럴 권리가 없다'는 말을 주기적으로 들었어요. 결국 스스로 깨우친 게 있다면 나의 화를 페미니즘 활동으로 돌려 거기 힘을 실어주자는 거예요. 여성에게 감정과 기분이 약점이라고 말하는 관습과 문화, 단지 거절당한 화를 감당할 수 없다는 이유로 여자들을 장애인으로 만들고/상처입히고/죽이는 남자들은 봐주면서 여성의 분노는 감당하지 못하는 이 관습과 문화에 뭐라도 하기 위해서요."

1994년, 대학생이었던 렐라 리는 〈화가 난 동양인 소녀Angry Little Asian Girl〉라는 단편 애니메이션을 그리고 제작했다. 이 애니메이션 시리즈의 주인공 킴 리는 인기 많은 책 시리즈에 등장하기도 했다.

렐라 리는 자신의 작품에서 분노라는 주제를 오래 탐구하면서 "배경이 어떻든, 나이가 어떻든 모든 여성은 화를 내선 안 된다고 느낀다는 것을 알게 되었다"라고 설명했다.[52] (현재 그녀의 웹사이트 제목은 명료하다. '분노는 선물이다Anger Is a Gift'.)

중산층 백인 여자아이들은 부정적 기분을 가장 억누르는 동시에 화를 제일 드러내지 못하는 것으로 보인다. 관습적인 여성성의 표준, 즉 상대적인 무력함, 취약함, 슬픔, 날씬함, 수동성 위에 구축된 여성성의 표준을 유지하려면 이런 감정에 거리를 두는 것이 필수적이다. 이러한 이상적인 여성성은 쉽게 무기처럼 쓰이기도 한다. 백인 여성을 연약하고 무고하며 무방비한 존재로 묘사하며 이들을 보호해야 한다는 주장은 테러 같은 인종차별의 폭력을 정당화하는 수법으로 수백 년간 이용되었다. 가령 뉴스 매체에서 과장되는 백인 여성의 연약함은 '실종된 백인 여성 증후군'이라고 부르는데[53] 이는 실종되고 살해된 유색인종 여성은 방치한 채, 낯선 사람이 백인 여성에게 가하는 폭력적 위험에 페티시즘처럼 빠져드는 현상이다. 미국 문화에서 어린 백인 여성은 남성의 보호가 필요한 순수의 극치로 간주되고 묘사된다. 백인 여성이 리더가 될 능력이 없어 보이거나 스스로 그렇다고 믿는 것은 우연이 아니다.

시먼스는 설명한다. "여자아이들은 자신의 감정에 가치를 부여할 때, 비로소 스스로에게 가치를 부여한다."

여성에게는 분노, 공격성, 단호한 태도가 모두 같은 것이다

———

수동공격은 강한 부정적 감정을 다룰 때 여성이 꾸준히 마주하는 문제다. 이러한 분노의 표현방식은 '못되게 구는 여자아이mean girl'라는 하나의 엔터테인먼트 장르를 만들어내기도 했다. 청소년기에 접어든 여자아이들은 여자들 사이의 관계에 기반한 간접적인 공격을 이해하게 된다. 가십, 은근한 따돌림, 무시와 빈정거림은 우리 모두 익숙한 것이다. 이런 것들 역시 수동공격적 행동으로, 주로 여자아이 및 성인 여성과 관련된다.[54]

강도 높은 부정적 감정을 전시하는 것이 사회적으로 금지된 여성들에게 간접공격은 부정적 감정과 경쟁상황을 헤쳐나가는 하나의 방법이다. 이는 또한 집단행동을 규제하는 방식이기도 하다.[55] 야망이 넘치거나 '인기가 너무 많거나' 혹은 젠더규범에 어긋나게 '쟁취적인' 여성들은 온라인과 오프라인 모두에서 험담을 듣고 따돌림과 괴롭힘을 당한다.

특히 여성의 경우 단호함과 공격성 및 분노는 하나, 동일한 것으로 간주된다. 분노는 감정이지만 단호함과 공격성은 태도다. 예를 들어 나는 말투가 무뚝뚝한 편인데, 이는 화가 났다는 걸 의미하진 않지만 어떤 사람들을 불안하게 할 수 있다. 가끔 공격적으로 보이고 싶을 때는 방으로 들어가기만 하면 된다는 농담을 하기도 한다. 하지만 이게 농담만은 아닌 것이, 중요한 건 인식이기 때문이다.

화를 내지 않아도 공격적이고 단호할 수 있다. 화가 잔뜩 났지만 평화롭게 처신할 수도 있다. 공격적인 태도는 단호한 태도보다 적대적이다. 전자는 타인의 필요나 관점에 신경을 덜 쓴다는 것을 암시하고, 후자는 모두가 동의한 제약과 행동규범 내에서 요구를 표현하고 있음을 분명하게 드러낸다.

청소년기 여자아이들은 분노와 공격성을 느끼지만 그런 감정과 태도가 여성성에 부합하지 않는다는 것을 알고 매일 갈등을 겪는다. 여자아이들이 젠더규범을 따르는 이유는 그러는 것이 모두에게 더 쉽고 편안하며, 타인을 편안하게 하는 데 길들여져 있기 때문이다.[56]

이는 우리가 '타고나기를' 덜 공격적이라거나 남성은 수동공격을 하지 않는다는 것을 의미하지 않는다. 여성도 공격적일 수 있으며, 신체적으로는 더더욱 그렇다.[57] 그러나 신체적 공격은 여성이 선호하는 분노의 표현방식이나 반응방식이 아니며, 결과적으로 여성들은 도리어 그런 충동을 제어하는 데 전문가가 되어버린다. 이런 방식으로 상황을 가늠하고 적응하는 능력, 즉 위험과 위협을 느끼는 상황에서 자신을 통제하는 능력 때문에 여성은 '교묘하고' '기만적'이라는 이미지가 생기기도 한다.

수동공격이 공격의 한 형태라는 사실에도 불구하고, 공격성은 여전히 남성 및 남성성과 연관되고 신체능력과 결합된다.[58] 많은 사람에게 이 등식은 한 단어로 압축된다. 바로 테스토스테론이다. 여성은 공격적이지도 화가 잘 나지도 않는 반면 남성의 분노와 공격성은, 심지어 그 통제 불능은 생물학적인 것이라는 말을 당신은 얼마나 자주 들어봤고 또 주장해봤는가? 셀 수 없을 지경일 것이다.

흔히 테스토스테론이 공격성과 분노를 유발한다고, 남성은 여성보다 훨씬 많은 테스토스테론을 생성하기 때문에(사실 남성의 성호르몬이기는 하다) 더 공격적이며 화가 잘 난다고 이해한다. 그러나 흥미로운 사실은, 테스토스테론이 더 많은 공격성을 유발하기는 하지만(분노가 아니다) 그 결과로 나타나는 공격적인 행동이 더 많은 테스토스테론을 혈류로 내보내도록 신체를 자극한다는 것이다.

이런 효과는 사회규범이 호르몬에 끼치는 영향을 연구하는 심리학자 사리 밴앤더스와 미시간대학 연구자들의 독창적인 실험을 통해 밝혀졌다.[59] 신체의 화학적 '전달자'인 호르몬은 특정 신체반응을 자극하고 기분과 행동을 조절한다. 2015년 밴앤더스와 그녀의 팀은 어느 극단과 협력하여 몇몇 배우가 다른 배역들을 적대적이고 모욕적이고 잔인한 방식으로 '해고하는' 상황극을 만들었다. 공연 전후로 배우들의 타액을 면봉으로 채취하여 테스트한 결과, 공격적으로 행동한 배우들이 공연 후 테스토스테론 수치가 더 높았을 뿐만 아니라 호르몬의 변화로 인해 장기간 공격성을 느꼈고 이 기분은 한참 이어졌다. 남성과 여성 모두 마찬가지였다. 행동이 호르몬 생성에 끼치는 영향을 측정한 다른 연구 역시 비슷한 역학관계를 발견했다. 영아를 물리적으로 돌보는 남성의 경우 테스토스테론이 급격히 감소했다.[60]

극단과 함께한 연구 결과, 단순히 '남자답게' 구는 것으로는 호르몬 생성에 변화가 없었다. 힘을 행사하는 것이 변화를 일으켰다. 실험에 참여한 배우들은 남성과 여성 모두 자신의 역할을 수행하는 동안 젠더고정관념을 따르도록 지시받았다. 해당 연기는 테스토스테론 생성에 미미한 차이를 낳았다. 가장 큰 영향을 끼치는 요인은 밴앤더스와 연구자들이 "권력행사"라고 명명한 것이었다.[61] 사람을 해고하는 행위로 남성의 테스토스테론은 3~4퍼센트, 여성은 10퍼센트 증가했다.

전통적인 유년기의 젠더사회화는 당신이 상상할 수 있는 거의 모든 방식으로 남자아이들이 몸, 언어, 목소리, 공간을 통해 권력을 행사하게 돕는다. 어떤 면에서는 분노와 공격성이 '진짜' 남자가 되는 것과 연관 있다고 배우는 것이며, 그로 인한 행동 때문에 여성들은 관계에서 더욱 격분하게 되는데 이에 대해서는 나중에 살펴볼 것이다. 이 연구는 남자아이들을 신체적으로 대범하고 공격적으로 행동하도록, 전형적인 '남자의 방식'으로 행동하도록 가르침으로써 그들의 호르몬이 어떻게 바뀌는지 생각해볼 필요가 있다고 말한다. 여자아이들의 경우도 마찬가지다.

감정과 태도의 노출을 호르몬활동 탓으로 돌리는 것은 까다로운 문제를 회피하는 쉽고 편하고 흔한 방법이다. 10대 여자아이들이 좌절감을 분명히 표현하거나 분노와 같은 강렬한 부정적 감정을 표출할 때, 어른들은 그것을 구실로 물러나 있기 쉽다. 눈알을 굴리면서 좌절, 불안, 화를 외면하기도 하지만 대개는 "이 아이는 분노의 호르몬 단계라 통제 불능이야!"라고 말하며 벗어나는 것이다. 호르몬이 우리 모두에게 영향을 미친다는 사실에는 의심의 여지가 없지만, 여자아이들의 반응을 이런 식으로 묵살하는 것은 역효과를 낳는다. 『꼬인 타래 풀기: 10대 여자아이들을 성인으로 인도하는 일곱 단계*Untangled: Guiding Teenage Girls Through the Seven Transitions into Adulthood*』의 저자인 심리학자 리사 대머는 말한다. "기실 당신 딸의 호르몬은 기분에 영향을 미치는 다른 요소들, 이를테면 스트레스를 주는 사건이나 인간관계의 질 같은 것에 반응하고 심지어 조종받는다고 할 수 있다."[62]

사실 여자아이들의 분노는 매우 합리적이다. 우리는 여자아이의 자부심과 자존심을 곱게 갈아서 다시 그들의 면전에 흩뿌리는 문화 속에서 살고 있다. 여자아이들은 자신의 신체적 자유와 행동에 가해지는 제약이 실제로 차별효과가 있음을 정확하게 감지한다. 분노라는 감정은 '착함'과 아름다움, 신체, 음식, 관계, 힘에 대한 생각에 발목을 잡힌다. 이런 경험은 가장 이성적인 남성들에게도 좌절, 우울, 불안을 야기하고 때로는 폭력도 유발한다. 그럴 때 우리는 그들의 호르몬에 대해 언급하지 않는다. 이 책을 쓰기 위해 자료조사를 하는 동안 내가 발견한 가장 충격적인 이중잣대는 좌절을 맛본 경험 때문

우리의 분노는 길을 만든다

에 분노조절에 어려움을 겪는 남성을 도와주는 전문적인 웹사이트가 있다는 것이었다. 대부분이 분노와 좌절을 전학, 실직, 자녀 출산, 은퇴 같은 삶의 단계적 변화로 인해 생기는 당연한 우려의 결과로 묘사했다. 호르몬이 원인으로 언급되는 경우는 한 건도 없었다.

불평등을 받아들이다

자신이 가치 있고 자격 있으며 정당하다고 생각하는 것은 더 높은 자신감과 자존감, 권리 인지로 이어지기 위한 전제조건이다. 그런데 그런 생각들 사이로 분노에 대한 사회의 가르침이 모습을 분명히 드러내는 것이 바로 소녀시절이다.

분노와 공격성을 유발하는 요인이 무엇인지 물으면 대부분의 여자아이는 다양한 수준의 사회적 불평등을 주요한 요인으로 짚는다.[63] 그들은 또한 아주 어린 아이조차 화라는 감정이 어른들의 반대와 또래의 제재를 맞닥뜨릴 것임을 알고 있다. 자존감과 분노, 그리고 사회가 개인의 요구에 응답하는 방식 사이에는 피드백 루프가 존재한다.

2017년 에린 B. 고드프리, 카를로스 E. 산토스, 에스더 버슨은 6학년 저소득층 소수인종 아이들의 자존감 연구를 통해 세상의 본질적 공정성에 대한 믿음이 나중에 아이 본인의 행동궤적에 어떤 영향을 미치는지 살펴보았다.[64] 관찰에 따르면 공정성과 능력주의에 대한 신념이 강한 아이들은 6학년 때는 '착한' 학생이었다. 아이들은 양심적이고 열심히 공부했으며 자존감의 수준이 높았다. 그러나 이 년 뒤,

체제의 근본적 공정성과 이를 바탕으로 어떤 장애든 극복할 개인의 힘을 믿었던 아이들은 자존감이 깎이고 파괴적으로 굴며 비행행동을 보이는 등 가장 큰 변화를 나타냈다. 능력주의를 믿을수록 불평등의 경험을 받아들이기 위해 무진 애를 써야 했고 자신에 대한 믿음을 잃기 시작했다.

세 연구자의 발견은 특권을 누리는 인종과 계급 출신을 포함해 여자아이들의 보다 폭넓은 경험을 조명했다. 아이들은 사춘기에 가까워지고 분노를 감추면서 연구에서 말하는 문제적이고 위험한 양상, 예를 들어 정신적 피로의 징후, 자해, 과잉경계(잠재적 위험으로 인해 긴장한 상태)를 보였다. 예전에 '착했던' 여자아이들은 중학생이 되면서 거짓말, 무단결석, 서툰 사회성 등의 문제를 보인다. 이 시기의 여자아이들은 눈에 띄게 공격적이 되며 빈정대고, 냉담해지고 비열해지면서 괴롭힘이 급증한다. 감정적 고통이나 자해의 초기 징후가 뚜렷이 드러난다.

임상의에 따르면 불안과 우울의 중요한 구성요소가 되는 분노는 특정 유형의 분노로, 머릿속으로든 실질적으로든 손실 또는 거부를 경험함으로써 유발된 분노다. 이러한 감정들을 마주한 어린 여자아이들은 대응할 방법을 찾는다. 때로는 화가 나는 감정을 따로 떨어뜨려놓고, 때로는 변화를 부르짖고, 때로는 모래에 머리를 파묻고, 때로는 순종하고 스스로를 대상화한다. 그래도 때로는 매우, 매우 화가 나게 된다. 그럴 때 분노는 대개 자유롭게 표현되는 대신 질병이 되는데, 왜냐하면 주변 어른들이 당사자가 느끼는 감정을 어떻게든 분노라고 명명하지 않기 때문이다.

우리의 분노는 길을 만든다

미디어는 자신감과 낮은 자존감 사이의 격차에 주목하면서 다양한 경험들을 균질화하려 한다. 히스패닉 여자아이들은 백인 여자아이들보다 살짝 더 자존감이 높지만 둘 다 또래 남자아이들보다는 자존감이 낮다. 동양인 여자아이들은 가장 자존감이 낮고 젠더 간 격차가 가장 큰데, 아마 개인보다 공동체를 중시하는 문화 때문일 것이다.[65]

미국의 흑인 아이들은 다른 패턴을 보인다. 제일 자존감이 높고 젠더격차도 가장 작다.[66] 12학년 아프리카계 미국인 학생들은 여학생이 남학생보다 높은 자존감을 보이는 유일한 하위집단이다.[67] 이 차이는 성인기까지 이어지는데, 백인 여성은 50퍼센트 미만이 "나 자신이 자존감이 높은 사람이라 생각한다"는 문장에 강하게 동의하는 반면, 아프리카계 미국인 여성은 66퍼센트가 동의한다.[68]

여자아이가 무엇보다 자신과 공동체에 충실하고 차별에 솔직하며 그런 차별에 대한 회복력을 기르려면 부모의 지지가 필요하다. 흑인 아이들은 다른 인종집단의 또래들에게는 불가능할 방식으로 흑인 여성을 어머니로, 대가족의 중요한 일원으로, 지역사회의 리더로 올려볼 수 있다. 이에 더해 아프리카계 미국인 부모들은 장차 아이들이 마주할 위험을 이해하고, 사회가 허락하지 않으려 작정한 순수함을 보존하는 것이 불가능함을 이해한다. 연구에 따르면 흑인 어머니들은 인종적으로 고립되어 있고 차별에 적극적으로 맞서야 할 필요가 있기 때문에 딸을 권력에 복종하는 방향으로 사회화시킬 가능성이 적다.[69]

✖✖

　자원으로서의 분노를 여자아이에게서 남자아이에게, 성인 여성에게서 남성에게 넘겨주는 것이 우리 개인뿐 아니라 사회적으로도 얼마나 문제인지는 더 과장해서 말하기가 어려울 정도다. 이 이전은 백인우월주의와 가부장제를 유지하는 결정적 요인이며, 분노가 여성에게 마지막까지 허용되지 않는 감정으로 남아 있는 이유는 그것이 불의에 대항하는 제1방어선이기 때문이다. 당신이 분노와 힘을 함께 사용할 권리가 있다고 믿는다면 그것은 당신이 가진 사회적 특권이 여럿이라는 반증이다.[70]

　결국 어린 파괴분자와 그의 부모를 마주한 어느 날 아침, 나는 남의 집 자녀 훈육에는 개입하지 않는다는 나의 규칙을 어겼다. 나는 무릎을 꿇고 앉아서 남자아이의 눈을 바라보았다. 그리고 딸아이와 그애가 지은 성으로부터 앞으로 한 팔 길이만큼 떨어져달라고 부탁했다. 딸아이가 하는 일을 존중하고 그애의 말에 귀를 기울이는 것은 중요한 일이라고 설명했다. 신나게 성을 부수고 싶을 때는 직접 성을 지으면 된다고 말했다. 그 아이는 알아들었다고 내게 확인시켜주었고, 다시는 그러지 않았다. 과연 효과가 있는 방법이었지만, 성인으로서 내 지위를 사용하는 것은 딸아이에게 환경을 통제하는 감각을 길러주거나, 자신의 감정과 권리가 사회적으로 존중받고 인정받을 만하다는 가르침을 주지 못했다. 나는 분노에 영영 무지하게 만드는 전통적인 방법을 쓴 것이다.

　우리의 분노가 불쾌하고 이기적이고 무력하며 추하다고 배울 때,

우리는 우리 자신이 불쾌하고 이기적이고 무력하며 추하다고 배우는 것이다. 분노가 위험이나 도전을 의미한다는 이유로, 또는 편안한 현상을 유지하는 데 방해가 된다는 이유로 분노에 대해 이야기하기를 포기할 때, 우리는 위험과 도전, 현실의 불편함에 대한 귀중한 교훈을 포기하는 것이다. 여자아이와 성인 여성은 화가 난 게 아니라 슬픈 거라는 생각을 자연스럽게 받아들이고 그들이 분노를 안에 담아둔다고 주장함으로써 우리는 여성의 감정과 요구를 묵살하고 사회적 가치가 없는 것으로 만들어버린다. 우리가 우리의 감정을 분노 대신 슬픔이라 부를 때, 우리는 무엇이 잘못되었는지를, 특히 변화를 꿈꾸고 추구하는 의욕이 꺾이는 것을 인지하지 못한다. 슬픔이라는 감정은 수용과 짝을 이룬다. 반면 분노는 변화의 가능성, 반격의 가능성을 부른다.

그때 딸에게 가르쳐주고 싶었던 것은 그애에게 화를 낼 모든 권리가 있다는 것, 나중에는 그 분노에 주의를 기울여달라고 주변의 어른들에게 요구할 모든 권리가 있다는 것이었다. 그래야만 이 세상에 요구할 권리가 있다고 느낄 테니까.

2장

여자는
토스터가
아니다

왜 너는 나를 보지 못하지?
다른 모두가 나를 보는데.

—워선 샤이어, 「화」
(비욘세의 영화 〈레모네이드〉에서)

몇 년 전, 뉴잉글랜드의 한 중간 규모 대학 특강에서 학생들과 페미니즘, 젠더, 폭력에 대해 이야기를 나눈 적이 있다. 젠더불평등에 대한 학생들의 의구심을 걷어내는 생생한 대화가 오가는 자리였다. 한 시간가량 이야기를 나누며 우리는 고정관념과 편견과 차별이 어떻게 다른지를 풀어나갔다. 서사를 짜는 방식에 따라 정보를 이해하는 방식이 달라진다는 것도 함께 고민했다. 그러다 우연히 대화 주제는 소셜미디어로, 그 강의실에 있는 학생 모두 개인적으로 겪어본 현상, 섹스팅*으로 넘어갔다.

　10대의 약 20퍼센트는 자신의 성적인 사진을 공유한다. 24세가 되면 이 수치는 33퍼센트로 늘어난다.[1] 직접 보내거나 받아본 적은

---

* sexting, 성적인 내용이나 사진을 담은 메시지를 제작, 교환하며 대화를 나누는 행위.

없더라도 대부분의 학생이 그런 사진을 접한다. 섹스팅은 언뜻 '평등해' 보이지만 사실은 그렇지 않다. 고작 11, 12세의 연령에도 사진을 공유하는 남자아이의 비율은 여자아이의 2~3배에 달하며, 이때 공유되는 것은 주로 당사자의 동의를 구하지 않은 여자아이 사진이다.[2] 남자아이들은 또한 다른 남자아이로부터 여자아이 사진을 받고 공유하는 경향이 훨씬 강했다. 여자아이들은 나체 사진을 공유하는 것을 극도로 부담스러워한다. 같은 이유로 반라의 여자 사진이 표지에 실린 잡지가 반라의 남자 표지보다 잘 팔렸고, 여자아이들의 휴대폰 사진은 훨씬 거래가치가 높았다. 남자아이들은 사진을 신용카드처럼 사용했다. 10대들은 이런 상황에선 여자아이들의 사회적 평판이 훨씬 더 악화되기 쉽다는 편파성을 인지하고 있었다. 그러나 그 편파성을 불평등, 성차별, 폭력, 우위와 연관짓지 않았다. 얼굴이 나오지 않은 사진일지라도 당사자의 프라이버시와 안전을 지키기에는 역부족임에도 불구하고 말이다. 『나는 난잡하지 않다*I Am Not a Slut: Slut-Shaming in the Age of the Internet*』의 저자 리오라 태넌바움은 이렇게 설명한다. "중고등학교 여학생들은 나체 사진을 보내달라는 남자아이의 요구에 응해야 할 것 같은 부담을 느끼곤 한다. 원해서 보내는 게 아니라 보내야 할 것 같아서 보내는 것이다. 이런 교환은 여자아이들의 평판을 팔아 남자아이들의 인기를 높이는 경향이 있다. 여자아이들 사진을 게임카드처럼 각각에 값어치를 매기며 모으는 남자아이들도 있다. 본질적으로 이는 여자아이를 성적 대상으로 취급하고, 주변의 기대에 따라 행동했다는 이유로 벌을 주는 것이다."[3]

이러한 패턴에서 짐작되는 성차별은 실제로 존재하며 특정한 형태의 폭력에 일조할 잠재적 가능성이 있다는 의견을 꺼내자 강의실 뒤편 열아홉 살 남학생이 물었다. "제가 토스터 사진을 공유하는 거랑 여자친구 벗은 몸을 공유하는 거랑 무슨 차이가 있죠? 어쨌든 제 사진이잖아요."

농담이었을 수도 있지만, 그의 얼굴은 무표정했다. 주변의 다른 남자아이들은 답변을 기대하고 있었다. 다른 학생이 물었다. "그러니까, 어쨌든 본인이 사진을 줬다면요. 그 여자는 대체 뭘 기대하는 거죠?" 나는 누군가가 이 의견에 반대하는지 보려고 기다렸다.

토스터라는 단어를 고르다니 놀라웠다. 그 학생은 사진 속 여성을 정말 실질적인 도구인 토스터와 동등하게 보았다. 자기결정능력이 결여된, 사용되길 기다리는 무생물. 우연히도 토스터는 소비할 수 있는 즐거움을 따뜻한 틈새로 생산하는 도구였다. 만약 여성이 토스터와는 달리 존중받아야 할 어떤 선이 있다 해도, 주체에서 객체로 슬며시 전환되는 사이 그 선은 손쉽게 사라질 것이었다. 나는 몇 분이 안 되는 그 시간 동안 질문에 어떻게 답을 해야 할지 몰라 말문이 막혔고 웃음이 나왔다. 여자와 토스터는 다르다. 정말 이걸 설명해야 했던 걸까? 소리를 내서?

다른 학생들은 그 질문에 심드렁했다. 사진의 소유나 테크놀로지 이용이 문제가 아니라, 여성을 사람으로 보지 않는 관점이 문제란 사실에 무심한 게 분명했다. 아무도 여성이 보일 감정 반응이나 여성의 동의, 프라이버시, 독립성 등을 언급하지 않았다. 그날의 대화는 내내 남성의 소유할 권리와 재산권에, 그리고 한 남학생이 주장한 "표현의 자유"에 집중되었다.

아무도 그 남학생의 무신경함이나 그 말이 의미하는 것에 분노하지 않는 듯했다. 강의실에 있던 여학생들은 개인적으로는 모욕감을 느끼고 화가 났을 수도 있었겠지만 아무도 입을 열지 않았다. 그 남학생의 질문에서 드러나는 경멸은 자신들과 관련이 없는 것이었다. 그의 말은 완연히 성별을 구분짓고 있었지만 학생들은 성별에 따라 다르게 반응하지 않았다. 그의 주장은 깊이 들어가자면 지위의 상대성에 관한 것이었다. 거기서 나는 안전과 건강, 신체의 자기결정권 및 다른 많은 현실적 결과에 대한 위협을 보았다. 어쩌면 여학생들은 그를 쓰레기라 여길 뿐 아무 위협이나 모욕감을 느끼지 못했는지도 모른다. 존엄이라는 문제는 전혀 화제에 오르지 않았으니까.[4] 내가 모욕이라 느껴도 다른 사람들은 아닐 수 있었다.

모욕은 분노를 유발하는 가장 흔한 요소인데, 우리가 의식하든 아니든 모욕은 사회불균형을 만들어내기 때문이다. 왜 그 여학생들은 모욕감을 느끼지 않았을까? 그 남학생의 질문은 전적으로 가상의 시나리오에 바탕을 둔 것이었지만 특별한 것도 아니었다. 동의하지 않은 사진 공유로 인해 시달리고 학대받는 피해자의 압도적 다수는 여성이다. 사실 이 문제는 너무 흔해서 그 유명한 오칭誤稱 "리벤지 포르노"로 불리기도 한다. 분개심은 대체 어디로 간 것일까?

분개심을 유발하려면 토스터 남학생이 규범을 거슬러야 했지만, 그는 그러지 않았다. 오히려 규범을 더욱 굳건히 지켰다. '여성' '존엄' '권리' 간의 관계는 '남성' '재산권' '표현의 자유'의 관계보다 훨씬 약하다. 사실 분개한 사람이 있다면 그것은 토스터 남학생이었고, 친구들은 그의 분노를 단단히 받쳐주고 있었다.

분개심은 모욕을 당하고 존엄성이 위협받는 상황에 나타나는 강렬한 감정 반응이다. 그것은 부당한 대우를 받고 있다는 믿음에 기반하는 특정한 종류의 분노다. 분개할 수 있으려면 자신의 가치를 확실히 알아야 하고, 동시에 어떤 가치 있는 기준이나 규범이 침해당했다는 것도 확실히 알아야 한다. 누군가를 모멸한다는 것은 그를 부끄럽게 만들거나 자긍심을 잃게 하는 것이다. 이는 수치심, 당혹감, 체면 상실, 자존심 상실의 핵심이다. 비인간화와 폭력의 최전선인 것이다.

타인에게 도움이 되는가라는 기준으로 스스로를 바라보는 방식을 체득하면 모욕을 가늠하는 능력을 잃어버리고, 그러면 기대가 존재하지 않게 된다. 기대가 없다는 것은 침범할 것도 없다는 말이며, 침범이 없다는 것은 화를 내는 반응도 없다는 말이다. 이 순환은 돌고 돈다.

그 남학생의 발언에서 드러난 유형의 대상화는 여성들에게 매일 수치와 분노를 불러일으키지만 우리는 대상화도, 우리의 감정도 빈번히 무시한다. 왜냐하면 모욕을 당했다는 생각이나 존엄성 있는 존재로 대접받길 요구한다는 발상조차 특정 유형의 여성성과 조화를 이루기 어렵기 때문이다. 사실 모멸은 여성성 속에 포함된 것처럼 느껴지곤 한다.

✖✖

평범한 사람에게 "여자도 인간인가요?"라고 물으면 비웃음을 산다. 질문을 던진 당신은 바보로 의심받을 것이다. 여자도 분명 인간이기에. 그러나 이는 타당한 질문이다. 우리 대다수는 여성이 인간의 경계에 존재한다는 것을 인지하고 있기 때문이다. 이는 타당한 질문이다. 여성의 몸은 평등을 부정하는 방식으로 취급되기 때문이다. 체모 없는, 가냘픈, 결박된, 구타당하는 여성의 이미지를 보지 않고 하루를 보내기란 사실상 불가능하다. 제대로 보려고 잠시 멈추면 가끔은 토막난 몸들이 머릿속으로 밀려온다.[5] 우리의 몸은 장난감에서 옷, 음식에서 게임에 이르기까지 모든 것을 마케팅하는 데 이용된다. 여성은 사람들이 식사하는 테이블처럼, 앉을 수 있는 의자처럼, 탈 수 있는 자전거처럼 포즈를 취한다. 이는 주류 포르노그래피의 성차별적이고 인종차별적인 페티시즘으로, 그렇게 폭력은 가장 통속적인 방식으로 빈번히 성애화된다.[6] 여성의 몸은 머리 없이 나타나곤 한다. 머리도 없고, 뇌도 없다. 머리도 없고, 입도 없다. 머리도 없고, 입도 없고, 아무런 이의 제기도 없다.

살아가면서 한순간도 빠짐없이 우리 여성들은 겉모습을 평가받으며 외모에 관한 엄격하고 잔혹한 룰을 강요당한다.

6세가 되면 대부분의 미국 여자아이들은 자신의 몸을 성적 대상으로 생각하고, 호감을 사기 위해 신체노출로 성적 매력을 강조하는 옷을 입고자 하는 욕구를 보인다.[7] 5세 여자아이의 35퍼센트 가까이가 음식섭취를 자제하는데, 그중 28퍼센트는 미디어에서 접하는 이상적인 몸을 원하기 때문이다.[8] 어떤 연구에 따르면 20퍼센트 미만의 여자아이들만이 자신이 이상적으로 마르지 못했다는 생각에 반대했다. 절반 이상은 자신이 너무 뚱뚱하다고 생각하며, 이 경향은 전 세계 공통이다.[9] 어느 연구에 의하면 설문에 참여한 대다수 여자아이들이 화를 내는 것과 못생겨지는 것 사이에 유의미한 관계가 있다고 믿었다. 그래서 화가 날 때면 그들은 무의식적인 반응으로 저녁을 굶거나 간식과 급식을 버리는 등의 행동을 보였다.[10] 화를 내는 것과 못생긴 것의 상관성은 타인의 호감을 사서 더 매력적인 사람이 되고 싶은 욕구, 못생긴 것의 대척점에 있는 '예쁜' 사람이 되고 싶은 욕구와 빈틈없이 맞물린다.

이상적인 여성미를 따라야 한다는 압박감은 사실 피할 수 없다. 누군가를 만나 인사할 때, 어떤 맥락에서든 여자아이가 듣는 말 대부분은 외모에 대한 것이다. "옷 너무 예쁘다!" "눈이 아름다워!" "저번처럼 웃어볼래?" 영화와 방송에 관한 연구에 의하면 여성은 외모에 관한 코멘트를 남성보다 5배 더 많이 듣는다.

아무도 여자아이들에게 이런 압박이나 고정관념에 어떤 영향을 받는지, 즉 그들의 생각과 말, 성격, 포부보다 외모가 중요시되는 것을 어떻게 느끼는지 물어보지 않는다.[11]

7~21세의 영국인 2000여 명을 상대로 실시한 2015년 설문조사에 의하면, 여자아이들의 55퍼센트가 자신의 성별 때문에 말하는 데 제약이 있다고 밝혔다. 57퍼센트는 성별에 따른 기대치가 학교에서의 행동이나 입을 옷을 결정한다고 응답했다. 실상활에서 맞닥뜨리는 외모평가는 수치심을 동반한다.

내 딸들이 네 살, 여섯 살이던 여름, 우리는 바닷가로 놀러가 해변을 오래 걸었다. 날은 무더웠고, 태양이 불타올라 투명한 바닷물과 눈부신 모래가 빛을 튕겨낼 정도였다. 비키니 하의만 입은 아이들은 모래성을 쌓고 바다에 뛰어들기를 반복했다. 해변에는 아무도 없었다. 멀리 어떤 여자가 아들을 데리고 우리 쪽으로 천천히 다가오는 게 보였다. 아이는 딸들과 비슷한 또래였다. 이제 아이들은 모여서 물속에서 같이 놀았지만 말은 하지 않았다. 남자아이의 엄마와 나는 각자 위치에서 멀리 떨어져 손을 흔들고 웃어주었다.

나는 우리가 그저 스쳐지나가리라 생각했지만, 아이들에게 가까워졌을 때 그 아이의 엄마가 크게 외쳤다. "너희들 위에도 입어야지." 처음에는 그 말을 이해하지 못했다.

"고마워요. 그런데 선크림을 발랐어요." 내가 말했다.

"여자애들이잖아요." 그녀가 말했다. 딸들을 가까이서 보고야 안 것이었다.

나는 할말을 잃었다. 내가 만약 그 말은 명백히 성차별적이고 아이들을 성적 대상화하는 것이라고 시간을 들여 설명했다면 그녀도 똑같이 할말을 잃었을 것이다. 해변에 있는 네 아이는 신체적으로 구분이 되지 않았고 똑같이 활발했다. 내가 내 딸들의 그 무시무시하게 유혹적이며 타락한 육체로부터 자신의 아들을 구할 기미가 없어 보이자 그 엄마는 팔을 잡아 당겨 아들을 물에서 빼냈다. 나도 상의를 벗어던져버려야겠다는 생각이 들려던 찰나, 그들은 휭하니 사라져버렸다. 공격의 형태는 다양하다.

수치shame라는 단어의 어원이 서게르만어의 '가리다'에서 왔다는 사실은 주목할 만하다.

지난 이십 년간 '강한 것이 새로운 아름다움이다'라는 걸파워 캠페인과 사회운동이 돌연 일어나 우리가 흔히 보아왔던 성정체성을 형성하는 언어와 이미지의 포화에 맞섰다. 주요 브랜드들은 여성의 힘과 운동기량, 야망을 선전하고 있지만 성차별과 인종차별의 기류는 여전히 강하게 남아 있다.

나의 딸들이 자랄 때 이런 사건은 비일비재했고 학교에서도 마찬가지였다. 학교는 여자아이들의 외모에 대한 관심이 어린 나이에 성적 대상이 되는 부적절한 결과로 이어지는 곳이었다. 여자아이들의 성적 대상화를 막아보려 복장규정을 두기도 하지만 이는 오히려 성적 대상화에 기여하기도 한다. 성인들은 여자아이들이 자신이 성적으로 매력적인 존재 그 이상임을 자각하기를 진정으로 바라지만, 몸과 피부의 노출을 막는 방식으로 여자아이들에게만 복장규정을 편중시켜 외려 주변 이성애자 남성의 시선을 끌고 정확하게 성적 대상화에 기여하는 것이다. 내 아이들과 그 친구들은 7학년 담임교사가 따로 불러 치마 길이 및 앉아 있을 때 자세 등을 이야기하기 전까지, 그것도 적절한, 직업여성, 시선을 끄는 같은 표현을 사용해서 말하기 전까지 아무도 남성의 성적 권리에 대해 고민해본 적이 없었다. 즉 학교는 본질적으로 이성애자 남학생의 관점을 우선적으로 정당화한다. 이성애자 여학생이나 LGBTQ 학생의 시선을 끄는 것은 대화의 주제가 아니다.

복장규정은 일상적인 성적 대상화 중 하나로, 모든 학생들에게 영향을 미친다. 7학년에서 12학년 사이 여학생의 거의 절반(48퍼센트)이 일종의 성적 괴롭힘을 주기적으로 겪는다고 응답했고, 이런 경험을 겪은 여학생의 56퍼센트는 성적괴롭힘이 "물리적이며 개인의 영역을 침범하는" 형태였다고 답했다. 주변부 정체성이 둘 이상 있는 여자아이와 성인 여성은 더욱 잦은 괴롭힘을 경험한다. 미국의 흑인 여성은 직접적인 성적 대상화를 더 자주 겪으며,[12] 라틴계 여성 역시 마찬가지라고 꾸준히 보고되고 있다.[13] LGBTQ 학생들은 복장규정처럼 제도화되고 은폐된 성적괴롭힘의 가장 빈번한 표적이 된다.[14]

✖✖

어떤 사람들은 여성도 인간이라는 건 의심의 여지가 없지만, 다만 그 사실이 너무 진지하게 받아들여지는 것은 문제라고 생각한다. 탄생과 죽음, 부패를 떠올리게 하기 때문이다. 우리의 육체성, 즉 여성의 체액과 피, 모유는 공포를 유발하며, 이에 대한 방어적 반응으로 여성은 대상화된다.[15]

대상화가 어떤 형태인지는 결국 중요하지 않다. 중요한 것은 그 다면적인 영향이며, 가장 심각한 것은 목소리를 내야 할 곳에서 목소리가 제거되는 것이다. 여자아이들은 타인을 우선해야 한다는 기대치가 주입되기 때문에 타인의 관점과 요구를 자신과 동일시하는 습관이 제2의 천성이 되곤 한다. 이런 사회화는 자기대상화와 자기감시라는 과정을 통해 대상화의 내면화를 제2의 천성으로 만든다. 여성 개개인에 따라 정도는 다르지만, 우리는 모두 신체에 대한 문화의 지나친 검열과 편파적인 이해를 받아들여 자기 자신을 지나치게 검열하고 파편적으로 이해한다.

타인에게 어떻게 보이는지 생각하고, 스스로를 다른 여성 또는 이상화된 아름다움과 비교함으로써 자기대상화와 자기감시는 경계의 메커니즘이 된다. 높은 비율로 자기대상화와 자기감시는 억제된 분

우리의 분노는 길을 만든다

노, 자기침묵, 그리고 그 부작용과 연결된다. 이상적이고 완벽한 상태에 도달하는 것이 불가능하고 상태의 악화를 피하는 것도 불가능하므로 여성은 습관적으로 자신의 결점을 찾는다. 10대들에게 설문조사를 실시한 결과 여자아이의 94퍼센트가 자신의 몸이 매력적이지 않고 부적절하며 잘못되었다고 생각한 반면, 그렇게 생각하는 남자아이는 전체의 64퍼센트에 그쳤다.[16] 자기 몸에 대해 여성이 느끼는 불만, 혐오, 분노, 수치심은 너무나 보편적이어서 연구자들은 이러한 감정을 통틀어 "규범적 불만족"이라 부른다.[17]

2012년의 어느 영향력 있는 연구에 의하면, 자신의 성이나 성정체성에 상관없이 참가자들은 여성의 이미지를 볼 때 부분별로 나눠 인식하지만, 남성의 이미지는 통합해 인식했다.[18] 전전두엽은 타인과 타인의 의도, 감정, 행동을 사고하는 뇌의 한 부위다. 많은 남성들이 비키니 같은 의상을 입고 성적 대상화하는 포즈를 취한 여성을 보기만 해도 전전두엽 피질이 비활성화된다. 대신 양전자방출단층촬영에서 빛을 발하는 곳은 펜이나 공과 같은 무생물을 바라볼 때 반응하는 부분이다. 연구자 수전 피스크가 "충격적 발견"이라고 표현했던 어느 연구 결과, 일부 남성은 타인의 의도를 생각할 때 활성화되는 부위가 전혀 빛을 발하지 않았다.[19] 이런 방식으로 여성을 보는 남성일수록 적대적인 성차별의 정도가 높다는 것은 전혀 놀라운 사실이 아니다.[20] 암묵적 편견 테스트에서 성적으로 대상화된 여성을 본 남성은 이후 여성을 묘사할 때 창녀, 씨발년, 난잡한 년, 씹년 등 성별에 기반한 욕설을 더 많이 사용하는 것으로 나타났다.

토스터 남학생이 질문을 던졌을 때 그의 말은 강의실에 있던 모두에게 즉각적 영향을 끼쳤다. 그 순간 여성들은 선택을 해야 했다. 벌거벗은 채 공유되는 사진 속 여성을 하나의 대상으로 생각할 것인가, 아니면 우리 자신으로 생각할 것인가? 자발적이든 아니든 우리는 자기감시를 한 것이다.

여성의 사고는 자기대상화로 인해 손상된다. 가령 성적으로 대상화된 사진은 여성들이 자신의 신체를 감시하고 수치심과 자존감을 다루는 데 정신적 에너지를 쏟게 만든다. 또한 성적으로 대상화된 여성이 자신이 소외된 계층의 일원이라는 것을, 즉 본인의 의지와 상관없이 결국 귀속되고 마는 계층의 일원이라는 것을 누군가 알게 되면 그녀는 자기 때문에 집단의 부정적인 이미지가 굳어질까 불안해한다. 하지만 상황은 정확히 그녀가 염려한 대로 흘러간다! 이 과정을 고정관념위협stereotype threat이라고 한다. 이는 인지처리를 적극적으로 방해하고, 초생산적인 정신상태인 '몰입flow'에 도달하는 것을 거의 불가능하게 만든다.[21]

자기대상화를 하는 여성은 몸의 변화를 알아차리는 것도 더 어려워한다. 가령 그들은 화가 나서 심장박동이 증가하거나 근육이 수축해도 생리학적 변화와 그 의미를 알아차리는 능력을 잃는다.[22] 자기대상화 점수가 높은 여성들은 심지어 심장박동수를 세는 것도 어려워한다. 결국 자기대상화는 분노를 인지하는 능력도, 분노에 반응하는 능력도 떨어뜨리는 것이다.[23]

그러나 분노는 일상에 암흑물질처럼 스며든다. 성적 대상화 이미지는 조금만 노출되어도 여성에 대한 부정적인 감정을 강하게 심어준다.[24] 노출이 과한 여성의 사진을 본 여성들은 더 높은 수준의 공격성, 분노, 신체불만족, 슬픔을 느낀다. 여성들은 자신의 몸에 대해 강한 부정적 감정을 느끼고 불행하다고 생각할 뿐만 아니라 자신이 무력하고 영향력이 없으며 무능하다고 느낀다.[25] 자존감과 신체자신감이 낮은 여자아이들은 절반 이상이 현저히 낮은 수준의 단호함을 보인다.[26]

여성의 '정신' 문제로 여겨지는 수많은 것들에 비하면 대상화가 낳는 즉각적이고 일시적인 문제는 미미해 보일지 모른다. 그러나 이 문제들은 대상화와 분노가 결합될 때 두드러진다.

✳✖

여성은 불안, 우울, 자해, 섭식장애, 신체개조욕구, 성기능장애 등을 남성보다 높은 비율로 경험한다. 이 모든 현상의 기저에는 세 가지 쟁점이 있다. 자기감시, 자기침묵, 억눌린 분노.

예의 질환과 대상화, 분노 사이에 직접적인 인과관계는 없다. 하지만 자기대상화와 내면화된 분노를 측정해 통합하면, 여성들이 그 심리질환들을 겪을 것이라고 정확히 예측, 진단할 수 있다.

분노표출능력의 결핍은 우울과 불안의 주요 요소다. 자기침묵은 그 자체로 우울증의 주요 양상으로 이해된다.[27] 사춘기 전 미국 아이들의 우울 발생 빈도는 남녀가 거의 똑같다.[28] 그러나 12~15세가 되면 여자아이들은 3배 넘게 우울을 호소한다. 불안 관련 장애 역시 여자아이들이 남자아이들보다 훨씬 많이 진단받는다.[29]

섭식장애가 있는 사람들은 또한 높은 수준의 자기침묵을 보인다.

자신의 감정보다 타인의 필요를 우선시하는 경향도 현저히 높다. 여러 나라에서 시행된 연구에 의하면, 마르고 하얀 것이 아름답다는 이상은 전 세계 여성들에게 부담을 지운다.[30] 1930년 이래 십 년마다 10대 여자아이들의 거식증은 증가세를 보였다. 임상적 섭식장애의 성비는 여성과 남성이 9대 1이다.[31] 연구에 의하면 대략 10대 여자아이 3명 중 1, 2명은 완하제와 알약을 사용하거나 단식 혹은 식이제한을 통해 체중을 조절하는 것으로 밝혀졌다. 반면 남자아이들의 경우 그 비율이 증가하는 추세이기는 하지만 오직 3분의 1 미만이 그런다고 밝혔다.[32] 성인의 경우 여성의 절반이 "빠른 체중 감소"를 위해 완하제를 써본 적 있으며 60퍼센트 이상은 "건강에 나쁘다"는 사실을 알고 있었다.[33] 또한 슬프거나 화가 난 여성은 남성의 경우보다 충동적으로 먹었다.

저체중도 사회적 차별과 연관된 식이장애지만 비만만큼은 아니다. 연구에 의하면 비만은 가난 및 식습관과 관련 있지만 동시에 차별에 대한 스트레스 반응과도 관련이 있다.[34] 아프리카계 미국인 여성은 비만율이 특히나 높다. 식습관과 관련된 건강지표가 두루 열악한 것을 통해 내면화된 분노와 신체감시가 높은 수준임을 알 수 있다.[35]

신체이미지, 수치감, 무능감 간의 연관성은 LGBTQ 커뮤니티의 우울증이나 식이장애 증가에도 영향을 미친다.[36] [37] 사회적, 종교적 압력은 게이, 레즈비언, 트랜스젠더들에게 내면화되어 갈등을 유발하며 자기대상화와 수치감이라는 형태로 그 모습을 드러낸다.

자해 경험이 있는 사람들 대다수 또한 여성이다.[38] 15~24세의 1만

5000명을 대상으로 한 2017년 연구에 따르면 여자아이들은 고의적으로 자해를 하는 경향이 남자아이들보다 3배 많다.[39] 자해하는 사람들은 망가진, 결함 있는, 고통받아 마땅한 등으로 자신을 묘사한다. 스스로에게 고통을 가하려는 욕망은 자기혐오, 무가치하다는 느낌, 표현되지 못한 분노와 직접적인 관련이 있다. 2016년 영국에서 작성된 어느 보고서에 따르면 10대 여자아이 6명 중 1명은 자해 경험이 있다.[40]

자살에도 분노가 스며들어 있다. 여자아이들은 남자아이들보다 자살사고 빈도가 2배 더 높지만 남자아이들이 전통적으로 더 위험하고 치명적인 방법을 사용하기 때문에 사망률은 여자아이들의 4~5배에 이른다. 그러나 미국의 10~14세 여자아이들의 자살률은 2000년에서 2015년 사이에 3배 증가하여 같은 기간 10대 자살률의 전반적 증가에 공헌했다. 많은 주요 언론이 오피오이드 남용부터 경제적 스트레스, 우울증, 충동조절 실패 등을 전반적인 자살률 급증의 원인으로 언급하지만, 이를 젠더와 관련된 현상으로 보거나 분노와 자살 사이에 명확한 인과관계가 있다고 보는 경우는 드물다.[41]

✖✖

낮은 자존감, 여자아이들이 자기 몸에 갖는 불만, 감정적 고통 또는 불쾌감에 대해 이야기할 때 우리가 전하고자 하는 것은, 그러나 큰 소리로 말하기를 꺼리는 것은 바로 너무나 많은 여성이 스스로를 열등하고 부족하다고 느낀다는 것이다. 이런 감정은 고통을 초래한다.

'문제'가 있는 사람 대다수는 여성이고, 당연히 여성은 남성보다 심리적, 정신적 도움을 구하는 경향이 높다. 여자아이들과 마찬가지로 성인 여성들도 분노가 주된 원인인 질병으로 고생한다. 여자아이들과 마찬가지로 성인 여성들도 자신이 불완전하다는 느낌에 소진되고 늘 자신이 타인에게 어떻게 보이는지 생각하느라 정신적 기력을 소모한다. 여성은 본인의 능력에 대해 불안해하는 가면증후군에 시달리며, 자신이 동료보다 능력이 떨어지고 준비가 덜 됐으며 성취도가 낮다고 느낀다. 일에 대한 보상을 포함하여 자신이 좋은 것을 누릴 '자격이 있다'고 믿지 않는다. 정신적 고통에 관한 보고서에 따르면, 어떤 젠더불균형은 남성이 자신의 취약성을 인정하고 도움을 구하지 않는 경향에서 비롯한다. 하지만 보다 정밀한 연구는, 여성이 더 높은 비율로 정신적 고통을 겪는 이유가 더 많은 스트레스와 분노 때문이라는 결과를 꾸준히 내놓고 있다.

우울증은 '조용한 분노발작'으로 묘사되어왔고,[42] 전 세계적으로 여성은 남성보다 7배 더 우울을 경험한다.[43] 일생 동안 33퍼센트의 여성이 불안장애를 경험하는 데 비해 남성의 경우는 22퍼센트가 불안장애를 겪는다.[44] 트랜스젠더나 논바이너리 등 젠더비순응자들과 동성애자들은 더 높은 수준의 정신적 고통을 겪는다.[45] 전체 인구에서 불안과 우울을 호소하는 비율은 7~20퍼센트인 반면, 젠더비순응자들은 약 50퍼센트가 불안과 우울을 호소한다. LGBTQ 커뮤니티의 자살률은 전국 평균보다 9배 높다.

웨이크포레스트대학의 사회학자 로빈 W. 사이먼과 다트머스대학의 캐스린 라이블리는 2010년 발표한 공저 논문 「성性, 화, 우울증」

에서 여성들을 불안, 우울, 자해에 묶어놓는 분노의 뿌리는 가정 및 사회에서 꾸준히 맞닥뜨리는 불평등에 있다고 말한다. 정신적 고통은 낙인, 차별, 학대와 관련 있으며 모두 스트레스와 깊은 분노를 유발한다. 여성은 그 분노를 꾸준히 억눌러 자신 안에서 맴돌게 한다.

불안, 우울, 자해 발생의 젠더격차는 1장에서 논의한 유년기의 자기대상화, 수치감, 내면화된 분노의 상당한 젠더격차가 선행된 결과다. 이 습관들은 반추행위와 흡사한 특성을 보인다. 지속적이고 반복적이며, 대개는 부정적인 사고가 바로 그것이다. 임상적으로는 반추하는 경향을 우울증의 전 단계로 본다. 그런데 많은 여성이 바로 그런 방식으로 분노를 대한다. 반추는 여성들이 높은 빈도와 강도의 분노를 느끼는 원인이다. 다시 말해 규범적 여성성은 높은 확률로 정신적 고통, 무력감, 무능감을 유발하며, 이 모두는 수치심으로 이어진다.

여성은 남성보다 수치심을 더 많이 느끼며, 남성은 그보다는 죄책감을 느낀다고 말하는 경향이 있다. 죄책감은 자신에게 통제권이 있지만 이를 제대로 행사하지 못했다고 생각하는 사람이 보이는 반응이다. 반면 수치심은 통제할 수 있다는 기대가 없음을 의미한다. 당신이, 당신의 본질과 존재가 잘못되었다는 느낌을 말한다.

분노와 수치심은 종종 역동적으로, 즉 상호적으로 작용해서 분노가 수치심을 가리기도 하고 수치심이 더 많은 분노를 초래하기도 한다.[46] 이런 관계는 연구를 통해 더욱 넓은 의미에서 풍부하게 설명된다. 다음은 어떤 세부연구가 수치심을 느끼는 사람에 대해 묘사한 것이다. 그들은 "비난, 조롱, 비판, 노골적인 굴욕을 경험하는 정도에 따라 타인과의 관계를 엄격히 평가하는데, 그 과정이 억압적이고 지속적이기 때문에 괴로움을 느낀다". 수치심을 쉽게 느끼는 환자는 "인정받지 못하거나 모욕, 학대, 굴욕을 당하는 것에 분개하며" 이는 "적대적이고 과잉경계하는 심리상태"를 유발한다. "(……) 수치스러운 자아는 작고 약하고 나쁜 것으로 여겨진다." 수치심을 쉽게 느끼는 경향 및 분노를 치료할 때는 자신이 "온전하고 충분하며 본질적으로 존재할 가치가 있다는 것"을 느끼게 하는 방법이 도움이 된다.[47] 이들이 느끼는 문제야말로 대상화와 전통적 여성상의 사회화가 초래한, 진정한 타개 대상이라 할 수 있다.

수치심은 생리부터 섹스까지 여성의 가장 내밀한 경험에도 영향을 미친다. 신체에 대한 대상화된 관점을 내면화한 여성은 신체기능에 심한 혐오감을 느낀다. 심지어 임신에 대해서도 그렇다.[48] 대상화와 자기감시는 여성의 성기능장애의 위험을 높이기도 한다. 섹스를 즐기고 파트너와 교감하여 성적 만족을 얻기보다는 자신의 몸이 무슨 냄새가 나고, 상대에게 어떻게 느껴지고 어떻게 보이는가에 주의가 쏠려 자신의 쾌락은 생각하지 못한다.

나이로 인한 수치심 또한 주로 여성에게 문제가 된다. 여성은 폐경기가 가까워지면서 지방과 근육의 비율이 변하고 자연스럽게 체중이 늘어나는데, 이때 10대 여자아이들과 동일한 불안과 증상을 보인다. 노화의 과정은 여성의 '결함'을 가시화하고 심화한다. 그래서 노화는 자연스러운 과정임에도 여성에게는 두렵고 혼란스러우며 어려운 것이 된다.[49] 분노를 억누르고 대상화를 내면화하는 경향은 중년의 자존감 하락과 정신적 고통 증가와 관련이 있으며, 이는 어린 여자아이나 성인 여성 모두 마찬가지다.

그러나 여성이 느끼는 분노와 공격성은 수없이 많은 뷰티제품에 의해 언제든 완화될 수 있다. 제품 일부는 외양으로 드러나는 분노를 영구히 없애는 장점까지 있다. 여성이 화가 나더라도 그녀의 얼굴을 보고 알아차리는 사람은 없어야 한다. 여성의 얼굴은 주름 하나 없이 무표정하고, 가끔은 실제로 마비되어 있다.

2015년 소위 "멍하니 있는 쌍년 얼굴Resting Bitch Face"이라 불리는 '뚱한 얼굴'을 고쳐준다는 성형수술이 뉴스에서 보도되었다.[50] 성형수술, 얼굴운동, 심지어 '페이스요가' 등은 강렬한 감정, 특히 분노를 드러내는 것은 나쁘며 여성의 매력을 떨어뜨린다는 의식을 반영하고 있다. 갱년기 여성을 대상으로 하는 항우울제 광고는 그들도 평온하고 침착해질 수 있다고, 그리고 본질적으로 보기 좋아질 수 있다고 부추긴다.[51] 로션, 크림, 주사에는 '진정'시켜주고 '차분'하게 만들어주는 효과가 있다. 좋은 스킨케어, 즉 '성난' 발진 또는 질감을 없애는 것은 신체의 감각뿐만 아니라 감정단련까지 꼼꼼하게 관리하는 일이 되었다. 심지어 우는 행위도 이런 기대에서 자유롭지 않다. 위키하우 사이트의 〈예쁘게 우는 방법〉 항목은 "예쁘게 울어보는 것은 어떨까?"라고 말하며 "미소를 짓고 행복한 생각을 해라" "소리를 내지 마라" "잠깐 살짝 웃어라" 따위의 방법을 제안한다.

여성이 아기 같고 아이 같아야 한다는 믿음은 여성이 자기 자신을 신체적으로 아이 취급한다는 것을 의미한다. 여성들이 추구하는 몸과 마음의 부드러움, 매끈함, 유연함은 매력의 문제만은 아니다. 영원토록 젊어 보인다는 것은 삶의 풍화를 제대로 겪은 것으로 보이지 않는다는 뜻이다. 권위를 획득한다거나, 주변 사람이나 자기 자신에게 필요한 전문성, 지혜, 기술을 계발하는 삶의 풍화 말이다.

사회학자 디나 조바넬리와 스티븐 오스터택은 미디어를 여성들이 스스로 훈육하게 만드는 "화장품 판옵티콘"이라 묘사한다.[52] 철학자 샌드라 리 바트키 역시 비슷한 설명을 했다. "이러한 자기감시는 가부장제에 순응하는 방식이다. 여기에는 자신이 남자와는 다르게 감시받고 있다는 현실, 타인을 기쁘게 하거나 흥분시키도록 고안된 신체가 자신의 어떤 정체성보다 중요하다는 현실에 대한 여성의 인식이 반영되어 있다."[53]

여성은 스스로 '더 나은 기분이 드는' 쪽으로 신체를 적응시키려 하기 때문에 미용과 화장품 문화에 대한 비판은 여성 자신에 대한 비판이 되곤 한다.[54] 그러나 남성의 외모에 대한 관심이 아무리 커지고 있다 해도 남성이 주로 운영하고 남성의 지갑을 채워주는 산업이 만들어낸 규범에 의해 일상이 형성되는 이들 대부분이 여성이라는 사실은 자명하다.

특히 미국을 비롯한 선진국 여성은 영원히 촉촉하고 주름 없는 피부에 대한 압박에서 벗어나지 못한다. 실제로 그들은 기준을 따르는 것, 즉 '착한 것'에 대해 보상을 받는다. 학술지 『사회계층화 및 이동성 연구Research in Social Stratification and Mobility』에 실린 최근의 한 연구에 의하면, 여성이 몸단장에 더 많은 돈과 시간을 쓸수록 업무성과에 상관없이 연봉이 높았다. 이전의 이론들은 매력적일 때 누릴 수 있는 이점에 집중했지만 이 연구는 매력적인 것과 외모에 투자하는 것은 별개임을 밝혀냈다. 연구자들의 추측에 따르면 화장은 여성 자신이 사회적 규범, 젠더고정관념, 여성의 행동을 감시하는 사회의 관습

에 반응하고 있다는 신호지만, "그 방법은 여성이 실제로 힘을 획득하는 것을 방해한다".[55]

나 역시 이런 사실을 머리로는 알고 있지만, 그 무엇에도 면역력이 있지는 않다. 나는 메이크업을 좋아하고, 여성스러운 것, 매력적으로 보이는 것을 좋아한다. 운이 좋은 날은 '서른다섯처럼' 보일 수도 있다. 실제로는 진짜 나이인 쉰하나로 보이지만. 내가 열두 살, 열세 살이었을 때 사람들은 나를 열아홉, 스무 살로 보았고 나는 이를 칭찬으로 받아들였다. 그 나이대 어딘가에 생식력이 '절정'에 오르는 시기가 있다. 어느 날 나는 연령차별에 맞서면서도 이에 적응하고픈 두 욕망 사이를 격렬히 오간다. 나이들어 보이는 것을 두려워하는 마음이 무엇을 의미하는지 알지만, 나는 염색을 하기 시작했다. 방송 출연을 고려한 선택이었지만 어려 보이는 것이 좋기도 했다. 가끔은 흰머리를 몇 달간 내버려둔 채 노화를 기쁘게 받아들이기도 한다. 그러고는 느닷없이 염색을 한다. 이런 요구들은 우리가 의식조차 하지 못하는 방법으로, 또는 알아차리기 어려운 방법으로 천천히 우리에게 영향을 끼친다.

✳✖

외모와 체중에 대한 불안, 우울, 걱정은 사춘기, 임신기, 폐경 전후, 폐경기에 집중되는 경향이 있다. 한순간도 의식하지 않을 수 없는 이런 삶의 단계적 변화는 호르몬과 관련이 있지만, 그때마다 우리는 대상화, 사회적 불평등, 그리고 인지되지 않은 강렬한 분노의 십자조준선 안에 있는 자신을 발견하게 된다.

감정적 고통에 대한 치료적 접근은 분노와 권력을 숙고해서 다루기보다는 행동수정behavior modification을 통해 개개인을 '고치는' 데 초점을 둔다.[56] 나는 교사, 치료사, 의사, 연구자, 상담사, 부모가 작성한 10대 여자아이의 정서 문제와 질환에 관한 글을 수백, 수천 편 읽었지만 분노의 곡해와 문화적 폄하, 사회적 불평등이 주요 고려사항으로 언급된 경우는 한 손에 꼽을 수 있다. 폐경 등 삶의 전환기에 관한 수많은 담화에서도 마찬가지였다.

분노와 관련된 일련의 질환은 청소년기에 모습을 드러내 평생에 걸쳐 우리 인생에 머무는데, 여자아이들이 '전례없는 사회적 압력'을 감당하지 못하여 다양한 불능상태에 빠져 있다는 것은 그러한 질환에 대한 가장 안이한 설명이라고 할 수 있다. 소셜미디어, 휴대폰, 포르노가 문제다. 여자아이들이 이른 나이에 데이트를 시작해서, 이혼 가정 자녀라서, 엄마 혼자 길러서, 아버지가 없어서, 너무 섹시해서 문제다. 마약을 하는 걸지도 모른다. 과제가 너무 많아서. 과제가 부족해서. 뮤직비디오를 보느라. 친구가 너무 많아서. 친구가 너무 적어서.

그래서 어쨌다는 걸까? 이게 인생이다. 잊고 넘어가자. 문제가 너무 크다. 더 심각한 사안들도 있다. 게다가 성적 대상화를 비판하는 것은 너무 청교도적이다. 여자아이들은 자신의 몸을 받아들이고 있고, 섹시한 사진을 올려 긍정적인 피드백을 받고, 그 피드백으로 자신이 가치 있는 존재임을 느낀다. 이는 힘을 부여하고, 기쁨을 주고, 상호적이고, 합의에 기초한 것이다. 분위기를 깨는 비판이야말로 여성비하적인 것이고 불쾌한 뒷맛을 남긴다. 어쨌든 요즘에는 남자들도 대상화되고 있지 않은가.

사실 여자아이들 및 성인 여성들에게 즐거움과 통제감을 선사하는 것은 성적 대상화 자체가 아니라 그것이 주는 힘이다. 연구에 따르면 소셜미디어에 자기 자신을 성적 대상화하여 느끼는 긍정적인 감정은 실제로 성적 대상화의 정도가 아니라 찬사받는 것, 주의를 끄는 것, 즉 소셜미디어에서 '좋아요'를 받고 팔로워를 늘리는 것과 같은 구체적인 동기와 관련이 있다. 이런 것들은 영향력과 지위의 상징이다.[57] 그것이 여성들이 말하는 바를 정확히 반영한 것이며, 성적 대상화는 비록 좁긴 하지만 여전히 힘을 얻기 위한 가장 유용한 경로인 것이 사실이다.

힘 자체와 힘을 부여하는 행위는 별개의 것이다. 종종 혼동되는 성적 대상화나 섹슈얼리티도 마찬가지다. 그리고 남성도 여성과 마찬가지로 개인적으로든 집단적으로든 성적 대상화에 영향을 받는다는 주장은 허위일 뿐이다. 여성은 여성의 이미지로 이익을 창출하는 언론사나 마케팅회사를 소유하고 있지 않으며, 무엇이 외설인지 규정하는 종교나 교육 기관을 운영하지도 않는다. 지금으로서 외설은 여성의 벗은 몸에 내재하는 것으로 간주된다. 남성은 마음만 먹으면 성적 대상화에서 벗어날 수 있지만 여성은 역사적으로 선택의 여지가 없었다. 그것은 우리를 포르노로 가차없이 내몬다.

✖✖

   그날 대학 강연에서 토스터 남학생을 만나던 시점에 포르노는 모든 사람들의 일상의 일부였다. 그 학생들부터 강의실 앞에 선 우리들까지, 포르노를 제품으로 소비하든 아니든 말이다. 젊은 성인 남성 10명 중 9명, 성인 여성 3명 중 1명이 포르노를 소비한다고 답한다.[58] 오늘날 여성이 포르노에 노출되지 않았거나 성적 만족을 위해 주기적으로 포르노에 의존하지 않는 남성 동료를 만나기란 어려운 일이다.

   지난 이십 년간 포르노의 폭발적인 제작은 포르노가 사회적으로 수용될 여지를 전반적으로 증가시켰으나 그 수용성에 대한 젠더 간 격차 역시 꾸준히, 눈에 띄지 않게 증가시켰다. 메릴랜드대학의 사회학자 필립 코언과 루시아 라이키의 2015년 연구 결과, 1975년에서 2012년 사이 남성과 여성의 포르노에 대한 반대 의견은 전반적으로 감소했지만 남성의 감소세는 급격한 반면 여성의 경우 그렇지 않았다. 연구자들은 그 격차가 "시간에 따른 남성의 포르노 실질 소비 증가와 여성 묘사의 질적 수준 저하"에서 기인한다고 보았다.[59]

   포르노는 더이상 일부러 구해야 볼 수 있는 것이 아니다. 포르노는 우리 주위에 있으며 당신을 찾아간다. 사십 년 전의 아이는 삼촌의 침대 밑에서 상대적으로 수위가 낮은 『플레이보이』잡지 복사본을 찾아냈을 것이다. 오늘날은 휴대폰 터치나 컴퓨터 클릭 한 번이면 노골적이고 생생한 포르노 영상을 접할 수 있다. 포르노 속 여성은 여느 곳과 마찬가지로 '맛'으로 등장하며 이는 우리의 소비에서 계속

우리의 분노는 길을 만든다

반복되는 현상이다. 포르노 속 고정관념은 여자아이들이 평소 접하는 '여성'에 대한 바로 그 고정관념을 에로틱하게 정제한 것이다. 시인 에이드리언 리치는 이런 비유를 들었다. "하얀 여신/검은 여자 악마, 순결한 처녀/깜둥이 창녀, 파란 눈의 금발 인형/이국의 '물라토' 갈망의 대상."[60]

모든 스포츠산업을 합친 것보다 더 많은 돈을 버는 포르노산업은 확실히 이성애자 남성의 수요에 따라 움직인다. 연구에 따르면 주류 포르노를 보고 난 뒤 남성과 여성 둘 다 성과 젠더에 대한 적대적 신념을 표현하고 성적괴롭힘의 영향에 대해 부인하며, 개인 대 개인의 폭력을 더 용인하고, 여성의 필요를 충족시키도록 고안된 정책과 프로그램을 명백히 덜 지지하는 경향을 보였다. 대학생 나이의 여성들을 연구한 결과, 예전 파트너의 포르노 소비를 알고 있는 경우 더 높은 수준의 자기대상화 경향을 보이고 신체적, 성적 불만도 더 높았다.[61] 여성은 포르노와 그 영향에 대해 화를 내서는 안 되지만 막상 질문을 받으면 포르노 때문에 화가 난다고 답한다.[62] 하지만 화가 난다고 말하면 즉각적으로 내숭쟁이, 잔소리꾼이 되기 때문에 이 감정을 내면에 간직한다.

표면적으로 토스터 남학생의 딜레마는 노골적인 포르노 문제는 아니었지만 현대 포르노 대다수의 특정 논리, 즉 이성애자 남성의 성적 권리와 그 권리를 충족시키도록 요구받는 여성들의 경험 부정이라는 논리의 영향을 받은 것처럼 보인다. 강의실 내 보이지 않는 힘의 불균형은 이런 가정에 기반한 것이었다.

덧붙여 말하자면, 강의실에서의 대화는 온통 그의 섹스팅과 동의 없는 사진 공유 사례를 감정하며 '남 탓'으로 흘러갔다. 그의 질문은 본질적으로는 자신의 무결함을 주장하고 여성에게 결과의 책임을 묻기 위한 문제제기일 뿐이었다. 자신의 관점보다 타인의 관점을 우선시하는 습관이 낳는 강력한 결과 중 하나는 누군가가 비판받아 마땅하다고 판단하는 능력을 잃는 것이다. 심지어 상대가 대놓고 부당한 공격을 한 경우에도 말이다.[63] 강의실에서 벌어진 상황은 여성이 이중구속*을 짊어지고 있다는 거의 확실한 사례였다. 우리는 전통적인 젠더기대치를 따르면서 얌전히 굴고 호감을 사든, 아니면 그러한 기대를 저버리고 페널티, 특히 청교도적이고 공격적이며 '재미없는' 사람이라고 불리는 페널티를 무릅쓰는 이중구속을 지속적으로 마주한다. 남성들은 남들이 자신을 성차별주의자라고 간주하거나 폭력적이라고 여길 때 재빨리 자신의 분개심과 분노를 정확히 가려낼 수 있지만, 여성들은 분노를 느끼는 일이 적으며 느끼더라도 그것을 알아차리고 분노로 명명하는 경우가 많지 않다.

✖✖

여성들은 복종하는 신체를 만들려 애쓰며 살아간다. 분노는 복종과 양립할 수 없다. 대상화는 우리의 주체성을 부정한다. 그리고 분노는 주체성의 모든 것이다. 나를, 당신의 고유한 관점을 주장하지 않고 분

---

* double bind, 상호 모순적인 메시지를 받고 이러지도 저러지도 못하는 상태를 가리키는 심리학 용어.

우리의 분노는 길을 만든다

노를 표현하기란 불가능하다. '화장품 판옵티콘'에서 분노를 표현하는 것은 불경하고 반항적인 행동이며, 강력하고 위협적인 행동이다. 왜냐하면 이는 공격성과 집단행동의 씨앗이기 때문이다.

3장

화가 난
몸들

스스로를 파괴하기 위해 프로그램되었지!

―캐슬린 해나·비키니 킬, 〈노 백러브〉

나는 몇 년간 두통에 시달렸다. 아침에 눈을 뜰 때도 잠자리에 들 때도 머리가 아팠다. 어떤 날은 일어났더니 얼굴이 너무 아파서 턱인지 얼굴 근육인지를 움직일 수가 없었다. 나중에는 이 아픔을 당연한 일상으로 여기게 되었다. 남편이 어쩌다 한 번의 두통으로 안정제를 찾던 그날까지는. 그날 나는 두통이 없는 날이 어쩌다 한 번이란 걸 깨달았다.

　내가 찾아간 의사들은 이런저런 추론을 하고 온갖 처방제를 주었지만 아무것도 도움이 되지 않았다. 결국 "스트레스성"이란 진단을 받았는데, 내 경우에는 턱 근육이 이를 늘 악물고 있는 상태라는 의미였다. 결국 나는 여성들이 평소 하고 있을 뿐만 아니라 하라고 격려받는 일을 했다. 아프고 불편하게 살기. 내가 만난 의사들 대부분은 일과 가정을 관리하는 것이 원인이라고 말했지만 그 누구도 한 번을 스트레스, 통증, 분노의 관계에 대해 구체적으로 파고들지 않았다.

연구자들은 생물학, 호르몬, 유전자, 사회화 등의 요인이 복합적으로 작용해 통증을 느끼고 인지하는 데 차이를 낳는다고 본다. 그 예로, 여성의 성호르몬인 에스트로겐과 프로게스테론은 통각을 증폭하는 반면 테스토스테론은 통각을 감소시킨다. 그러나 통증을 이해하고 치료하기 위해서는 몸과 마음이 분리되어 있다는 문화적 믿음을 버려야 한다는 데 대부분 동의한다. 성, 젠더, 사회조직, 노동에 대한 접근방식을 규정하는 이원론은 통증에 대해서도 동일하게 적용되며, 이는 몸과 마음의 건강을 관리하는 우리의 능력을 훼손한다.[1]

이런 끈질긴 분리는 여성의 통증에 대한 접근방식이 여성의 분노에 대한 접근방식과 놀랍도록 비슷하다는 것을 의미한다.[2] 분노와 마찬가지로 여성은 남성보다 더 일관된 방식으로, 즉 더 자주 더 강렬히 통증을 느끼며 치료절차에서도 그렇다. 분노와 마찬가지로 여성의 통증은 더 자주 축소되며 간과된다. 분노와 마찬가지로 성역할, 그리고 가끔은 인종에 따른 고정관념이 통증을 형성한다.

여성이 물리적 통증을 일상의 일부로 여기도록 기대받는 반면 남성은 가끔 겪는 통증에 태연할 것을 요구받는다. 남성과 여성은 각각 특정 유형의 통증에 더 높은 역치와 내성을 보인다. 그러나 전반적으로 표현력이 좋게끔 사회화된 여성이 통증을 호소하는 경향이 더 높다.[3] 연구의 일환으로 통증을 유발했을 때 여성들은 더 높은 신체 반응성과 민감성을 기록했다. 통증을 적극 호소하는 것은 낮은 통증역치와 밀접한 연관이 있기에 아프다고 솔직히 말하는 것은 생물학적 성별의 차이와 무관하다.[4] 남녀를 아울러 '남성적' 행동에서 점수가 높은 사람은 '여성적'으로 반응하는 사람보다 더 높은 통증내성을 보이는 반면, 여성성과 여성적 행동에서 높은 점수를 얻은 사람들은 통증내성이 낮았다. 이러한 발견은 특별한 통찰을 제공하는데, 바로 많은 사람들이 생물학적 성에서 비롯한 '자연적 특성'으로 여기는 것이 실은 유동적이며, 사회적으로 형성된 젠더규범과 기대에 보다 연관되어 있다는 것을 분명하고도 설득력 있게 보여주기 때문이다.

이 연구는 심지어 연구자의 젠더도 전통적인 역할에 충실한 남성이 어떻게 통증을 경험하고 받아들이는지 영향을 미친다는 것을 밝혔다. 전통적 젠더이분법 신념에서 높은 점수를 얻은 남성은 여성성을 강조하는 옷을 입은 여성들이 주변에 있을 때 더 높은 통증내성을 보였다. 가장 높은 통증내성을 보인 집단은 여성이 더 통증을 잘 참는다는 말을 들은 남성들이었다.[5]

연구에 의하면 성이나 젠더가 무엇이든 분노야말로 통증을 유발하는 유일하고도 가장 핵심적인 감정요인이다.[6] 특히 여성의 경우 통증과 분노의 관계가 긴밀한데, 계속해서 말해왔듯 여성은 스트레스는 더 많이 받고 분노는 더 적게 배출하기 때문이다.

우리가 스트레스를 받거나 통증을 느낄 때 제일 먼저 떠올리는 감정은 분노가 아니지만, 즉각적으로 화가 나는 사건이 있을 때는 이야기가 다르다. 넘어지거나 그릇을 깨거나 운동을 하다가 다쳤다면 당신은 아마 반사적으로 화가 나고 뒤이어 욕을 하거나 비명을 지를 것이다. 대부분의 사람들은 우리가 강렬하고 즉각적인 통증을 느낄 때 그 통증을 탓하며 화를 내는 반응을 한다는 것을 이해한다. 그러나 화가 나면 그 반응으로 무의식중에 종종 물리적 통증이 발생한다는 것은 알지 못한다. 제대로 처리되지 못한 분노는 통증치료에서 대부분 간과되며 그 결과 우리의 신경계, 호르몬계, 부신계, 혈관계에 영향을 미친다. 이것이 여성의 건강에서 시사하는 바를 과장하기란 어려울 것이다.

전 세계적으로 여성은 남성보다 더 높은 비율로 급성 및 만성 통증을 호소한다. 매일 통증을 느낀다고 대답한 미국인 1억 명의 대다수는 여성이다.[7] (7개 개도국과 10개 선진국 8만 5000명 이상의 응답자를 대상으로 실시한 종합연구 결과, 남성의 만성통증질환 유병률은 31퍼센트인 반면 여성은 45퍼센트인 것으로 나타났다.)

연구자들에 따르면, 환자들이 지속적인 통증에 분노가 기여하는 바를 알아차리는 데 어려움을 겪는 것은 분노라는 감정을 부정하기 때문이다.[8] 통증을 느끼는 여성 중 분노를 느끼는 경우도 간혹 있지만, 분노를 건설적으로 전달하지는 못한다.

우리가 스스로를 표현할 때도 젠더규범은 작동한다. 화가 나거나 아플 때 내뱉는 욕에 대해 생각해보자. 『욕은 이롭다: 독설의 놀라운 과학 Swearing Is Good for you: The Amazing Science of Bad Language』의 저자 에마 번은 욕의 수많은 장점 중 하나로 통증완화를 든다. 다른 장점의 예로는, 직장에서 서로 욕하고 농담하고 친근하게 핀잔을 주는 팀일수록 생산적이고 단합력이 강하다는 것을 든다. 욕을 한다는 것은 또한 어떤 사람이 주변으로부터 더 존중을 받는다는 의미이다. 욕은 소통을 위한 보다 직접적인 방법이기도 하다. 그러나 남성과 여성이 똑같은 욕을 해도 여성의 경우는 더욱 불쾌하게 받아들여진다. 여성은 욕을 하지 않으려고 완곡어법으로 물러서거나 간접적인 소통에 의지한다. 번은 젠더에 따라 욕설이 다르게 받아들여지는 것은 '남성의 힘과 여성의 순수'라는 사회적 이해에 기반한다고 주장한다. 여성이 욕을 하면 사람들은 그 여성이 '불순'하며 기본적으로 벌을 받아야 한다고 암묵적으로 생각한다는 것이다.

이것이 어떻게 분노, 통증과 연관되는 것일까? 욕은 통증을 완화시킨다. 욕과 통증의 관계는 일방적인 것이 아니다(발가락을 찧으면 욕을 한 무더기 내뱉게 되는 경우를 떠올려보라). 그 욕은 다시 통증을 인지하는 데 영향을 미친다. 과학자들의 창의적인 실험 결과, 통증을 느끼고 심한 욕을 내뱉을수록 통증에 대한 내성이 올라가는 것이 발견되었다. 그러나 통증을 느끼고 욕을 하는 여성은 안타깝게도 주변의 보살핌을 덜 받았다고 번은 지적한다.

✳✖

건강 문제의 전반이 사람들이 분노를 어떻게 느끼고 표현하는지와 연관되어 있다는 것은 이제 분명하며[9] 이는 우리의 호르몬체계, 질병에 대한 면역력, 심장기능, 근골격에 직접적 영향을 미친다. 내가 겪은 두통은 질병으로 알려진 바는 없지만, 불안이나 분노 같은 정신상태가 신체에 드러나는 소위 신체화somatization의 결과다. 이 현상은 분노를 무시하거나 다른 곳으로 그 방향을 돌리고 축소하는 여성들에게 특이나 흔하다. 이런 부적절한 관리는 언제나 대부분 건강한 방법이 아니며 시간이 경과하면서 신체적 고통을 낳는다.

분노는 아드레날린과 코르티솔 같은 특정한 스트레스호르몬을 신체에 방출하며 건강에 직접 영향을 미친다. 단기적으로 이 두 호르몬은 모두 스트레스를 유발하거나 위협적인 상황에서 유용하고 중요한 명료한 판단력과 에너지를 제공한다. 하지만 장기적으로 아드레날린과 코르티솔의 수치가 높으면 분명 건강에 좋지 않다. 코르티솔은 혈당(글루코스)을 증가시키고 면역체계에 영향을 주며 소화력을 약화시키고 성장과 생식계통에 영향을 미친다. 기분, 행동, 동기, 욕구 모두 영향을 받는다. 우리의 몸과 뇌는 위협을 처리하는 것과 동일한 방식으로 평소 귀찮고 성가시다고 생각한 것들을 처리한다.

분노를 억누르는 여성은 심장 관련 질환으로 사망할 확률이 2배 높다.[10] 그러나 극도의 분노로 반응하는 것도 비슷하게 문제가 된다. 분노를 신랄하게 분출하고 두 시간이 지나면 심장마비의 위험은 5배, 뇌졸중의 확률은 4배 증가한다. 만성적으로 혈압이 증가했거나 고혈압인 사람은 자신 있게, 효과적으로 화내는 것을 몹시 어려워한다.[11]

마찬가지로, 처리되지 않은 강렬한 부정적 감정들은 우리의 면역계에 부정적 영향을 끼친다. 연구에 의하면 화가 났던 경험을 떠올리는 것만으로도 질병을 막는 제1방어선인 항체가 감소한다.[12] 어떤 연구는 사람이 화를 내면 사나흘 동안은 감기에 걸릴 가능성이 높다고 보았다.[13]

억눌린 분노는 이제 다른 각종 질병의 위험요소로 간주된다. 여성은 장애를 초래하는 고통스러운 자가면역질환에 걸릴 확률이 남성보다 3배 높은데, 본질적으로 이는 신체가 자해하는 항체를 만들어 스스로를 공격하는 것이다.[14] 또 여성은 남성보다 4배 더 만성피로증후군으로 고생하며, 신경퇴행성질환인 다발경화증으로 이어질 확률은 2배 더 높다.[15] 또한 수면 및 기분 장애를 일으키고 광범위한 근골 격계 통증을 유발하는 섬유근육통으로 고생하는 사람들도 90퍼센트 이상이 여성이다.

특정 암 중에서도 유방암, 특히 흑인 여성의 유방암은 연구자들이 말하는 "극단적인 분노 억제"와 연관된다.[16] 높은 유방암 발병률로 고통받는 흑인 여성들의 질환은 그들이 겪는 차별의 경험, 그 경험이 야기하는 분노와 상호관련이 있다. 십이 년에 걸쳐 시간에 따른 추이를 관찰한 종적연구 결과, 높은 수준으로 부정적 감정을 억제하는 경우 암 관련 사망률이 70퍼센트 증가했다.[17] 이 주제에 관한 1989년의 추적연구는 화를 표출하는 유방암 여성의 생존율이 화를 안에 담아 두는 여성보다 2배 높다는 것을 발견했다.[18]

분노가 이런 질병을 야기하는 것은 아니지만, 여러 연구가 거듭 추정하고 몇몇 사례가 확인시켜주듯 잘못 관리된 분노가 여성의 발병과 유병률에 영향을 미친다는 사실을 분명히 하는 것은 중요하다. 감정적 고통은 인과관계의 복잡한 망을 만들어내는 여러 행동과 연관되며, 그로 인해 일례로 어떤 여성은 심장마비나 유방암에 취약해진다. 연구 결과 분노를 표현하는 여성은 생존율이 증가했는데, 이것은 "나 화났어"라고 말하는 것이 치료에 도움이 된다는 증거라기보다 자신의 감정, 특히 분노라는 감정에 대해 생각하고 말할 수 있는 능력과 삶의 요인을 스스로 통제할 수 있다고 느끼는 능력이 치료에 대한 이해를 높이며, 진취적인 자세로 치료 및 전반적 건강에 관한 결정을 내리도록 돕는다는 의미다. 표현을 잘하는 여성은 또한 더 적극적이라 치료 방법을 알아보고 의사의 권고를 따르는 경향이 더 높았다.

여타 건강 문제와 마찬가지로 이 문제의 복잡한 특성은 인종과 계급 문제로 겪은 분노와 스트레스의 정도에 따라 분명하게 드러난다.[19] 프린스턴대학의 경제학자 앤 케이스와 앵거스 디튼은 2015년 비非히스패닉계 백인 중년의 사망률이 급격히 증가하는 현상을 언급해 이목을 끌었다.[20] 그들은 자살, 마약, 알코올남용 등이 주원인인 이런 사망을 "절망사deaths of despair"로 표현했다.

소득이 빈곤선 이하인 사람들은 만성적 통증을 지니고 살 가능성이 2배 높으며, 규칙적으로 극심한 통증 및 정신적 고통을 경험할 확률은 3~5배 더 높다. 소위 분노조절 문제가 있는 사람들은 약물남용의 위험이 더 높다. 자살은 약물남용처럼 수치심과 긴밀히 연관되어 있다. 정서 및 지능 발달 전문가인 마이클 루이스 박사에 따르면 자살은 "수치심과 내면으로 향하는 분노가 결부한 결과일 가능성이 높다."[21] 이 연구 결과가 나왔을 당시에는 논란이 일었지만, 연구자들과 의료 관계자들은 계급, 젠더, 민족성 같은 정체성이 어떻게 건강에 심대한 영향을 미치는지를 보다 잘 알기 위해 수년간 논증해왔다. 하버드의 공중보건사회학자 데이비드 R. 윌리엄스는 체계적인 차별이 만들어내는 건강 불평등을 측정할 척도를 고안했다.[22] 젠더, 계급, 민족성이 교차하는 유색인종 여성의 경우는 건강이 심각하게 악화된 채 질 낮은 보살핌을 받으며 살고 있다.

중요한 것은 분노에 대해 어떻게 생각하느냐다

부정적인 감정을 반추하는 습관, 즉 오래도록 지속되는 강렬한 분노의 경험을 되새기는 여성의 습관은 '파국화catastrophize'의 확률을 높인다. 파국화란 부정적인 결과를 상상하고 예상하는 인지왜곡현상으로, 앞서 논의한 것처럼 반추와 함께 여성에게 더 발달되고 흔하게 나타나며 통증의 감각을 강화한다. 이에 대한 반응 중 하나는 약물남용이다. 반추하고 파국화하는 경향이 처방받은 오피오이드 진통제의 복용 가능성과 연관이 있다는 것은 한 건 이상의 연구를 통해 밝혀졌다.[23] 그리고 이 가능성은 다시 중독의 위험을 높인다. 합법적으로 옥시코돈 같은 약을 처방받은 환자들은 빠르게 위험한 내성이 생기고 그 약물을 과다복용할 가능성도 높아진다. 통증, 반추, 파국화의 측면에서 볼 때 성폭행 역시 마찬가지로 사람을 약물남용이라는 크나큰 위험으로 내몰며, 이는 너무 빈번하여 잘 알려진 위험요소이기도 하다.[24] 성폭행의 결과로 생긴 분노가 제대로 처리되지 못한 채 침묵 속에, 종종 수치심과 함께 묻혀 약물남용의 가능성을 높이는 것이다.

이와 관련된 압도적인 수치를 보면 통증을 느끼는 정도에 차이가 생기는 근본적인 원인이 여성의 '타고난' 성향 때문이라고 생각하기 쉽다. 그러나 이런 견해를 반박하는 흥미로운 이상점이 있다. 이 주제를 종합적으로 아우른 책 『통증의 나라A Nation in Pain』에서 저자 주디 포먼은 특별한 사례를 인용한다. 대부분의 국가에서 여성은 과민대장증후군을 앓을 확률이 3배 높은데, 이 수치를 보면 생물학적 성향의 차이가 원인이라고 생각하기 쉽다. 그러나 인도에서는 과민대장증후군을 앓는 남녀의 비율이 영문을 알 수 없는 이유로 정반대다.[25] 인도의 남성이 다른 국가의 남성보다 '여성적인' 것도 아니다. 이런 차이는 여성이 사회적 맥락 없이 생물학적으로 특정 질병에 취약하다는 주장이 부당하다는 것을 분명히 보여준다.

모든 통증은 동일하게 만들어지지 않는다. 많은 가정에서, 심지어 많은 제도권과 법의 테두리 안에서 신체적 위해는 '실재하며' 이는 감정적 위해나 심리적 위해보다 훨씬 중요하다. 어릴 적 친구의 어머니는 종종 이렇게 말했다. "피가 나는 상황이 아니면 날 부르지 마라."

『분노 어드밴티지: 분노의 놀라운 이점과 분노가 여성의 삶을 바꾸는 방법 The Anger Advantage: The Surprising Benefits of Anger and How It Can Change a Woman's Life』의 공저자 데버라 콕스, 캐린 브루크너, 샐리 스탭은 여성의 분노가 그 형태와 의미, 결과를 어떻게 바꾸는지 설명한다. 이들은 여성의 분노가 '샛길'로 이동한다고 설명한다. 이 샛길은 분노를 상대적이고 수동적인 공격성으로, 신체증상으로 우회시킨다. 설명하기 어렵고 심각하지 않은, 지속적인 짜증으로 우회시키는 경우도 있다. 연구자이자 임상의인 세 저자에 의하면, 여성에게 흔한 여러 질병과 신체적 불편은 분노가 "사회적으로 수용 가능한 형태의 고통"으로 전환된 것이다.[26]

제대로 처리되지 않은 분노는 우리를 '기분 나쁘게/아프게feel bad' 만든다.

재밌는 중의적 표현이다.

×✕

호르몬, 유전학, 체중과 신체사이즈, 심리적 기질 모두 통증의 발발과 정도에 영향을 미친다. 그러나 우리가 자신의 통증에 의미를 부여하는 방식, 또는 우리의 통증이 사회적, 제도적으로 취급되는 방식은 이것으로 결정되지 않는다. 젠더에 대한 사회의 이해가 복잡다단한 통증의 격차를 예방 가능한 괴로움의 격차로 바꾸는 것이다.

여성이 통증을 느낀다고 하면 듣는 사람은 여러 가지 반응을 보일수 있다. 가장 이상적인 반응은 위안을 주고, 상황이 된다면 해결책을 주는 것이다. 그러나 비웃을 수도 있고, 넌 아픈 게 아니라고 말할수도 있다. 아니면 그 통증은 "진짜"가 아니다, 머릿속 상상이다, 통증을 느끼기엔 네가 너무 예쁘다고 하거나 그 통증은 "여자라면 겪는경험 중 하나"라고 설명할 수도 있다.

암묵적 편견에 대한 연구 결과, 대부분의 사람들은 여성의 통증을 진지하게 받아들이는 데 어려움을 겪으며 심지어 모든 인종과 모든성별의 의료 전문가들도 마찬가지다.[27] 예를 들어 응급실에서는 남성이 보다 신속하게 치료를 받는다. 복통 환자들을 대상으로 한 연구결과 의사에게 진찰을 받기까지 남성은 약 49분을 기다린 반면 여성은 65분을 기다렸다. 남성은 또한 중환자실로 더 빨리, 더 자주 이송되었다.[28] 의료진은 정확히 똑같은 증상에 여성 환자보다 남성 환자와 더 많은 시간을 보낸다.[29] 어떤 분석연구는 진료예약을 하는 데도여성이 더 오래 기다려야 한다는 사실을 밝혀냈다.[30]

고소득 지역의 환자들은 저소득 지역 환자들보다 빨리 치료를 받는다.[31] 흑인과 히스패닉의 대기시간은 백인보다 각각 13, 14퍼센트 더 길다.[32] 심장병은 현재 미국 여성의 주요 사망원인이지만, 통증과 증상을 간과하고 오판하여 심장 관련 질환으로 사망할 확률은 2배 더 높다.[33] 의사들은 관절염이 원인인 무릎통증으로 고생하는 남성에게 수술을 권할 확률이 22배 높은데[34] 이 수술은 관절염 통증을 치료하는 다른 방법이 실패했을 때 가장 신뢰받는 프로토콜이다. 이런 차이는 전 세계적으로 나타난다.[35]

흑인 여성의 경우 통증을 잘 견디고 화가 잘 나는 기질을 '타고났다는' 편견이 중첩되어 지속적으로 통증에 시달리고 위험에 방치되며, 이는 이따금 치명적인 결과를 낳는다. 미국 의료계는 흑인은 통증을 느끼지 못한다는 신념에 기반해 흑인의 신체로 잔인한 과학실험을 수행했던 추악한 역사가 있다. 19세기 중반 앨라배마에서 '부인과학의 아버지' 외과의사 J. 매리언 심스가 수행한 실험은 그런 전제에서 출발한 것이었다. 심스는 프로토타입 고문도구처럼 보이는 기구인 질경膣鏡을 발명하고 몇 가지 기념비적인 수술기법을 개발했다. 흑인 노예 여성을 대상으로 마취도 없이 실험한 덕분에 그는 전문성과 명성을 얻었다. 첫 실험 당시 열일곱 살이었던 애나카 웨스트콧은 서른 차례의 부인과 수술에서 살아남았다.[36]

이 역사는 오늘날에도 그 기나긴 자락을 드리우고 있다. 2017년 여름, 캘리포니아에 사는 열다섯 살의 건강한 아프리카계 미국인 여자아이 유니크 모리스는 극심한 가슴 통증으로 응급실에 갔다. 그녀는 한 번이 아니라 무려 두 번 오진을 받았다. 의사들은 불안에 빠진 어머니의 부탁에도 처음에는 흉부 엑스레이검사를 거부했다. 의사들은 모리스가 사망하기 몇 시간 전에야 폐에서 여러 개의 혈전을 발견했고[37] 그녀의 할머니는 지역 언론에 다음같이 밝혔다. "아이는 아무도 자신을 도와주지 않는다는 걸 느꼈고, 자신의 몸에서 무슨 일이 벌어지는지는 하나도 몰랐지만 무언가가 잘못되었다는 것은 알았습니다."

2016년 버지니아대학의 한 연구에 따르면 백인 의대생과 레지던트는 흑인의 신체에 '환상'을 품고 있는데, 가령 흑인은 고통을 덜 느끼고 혈액이 더 빠르게 응고될지도 모른다고 생각한다는 것이다.[38] 백인 환자들이 더 연약하고 보호가 필요하다는 믿음은 심지어 신생아병동에까지 스며들어 있다. 캘리포니아에서 사 년간 저체중으로 태어난 1만 8000여 명의 신생아들의 치료를 관찰한 2017년 스탠퍼드대학의 연구 결과, 의사와 간호사가 부모의 인종을 알고 있는 것이 신생아 치료에 영향을 미쳤다. 흑인과 히스패닉 아기들은 각종 테스트 및 촉각을 다투는 검사를 덜 받았으며 부주의한 돌봄 때문에 감염의 확률이 더 높았다.[39]

유난스러운 여성과 통증에 대한 면역을 둘러싼 성차별적, 인종차별적 고정관념은 인지뿐만 아니라 행동에도 영향을 끼치며, 당사자 여성의 행동도 예외가 아니다. 많은 여성이 그 같은 고정관념을 내면화하며, 화난 사람으로, 히스테리컬한 사람으로, 까다로운 사람으로 보이고 싶지 않다는 이유로 건강하지 못하고 위험한 극기를 선택한다.[40] 즉 치료를 미루고 증상을 무시하면서 자신을 뒤늦게 책망하는 것이다.

남성의 신체와 남성의 경험은 생리적 기능과 통증에서 여전히 증상의 '실제'를, 그리고 '정상'을 구성하는 기본값이다. 이런 편견, 즉 광범위한 문화적 남성중심주의의 징후는 생리 문제에서 특히나 절정에 달한다. 생리통은 '실재하는' '심각한' 통증이 아니며 몸을 약하게 만드는 원인도 아니라고 상정한 결과 생리통에 대한 진지한 연구는 전무하다시피 하다. 여성 5명 중 1명은 일상생활에 지장이 가는 생리통을 경험하지만, 이 통증이 정당한 스트레스이자 완화해 마땅한 대상이라는 인식은 거의 없다.[41] 한 연구 결과, 여성은 똑같은 복통 증상을 설명해도 진통제를 처방받는 확률이 남성보다 13~25퍼센트 낮았다.[42] 또한 직장에서 여성이 겪는 생리통은 전염성 질환이나 언급할 필요조차 없는 사소한 짜증으로 취급되곤 한다. 생리와 생리통은 오명을 함께한다. 2017년 호주에서 실시된 설문조사에 참여한 여성의 43퍼센트가 생리통에 대해 거짓말을 하고 있으며, 생리통이 업무에 지장이 갈 정도로 심할 때는 "아프다"고 말할 다른 이유를 댄다고 답했다.

여성의 생리통이나 복통을 얼버무리고 넘어가는 의사들은 또한 여성을 제대로 진찰하지도 못해서, 환자가 필요 이상으로 불편함을 오래 느끼게 하거나 오진을 내리는 경우가 많다. 2500여 명의 여성을 대상으로 한 최근 영국의 설문조사에서 자궁내막증 진단을 받은 여성의 40퍼센트는 확진 전까지 10회 이상 검사를 받았다고 답했다.[43] 10회. 병원을 방문하고, 방문하고 또 방문했다는 의미다. 몇 주, 몇 달, 몇 년 동안. 셀 수 없는 비용과 무수한 시간이 낭비된 것이다. 생명들이 경로에서 이탈해 길을 잃은 것이다. 2015년 스물한 살 커스티 윌슨은 의사로부터 자신의 통증이 심각한 것이 아니고 그저 "심

화된 통증 또는 질염"이란 소견을 들은 후 미진단된 자궁경부암으로 사망했다.[44]

통증을 둘러싸고 보다 암암리에 퍼져 있는 고정관념은 매력적이고 대개 젊은 여성은 아플 수 없으며, 그녀가 말하는 통증은 과장된 망상일 뿐이라는 것이다. 내가 40대 초반일 때, 신체의 불편과 극심하고 지나친 불안을 걱정하자 의사는 이렇게 일축했다. "당신은 너무 젊고, 또 아름다운걸요." 여러 연구 결과 '아름다운 것은 건강하다'라는 관념을 극복하려면 의사들이 믿을 수 있도록 의학적 증거와 장애의 징후를 보여줘야 했다.[45] 연구자들은 "매력은 통증의 경험과 전혀 무관한 맥락변수이며, 객관적인 정보가 더 적을 때는 심지어 더 강력한 효과를 발휘한다"라고 결론지었다.[46]

2014년, 2000명 이상의 여성을 상대로 한 설문조사에서 과반수의 여성이 외과의로부터 이런 말을 들었다. "좋아 보이네요. 상태가 나아진 게 분명해요." 여성들이 실재하는 통증으로 인해 받았던 코멘트 중 내가 제일 좋아하는 것은 이거다. "화장할 기력이 있었던 걸 보니 그렇게 아프지는 않은가보네요." "편한 옷차림이 아닌데요." "아프기엔 너무 예쁘네요."[47] 75퍼센트의 여성은 치료받고자 하는 물리적 고통을 완화하기 위해 할 수 있는 것이 없다는 의사의 소견을 1회 이상 들었다. 57퍼센트는 "당신의 문제가 뭔지 모르겠다"라는 말을 들었다.

남성 역시 '좋아 보인다'라는 억측 때문에 제대로 된 의료적 처치를 받지 못하고 고통받는 경우가 있다. 그들은 '남자답게' '통증을 견디고' 의젓하게 굴 것을 구체적으로 요구받는다. 그러나 남성이 통증을 호소할 때는 주변에서 거의 묵살하지 않는다. 전달하는 내용의 문제만은 아니다. 여자아이와 여성이 통증을 호소하는 경우 사람들은 그 통증이 관념적일 때뿐 아니라 실재할 때도, 즉 표정으로 드러날 때도 인식에 어려움을 겪는다. 여성들이 통증의 신호를 얼굴에 드러내도 어떤 이들은 이를 보고도 해석하지 못한다. 백인과 흑인이 각각 자신이 느끼는 통증을 드러낼 때도 마찬가지다. 분노가 '보이는' 앞선 사례와 마찬가지로, 사람들은 남성이 얼굴에 통증을 드러낼 때는 반사적으로 알아차리지만 여성의 경우에는 그러지 못한다.[48] 분노의 경우와 마찬가지로, 중성적인 얼굴이 명백한 통증의 징후를 보이면 관찰자는 그를 남성으로 식별한다.

2001년 다이앤 E. 호프먼과 애니타 J. 타지언이 실시한 연구 〈고통에 울었던 소녀: 통증치료에 존재하는 여성에 대한 편견〉에 따르면 "여성의 통증 호소는 '감정적'이고 '심리적'인 것이므로 '진짜가 아니'라고 폄하된다".[49] 이런 통증의 무효화는 분노의 무효화와 유사하며, 마찬가지로 여성의 정신적 취약함의 증거로 축소되곤 한다. 관상동맥우회수술을 받은 환자들의 통증완화에 대한 어느 연구 결과, 통증을 느끼는 남성은 통증완화제를 받았지만 여성은 진정제를 처방받은 것으로 밝혀졌다.[50] 진정제는 통증완화 효과도 진통 효과도 없다. '날이 선 상태를 누그러뜨리는', 환자를 차분하고 둔감하게 만드는 약제다. 하지만 정확히 누구를 위해서일까? 진정제를 복용한 환자는 조용하고 유순해지며 화를 내거나 까다롭게 굴지 않는다. 남성이 더 신속한 처치를 받는 것은 그들이 의사와 병원 직원에게 더 쉽게 단호한 태도를 보이기 때문일지도 모른다. 여성은 아이일 때부터 보다 공손해지도록 사회화되고, 그 결과 의사나 여타 의료 전문인 같은 높은 지위가 중요한 환경에서 특히나 불리한 입장에 처한다. 예의바르게 기다리는 사람보다 분노를 전달하는 사람이 더 신속한 치료를 받는 것이다.[51]

의학적 묵살을 경험한 여성들이 어떻게 느끼고 어떤 행동을 하는지 살피는 세심한 연구와 분석은 드물지만, 나는 여성들이 작성한 가슴 아픈 기록들을 발견했다. 그들은 이런 환경에서는 분노와 통증이 불가분의 것임을 한결같이 말하고 있다. 2017년 6월 작가 앤 휘턴은 정신을 차려보니 골반과 복부에 아찔한 통증을 느끼며 응급실에 누워 있었다. 의사는 그녀에게 신장결석이 있다고 생각해 "기다리세요" 하며 그녀를 집으로 돌려보냈다. 고통스러운 며칠을 보낸 후 그녀는 결국 다른 병원 응급실의 여성 의사에게 난소염전이라는 진단을 받았고, 치료하지 않은 채 방치하면 치명적일 수 있다는 말을 들었다. 난소염전은 여성이 겪을 수 있는 가장 극심한 고통으로 묘사되는 통증을 유발한다. 전부 남성인 의사들은 그녀의 상태에 대한 증거를 놓쳤을 뿐만 아니라 한번은 임신검사까지 했다. 그녀에겐 자궁이 없었는데도 말이다.[52] 휘턴은 마침내 제대로 된 치료를 받고 난 후에 이렇게 썼다. "내가 이런 부주의로 죽어서 내 아이들과 남편이 겪었을 견딜 수 없는 슬픔에 대해 생각해본다. 어떤 검사로도 찾아내지 못한 무엇이 내게 있다고 결론을 내리는 대신, 난소가 있어야 할 위치가 왜 컴컴한지 시간을 들여 생각해봤다면 의사들은 모든 걸 예방할 수 있었을 것이다." 휘턴은 그녀를 오진한 의료진과 주州의 의사면허위원회를 상대로 지속적으로 민원을 제기하며, 바쁜 의료진이 남성 해부학을 기본값으로 여겨 생명을 위태롭게 하는 상황이 계속 발생하지 않도록 구체적인 대책을 강구할 것을 요구했다.

한편 에세이집 『고통에 처한 여성이 당신의 열쇠를 쥐고 있다*Pain Woman Takes Your Keys*』에서도 소냐 허버 교수는 만성통증과 함께하는 삶이란 어떤 것인지, 그것이 일상적으로 무시되고 묵살되는 경험이 어떤 것인지 감동적으로 적어내려간다.[53] "모든 팔과 다리에 화가났다. 관절마다 내 명령을 거부하는 것에 화가 났다." 그녀 역시 "좋아 보이네요"라는 말을 들었고 걱정할 필요 없다는 말을 들었다. 어떤 의사는 그녀가 진통제를 얻으려 거짓말을 한다고 생각했다. 그녀는 울며불며 소리를 지르고 물건을 깨고 분노에 몸을 떨며 설명을 해야 했다. 그녀는 중독자, 어린아이, 미친 사람 취급을 받았다. 허버는이야기한다. "두려움이 화로 변할 지경이었다. 그러나 분노는 나를다시 패닉상태로 만들었다." 이런 이야기들은 만성통증으로 고생하는 사람의 60퍼센트가 왜 의료서비스 제공자들에게 극도의 분노를느끼는지 알려준다.[54]

화에 대해 생각하는 것, 화를 내는 것, 화에 대해 적어내려가는 것이 분명 고통, 질병, 차별, 죽음을 없애주지는 않을 것이다. 많은 경우타인을 소외시키는 적대적인 행동이나 비난도 마찬가지다. 그러나구체적으로 분노를 표현하는 것은 만성 질환자가 겪는 통증을 눈에띄게 경감하고 사망률을 낮춘다. 연구 결과, 개인이 분노를 표현하는정도는 통증완화에 크게 개입한다. 감정을 표현하는 사람, 특히 분노라는 강렬하고 부정적인 감정에서 '의미를 찾아내는' 방식으로 표현하는 사람은 통증에도 더 잘 적응할 수 있다. 연구는 특히 감정을 납득하는 방식으로 글을 쓰는 행위가 통증완화에 의미심장한 진전을 불러온다는 사실을 밝혔다.[55] 이러한 관계는 다시 말하지만 일종의 피드백 루프이며, 억눌린 분노, 높은 수준의 통증, 빈번하고 강렬한 우울감은 서로를 땔감으로 강해진다. 몇몇 연구에 따르면 극심한 통증이 덜한 사람들에게는 "이런 관계가 발견되지 않았다".

※✖

여성들이 흔히 하는, 분노를 내면화하고 우회하는 행위는 우리의 몸과 마음을 스스로의 분노로 이루어진 구성물로 변형시킨다. 한 여성이 중년이 될 때까지 건강 전반에서 가장 중요한 예측변수는 스트레스의 정도와 '화를 참는 일'의 빈도다.[56]

앞에서 언급했듯, 사회적 위치는 통증과 분노에 영향을 미친다. 하지만 사회적 위치만이 아니라 그것이 어떻게 받아들여지는가 역시 문제다. 임상의들은 이제 부당함을 인지하는 것과 통증을 느끼는 것 사이에 분노가 매개요인으로 존재한다는 사실을 안다.[57] 부당함을 마주한 사람들은 정신적, 신체적으로 더 큰 고통을 경험하며, 극심한 만성통증을 경험하는 사람일수록 억제된 분노와 우울증의 비율이 극히 높다.[58] 종종 자존감의 저하로 이어지는 사회적 무력감은 통증제어를 어렵게 한다고 알려져 있다.[59] 반면 자기효능감은 통증제어를 돕는다. 통증을 줄일 수 있는 정신상태에 도달하는 것은 '자기계발' 습관의 문제만은 아니다. 사회적, 공동체적, 문화적 지원을 필요로 한다.

여성으로서 "내 몸이 아프다"라고 말할 때 우리는 단지 개인의 주관적 경험뿐 아니라 사회적 현실, 여성의 몸이 우리를 아프고 위험하게 한다는 현실을 전달하는 것이다. 연구에 의하면 이는 분노와 통증에 가려진, 제대로 표현되지 못한 부당한 현실의 표명이다.[60] 여성들만의 힘으로는 이 상황을 개선할 수 없다. 그러나 우리는 찬찬히 체계적으로 사람들을 성장시키고, 사람들이 우리의 우려를 진지하게 받아들이고 우리에게 일어나는 일들이 중요하다는 것을 깨닫도록 가정과 지역공동체, 제도와 사회를 이끌어나갈 수는 있다. 우리가 분노했거나 괴로워서가 아니라, 우리가 귀중한 존재이기 때문에.

얼마나 많은 여성이 "나 화났어!"라고 할 수 없어서 "나 피곤해"라고 말할까? 여성의 화는 얼마나 자주 피로로 치부될까? 1955년 앨라배마 몽고메리의, 흑인과 백인의 좌석이 구분된 버스에서 자리 양보를 거부했다가 시민권운동의 촉매가 되었던 로자 파크스가 대표적인 사례일 것이다. 『로자 파크스, 저항의 인생 *The Rebellious Life of Mrs. Rosa Parks*』의 저자 진 시어해리스는 로자 파크스의 가족이 그녀에게 "분노를 통제하는 법, 즉 분노와 투지의 균형을 맞추는 생존전략"을 부러 가르쳤다고 말한다. 또한 저자는 로자 파크스의 공인 이미지가 커지면서 그녀가 분노를 얼마나 박탈당했는지 설명한다. "거의 모든 일화에서 [그녀는] '조용하고' '겸손하고' '품위 있고' '나긋나긋 말하고' '화를 내지 않으며' '목소리를 절대 높이지 않았다'라고 묘사된다."[61]

"사람들은 항상 내가 지쳐서 자리를 양보하지 않았다고 말하지만, 사실이 아닙니다. 나는 몸이 피곤하지도 않았고 피곤했다 한들 평소 일과를 끝낸 때보다는 덜했어요. 누군가는 그때 내 나이가 많았을 거

　　　　　　우리의 분노는 길을 만든다

라 생각하지만 많지도 않았고요. 마흔두 살이었죠. 내가 유일하게 지친 게 있다면 그건 굴복하는 일이었습니다."[62]

4장

돌봄의무

내 피부는 두껍고 심장은 고무 같지.

—시아, 〈일래스틱 하트〉

나의 엄마가 접시 던지기에 대한 욕망이나 기술을 타고난 것은 아니었다. 엄마는 시대의 여성상을 모델로 삼았다. 그녀는 장녀, 가톨릭 신자, 예의바르고 '착한' 사람으로서 한 명의 아내이자 딸이고 어머니였다. 언제나 친절했고, 능수능란하게 사람들을 돌보는 것처럼 보였고, 한결같이 다정했고, 늘 단정하고 아름다웠다. 인내는 엄마의 가장 큰 미덕이었다. 오늘날 많은 여자아이와 성인 여성이 그러하듯, 그녀에게 '화난 여자'란 모순어법이거나 심지어 모욕이었다. 화난 어머니나 화난 아내는 더더욱 관습을 거스르는 존재였다. 어떤 여자가 주변 사람들을 돌보기 싫어한담? 자신만의 욕망이 있고 설상가상으로 자기 이익을 우선하는 여자는 얼마나 이기적인가? '착한' 여자는 아닐 것이다.

　나는 엄마를 지켜보면서 그녀의 욕구와 분노는, 더 나아가 나의 욕구와 분노는 갈등을 일으킬 정도로 중요하진 않다는 것을 배웠다. 무엇을 느끼든 엄마는 홀로 느꼈다. 행복하지 않더라도 아버지나 나와 형제들을 귀찮게 하지는 않을 터였다. 그렇다고 해서 그녀가 인내심을 잃거나 우리를 혼내는 법이 없었다는 이야기는 아니다. 그저 겉으로 화난 것처럼 보이지 않았다는 뜻이다. 그러나 분명 엄마는 화가 나 있었고, 때때로 그 화는 느닷없이 비이성적인 격분이나 마비된 불안감으로 부글부글 끓어넘쳤다.

✖✖

전통적인 이성애 결혼은 미국사회에서 더이상 지배적이지 않지만, 나의 엄마가 이성애자 기혼여성으로서 전통적인 관계와 결혼에서 구현했던 가치들은 여전히 존재한다. 결혼 여부나 성적 지향과 상관없이 대부분의 여성이 일을 하고 임금을 받지만 그들은 여전히 일터의 안과 밖에서 가사, 육아, 노인부양, 감정노동이라는 책임을 짊어지고 있다. 성역할을 둘러싼 다른 사회적 변화에도 불구하고, 돌봄은 여성의 몫이라는 이 암묵적이고 때로는 노골적인 의무는 놀라울 정도로 그대로다. 돌봄의무는 우리에게 스트레스를 안기고, 우리를 화나게 하고, 아프고 지치게 한다.

우리는 모두 스트레스를 받는다. 하지만 스트레스라는 이 단어는 밋밋하고 젠더중립적이며, 일상생활에서 어떤 일이 생기는지 가리고 있다. 2016년에 실시된 한 연구 결과, 미국과 서유럽 여성은 자국 남성보다 2배 높은 수준의 일상 스트레스를 받는 것으로 나타났다.[1] 여성들은 직장의 전투적인 환경과 불균형한 돌봄의무로 인해 지속적이고 강도 높은 스트레스를 받는다고 호소했다. 이렇게 사회적 지원이 불충분한 상황에서 여성들은 필연적으로 보다 넓은 범위의 사람들과 발생 가능한 피해에 대해 의무적으로 신경쓰면서 더 높은 수준의 스트레스를 대리로 겪으며[2] 생활사건*에 강한 영향을 받는다.[3]

18~44세의 미국 여성은 매일 "지쳤다"거나 기진했다고 말할 확률이 자국 남성의 거의 2배다.[4] 15개국 이상에서 실시된 200여 건의 연구를 메타분석한 결과, 여성들은 남성들보다 신체적으로나 감정적으로 더 지쳐 있으며 미디어를 비롯한 여러 분야에서 더 높은 번아웃 비율을 보인다. 에이다 캘훈은 2016년 기사 〈새로운 중년의 위기: 왜 (그리고 어떻게) X세대 여성을 강타하는가〉에서 "어마어마하게 많은 중년 여성이 화가 나 있으며 당황하고 있다. 판이 그들에게 불리하게 짜여 있는 상황에 대하여 우리는 충분히 이야기하지 않는다"라고 말했다.[5]

미국 노동력의 47퍼센트는 여성이다.[6] 18세 미만의 자녀를 둔 여성 중 42퍼센트는 2015년 가정의 유일하거나 주요한 생계 담당자였으며, 22퍼센트는 맞벌이가정의 일원이었다. 오늘날에는 편모가정 아동(23퍼센트)이 가정주부 여성과 생계비를 담당하는 남성으로 이루어진 가정의 아동(22퍼센트)보다 많다.[7] 아이들의 3분의 1 남짓이 맞벌이가정에서 살고 있고, 3퍼센트는 편부가정, 7퍼센트는 결혼하지 않은 커플과 살고 있다.[8]

---

* 사고, 발병, 취학, 결혼, 출산 등 일상생활에서 보편적으로 경험하는 변화.

그럼에도 불구하고 집안일과 돌봄은 거의 여성의 몫이다. 미국의 전형적인 일상에서 여성의 85퍼센트가 집안일, 요리, 집안수리, 건강 및 재정 관리를 하는 데 비해 같은 일을 하는 남성은 67퍼센트에 그친다.[9] 자녀가 있는 기혼여성은 요리, 청소, 육아 같은 '핵심적인 집안일'을 자녀가 있는 기혼남성보다 3.5배 많이 한다.[10]

매년 실시되는 설문조사에 따르면 이런 통계는 여러 선진국에서 유사하게 나타나는데, 여성은 평균적으로 남성보다 무급노동에 주당 두 시간을 더 쓰는 반면 남성은 정규직 유급노동이나 여가활동에 주당 두 시간을 더 쏟는다. 미국 노동부 자료에 의하면 젠더 간 가사격차는 점차 줄어들고 있지만 여전히 크며, 젠더평등을 더욱 광범위하게 약화시키는 원인이다.

여가시간은 이 문제를 더욱 부각시킨다. 미국의 최근 설문조사에 따르면 남성은 여성이 집안일을 하는 시간의 35퍼센트를 휴식을 취하거나 즐거움을 추구하는 활동에 쓴다. 여성의 경우 거의 그 절반인 19퍼센트의 시간을 쓴다. 자녀의 존재는 격차를 증폭시키며, 휴무일에는 특히 더 그렇다. 근무일의 경우 부모들은 육아에 거의 비슷한 시간을 썼지만 아빠들은 엄마들이 육아에 쏟는 시간의 47퍼센트를 여가활동에 썼다. 반면 엄마들은 아빠들이 육아에 쏟는 시간의 겨우 16퍼센트만을 휴식에 썼다. 영국 통계청이 2016년 실시한 설문조사에서도 비슷한 결과가 나왔다. 여성들의 주당 여가시간은 남성보다 다섯 시간 적었다. 게다가 2000년 이후 남성의 휴식시간은 늘어난 반면 여성의 휴식시간은 줄었다.[11] 이러한 지표들은 남성이 무급노동의 3분의 1 남짓을 맡는 노르웨이, 스웨덴, 덴마크 등 젠더평등이 가장 잘 실현되는 국가에서도 드러난다. 아일랜드, 이탈리아, 포르투갈에서는 여성이 무급노동의 70퍼센트를 맡는다. 이탈리아 여성은 유럽의 다른 국가 여성보다 일을 더 많이 한다. 유급, 무급, 여가시간의 격차는 아랍권과 사하라사막 이남 아프리카 국가에서 가장 크다.

호주, 캐나다, 핀란드, 네덜란드, 영국에서는 남성이 무급가사노동을 하는 시간이 지속적으로 늘었지만, 미국에서는 이런 변화가 1990년대에 중단되었다.[12]

가정에서 남성은 여전히 '도와주는 존재'로 여겨진다. 대다수 미국인들은 여전히 여성이 가정의 주요하거나 유일한 생계비 담당자이든 아니든 가사노동을 비롯한 집안일을 처리하고 아이와 노인을 돌보는 일은 '여성의 몫'이라 믿는다. 2015년 설문조사에서는 응답자의 82퍼센트인 1000여 명의 미국인이 아이의 정서적, 신체적 요구는 여성이 책임져야 한다고 답했다. 그리고 아이와 관련된 임무 중 딱하나, 훈육만을 남성의 일로 할당했다.[13] 이 결과 2016년 현재 83퍼센트의 미국 여성과 65퍼센트의 남성이 가사노동을 한다고 보고되고 있다.[14]

누가 집에서 많은 시간을 보내는지, 혹은 누가 돈을 많이 버는지에 따라 일이 분배된다고 생각하면 합리적이겠지만, 전통적인 성역할 기대는 이 두 기준을 다 압도해버린다. 이는 심지어 동성커플에게도 해당되며, 더 '여성적'이라 여겨지는 파트너가 더 많은 무급노동을 한다. 한 설문조사에 따르면 응답자의 약 75퍼센트가 이성커플 중 여성이 집안의 일을 책임져야 한다고 생각했고, 90퍼센트에 가까운 사람들이 자동차정비나 마당관리 같은 집 바깥의 일은 남자가 처

리해야 한다고 생각했다.[15]

여성들이 돌봄에 추가적으로 쏟는 시간의 많은 부분은 분만이나 모유수유 같은 생명작용과 무관한, 예컨대 씻기고 먹이고 옷을 입히는 것과 같은 육아노동이 포함되어 있다. 남자들이 하는 일은 보다 산발적이고 필요한 경우에만 하는 선택적이고 즐거운 일인 경우가 많다. 예를 들어 삼십 분 사이에 아빠는 아기를 씻기거나 자녀들과 놀아줄 수 있는데, 이는 같은 시간 동안 육아용품을 관리하거나 4인분의 식사를, 그중 3인분은 특수식으로 준비하는 여성의 일과 대조적이다.[16] 가족이 먹을 음식의 3분의 2는 여성이 요리한다.

육아는 시간이 많이 들고 촌각을 다투는 경우가 잦은데다, 단독의 가사일이나 유지보수작업보다 스트레스 수치가 더 높다.[17] 아이에게 중요한 약을 먹이는 것을 잊거나 알레르기가 있는 아이에게 실수로 위험한 음식을 먹이는 것은 전구를 갈거나 타이어를 교체하는 일을 깜빡하는 것보다 훨씬 중대한 일이다. 어느 추산치에 의하면, 유아와 관련된 난감한 작은 사건은 3분마다 발생하고, 잠재적으로 커다란 위험이 있는 주요 사건은 20분마다 발생한다.[18]

세 아이가 모두 아기였을 때 나의 남편은 풀타임으로, 나는 파트타임으로 일하고 있었다. 세 살도 안 된 아이 셋을 돌보는 일은 벅찼고, 아이들이 잠든 밤에 하는 업무는 달콤한 휴식과도 같았다. 내게는 퇴근한 남편이 집에 올 때까지 아무도 죽지 않도록 도와주는 규칙적인 저녁일과가 있었다.

나는 바닥에 앉아서 내 오른팔 아래 몸을 들이민 큰아이에게 책을 읽어주며 쌍둥이에게 차례로 젖을 물렸다. 모두를 자리에 앉힐 수 있는 날은 함께 바닥의 담요 위에 오붓이 앉아 소파에 몸을 기댔다. 그 옆에서는 개가 몸을 쭉 뻗었다.

평온하게 흘러가던 어느 날 밤, 두 살배기 아이가 화장실에 가야겠다고 말했다. 배변훈련이라는 측면에선 희소식이었지만 개 옆에서 수유중인 쌍둥이를 생각하면 매우 나쁜 소식이었다. 그때 나는 내 다리 사이에 아기 하나를 똑바로 눕혀놓고 쓰다듬으면서 다른 아기를 수유하고 있었다. 기운 넘치는 테리어와 아기 둘을 남겨두고 욕실로 달려가는 것은 현명한 처사 같지 않았다. 나는 어쩔 줄을 몰랐다. 나는 아이에게 엄마가 눈을 감고 있는 동안 화장실까지 갔다가 돌아와서 엄마 머리를 톡 건드리는 '엄마 놀랐지' 게임을 하자고 제안했다. 아이는 재밌겠다고 생각했는지 바로 일어나 뛰다가 개의 몸에 걸렸고, 온 체중이 실린 아이의 발이 바닥에 있던 아기의 가슴에 떨어졌다. 나는 비명을 지르는 아기로부터 큰아이를 들어올리느라 수유하던 아기를 떨어트렸고 그 바람에 그 아기는 바닥에 머리를 찧었다.

삼 초 만에 평화로운 밤은 혼돈의 도가니가 되었다. 공황에 빠져 의사에게 전화를 거니, 한 아이는 비장이 파열될 뻔했고 다른 아이는 뇌진탕을 일으킬 뻔했으며 큰아이는 의심의 여지 없이 몇 년간 심리치료를 받아야 할 거라 했다. 이십 분 후 남편이 집에 왔을 때는 모든 것이 평온했다. 온갖 근심을 다 했지만 다행히 아무도 다치지 않았다. 몇 년 뒤에 나는 영화 대본에 그날의 일을 넣었고 프로듀서들은 그 장면을 삭제했는데, 이유인즉 "너무 리얼리티가 떨어지고 개연성이 없어서"였다.

내가 업무에서 경험했던 그 어떤 스트레스나 분노도 집에서 느끼는 스트레스에는 근접하지 못했다. 2014년 펜실베이니아주립대학의 세 연구자는 사람들의 코르티솔 수치를 측정했고, 여성의 경우 일터에서 집으로 돌아오면 스트레스호르몬 수치가 솟구치면서 코르티솔 수치가 상당량 증가함을 밝혀냈다.[19]

당신의 가족 중 누구도 여성이 더 많은 무급노동을 한다고 분명히 밝히려 하지 않을 확률이 높다. 대부분은 구성원 모두가 일과 가정, 돈을 벌고 돌보는 일을 감당하려 최선을 다한다.[20] 하지만 해외의 여러 연구 결과에 따르면, 여성은 일주일에 최소 평균 두 시간 정도 더 꼬박꼬박 무급가사노동을 하고 있다. 최선을 다하려 노력하고, 엄청난 시간의 압박을 느끼는 남성은 본능적으로 이 정보가 틀렸고 자신들이 '공평한 양'의 일을 하고 있다고 믿는다. 그러나 연구 결과들은 남성이 자신의 가사 기여도를 확실히 과대평가한다고 말한다.[21] 남성 다수는 또한 가사를 평등하게 분배하려는 노력을 방해하기도 한다. 2014년 영국의 대형 유통업체가 실시한 연구에 의하면, 설문에 응답한 이성애자 남성의 30퍼센트가 일부러 집안일을 서투르게 해서 파트너가 더이상 부탁 않고 직접 하게 만든 적이 있다고 실토했다.[22] 지난 삼십 년 동안 남성이 가사노동에 기여한 시간은 일 년에 하루 일 분씩 늘어났다. 실로 어마어마한 증가다.[23]

모든 인구통계집단에서 가사 및 돌봄노동의 격차는 명백하지만, 혼인 여부, 인종, 섹슈얼리티, 계급에 따라 양상은 현격히 다르다. 미국의 경우 아프리카계 미국인 커플은 결혼을 했든 아니든 가정 내 역할과 책임 면에서 젠더의 구분이 다른 민족 및 인종보다 덜 극단적이다. 아프리카계 미국인 아버지들이 아이를 돌보는 데 가장 많은 시간을 들이고 그다음이 백인, 히스패닉 순이다.[24] 레즈비언가정에서는 노동의 평등한 분배를 의식적으로 우선시한다. 한부모가정의 경우 부득이하게 대부분의 일을 홀로 한다.[25]

우리 가족의 경우, 시간분배에 유익한 변화가 생긴 것은 우리가 통제할 수 없고 생각지도 못했던 일이 생긴 후였다. 큰아이가 두 살일 때 쌍둥이 자매가 태어난 것이다. 세 살도 안 된 아이가 셋이나 있다는 것은 남는 손이 없다는 의미이기 때문에, 남편은 쌍둥이가 없었다면 하지 않았을 방식으로 매일 아이를 돌보고 살림을 관리해야 했다. 끝없는 혼란 그 자체였던 우리집에서 몇 년간 우리를 미치지 않게 만들어준 것은 유머감각의 공유였던 듯하다. 그게 아니었다면 우리는 계주팀의 주자들처럼 바통 대신 아이를 건네는 게 전부였을 것이다.

이런 상황에서 우리는 정확히 게이나 레즈비언 커플들처럼 움직였다. 여성이나 더 여성스러운 파트너에게 일의 짐을 지우는 대신 육아, 노인부양, 가사, 감정노동, 직장생활의 필요에 대해 더욱 열띠게 토론한 것이다. 십이 년간 레즈비언, 게이, 이성애자의 관계를 비교한 어느 영향력 있는 연구는 이성애자 커플이 더 높은 수준의 스트레스를 느끼고 모욕에 더 민감한 반면, 관계를 개선하기 위한 유머감각은 부족하다는 것을 발견했다.[26] 이성애자 커플은 관계를 통제하고 장악하는 전술을 사용하는 등 서로에게 더 많은 적개심을 보인다. 이성애 결혼을 한 여성들은 결혼생활에서 자신의 발언권이나 영향력이 작다고 느낀다.[27] 연구 결과, 동성커플은 전반적으로 더 행복하고 평등한 관계를 맺는 경향이 있으며, 그 결과 상대를 화나게 하거나, 좌절을 느끼거나, 공격성을 보이거나, 분노를 느끼는 일이 덜하다.[28]

우리 부부는 우리 아이들만 돌보면 되었지만, 다른 친족을 책임진다든지 장애가 있거나 특수한 도움이 필요한 가족을 보살펴야 하는 경우에는 스트레스가 기하급수적으로 증가하는데, 이는 근심이 생기는 것은 물론 가족 구성원이 서로 관계하는 방식이 바뀌기 때문이다. 이미 어려운 상황은 더욱 어려워지고, 부모들은 종종 분노, 좌절을 경험한다.

급속히 고령화되는 인구를 돌보는 사람의 3분의 2는 여성, 특히 딸들이다.[29] 미국의 여성들은 부모를 돌보는 데 남자형제보다 매달 평균 2배의 시간을 들인다. 프린스턴대학 사회학자이자 젠더와 돌봄노동을 연구하는 수석연구자인 앤젤리나 그리고리예바는 이렇게 설명한다. "딸이 연로한 부모를 돌보는 시간은 그들이 마주한 제약, 즉 고용이나 육아 등에 영향을 받는다. 아들이 부모를 돌보는 시간은 오직 다른 조력자, 즉 여자형제나 부모의 배우자의 존재 여부에 달려 있다."[30]

심지어 아들이 부모를 모시기 때문에 출생성비에 극심한 불균형이 생긴다고들 하는 중국에서도 여성이 부모를 돌보는 데 가장 큰 역할을 한다.[31] 미국에서 가장 강하게 영향을 받는 이들은 저소득 여성으로, 이들의 54퍼센트가 일주일에 스무 시간 이상 무보수로 가족을 돌본다.[32]

시간이 흐르면서 젠더격차는 통계가 보여주는 것보다 더 벌어지는데, 이는 여성들이 감정노동을 떠맡기 때문이다. 여성은 부모를 봉양하든 배우자를 돌보든 노인을 모시든 무급으로 일하든 돌봄노동의 압박을 받고 또 돌봄노동을 하면서 만족할 것을 요구받는다. 마치 달콤한 음악이 들리는 가운데 새와 숲속 생물들이 타인의 기분을, 대인관계 역학의 공기를, 사회생활에 요구되는 바를 파악하고 직장 내정치의 복잡성과 섬세함을 이해하는 일을 도와주기라도 하는 것처럼 말이다.

우리는 어릴 때 '감정'은 여성의 영역이라고 배우며, 그렇기 때문에 남성은 자신에게 부여되는 관계, 사회네트워크, 감정노동을 남에게 위탁하는 습관이 생기기 쉽다. 여성은 가족들에게 명절카드와 선물을 보내고 선생님 선물을 준비하고 코치의 은퇴파티를 준비하느라 시간과 노력을 쏟을 것이다. 우리는 우리의 감정을 관리할 뿐만 아니라 남의 감정까지 조절하느라 바쁘다.

여성적인 돌봄에는 우리 여성과 여성의 신체까지 포함된다. 심지어 섹스에조차 그런 기대가 섞여 있다. 많은 남성은 여성이 그들의 감정을 언제까지나 돌봐줄 거라는 기대를 하고, 이 기대는 여성이 그러기 위해 섹스를 제공할 것이란 기대로 바뀐다. 남성의 성적 쾌락을 우선시하는 풍조 속에서 이 두 기대는 일상적으로 얽힌다.

80퍼센트에 이르는 여성이 한다고 대답한 오르가슴 연기는[33] 남성이 여성의 돌봄과 정서적 보호, 호의를 받아야 한다는 믿음이 어떻게 친밀한 방식으로 발현되는지 보여주는 좋은 예다. 2018년에 실시된 대규모 연구 결과, 이성애자 여성은 다른 섹슈얼리티 집단보다 오르가슴을 덜 느끼며 이성애자 남성과는 그 차이가 현격한 것으로 나타났다.[34] 여성들은 남성 파트너의 자아와 감정을 보호하기 위해 가짜 오르가슴을 연기한다고 답했는데, 그중 92퍼센트는 그러면 남성 파트너의 자존감 향상에 도움이 된다고 믿었으며 이것은 그들의

87퍼센트가 제일 먼저 꼽은 주된 이유였다.[35] 다른 사람의 감정을 배려하는 것은 대체로 좋은 일이지만, 일방적 성적 특권과 이어질 때마저 좋은 것은 아니다.

2018년 〈남성의 쾌락에 필요한 여성의 가격〉이라는 강렬한 기사에서 저자 릴리 루프보로는 남성의 성적 쾌락을 우선시하는 풍조가 얼마나 널리 퍼져 있는지, 그리고 이것이 여성의 요구나 심지어 통증을 무시하는 경향과 어떻게 연관되는지 가차없이 설명했다. 루프보로는 여성의 30퍼센트가 성관계 도중 질에 통증을 느끼고 72퍼센트는 항문성교중 통증을 느끼지만, "대다수"가 상대방에게 아무 말도 하지 않는다고 지적했다. "사람들이 '나쁜 섹스'에 대해 이야기하는 인터넷 게시판을 간단히 조사한 결과, 남성들은 이 말을 수동적인 파트너나 지루했던 경험을 설명할 때 썼다. 하지만 여성들은 강요나 감정적 불편함, 더 흔히는 신체적 통증을 말할 때 그 표현을 쓰는 경향이 있다."

이것이 실생활에서는 어떤 형태로 드러날까? 남성의 성적 쾌락이라는 주제는, 이를테면 발기부전은 여성의 성교통보다 5배 더 많은 임상실험이 수행되었다. 참고자료에서는 어떨까? 루프보로는 이 주제를 집요하게 파고들어 의학논문을 출판하는 펍메드에서 성교통, 질경련증에 관한 연구 446건을 찾아냈다. 발기부전은? 1954건이었다. 그녀가 인용한 의사의 표현에 따르면, 여성들은 "이를 악물고" 조용히 성관계를 제공할 것이다.[36]

섹스, 통증, 감정노동의 교차는 여성이 강간을 어떻게 생각하고 반응하는지에도 영향을 미친다. 2017년 작가 에마 린지는 이렇게 설명

우리의 분노는 길을 만든다

했다. "행여 나의 진실이 남자를 다치게 한다면 그로부터 남성을 보호해야 한다는 이 욕구는 깊은 곳까지 뻗어나갔고, 나는 이윽고 나를 성폭행한 남자의 감정을 상하게 하지 않으려 그 일을 웃어넘기기까지 했다."[37]

이를 악무는 것은 사람이 고통스러울 때 하는 행동이다. 하지만 분노로 가득찼을 때 하는 행동이기도 하다.

우리가 뿌리는 씨앗들
—

맞벌이가정은 이미 전통적인 형태의 가정의 수를 넘어섰다. 그렇다고 해서 자동적으로 가정에서의 관계가 평등해지는 것은 아니다. 전통, 성역할에 대한 요구, 효율 추구는 늘 보수적인 젠더규범과 불평등을 공고히 한다.

오늘날 여자아이들은 성인 여성과 마찬가지로 남자형제보다 일주일에 평균 두 시간 더 가사노동을 한다. 전 세계의 여자아이들은 어린 나이부터 남자형제보다 대략 30퍼센트 더 많은 무급노동을 하는데, 청소년기에는 그 비율이 50퍼센트에 이른다. 여자아이들은 빨래, 청소, 설거지를 비롯한 집안일을 하며 무엇보다 어린 동생을 돌볼 가능성이 높다. 남자아이들도 이런 일을 할 수 있겠지만 여전히 쓰레기 버리기, 세차, 잔디 깎기 같은 일반적인 유지보수작업을 주로 한다.[38] 무슨 일을 맡았느냐고 물었을 때 남자아이들은 여자아이들이 답하는 집안일의 반도 안 되는 일들을 나열한다.[39] 체격과 근력의 차이가 원인일 때도 있지만 대부분의 경우, 특히 동생을 돌보거나 집안일을 하는 것은 성역할이 결정적 차이를 낳는다.

보수격차도 존재한다. 남자아이들은 가정에서 시간과 노력을 들여 한 일에 대해 10퍼센트 더 많은 돈을 받는 경향이 있다. 1200명 이상의 아이와 약 600명의 부모를 상대로 2016년 실시한 연간 '용돈' 설문조사에 따르면, 남자아이가 여자아이보다 13퍼센트 더 높은 액수의 용돈을 받았다.[40] 눈 덮인 도로를 치우는 것이 식기세척기를 비우는 것보다 더 많은 돈을 손에 쥐여줄 것이다. 남자아이들의 일은 보상의 가능성과 수익성이 더 높기 때문에 그들은 더 많은 돈을 모은다.[41] 사회학자 예스민 베센카시노는 10대 때 했던 일의 종류와 보상에 따른 성인기 임금격차를 추적했다.[42] 암묵적으로 임금수입과 경제적 감각을 남성성과 연관짓는 부모들은 남자아이들에게 신용카드를 주기도 하고, 재정에 대한 이야기를 더욱 주기적으로 나눈다.

여자아이들과 남자아이들은 인습에 따라 집안일을 할 뿐만 아니라 이런 관행을 공고히 하는 인습적 장난감을 갖고 논다. 벽돌과 모르타르로 지은 가게든, 온라인 쇼핑몰이든 모든 상점에서 게임과 장난감은 여전히 젠더고정관념에 따라 판매된다. 여자아이들의 놀이가 미용, 소꿉놀이와 엮이는 반면 남자아이들의 놀이는 그보다는 경쟁, 직업, 금전과 관련됐을 가능성이 높다. 연구에 의하면 여자아이도 의사 역할을 맡을 수 있고 남자아이도 '요리'를 할 수 있지만, 그럴 때 아이들은 어린 나이임에도 이미 정해진 선, 분명하게 마케팅 타깃이 설정해놓은 젠더의 경계를 넘는 기분을 느낀다고 한다.

나는 남자아이들도 '여성적' 특성을 표현하도록 도와주는 장난감을 갖고 여자아이들처럼 놀 수 있어야 한다고 제안했다가 살해협박을 받은 적이 있다. 그런 장난감을 한번 가지고 놀아보는 것만으로도 많은 남자아이가 조롱당하고 놀림받고 괴롭힘당한다. 인형은 놀랍게도 여전히 많은 가정에서 남자아이를 위한 장난감이 맞는지 논란의 대상이다. 여자아이들이 인형을 보살피며 하는 행위란 양육과 무급의 돌봄노동을 흉내내는 것이다. 아이들은 인형에게 옷을 입히고, 장난감 유모차를 밀고, 장난감 기저귀를 갈고, 장난감 부엌에서 만든 '이유식'을 먹인다.

많은 사람들이 남자아이들은 '타고나길' 돌보고 양육하는 활동에 관심이 없고 대신 기차, 비행기, 자동차 이미지가 머릿속에 가득하다는 생각을 하며 위안을 얻는다. 그러나 남자아이들에게서도 분명 젠더유연성과 양육의 본능이 관찰된다. 아동의 장난감과 텔레비전 선호도 연구에서 연구자 이저벨 처니와 카멀라 런던이 밝힌 바에 따르면, 혼자 남겨진 5~13세 남자아이들 절반은 누군가 자신을 지켜본다고 생각하기 전까지는 '여아용' 장난감과 '남아용' 장난감을 같은 비율로 골랐다.[43] 아이들은 아빠가 자신을 보고 무슨 생각을 할지 특히나 걱정했다. 시간이 지나면서 남자아이들의 장난감과 미디어에 대한 관심은 더 엄격히 남성화되고 조직화되는 반면 여자아이들은 상대적으로 개방성과 유연함을 유지했다.

여자아이들이 인형을 가지고 놀고(즉 무급돌봄노동을 흉내내고) 남자아이들은 전문적인 직업을 흉내내며 놀 때(즉 급료를 받을 때) 어른들은 임금불균형에 대해 이야기해주지 않는다. 대신 그들은 뻔한 말을 뱉는다. 내가 방문했던 어느 고등학교에서 열일곱 살 남학생은

"어머니는 세상에서 가장 중요한 직업"이라는 말에 내가 동의하는지 알고 싶어했다. 학생의 입에서 흘러나온 말이 그 머리 위에 반원 모양으로 늘어서서 또렷이 반짝거리는 광경이 보이는 듯했다.

몇 분 후에는 학생 하나가 자신이 말하는 바가 불법인지도 알지 못한 채 왜 고용주들이 임신한 여성을 해고해야 하는지 설명했다. 임산부를 고용하는 것은 시간과 돈의 낭비라고, 그들은 최대치로 일하지 못하는데다 아이를 돌보고 싶어서 때때로 자리를 비워야만 할 것이라 했다. 나는 우리 사회가 모성은 사랑하지만 엄마들을 사랑하지는 않으며, 남성과 상관없이 독자적으로 행동하는 엄마들은 특히 사랑하지 않는다고 설명했다. 우리는 "육아"라는 말은 기쁘게 꺼내지만 육아를 하는 사람들에게 제도적 지원을 확대하지는 않는다. 남성도 아이를 돌보기 위해, 특히 직장의 지원을 받으며 자리를 비울 수 있다는 나의 말에 학생들은 마치 요정이 이 이상적인 노동력을 새로 창출할 것이라는 말을 들은 것처럼 심각하게 반응했다.

여성의 임금소득을 위한 제도적 지원이 부족한 현상은 우리 여성이 남성의 야망이나 성공, 잠재적 수익을 침해하지 않도록 배려해야 한다는 사회의 압력을 분명하게 보여준다. 남성성과 남성의 돌봄은 여성의 경우와 달리 돈벌이를 통해 인정받는다. 그래서 남성은 사랑하는 사람에게 애정을 증명하는 방법은 필요한 것을 제공하고 보호해주는 것이라고 배운다. 이를 위해 남성에게 가장 기대되는 것은 돈을 버는 것이다.

그 무엇도 남성이 주요 사회직무로 양육을 선택하는 것을 제도적으로나 생물학적으로 금지하지 않는다. 미국의 인류학자 배리 휼렛

교수는 수십 년간 중앙아프리카의 아카피그미족에 대해 연구했다. 이들은 남성과 여성 모두 능력과 책임 면에서 동등하게 유연하고, 아버지들은 세계의 다른 남성들과는 다른 방식으로 육아를 한다. 아이들은 유년기의 47퍼센트에 해당하는 시간을 아버지의 손이 닿는 곳에서 보낸다. 여성은 아이들을 돌보고 요리를 하지만 사냥도 하고 바깥을 돌아다니기도 한다. 아카족 아버지들이 어머니가 없는 동안 아기를 달래기 위해 젖을 물리기도 한다는 것을 알고 휼렛은 몹시 놀랐다. 이곳에서는 분명 생물학이 사회규범에 몸을 맞추고 있었지, 그 반대가 아니었다.[44]

자신을 관계 안에서 정의해야 한다는 압박감, 공공연하든 암묵적이든 여자아이와 성인 여성이 받는 그 압박감 속에 돌봄의 의무는 존재한다. 우리는 심지어 젊은 여성들에게 결혼할 때 자신의 성姓을 고수하는 것은 이기적이고 가족에게 피해가 되는 일이며 사회적 모욕이라고 수긍하게 만든다. 오늘날 미국 여성의 약 8~10퍼센트만이 결혼 후에도 자신의 성을 유지하는데, 이는 최고치였던 1990년대 중반의 23퍼센트에서 떨어진 수치다.[45] 미국인 5명 중 3명은 여성이 남편의 성을 따라야 한다고 생각하며, 절반 이상은 이를 법으로 강제해야 한다고 생각한다.[46] 성을 바꾸겠다는 여성의 결정에는 본질적으로 전혀 잘못된 것이 없다. 문제는 대부분의 남성이 기꺼이 응하는 것을 불편해하고 여성이 자신의 성을 지키려고 하면 모욕으로 받아들인다는 것이다. 2013년 잡지 『멘즈 헬스』 설문조사에 따르면 응답자의 63.3퍼센트가 부인이 자신의 성을 바꾸지 않을 경우 몹시 화가 날 것이라고 답했다.[47] 남성에게는 혼인 여부를 가장 우선적이고 중요한 정체성으로 확인시켜주는 호칭, 즉 Mrs.나 Miss 같은 호칭이 존재하지 않는다. Ms.는 1901년 이 용어를 고안한 사람이 밝혔듯 "당사자 여성의 가정상황에 어떤 견해도 표명하지 않고 존경을 표하는 보다 종합적인 표현"을 의도하고 만들어진 것이다.[48] Ms.는 여전히 통용되지 않으며, 때로는 전통적으로 남성에게만 주어졌던 흔한 경칭과 달리 사회적으로 수용도 되지 않는 듯하다. 2015년 영국에서 한 여자 의사가 자신이 회원인 케임브리지 체육관의 여성탈의실 출입을 거부당한 일이 있었다. 그 피트니스회사의 자동화시스템은 이름 앞에 Dr.가 붙은 회원은 모두 남성으로 처리하도록 프로그램되어 있었던 것이다.[49]

✖✖

전반적으로 여성은 다른 영역보다 가정생활과 친밀한 관계의 맥락에서 더 많이 분노를 느끼고 표출하는데, 이성애 결혼을 한 여성은 모든 사회경제학적 집단 가운데 가장 높은 수준의 분노를 호소하며 특히나 가정 바깥에서 일하지 않는 여성의 경우는 더욱 심하다.[50]

친밀한 관계에서 무엇 때문에 화가 나거나 우울해지는지 물었을 때 여성들의 대답은 대개가 배신, 생색, 부당한 비판을 비롯한 남성들의 부정적인 행동에 집중되어 있다. 반면 남성들은 그런 행동에 대한 여성들의 부정적인 반응에 화가 난다고 답하며, 이를 "이기적인 처사"로 치부한다.[51] UC버클리 심리학과장인 교수 앤 크링은 젠더와 분노에 관한 논문에서 "여성은 남성의 부정적인 행위에 화가 나는 반면 남성은 여성의 부정적인 감정반응과 이기적 반응에 화가 나는 경향이 있다"라고 설명했다.

2015년 여름, 미국사회학회는 이성애 관계를 맺고 있는 19~94세 2000명 이상을 대상으로 실시한 종적 설문조사의 결과를 발표했다. 2009~2015년 사이 응답자 중 371명이 이혼을 했거나 비혼의 관계를 청산했다. 연구는 결혼을 한 경우와 아닌 경우의 주요한 차이를 강조했다. 이혼을 제기한 것은 여성이 69퍼센트, 남성이 31퍼센트였다. 동거의 경우는 결별 제안에 젠더 간 차이가 없었다.[52]

남편의 다수가 내재적 젠더특권을 염두에 두고 결혼생활을 시작하는 것은 아니다. 그들이 결혼생활에서 자신이 상대보다 지위가 높다거나 존경받을 자격이 있다고 의식하는 것 또한 아니지만, 많은 남성에게 결혼은 단지 그것을 의미하기도 한다. 사회학자 리사 웨이드는 기존의 방식을 답습하는 결혼생활에 대해 다음과 같이 설명했다. "남성보다는 여성에게 종속의 시간이 될 뿐인데, 여성이 자기 자신과 자신의 커리어보다 관계, 자녀, 남편의 커리어를 우선하기 때문이다."[53] 이성애자 기혼남성과 동일한 비율로 관심사나 취미, 야망을 좇을 시간과 자유가 있다고 답한 집단은 아이가 없는 싱글여성뿐이다. 이혼 후 남성은 재혼할 가능성이 2배인 반면, 여성은 재혼 의사가 거의 없다.[54]

남성 스스로 상대보다 더 높은 지위를 즐기고 있다고 생각하지 않는다 하여 실제로 즐기지 않는다는 뜻은 아니다. 남성들이 호소하는 분노는 높은 지위의 사람이 불복종을 인지했을 때 느끼는 감정반응과 똑같다. 이혼/별거 통계는 결혼관계 내 불평등이 여성의 분노를 유발하는 주요인이며, 그 감정을 여성이 알아차리고 행동을 취한 것임을 보여준다.

종종 페미니즘은 '결혼을 파괴하고' 여성의 주관적인 행복감 전반을 감소시킨다고 비난받지만, 그러한 주장들은 구시대적이고 불공평한 성역할 압박에 대한 여성들의 분노를 무효화한다. 페미니즘은 결혼을 파괴하지 않는다. 성차별과 남성적 특권이 계속되어야 한다는 기대감이 결혼을 파괴한다.

시간이 지나면서 젠더에 대한 태도도 진보했다고 생각하기 쉽다. 이 진보가 얼마나 확실하지 않은 것인지 머리를 얻어맞은 것처럼 깨닫기 전까지는 나 역시 분명 그렇게 믿었다. 원칙적으로 성평등과 성역할 유연성을 지지하는 많은 남성이 실천에 어려움을 겪는다. 가령 밀레니얼세대가 앞 세대보다 가정생활이나 직장생활에서 더 보수적인 젠더신념을 보여준다는 숱한 연구 결과에는 내가 아는 사람 대다수가 놀란다. 밀레니얼세대는 남성과 여성 모두 여성도 일해야 한다는 견해를 지지하고 실제로 그 세대 여성이 명백히 더 야심차지만, 가정 내 평등을 포용하려는 경향은 더 적다. 2018년 초에 발표된 몇몇 연구는 상황이 덜 심각해졌음을 보여주면서도 변화가 얼마나 더 딘지를 강조한다. 현대가족협의회의 공공교육 책임자인 스테퍼니 쿤츠는 "우리는 근래 모순적인 메시지를 많이 받고 있다"라고 말한다. 쿤츠는 장기적으로 봤을 때 젠더격차가 줄어들고 있다는 사실에 주목하면서도, 한 가지 사례를 들어 우려를 표했다. 2014년 고등학교 졸업반을 대상으로 한 설문조사에 의하면 남학생들은 남자는 아내에게 권위가 있어야 한다는 생각을 분명히 지지했다는 것이다.[55]

두 사람의 관계에 자녀가 더해지면 더욱 전통적인 태도를 보이게 된다. 오늘날 밀레니얼세대의 40퍼센트가 부모이며, 부모로서 그들은 젠더에 대한 신전통주의적 관점을 고수한다.[56] 아이가 없는 밀레니얼세대 남성 중 35퍼센트가 여성이 "가정과 아이를 돌봐야" 한다고 믿으며, 이는 X세대보다 9퍼센트, 45세 이상의 남성보다 14퍼센트 높은 수치다.

자녀를 갖기 전에는 밀레니얼세대 남성의 24퍼센트가 배우자와 동등한 책임으로 아이를 돌볼 것이라고 답한다. 아이를 낳은 경우 그 비율은 8퍼센트로 곤두박질친다.[57]

이성애 관계를 맺는 밀레니얼세대 여성에게서는 그런 수치 하락을 볼 수 없고, 그렇기에 스트레스와 분노, 좌절의 발생은 지극히 자연스럽다. 아이를 갖기 전이든 후든 그들은 배우자가 동등하게 책임을 져야 한다고 꾸준히 주장한다. 밀레니얼세대 여성의 직업적 야망은 그들이 집에 머물면서 아이들을 돌볼 것이라는 배우자의 기대에 걸맞게 줄어들지 않는다.[58] 밀레니얼세대 엄마들, 특히 대학교육을 받은 엄마들은 남성 배우자들보다 2배 많은 시간을 육아에 쏟으면서도 직장 관두기를 꺼린다. 더 높은 임금을 받는 남성과 만날 확률이 낮고 여타 선택지가 적은 노동계급 여성은 경제난에 빠지고 이혼할 확률이 더 높다.

이처럼 보다 성차별적이고 관습적인 역할을 주장하는 방향으로 세대가 변한 데는 많은 요인이 있다. 사회학자 베센카시노와 댄 카시노는 남성들이 가사 맡기를 꺼리는 경향을 남성성 백래시masculinity backlash의 관점에서 설명한다.[59] 그들이 주목하는 것은 미국의 현상으로, 그들이 수행한 한 연구에서 남성의 77퍼센트는 절반 이상 (55퍼센트)의 여성에 비해 일상적인 집안일을 하지 않는 것으로 나타났다. 남성은 여성이 집에서 하는 일의 3분의 1을 한다. 심지어 합리적 예상과는 정반대로, 아내의 수입이 많은 남성은 아내의 수입이 적은 남성보다 집안일을 더 적게 했다. 상대적 수입이 반영된 행동이 아니라 여성의 고소득 지위가 반영된 행동이었다.

젠더적으로 유연한 역할 수행을 굳건히 가로막는 직장문화는 의도가 아무리 좋을지라도 사람들에게 관습적인 역할을 강조하곤 한다.[60] 인구통계의 변화 역시 영향을 미친다. 오늘날 22퍼센트를 차지하며 점점 증가하고 있는 히스패닉 인구는 전통적인 젠더규범에 대한 순응도를 높인다. 히스패닉 남성은 가정 내에서 전통적인 성역할을 지지할 확률이 높으며 다른 인종의 젊은 성인보다 일과 가정의 책임을 양분하고 싶어하는 경향이 있다.[61] 결정을 내린 당사자가 여성이라면 그 결정은 페미니즘적이라 믿는 선택 페미니즘choice feminism 역시, 여성이 어머니 세대보다 더 가정주부 역할을 선뜻 받아들이게 만든다.[62]

밀레니얼세대 여성이 젠더고정관념으로 인해 미국의 어떤 인구통계집단보다 더 많은 제약과 더 큰 스트레스를 받는다고 호소하는 것은 놀랄 일이 아니다.[63][64]

✖✖

'돌보미 증후군caregiver syndrome'은 여성들이 받는 스트레스를 명명하기 위해 사용되는 용어다. 때때로 '돌보미 스트레스'라고도 표현되는 이 증후군은 수천만 명의 사람들에게 사실상 '빚 스트레스'다. 그러나 문화적 상상계에서는 '돈=남성'이기 때문에 이러한 연결은 무시되며 돌봄만의 문제로 여겨지곤 한다.

여성은 임금소득 및 건강 문제로 스트레스를 받는다. 하지만 돌봄의 경제적인 부담 역시 지고 있으며, 이는 너무 쉽고 자연스럽게 간과되곤 한다. 나이를 불문하고 대부분의 사람들이 돈에 대한 걱정을 스트레스의 가장 큰 요인으로 꼽는다. 돌보는 일은 비용이 많이 들기 때문에 돌봄은 종종 돈 문제로 귀결된다. 그러나 아무도 돌보는 일을 금전환산의 측면에서 생각하려 들지 않는데, 돌봄과 돈을 결부하는 것이 우리가 품은 이상적인 젠더상을 훼손하기 때문이다. 그러나 모든 돌봄은 금전으로 환산되며, 여성의 경우 특히 장기적인 재정안정을 고려할 때 이는 불리한 환산이다. 돌보는 일은 비용이 많이 들고 재정적으로 위험요소다. 뿐만 아니라 특정 젠더에 치우친 돌봄의무는 여성들이 추구할 수 있는 재정안정과 리더십으로 향하는 사실상 모든 길을 가로막는 큰 장애물이다.

여성은 제도적 지원이 전무하거나 최소한이며 혜택이 부족하고 부를 축적할 기회가 줄어드는 저소득 구간에 꾸준히 몰려 있다. 2006~2010년 사이의 여성 노동력 실태를 조사한 2015년 분석 결과에 따르면, 여성의 학업적 성취와 법률상의 승리에도 불구하고 미국 여성에게 가장 많은 직업은 1950년과 동일하게 비서/사무보조였던 것으로 나타났다. 근소한 차이로 '모성적인' 직업 두 개, 교사와 간호사가 뒤를 이었다.[65] 여성은 저임금 직종인 서비스업, 요식업, 성노동

종사자의 대다수를 이룬다. 미국의 유급 가사도우미와 요양보호사의 90퍼센트 이상은 여성이다.

성별에 근거한 이러한 노동의 분리는 우리의 언어에도 드러난다. 2017년 밝혀진 바에 따르면, 구글은 성별 구분이 없는 언어를 그렇지 않은 언어로 번역할 때 고정관념에 따라 성별을 추측했다. 은행원은 "그", 교사는 "그녀"였다.[66]

주로 여성들이 종사하는 직업은 감정적으로 몹시 까다로우며 분노 같은 부정적인 감정을 억누를 것을 요구받는다. 교사, 간호사, 사무보조, 서비스업 종사자 모두 높은 비율로 번아웃을 겪는데, 그 주요한 원인은 감정의 탈진이다. 독일의 중등교사들에 대한 2014년의 심층연구는 번아웃과 분노의 억제가 얼마나 밀접하게 연관되어 있는지 밝혔다.[67] 해외의 유사한 연구에서 전문가들은 탈진, 스트레스, 분노, 불안, 과도한 업무 요구로 인한 증상을 발견하고 이를 "전염병"이라 묘사한다.[68]

샌드라 토머스 교수의 저서 『간호사의 분노와 스트레스를 변형시키기: 치유로 가는 단계*Transforming Nurses' Stress and Anger: Steps Toward Healing*』는 간호사들의 직업적 불만족과 분노의 비율, 특히 억눌린 분노의 비율이 높은 이유를 살피며 비슷한 문제를 발견했다. 간호사들은 많은 경우 성별, 권력, 불의가 생사의 문제와 직결된 환경에서 일한다. 간호사의 4분의 1이 번아웃과 "윤리적 고뇌" 때문에 업계를 떠난다. 여러 연구에 의하면 간호사들의 우울증은 심각하고 위험한 수준으로, 그 같은 우울증의 주요 예측변수는 피로, 스트레스, 억눌린 분노 등이 있다.[69]

교사와 간호사가 번아웃과 업무환경으로 인한 분노를 묘사할 때 하는 말은 똑같다. "과부하에 짓눌린 기분이다." "존중받지 못한다." "나는 비난받는 희생양이다." "무기력하다." "다들 내 말을 듣지 않는다." "윤리적으로 병든 것 같다." "아무 지지도 받지 못한다." 자녀가 있는 엄마나 돌봄을 맡은 이들에게는 전부 익숙한 표현일 것이다. 교사와 간호사의 일은 힘이 들고 많은 스트레스를 유발하는데다 특히 저평가되는데, 여성의 일이기 때문이다.

분노를 포함한 감정은 인사규정으로 분류하기 어렵고, 인지할 정도의 차별로 여겨지지 않는다. 오히려 감정은 타인을 위해 자신을 말소할 것을 요구받는 여성의 삶에 부과되는 비용이다. 여성들은 어떤 상황에서도 쾌활하고 온순하고 융통성 있고 참을성 있을 것이 요구되는 직업군에 몰려 있다. 이는 이상화된 모성으로, 이상의 요구를 전부 따를 경우 부정적인 감정은 지속적으로 억제되고 높은 수준의 스트레스가 유발된다.

사회학자 알리 혹실드는 이십오 년 전 감정노동emotional labor이라는 용어를 만들어 진짜 감정은 억제한 채 가짜 감정을 표현하는 사람들이 하는 일을 묘사했다.[70] 혹실드는 자신의 감정을 숨기거나 호감을 사는 감정을 만들어내는 여성은 진정한 자아로부터 소외된다고 설명했다. 감정노동은 여러 산업, 그중에서도 여성으로 지나치게 대표되며 보상도 제대로 이뤄지지 않는 서비스산업을 이해하는 중심 이론이 되었다.

직장의 여성들이 이러한 노동을 제공하지 않을 때, 즉 어머니처럼 굴지 않고 주변을 돌보거나 타인에게 집중하지 않을 때 사람들의 기대감은 꺾인다.[71] '합당한 말만 들어주는' 여자는 '차갑고' '못됐으며' 비호감이다. 불공평한 대우에 좌절이나 분노를 표현하거나 도움이라도 요청할라치면 그녀는 덜 유능한 사람으로, 급여나 보상을 받을 자격이 없는 사람으로 여겨진다. 사람들은 남성의 분노는 상황에 대한 마땅한 반응이라 이해하면서 여성의 분노는 "그 여자는 늘 화가 나 있어" 유의 불편한 기질로 해석한다.[72]

여성들이 행복하게, 기꺼이, 아낌없이 돌봄을 제공하리란 믿음은 여성의 시간과 노동이 만성적으로 저평가되고 저임금을 받는다는 것을 의미한다. 여성이 돌봄노동이 집중된 특정 분야에서 일하기로 선택했다고 해서 낮은 임금을 선택하는 것은 아니다. 현실은 그렇지 않다고 열렬히 부인하는 사람들이 있지만 임금격차는 건재하다. 2017년 세계경제포럼의 경제학자들은 "현재와 같은 변화율이 이어진다면, 그리고 작년처럼 젠더 간 경제격차가 지속적으로 확대될 것을 감안한다면, 앞으로 217년간 격차는 좁아지지 않을 것"이라고 결론을 내렸다.[73]

코넬대학의 연구자들이 수행한 2016년 연구는 젠더 간 임금격차가 지속되는 주요 원인 중 하나가 직업 유형이라는 것을 밝혀냈다. '여성화'된 직업일수록 사람들은 적은 임금을 지불한다. 여성이 대다수인 직업이 만성적으로 저평가되는 상황에서, 세부는 달라도 대체로 유사한 노동에 동일한 임금을 제공하는 경우는 여전히 드물다.[74] 여성이 어느 직종에 진입하는 순간, 그 임금의 중간값은 직종을 불문하고 대부분 하락한다. 남성이 진입하는 경우에는 임금의 중간값이 상승한다.[75] 많은 여성이 저임금 분야에 종사하는데, 해당 분야의 임금이 적은 이유는 여성이 대다수를 차지하고 있기 때문이다. 미국 노동통계국에 의하면 30개 고임금 직업군 중 26개를 남성이 점유하고 있으며, 33개 저임금 직업군 중 23개는 여성이 점유하고 있다.[76]

이러한 임금격차를 극복하기 위해 많은 여성이 고등교육을 받으려 하는데, 이는 그들이 더 많은 학자금 빚을 진다는 것을 의미한다.[77] 학자금대출의 65퍼센트는 여성의 몫이다. 그러나 임금격차로 인해, 그리고 여성의 저축을 사실상 불가능하게 만드는 계획 없던 임신이나 육아, 노인부양, 응급진료에 더 잘 대처해야 하는 현실로 인해 대출상환은 더욱 어려워진다.

더욱 분노를 일으키는 것은, 남성의 임금소득은 여전히 제도적으로 우선시되며 늘 여성을 방해하는 방식으로 이루어진다는 것이다. 2018년 사회과학자인 정희정 박사가 유럽 27개국을 대상으로 한 자료 분석에 따르면, 남성은 유연근무에 대한 접근성이 높은 반면 여성이 대다수인 직장 내 여성들은 유연근무 접근성이 최악의 수준인 것으로 나타났다.[78] 2013년 미국에서 실시한 연구 결과 고용주들은 유연근무를 요구하는 여성을 신뢰하지 않았다.

이 연구의 공저자인 제니퍼 글래스는 다음같이 설명했다. "여성 피고용인들은 가정과 직장으로 충성심이 양분되어 있다고 의심받으며, 연차 요청시 어떤 사유를 대든 커리어보다 개인적인 일로 연차를 사용하는 것처럼 보인다. 우리는 연차를 신청하는 상황이나 사유가 무엇이든 성별 고정관념에는 변화가 없다는 사실에 놀랐으며, 이는 실제로 일반 관리자들 사이에서 여성 노동자에 대한 불신이 얼마나 강한지를 보여준다."[79]

여성들은 '이교대 근무'(급여를 받기 위해 일하고 집에 돌아와서 무급 돌봄노동과 가사노동을 잔뜩 하는 것)의 영향을 개인 차원에서 바로잡기 위해 경제적으로, 감정적으로, 신체적으로 부단히 고투하지만 그들은 이제 강력한 '삼교대 근무'에 휘말린다. 먹고살기 위해 부업을 하는 것이다. 근래의 설문조사에 의하면 4400만 미국인이 최소 두 개의 직업을 갖고 있으며 그 대다수는 부모와 자녀를 돌보는 젊은 여성이었다.[80]

미국만큼 여성의 일터 진입과 체류에 적대적인 선진국은 없으며, 고용주에게 유급가족휴가나 출산휴가를 제공할 것을 요구하지 않는 선진국은 미국뿐이다.[81] 보수당의 위스콘신주 상원의원 글렌 그로스먼은 2012년 동일임금법안에 반대투표를 하면서 "돈은 남성에게 더 중요하다"라고 말한 뒤 "아마도 돈을 좀더 의식한다고 할 수 있다"라고 덧붙였는데[82] 많은 사람들이 그 같은 믿음을 유지하고 있다. 우리 삶의 현실을 생각한다면 어처구니없고 무식한 주장 같지만, 이는 수백만 명의 사람들이 매일의 삶과 연관짓는 믿음이기도 하다.

1999년 이래 다른 나라 여성들은 기업 및 정부의 주도하에 가정을 중시하고 여성에게 친화적인 정책의 지원을 받으며 시장경제 참여를 늘려온 반면, 미국의 여성들은 지속적으로 일터에서 물러났다. 양성 모두에게 일과 삶의 균형을 이루는 해결책을 고안하는 것은 분명 중요하다. 하지만 그에 못지않게 중요한 것은, 여성에게 돌봄의 역할이 편중되는 직접적인 원인은 사회가 여성을 평가절하기 때문이라는 사실을 이해하는 것이다.

여성의 저평가된 무급돌봄노동은 오늘날 세계경제에서 부를 이동시킬 수 있는 가장 큰 후보다. 이러한 돌봄이 제공되지 않는다면 시장은 붕괴되고 경제는 서서히 멈출 것이며 남성은 모든 직업군과 제도적 계급에서 군림을 계속할 수 없을 것이다. 여성의 돌봄이 없었다면, 작가이자 활동가 글로리아 스타이넘이 오래전에 명명했던 "부의 남성화"는 불가능했을 것이다.[83]

소득불평등의 증가는 재정의 취약성 및 불안정성의 증가를 의미하며 모두의 건강과 은퇴생활 역시 위기에 처한다는 것을 의미하지만, 여성의 경우는 그 정도가 극심하다. 돈을 벌고 저축하고 생활지출을 유지하고 학자금을 상환하고 병원비를 내는 것은 여성의 일상 스트레스의 원인으로 가장 자주 인용되는 것들이다.[84] 재정불안을 분석한 어느 설문조사 결과 여성은 부채 스트레스가 더 높고, 특히 "예상치 못한 위기"와 은퇴를 대비한 저축에 걱정이 많은 것으로 나타났다.[85]

이중 무엇도 평균의 남성이 스스로를 부유하고 강인하다고 느낀다거나, 모든 남자가 주변의 여성을 억압하려는 비열한 쇼비니즘주의자 또는 우월주의자라는 것을 의미하지 않는다. 언제나 남성보다 계급이 높은 여성은 있기 마련이고, 대부분의 남성은 가족을 돌보고 부양하기 위해 최선을 다한다. 그러나 남성성은 그 존재 자체로 비용을 치르는 반면, 여성의 일이 된, 태반이 무급인 돌봄노동은 여성과 여성의 가족에게 매우 구체적인 세금을 부과한다. 집단에서 남성이 정규직으로 고임금을 받으며 경력의 단절 없이 일할 수 있는 가능성은 훨씬 더 큰데, 이것은 무엇보다 여성이 '일을 하지 않으면서' 그들에게 무급의 돌봄이라는 자원을 제공하기 때문이다.

그럼에도 사람들은 이런 상황에 화를 내는 것이 정말이지 꼴불견이라고 한다.

✖✖

삶은 원래 '스트레스'라면서 상황을 방치하는 것은 여성의 분노와 그 분노의 원인인 불평등을 태평하게 무시하는 것이다. 임금, 시간분배, 스트레스, 부의 격차에 대한 통계는 수억 여성들의 매일의 삶을 정확하게 묘사하지 못한다. 통계는 사람을 돌보는 일이 얼마나 감정적으로 지치고 신체적으로 고되며 재정적으로 부담이 되는데다 참을 수 없이 지루한지 포착하지 못한다. 사랑하는 사람을 돌볼 때조차 그렇다는 것을 말이다(사랑하기 힘든 사람을 돌보는 경우도 있다). 아무도 사랑하는 사람을 돌보는 일로 가끔은 화가 난다고 인정하고 싶어하지 않는다. 개인적으로는 죄책감 때문이지만 사회의 일원으로서도 인정하고 싶어하지 않는데, 왜냐하면 여성이 아무 불평 없이, 보수도 제도적 혜택도 없이 이 일을 책임져야 경제 전반이 굴러가기 때문이다.

성별과 관계없이 돌봄을 맡은 사람들은 우울이나 불안 등 분노와 관련된 정신건강 문제가 생길 위험이 높다. 전업주부로서 노인이나 배우자를 돌보는 여성들은 삶의 만족도가 떨어질 뿐만 아니라 우울, 슬픔, 적개심의 발생 빈도가 더 높다.[86] 사 년간의 연구에 따르면, 장애인 배우자를 돌보는 중년 여성이나 노년 여성은 비슷한 책임을 지고 있지 않은 여성들보다 6배 많은 우울과 불안을 보였다.[87] 부모를

돌보는 여성은 2배 더 많은 우울과 불안을 보였다.[88]

또다른 연구는 부모가 거의 동일한 시간 동안 일하는 맞벌이가정과, 이 가정과 벌이는 비슷하지만 부모 한쪽이(대부분 여성) 파트타임으로 일하는 가정을 비교했다. 스트레스와 우울의 정도는 맞벌이부모의 경우 양쪽이 비슷했지만 파트타임으로 일하는 엄마의 경우에는 배우자보다 훨씬 높았다. 임금격차는 여성에게 더 큰 우울을 직접적으로 야기한다. 2015년 컬럼비아대학에서 2만 명 이상을 대상으로 한 연구에 의하면, 여성과 남성의 소득이 동일하거나 여성의 소득이 높을 때 우울증의 젠더격차는 거의 해소되었다.[89] 부모의 소득상황이 비슷한 가정은 스트레스와 우울의 수치가 서로 비슷했다. 그러나 파트타임으로 일하는 엄마들의 경우 비슷한 가정의 아빠들보다 훨씬 더 높은 스트레스와 우울증을 호소했다.[90]

많은 엄마들이 피로, 스트레스, 불안, 우울에 시달리고 이 모든 것은 수면부족에 의해 악화된다. 한 연구 결과에 의하면 아이가 있는 가정에서 남성의 수면은 상대적으로 영향을 받지 않지만 여성의 수면방해와 수면부족의 위험은 46퍼센트 높아진다.[91]

임금격차와 돌봄 및 분노의 직접적인 연관성은 심도 있게 연구되지 않았지만, 사회학자들은 여성들의 분노와 우울을 "돌봄의 대가"라고 설명한다.

가정에서든 직장에서든 돌봄을 맡은 사람들은 그렇게나 중요한 역할에도 불구하고 분노와 무력감, 무가치함을 느끼곤 한다. 무력감은 스트레스와 우울의 기폭제다.[92] 스스로 통제력이 부족하고 취약하다는 느낌 역시 불안을 유발한다. 돌봄을 맡은 사람들은 때때로 이런 스트레스에 폭발적인 분노로 반응한다. 그러면 부정적인 감정을 떨칠 수 있을지는 모르지만 잠깐일 뿐이다. 고된 상황에서는 분노와 울분을 구분할 줄 아는 것이 중요하다. 분노는 변화가 있어야 한다는 생각에 뿌리를 둔 진보적 감정이다. 반면 울분은 과거에 갇혀 현상황에서 무의미한 차이만 만들어낼 뿐이다.

최후의 한 방이 남았다. 여성들은 80대 중반이 될 때까지 이런 격차에서 벗어나지 못한다. 영국에서 8000명 이상을 상대로 실시한 연간 건강 설문조사에 의하면, 미국 및 여타 국가의 비슷한 연구 결과와 마찬가지로 여성은 생애주기의 여러 구간에서 남성보다 꾸준히 덜 만족스럽고 덜 행복한 것으로 나타났다. 여성은 80세가 넘어야만 삶의 만족도와 행복 측면에서 남성을 앞질렀다.[93] 달리 말하자면, 더 이상 다른 사람을 돌볼 필요가 없어졌을 때야 그렇게 된다는 뜻이다.

누가 돈은 남성에게 더 중요하다고 생각하는가?
—

지금까지 설명한 돌봄의무의 여성 편중은 미국에서 역사가 오래된 것으로, 이는 역사학자들이 특히 19세기의 이데올로기를 설명하기 위해 사용한 용어인 가정성domesticity, 즉 '진정한 여성성 예찬'의 유산이라 할 수 있다. 이 이데올로기는 여성을 연약하고 여성스러우며 타인을 돌보는 어머니상으로 이상화하고, 그렇게 '여성다운 미덕'을 구현한 여성을 돌보는 사람, 내조자, 섹스 제공자로 가정에 못박았다. 그나마 이러한 구상 속 '여성'은 백인과 중상류층이었다. 노동자계급 여성, 흑인 여성, 히스패닉 여성, 동양인 여성, 이민자 여성은 기본적으로 '진짜' 여성이 아닌 것이다. 그들은 노예로 일하거나 신체를 써야 하는 직업에 종사했고, 자녀를 다른 사람 손에 맡기면서 다른 사람의 아이들과 집을 돌봐야 했다.[94]

이 역사는 돌보는 존재로 살아가는 우리의 인생에, 그리고 오늘날 우리 경제의 구조에 속속들이 스며 있다. 우리는 각기 다른 계층, 인종, 민족의 여성들이 유사한 맥락에서 저마다 역할을 수행하는 것을 볼 수 있으며, 이는 아이들과 남성을 돌보고 때로는 가정까지 돌봐가며 섹스를 제공하고 출산하는 것에 대해 우리 여성이 뭐라고 하든 마찬가지다.[95] 돌봄으로 스트레스가 생기고 경제적으로 취약해지더라도, 타인을 돌보려는 '선천적' 욕망 덕분에 돌봄노동에서 느끼는 화는 가라앉게 마련이라 여겨진다.

나의 엄마는 착한 소녀에서 착한 아내가 되었고, 그다음에는 절대 화를 내거나 까다롭게 굴어서는 안 되는 착한 엄마가 되었다. 그녀는 우리에게 책을 읽어주고 요리를 해주었고, 우리를 껴안아주고 우리와 놀아줬으며 나의 아빠가 자신의 기나긴 하루를 마무리하면 그를 보살폈다. 그녀의 바닥 모를 무한한 에너지는 차분히 기쁜 마음으로 가족을 지지하는 데 쓰였다. 그녀는 아무 보수나 인정도 받지 못하고 감사의 말도 제대로 듣지 못한 채 가정주부라면 받는 것이 '정상'인 스트레스를 받으면서 매일 긴 시간을 일했다. 그리고 다른 많은 여성에 비해 지위와 계급, 민족의 특권을 누렸다. 경제적으로도 사회적으로도 더 취약한 다른 여성 가정부에게 육아의 도움을 받아 가정을 꾸린 것이다. 그럼에도 불구하고 엄마의 스트레스는 실재했고 꾸준했다. 그래서 많은 여성이 그러듯 자신의 존재가 너무 당연하게 받아들여진다는 좌절을 겪었다. 어머니로서, 또는 잠재적 어머니로서 우리는 종종 묵살당하는 듯한 기분을 받아들이는 법을 배우게 된다. 어머니로서 여성들은 자신이 지위가 높은지 낮은지를 신경쓸 필요가 없다. 참으로 다행스러운 일이다. 이 일이 얼마나 중요한지 얼빠진 정치적 발언을 아무리 해대도 사회는 명백히 우리를 지지하지 않으며, 엄마 됨과 돌봄노동을 지위 낮은 이들의 소일거리로 보기 때문이다.[96]

돌보고 돌보고 또 돌보기를 요구받은 끝에 우리가 겪는 분노는 우리의 몸을 전류처럼 훑으며 관통한다.

때때로 우리는 접시를 던진다. 우리가 던져야 할 것은 시대를 역행해 더는 유효하지도 않은 생각을 하는 사람들이다.

5장

모성분노

모성의 영광을 위해 우린 어떤 값을 지불하는지.

—이사도라 덩컨

2014년 말, 남성 피임약 임상실험이 피험자 남성들의 부작용 기피로 조기종료되었다는 소식을 접한 전 세계의 여성들은 자지러질 수밖에 없었다. 그 부작용이란 여드름, 기분변화, 성욕저하, 우울, 체중 증가였다. 첫 언론보도가 나간 후 이틀 내내 어디를 가든 여성들이 이 이야기를 하며 빈정대는 소리가 들렸다. 곧 기자들, 주로 남성 기자들은 여성들의 반응이 얼마나 끔찍하고 잔인한지에 대해 기사를 썼다.

여성들이 호르몬 피임약의 유해한 부작용을 심각하게 받아들이지 않아서 남성들을 비웃은 것은 아니다. 우리(의 대다수)는 기가 막혀서 웃었다. 우리는 화가 났다. 나는 이렇게나 많은 남성이 여성의 삶을 모르고 신경쓰지도 않는다는 것을 깨닫는 일이 얼마나 짜증스러운지 인터넷에 글을 올렸고, 글은 올린 지 몇 시간 만에 3만 회 이상 공

유되었다.[1]

유니버시티칼리지런던에서 웃음을 연구하는 신경과학자 소피 스콧은 이렇게 말한다. "당신이 누군가와 함께 웃는다는 것은 그들에게 나는 당신들을 좋아한다, 당신들에게 동의한다, 당신들과 같은 그룹에 속해 있다고 보여주는 것이다."[2] 웃음은 긴장과 분노를 누그러뜨리고 관계를 증진시킨다. 울음과 마찬가지로 웃음은 분노나 실망이 들끓어오를 때 일시적인 처방이 될 수 있다. 킥킥거리기, 큰 소리로 웃기, 비웃기, 눈동자 굴리기 등은 모두 노골적인 공격성과 분노처럼 사람들이 좋아하지 않는 태도를 대신하는, 사회적으로 수용 가능한 대용품이다.

이 일이 미디어에 오르내리고 커피테이블과 회의석상을 넘나들면서 대부분의 남성들이 정말로 피임에 대해 제대로 알지 못한다는 것이 명백해졌다. 그들은 가장 일반적으로 사용되는 피임법의 부작용은 물론 거기 드는 비용이 얼마인지, 약을 구하는 일이 얼마나 복잡하고 시간이 소요되는지 모른다.[3] 2017년의 설문조사 결과, 남성의 37퍼센트만이 여성을 위한 저렴한 피임법이 여성의 삶을 달라지게 한다고 생각했다.[4]

마지막 문장을 다시 읽어보자. 처음 저 숫자를 봤을 때 나는 다시 읽어야만 했다. 2016년 1200명 이상의 남성을 대상으로 한 설문조사에서 대다수 남성은 계획에 없던 임신을 "절대 걱정하지 않거나 거의 걱정하지 않는다"라고 답했다.[5] 상황이 이렇다면 임신이 되었을지도 모른다는 새하얀 공포, 매일 먹어야 하는 약의 복용을 깜빡했을 때의 패닉, 응급피임약이나 안전한 임신중절을 처방받지 못한 좌절감을 남성들은 느껴보지 못했으리라는 것을 추론하기란 어렵지 않다. 그들은 자궁 내 피임장치의 삽입이 얼마나 극심한 고통을 야기하는지, 호르몬 패치의 부작용으로 일 년 내내 생리를 하는 것이 어떤 느낌인지 알지 못한다.

피임약 복용 당시 나는 약의 위험성을 설명하는, 끝도 없이 접힌 자그만 유인물을 주기적으로 꺼내 읽었다. 수년 동안 매달 잠재적 시력 문제, 기분변화, 체중증가, 질 분비물, 생리불순, 식욕저하, 유방통증, 구토증세를 관찰했다. 이는 사소한 증상에 불과하다. 심각한 부작용은 혈전 및 뇌졸중 증가, 지속적인 불안과 우울, 고통스러운 칸디다증, 골밀도 문제, 편두통, 불임, 담낭 및 심장 질환, 자궁경부암·유방암·간암 발생 확률 증가를 포함했다. 떠올리기도 무서운 가능성들이었다. 이는 수천만 여성들에게 여전히 해당되는 이야기다.

나는 이따금 종이접기를 한 것처럼 접고 또 접힌 설명서를 배우자에게 건네 그도 약의 경고문에 대해 생각해보게끔 했다. 비교적 효율이 좋은 또다른 피임법마저 부작용은 유사했고 때로는 더 위험하고 마뜩잖았다. 가령 자궁 내 피임장치는 여성의 자궁에 구멍을 내거나 치명적인 전신혈액감염(패혈증)을 일으킬 수 있다.

드물긴 하지만 잠재적으로 생명을 위협하는 이런 위험성을 차치해도 피임은 비용이 높고 여성이 병원, 진료소, 약국을 여러 번 드나들어야 한다. 한 방법이 잘 통하지 않아서 다른 방법을 시도라도 하려면 더 많은 시간과 돈이 든다. 이런 과정에서 언제든, 한 여성이 잠자리에서는커녕 살면서 다시 마주칠 일 없을 다수의 사람들이 각자의 견해를 바탕으로 그녀가 선택한 효과적이고 안전한 방법을 부정할 권력을 지닌다. 약사의 처방전 작성 거부 같은 노골적인 부정도 있지만 이런 경우는 상대적으로 드물다. 더 흔한 경우는 피임에 접근하는 것을 어렵게, 비싸게, 가능한 한 곤혹스럽게 만드는 것이다. 많은 이들이 찾는 사후피임약 플랜 비Plan B를 생각해보자. 2015년 조사 결과, 해당 약을 카운터 뒤에서 꺼내주거나 잠금장치 안에 진열하는 대신 선반에 놓고 판매하는 것을 선호하는 가게는 14퍼센트에 지나지 않았다.[6] 왜? 여성이니까. 섹스. 아기들. 통제해야 하니까.

피임 처방전 대부분은 약사들이 작성한다. 선반에서 직접 약을 집는 대신 사후피임약을 요구하고 수치심을 느끼거나 거절당하는 일이야 언제든 다른 약국으로 가면 그만이니 약간 불편한 일 정도로 보일지도 모르지만, 사실은 이런 상황이 구체적인 피해에 영향을 미친다. 피임으로의 접근을 거부하거나 통제하는 것은 여성의 이익 침해이자 품성에 대한 비난이며, 그녀의 자주성을 부인하고 프라이버시와 안전을 침해하는 행위로, 이 모든 것은 그물망처럼 빽빽히 얽혀 있는 장애물의 일부다.[7] 그리고 당연히, 이런 상호작용에는 필연적으로 깊은 분노가 따른다.

남성의 경우, 기본적인 피임기구인 콘돔을 살 때 그들이 극복해야 하는 가장 까다로운 장애물이란 1만 2000년 된 양가죽 기술의 최신 버전이 2달러를 지불할 가치가 있는지, 그것을 사러 길모퉁이 가게에 다녀올 만한지 정도다.

여성은 피임을 이해한다. 우리는 위험을 이해하고 원치 않는 임신의 비용을 이해한다. 우리가 이해하지 못하는 것은 우리가 이끄는 삶과 우리가 세우는 계획에 대해 생각하기를 거부하는 사람들이다. 그들의 이런 태평한 무지는 우리의 관계와 성생활에 개인적 차원의 영향을 끼칠 뿐만 아니라, 멍청하고 태만하게 공공정책을 구상한다는 점에서 정치적으로도 영향을 끼친다.

✖✖

돌봄의무의 핵심에는 '여성'과 '엄마'의 특별하고도 복잡한 연관관계가 존재한다. 당신은 아이를 원하는가? 아이를 가질 수 있는가? 아이를 부양할 수 있는가? 임신하고 싶은가? 언제 임신할 수 있는가? 임신을 피하고 싶은가? 때와 조건을 누가 결정하는가? 당신이 감수할 위험을 누가 결정하는가? 아이를 갖지 않겠다는 당신의 선택을 평가하는 사람들에게 지쳤는가? 당신은 대리모인가? 대리모를 쓸 것인가? 입양할 것인가? 아이를 포기하고 입양을 보낼 것인가? 임신중절을 할 것인가? 당신은 엄마인가? 당신은 엄마라는 본인의 역할에 양가감정을 느끼는가? 당신의 양가감정이 걱정되는가? 당신은 후회하는가? 그렇다고 말할 것인가? 당신 주변 사람들은 당신이 그들을 '어머니처럼 돌볼' 것이라 기대하는가?

자녀가 있든 없든 모성의 이상은 우리 여성의 정체성을, 즉 우리의 경제적, 정치적, 사회적 삶과 우리의 감정을 형성한다. 출산은, 그리고 출산과 우리 여성의 관계는 우리가 여성으로서 내리는 가장 중요한 대부분의 결정과 여성인 우리에게 내려지는 대부분의 결정에 영향을 미친다. 하나의 이데올로기처럼 모성에 대한 요구는 평범한 여성이 자신의 생식력을 관리하는 데 삼사십 년의 세월을 쓰도록 틀을 짠다. 생식력을 관리할 정도로 운이 좋다면 말이다. 여성이 내리는 모든 결정, 심지어 사회적 압박으로 당사자 여성의 의지가 개입되지도 않는 결정은 여성의 신체, 관계, 생계를 유지하는 능력 및 자아의식에 영향을 끼친다.

한 여성의 임신 가능성만으로 주변 사람들은 그녀와 그녀의 능력과 책임을 바라보는 방식에 영향을 받는다. 이는 또한 남성의 가부장적인 관리감독에 위험한 발판을 제공한다. 전통적으로 늘 그래왔다.

아버지가 70대 후반이었을 때였다. 가족행사 때문에 우리집에 막 도착한 아버지는 자신이 신체적으로 얼마나 불편한지 늘어놓기 시작했다. 나이 때문에 허리가 아프고 숙면을 취하지 못하는 날들이 많았다. 어떤 음식은 냄새만 맡아도 구역질이 나고 메스꺼워졌다. 이따금 아무 이유 없이 잇몸에서 피가 났다. 예전처럼 술을 마시거나 운동할 수 없었고 음식과 약의 상호작용에 대해 숙지하고 있어야 했다. 이는 아버지를 불안하고 예민하게 만들었다. 지치는 일이었다.

나는 그런 식의 육체적 경험이 얼마나 힘든지 이해한다며 아버지를 위로하려고 노력했다. 그는 내가 훨씬 젊기 때문에 자신이 겪는 일을 알 방도가 없다고 주장했다. 나는 미소를 지으며 이제 아버지가 임산부의 기분을 더 잘 이해할 수 있겠다고 말했다. 예를 들자면 그의 아내는 네 번의 임신을 했고, 그의 모친부터 동생, 네 딸과 며느리까지 적어도 열여덟 번의 임신이 있었다. 젠더에 대한 나의 날카로운 논평을 오랫동안 들어온 아버지였지만 임산부와 비교되는 것에는 그래도 충격을 받은 기색이었고, 이내 그는 웃기 시작했다.

아버지가 이런 비교에 타격을 받은 것은, 이런 정보로부터 보호받는 방식으로 사회적 권리를 누리며 거의 팔십 년을 살았기 때문이었다. 실제로 아버지의 증상은 임산부의 증상과 유사했다. 오직 해석이 다를 뿐이었다. 아버지는 여성은 모두 예비 엄마이며, 우리가 엄마로서 기쁘게 몸과 건강과 일을, 자아의식을 희생할 것이란 믿음을 깊게 품고 있었다. 그의 표현에 의하면 임신에 따라오는 고통은 '자연스러운' 것이었다.

자신의 임신 경험을 이야기할 때 여성들은 누군가 좀더 설명해주었더라면, 진부하지 않게 웃기려는 시도 없이 설명해줬다면 어땠을까 하는 이야기를 자주 한다. 나도 이 기분을 정확히 기억한다. 나는 나에게 어떤 일이 벌어지는지 알지 못한 채 내가 아는 여성들, 즉 내가 아는 엄마들인 여성 친지들이 왜 이걸 공개적으로 이야기해주지 않았는지 의아했다. 매일매일 신체와 감정이 변하는 인생의 중대사가 이렇게 침묵 속에 묻힐 수 있다는 사실에 좌절했고 화가 났다. 그리고 나 자신의 침묵에도 놀랐다.

그간 내가 섹스를 위한 대상이었다면 임신한 나는 재생산을 위한 대상이었다. 전자에 대해서는 오랫동안 알고 있었지만 후자에는 무방비상태였다. 급속도로 눈에 띄게 변하는 임산부의 몸은 물건 취급을 받는다. 사람들은 임신한 여성을 빤히 쳐다보고, 논평하며, 만진다. 그녀의 몸은 모두의 소유인 것이다. 심지어 낯선 사람들도 몸무게나 배 크기에 대해 자유롭게 의견을 말하고 어떻게 먹어야 하는지, 무얼 마셔야 하는지, 어떻게 움직여야 하는지 알려준다. 연구에서 밝혀진바 임산부는 무념무상의 상태에 들어가는데, 이는 생각이나 의식이 부족한 상태 혹은 적어도 평상시와는 다르게 주도력이 떨어지는 상태를 의미한다.[8] 어느 쪽이든 대상화는 배가 나온 임산부에게 매일 벌어지는 일이며, 임산부는 자신이 대상화된다고 느낄 때 더더욱 사물처럼 행동하여 덜 움직이고 덜 말한다.[9] 초음파검사를 받을 때 우리가 보이는 반응을 사례로 들 수 있을 것이다.

초음파는 부모가 느끼는 커다란 행복과 기대감의 원천이고 진단 도구로서 필수적인 경우가 많지만, 그렇게 굳어진 인식은 초음파가 임신 및 출산에 끼치는 잠재적 해악을 축소하는 데 적극 기여한다. 일반적인 초음파검사에서 우리는 태아를 보지만 여성은 보지 못한다. 발달중인 태아는 엄마의 신체 내부와는 상관없는 바다, 병瓶, 텅 빈 우주를 표류할 수 있다. 이는 우연이 아니다. 1965년 『라이프』지에서 18주 된 태아가 타원형의 투명한 태낭에 싸여 무한한 어둠 속을 떠도는 상징적 사진을 게재했을 때 그것은 그야말로 초기 우주비행사들이 찍은 빈 공간 속 지구 사진, 태아 사진과 마찬가지로 놀랍고 새로운 지구 사진을 반영한 것 같았다. 이 태아의 이미지는 스웨덴 사진작가 렌나르트 닐손이 『탄생 이전 생명체의 드라마*Drama of Life Before Birth*』라고 부른 드라마틱한 사진 에세이의 일부였다.[10]

그때는 지금처럼 여성의 몸의 부재가 문제된다고 생각하는 사람이 거의 없었던 듯하다. 임신을 표현하는 다른 묘사를 찾아보면—가령 온라인에서 "배아embryo 이미지" "태아fetus 이미지" 등을 검색할 경우(정확성이 떨어지게도 동일한 이미지가 검색된다)—아기만 찍힌 사진이 주로 나온다. 아니면 출산 직전의, 배가 몹시 부른 여성의 사진이 나온다. '드라마'는 여성의 것이지만, 닐손의 사진에는 여성이 소거되어 있으며 오늘날의 사진도 마찬가지다.

이런 이미지들로 인해, 문화적 상상계에서 여성들은 임신하여 투명인간이 되거나 비임신상태에서 곧바로 분만이라는 벼랑으로 마법처럼 이동한다.[11] 이 중간시기는 태아가 여성의 몸에 잉태되는 것을 넘어 여성의 몸 그 자체인 시기다. 하나의 접합체에서 갓난아기가 되기까지 모든 단계가 그녀의 몸으로부터 구체화된다. 입자 하나, 세포 하나, 체모 한 올, 뼈 한 조각. 그녀의 세포, 혈액, 혈장, 태반, 호르몬, 체액, 소화된 음식, 움직임, 불안, 두려움, 통증, 불편함, 기쁨, 경이, 희망, 그리고 진통까지.

이 시기에 여성은 아기의 태동을 느끼며 행복해하기도 하지만 한편으로는 뼈가 으스러질 듯한 피로감, 고혈압과 뇌졸중 및 당뇨병의 발병 가능성 증가, 탈모, 메스꺼움과 구토, 탈수, 말단 부위의 통증과 부종, 불면, 몸 여기저기를 찔러대고 쑤셔대는 정기검진, 끝없는 신체 감시, 불안, 그리고 유산과 사산의 비극을 경험하기도 한다.

임신의 이미지에서 여성을 지울 때 우리는 여성이 느끼는 감정과 신체적, 정서적 요구를 지우는 것이다. 여성을 지울 때 우리는 그들의 권리를, 그들이 새로운 인간을 세상에 내놓으며 부담하는 막대한 비용을 더욱 쉽게 무시할 수 있다. 한 명이면서 동시에 두 명(혹은 그 이상)인 여성의 경험을 적절히 규명하는 일은 아직도 우리의 법과 윤리의 고려대상이 아니며, 태아가 여성과 별개의 개체로 성장하는 모습을 그리는 이미지들은 이 문제를 영속화시킨다.

분명히 말하자면, 태아를 담는 용기로 취급받는 것은 분노가 치솟는 일이다.

※✖

　모성은 여성에 대한 사회적 인식의 중심이자 모성과 관련된 개념인 양육, 용서, 희생의 중심이며, 우리가 여성의 분노를 받아들이는 방식의 중심이기도 하다. 어머니가 되거나 되지 않는 문제로 기대 혹은 압력이 얽힌 분노를 느낄 때, 그 분노는 종종 죄책감을 동반한다.

　여성들은 임신기간중 몹시 강렬한 분노에 압도되는데, 그 원인은 배우자, 형제자매, 다른 자녀들, 친구, 고용주와의 관계 변화이며, 어떤 여성들의 경우 차별과 이중잣대를 새로이 자각하며 분노를 느끼게 된다.

　여성이 자신의 임신을 알리는 순간, 주변의 인식이 바뀌고 사람들과의 관계도 바뀌기 시작한다. 임신과 양육에 따르는 경제적 문제와 신체적 요구를 직면하면 부부들, 특히 이성애자 커플들은 기대와 신념을 두고 갈등하게 된다. 여성들은 종종 배우자가 이전에는 내비치지 않았던 전통적인 성역할을 주장하는 것에 놀란다. 친밀한 관계, 성역할 및 가족의 역할이 임신과 눈앞의 출산에 의해 재정의되는 것이다.

　임산부는 삶의 여러 관계가 바뀌는 것은 물론 자기 자신과의 관계 변화, 즉 예기치 못한 정체성의 변화를 겪는데 이는 힘들고 사람을 불안하게 만드는 일이다.

　우리가 집단적으로 짐짓 삶의 가장 행복한 때인 척하는 이 시기에 수많은 사람들은 임신으로 인한 스트레스와 통증, 분노로 고투한다.

　미국 여성의 37퍼센트는 임신과 관련해 우울증을 겪는다. 세계보건기구WHO에 따르면 전 세계 임산부의 10퍼센트, 출산한 여성의 13퍼센트가 산후의 고충, 특히 우울증을 호소한다. 선진국의 평균은 더 높다. 15.6퍼센트의 여성이 임신기간에 우울증을 겪으며 출산 후에 겪는 비율은 19.8퍼센트다.[12] 미국에서 아프리카계 미국인과 라틴계 여성의 출산 전후 우울 및 불안 수치는 동양인이나 유럽계 여성보다 현저하게 높다.[13] 이런 경험은 여성을 몹시 불안하게, 부끄럽게 만들 수 있다. 대체 어떤 여자가 아기를 떠올리며 끝없는 기쁨을 느끼지 않는단 말인가? 어떤 사람들은 아기가 자신의 존재를 정당화해준다고 진심으로 믿기까지 하는데?

비교적 최근까지 임신, 출산 시기와 그 이후에 여성이 겪는 변화에 대한 공개적 논의는 거의 없었다. 특히 남성은 그러한 변화에 깜깜한 무지의 상태로 남겨지기 일쑤다. 최근의 의학 설문조사 결과, 출산한 지 일 년이 넘은 산모의 77퍼센트가 임신과 출산으로 인한 허리통증을 참았고, 49퍼센트는 요실금으로 고생했으며, 50퍼센트는 꾸준한 골반통증에 시달리는 것으로 나타났다.[14] 출산 후 거의 30퍼센트에 해당하는 여성이 골반뼈가 부러졌음에도 골절 진단을 받지 못한 채 방치되었고, 41퍼센트의 여성은 골반저근에 파열이 있었다. 4분의 1에 가까운 여성이 출산 후 십팔 개월이 지나고도 성교통을 느꼈다.[15] 분만시 회음부를 절개했거나 회음부가 파열되어 봉합이 필요할 때 의사들은 여전히 '남편을 위한 한 땀'을 더 꿰맨다. 필요한 것보다 한 땀을 더 꿰매어 질관을 '조여서' 파트너의 성적 쾌락을 높여주는 것이다. 이것은. 농담이. 아니다. 일부 여성들은 성관계중 극심한 통증을 느낀 후에야 여분의 한 땀이 있었다는 것을 알게 된다.[16]

이러한 상황에서 불편함, 울분, 분노를 인정하는 것은 많은 여성들에게 수치스럽고 창피한 일이다. 이는 마치 저 깊숙한 곳에서부터 실패한 것을 인정하는 것처럼 느껴진다. 왜냐하면 이런 감정은 모성에 얽매여 있으며, 모성의 역할은 의당 우리를 행복하고 평화롭고 감사하는 마음으로 충만하며 흡족하게 만드는 것이기 때문에 그들은 갑절로 스트레스를 받고 분노를 느낀다. 모성이라는 이상은 이런 감정들을 적절치 못한 것으로 만들어버린다.

✖✖

2006년부터 2010년까지 15~40세 미국 여성의 85퍼센트가 출산을 했고 이는 90년대 초반 이후 가장 높은 비율이다.[17] 관념적으로 우리는 각각의 경험을 개인적인 문제로 여긴다. 그러나 임신을 하거나 갓 어머니가 된 여성들이 마주하는 삶의 변화는 자신의 몸과 개인적 관계에만 국한되는 것이 아니다. 젠더백래시라는 현상황에서는 각각의 사례 하나하나가 지극히 공적이고 정치적이다.

직장에서 임신은 여성의 능력, 자격, 헌신에 대한 선입견을 조성하고 깊이 내재한 편견을 수면 위로 드러낸다.[18] 법이 있음에도 불구하고 임신을 근거로 한 차별은 여전히 맹위를 떨치는 현실이며, 임신이 광범위한 모성차별의 첫 단계라는 사실을 알기에 어떤 여성들은 고용주에게 임신 사실을 가능한 한 오래 숨긴다. 임신에는 때로 좌천이나 해고에 대한 불안이 뒤따르기도 한다.

의료 분야에 좋은 사례가 있다. 미국 의사의 3분의 1은 여성이며,

의대생은 절반이 여성이다. 2017년 여성 의사 5000여 명을 대상으로 한 설문조사에서 거의 5명 중 4명(77.9퍼센트)이 차별을 호소했다. 이중 66퍼센트가 무시, 배제, 동일임금 문제 등 젠더에 기반한 차별을 겪었다고 답했다. 차별의 성격을 묻는 질문에 35.8퍼센트는 모성 관련 문제이며, 특히 임신기간(89.6퍼센트)과 출산휴가(48.4퍼센트) 때 극심했다고 답했다. 둘 다 휴가를 써야 하거나 휴가중인 상태에서의 문제다.

부모가 된다는 것은 여성이 내릴 수 있는 재정적으로 가장 위험한 결정이다. 자녀가 없는 여성과 비교해보면 유자녀 여성은 새로 직장을 구했을 때 임금을 평균 1만 1000달러 적게 받는다. 자녀 1인당 7.8퍼센트의 임금삭감을 마주하는 셈이며, 이 삭감은 누적된다. 익히 잘 알려진 이 임금소득의 침식을 경제학자들은 "모성 페널티"라고 부르며, 젠더를 뒤바꿔 말하자면 '부성 보너스'라는 필연적 결과가 있다. 아버지가 되면 남성은 고용 가능성이 높아지는데, 심지어 자녀가 없는 남성보다 더 높다. 그리고 자녀 1인당 수입은 6퍼센트 증가한다.[19]

자녀가 있는 상태에서 이혼하는 것은 재정적 위험도의 측면에서 아슬아슬하게 2위다. 이혼한 여성은 자신이 이력서에는 커다란 공백이 있고, 아이와 노인을 돌보는 일에 우선적이면서도 지원은 받지 못하는 책임이 있으며, 충분한 돈을 벌 방법은 없다는 것을 깨닫곤 한다. 다양한 이유로 이혼 가능성이 높은 중하위층, 저소득 시급 노동자들의 경우 특히나 그렇다.[20] 이런 상황에 처한 많은 여성들은 신용거래나 긴급생활보조금에 접근할 수 있는 통로가 심각하게 제한되어 있다. 여성의 장기적인 재정안전성은 '누군가'는 해야 한다는 이유로 여성이 유연근무를 시작할 때 진정한 위험에 처한다.

아이를 절대 낳으려 하지 않는 여성도 같은 그물에 걸려들 수 있다. 당신이 '가임기' 여성이라 여겨지면 당신의 일, 임금, 정년은 고용주가 당신의 잠재적 출산 가능성을 어떻게 받아들이느냐에 따라 달라진다. 고용의 기준이 되는 임금, 추천서, 시간, 직책, 승진 모두. 2014년 영국에서 500명의 관리자를 대상으로 설문조사를 시행했다.[21] 5명 중 2명이 가임기 여성을 고용하는 일은 "경계한다"고 인정했다. 정확히 3분의 1은 여성의 잠재적 출산휴가로 발생할 비용을 피하기 위해 20, 30대 남성 채용을 선호한다고 답했다. 이는 같은 이유로 많은 관리자들이 이미 자녀가 있는 여성은 채용하기를 꺼린다는 것을 의미하며 상급 직책도 예외는 아니다. 자녀가 없는 싱글들은 자녀가 있는 사람들과 일할 때 시간과 노력의 불공정한 분배를 겪을 수도 있고 그들이 업무에 최선을 다하지 않는다고 느끼는 경우도 종종 있지만, 문제는 자녀 있는 사람들이 아니다. 문제는 일터의 규범을 형성하는, 모성과 젠더를 둘러싼 이데올로기다.

여성의 경력과 연봉에 끼치는 영향을 넘어, 일터의 보호와 광범위한 돌봄경제가 부재한 상황에서 의료서비스의 높은 비용과 낮은 접근성은 압도적인 부담으로 작용할 수 있다.

미국의 부모들은 출산비용을 생각하는 것만으로도 엄청난 긴장감을 느낀다. 생계를 직접 꾸리는 여성의 경우에는 더욱 그렇다. 미국에서는 2010년 부담적정보험법*이 통과될 때까지 임신, 출산, 신생아 관리는 의무적인 보험적용의 대상이 아니었다. 그러나 이 법의 혜택은 보증된 것이 아니다. 공화당이 제안한 이 법의 대체안은 아이러니하게도 "더 나은 보호조정법"**이라 불리며, 여성의 임신진료와 피임의 비용을 모두 증가시켰다. 2017년 여러 차례 기각된 이 법안은 부담적정보험법이 의무화하는 메디케이드*** 기본의료혜택을 주정부가 독립적으로 정할 수 있도록 허용할 것이며, 대부분의 경우 임신, 출산 및 신생아 관리에 대한 보장을 없앨 것이다.[22]

아직 이러한 것들이 법으로 보장되고는 있지만, 미국의 여성과 가정은 전 세계 어느 곳보다 임신과 출산에 많은 비용을 쓰고 있다. 규모순으로 나열해보자. 자연분만은 평균 3만 달러를 청구한다. 제왕절개는 5만 달러 이상으로 가격이 치솟는다. 보험은 대략 이 비용의 50퍼센트를 보장해줄 것이다.[23] 전 세계 대부분의 국가에서는 임신과 출산에 전혀 비용이 들지 않거나 아주 저렴한 비용이 든다. 이는 미국에서 엄마가 되기로 결심하는 일이 왜 여성이 내릴 수 있는 최악의 재정적 결정인지를 설명하는 이유 중 하나일 뿐이다.[24]

✹✸

사실상 모든 사회가 모성을 찬미하지만, 이것이 여성들에게 의미하는 바를 반추하자면 구십 초마다 한 명의 여성이 예방 가능했던 임신 관련 합병증으로 사망한다는 것을 뜻한다.[25]

---

* Affordable Care Act, 일명 오바마케어.

** Better Care Reconciliation Act, 트럼프케어.

*** Medicaid, 저소득층과 장애인을 위해 의료비를 지원하는 제도.

세계보건기구에 따르면, 산모 사망의 99퍼센트는 사하라 이남 아프리카와 남아시아의 개발도상국에서 발생한다.[26] 그러나 미국은 산모 사망률이 가장 높은 선진국이며, 그 수치가 올라가고 있는 유일한 국가다. 오늘날에는 캘리포니아보다 보스니아나 쿠웨이트에서 아이를 낳는 편이 더 안전하며, 미국에서 아이를 낳는 여성은 스칸디나비아국가에서 출산하는 여성보다 사망할 가능성이 6배 더 높다. 미국 질병통제예방센터에 따르면, 미국의 흑인 엄마들은 백인 엄마들보다 사망률이 3~4배 높은데, 이는 여성의 건강과 관련한 가장 큰 인종격차다.[27]

2017년 비영리 언론사인 프로퍼블리카와 미국공영라디오가 실시한 심층조사에 의하면, 미국 내 '산모와 자녀 건강'을 지원하기 위한 재정 보조금의 6퍼센트만이 산모의 건강에 할당되어 있는 것으로 나타났다. 모성태아의학 수련의들은 분만실 경험 한 번 없이도 자격증을 받을 수 있다. 종합병원은 고통스러운 여성을 위한 최소한의 대책도 없이 산부인과병동의 문을 닫고 있다. 워싱턴DC에 있는 프로비던스병원이 2017년 산부인과를 닫았을 때, 진통중인 여성들이 상황을 알지도 못한 채 병원에 속속 도착했고, 병원은 이들을 돌려보내거나 응급실로 보냈다. 응급실의 직원들은 최소한의 긴급산과치료만 수련을 받은 상태였고, 그 수련이라는 것도 유튜브 동영상 시청이 포함된 것이었다.[28] 임산부의 합병증 비율과 사망률이 높은 것은, 적절한 성교육과 재생산건강교육부터 출산 전과 출산중의 관리까지 삶의 모든 단계에서 접근성과 자원이 부족하다는 것을 상징한다.

최근 미국에서 전국의 임산부를 대상으로 실시한 조사에 따르면,

임신과 출산 문제로 병원에 입원한 흑인 산모의 21퍼센트, 히스패닉계 산모의 19퍼센트가 민족, 언어, 인종 혹은 식별 가능한 문화적 배경 때문에 더 낮은 처우를 받았다고 호소했다.[29] 가난한 여성과 교도소에 수감된 여성, 그리고 시골에 거주하는 여성들은 가장 높은 위험에 처해 있다.[30] 출산중인 수감 여성을 속박하는 것은 인권을 침해하는 행위지만, 미국의 10개 주만이 이 관행을 명시적으로 금지하고 있다.[31]

출산 합병증은 각각의 증상이 전혀 다를지라도 모든 여성을 평등하게 만든다. 2017년 9월 딸을 출산한 테니스 챔피언 세리나 윌리엄스는 자신의 응급제왕절개수술과 수술 후 깨어나는 과정에서 몰아닥친 치명적 위험에 대해 공개적으로 발언하고 또 글을 썼다. 출산한 다음날, 그녀는 경련호흡을 일으켰다. 수년 전 폐색전(하지下肢에서 형성되는 혈전이 제자리를 벗어나 폐로 이어지는 동맥으로 들어가는 것)을 앓았는데, 그때와 증상이 똑같다는 것을 즉각 알아차렸다.

세리나 윌리엄스는 간호사에게 상황을 알렸지만 그녀의 걱정은 묵살되었다. 윌리엄스는 CT촬영과 혈액희석제 투여를 요구했다. 몇 번의 만류 후에 촬영이 시작되었고, 당연히 그녀의 자가진단은 정확했다. 한편 항응고제 헤파린이 출혈을 일으켰고 기침 때문에 제왕절개 부위가 다시 벌어져 또다시 수술을 해야 했다. 집에 돌아온 그녀는 몇 주를 누워서 지내야 했다. 윌리엄스는 자신에게 일어난 일과 갓난아기를 돌보러 집으로 가야 한다고 즉각 요구했던 일을 다음같이 적었다. "나는 계속 무너졌다. 몇 번이나 그랬는지 모른다. 아이 울음소리에 화를 내고, 그다음엔 화를 냈던 것에 슬퍼하고, 그다음엔 죄책감을 느꼈다. 내겐 아름다운 아기가 있는데 왜 이렇게 슬픈 것일까, 하면서."[32]

비슷한 사례로, 2003년 자선가이자 슈퍼모델인 크리스티 털링턴 번스는 산후출혈로 거의 죽을 뻔한 일이 있었다. 번스는 "여성은 출혈로 두 시간 안에 죽을 수 있다"라며 왜 제대로 된 산모케어를 제공하는 일이 그토록 중요한지 역설했다.[33] 이어 그녀는 2010년 전 세계 임산부의 건강 증진을 위한 비영리단체 '모든 어머니는 소중하다 Every Mother Counts'를 설립했다.

출산 후 산모의 건강을 개선한다는 것은 여성을 재생산 엔진으로만 여기지 않고 인간으로서도 가치 있게 여기는 것을 의미한다. 인간으로서 여성의 가치는 여전히 명백히 문제로 남아 있다. 34개국의 60개 연구를 살핀 2015년의 한 보고서는 "여성에 대한 존중 부족"이 만연하여 전 세계 여성이 "폭력적이거나 태만하거나 무례한 치료를 포함해 분만중 형편없는 처우"를 경험한다고 결론내렸다.[34] 임신한 여성, 트랜스젠더, 젠더플루이드 모두가 이렇게 근본적으로 부주의하고 비인간적인 환경 속에서 출산을 마주한다.

✖✖

나는 아기를 이 세상에 데려오는 일에 기여하는 의사와 간호사, 그리고 엄청난 수의 인력이 의식적으로 여성을 경멸하거나 의도적으로 조잡한 치료를 제공한다고 말하려는 것이 아니다. 하지만 우리 모두가 이룬 이 문화는 여성인 동시에 인간으로 사는 것이 무슨 의미인지, 그리고 임신중에 나 자신인 동시에 다른 사람이 되는 것이 무슨 의미인지 제대로 인지하지 못하고 있다. 대체로 종교에서 파생된 이 모성희생의 기풍은 우리 사회적, 제도적 상호작용의 기저를 이룬다.

나는 두 번의 임신으로 세 명의 아이를 낳았고, 두 번 다 치료를 잘 받았지만 한편으로는 위험에 처했다. 첫째의 경우 둔위분만*이었다. 나는 거의 매일 의료검사를 받고 침상에서 안정을 취하는, 몹시 괴롭고 신체적으로 고된 세 달의 고위험기간을 거쳐 아이를 낳았다. 진통이 시작되던 날, 둔위분만을 막기 위해 의사와 간호사 다섯이 나를 둘러싸고는 시계방향으로 내 배 바깥을 누르며 아이를 돌려보려 했다. 그것은 고문이었고, 세 차례의 시도 끝에 그들은 포기했다. 미국 여성의 3분의 1이 그렇듯 나 역시 제왕절개를 했다. 남편과 나는 수술실에 들어가는 비현실적인 경험을 함께했는데, 이때 나는 하의를 탈의한 채 수술대 위에 다리를 벌리고 나를 알은체도 안 하는 생판 남들에게 둘러싸여 있었다. 나는 의식이 있는 상태였고 몸을 심하게 떨었다. 내 담당의가 그날 없었던 까닭에 처음 본 의사가 내 배의 일곱 겹을 가르고 내 딸을 꺼내들었다.

제왕절개는 자연분만에 비하면 자비롭게도 신속하지만 회복은 한 달 이상이 걸렸고 진을 빼놓았다. 수시로 불편하고 엉망이고 축축한 이 모든 출산의 현실 속에서, 대수술을 한 복부를 회복해가며 신생아를 돌보고 먹여내는 일은 어렵다. 모유수유를 하고, 이로 인해 흔히 생기는 유선감염인 유방염까지 걸리면 더 힘들다. 나는 모유에 영향

---

* 태아의 머리보다 엉덩이 쪽이 먼저 나오는 분만.

을 미칠까봐 진통제를 먹지 않으려 애썼다.

이 년 뒤에 있었던 두번째 임신은 쌍둥이였기에 역시 많이 위험했다. 이십사 주도 채 되기 전에 자궁수축이 왔다. 이십팔 주에 심박급속증이 생겼다. 안정상태에서 심장박동수가 분당 120~140이었다. 출산을 해야만 제대로 호전될 것이었지만 쌍둥이들이 자가호흡을 하기 위해서는 가능한 한 출산을 미뤄야 했다. 출산이 임박할 무렵에 내 체중은 임신 전의 1.5배가 넘었다.

나는 매일 스물네 시간 내내 자궁수축 감시장치와 심장 감시장치를 착용했다. 작은 전자제품 상자와 전선, 천으로 된 끈이 내 몸을 감쌌고 두 살배기 아기를 안고 있는 것도, 혼자 씻고 옷을 갈아입고 일하고 화장실에 가고 잠자는 것도 모두 힘들었다. 처방받은 수축방지제의 부작용은 불안과 편집증이었고, 그래서 심박급속증이 악화되어 주기적으로 심장 감시장치가 가동했고 나는 수차례 응급실로 실려가 하룻밤을 보내야 했다. 내 심장병 전문의와 산부인과 전문의는 서로 소통하지 않았다. 결국 나는 수축방지제 복용을 관두었다. 더이상 마구 뛰는 심장과 심해져만 가는 편집증을 참을 수가 없었다.

나는 나와 아기들과 가족의 삶을 바꿔버릴 잠재적 비극이 일어날까 매일 매 순간 걱정했다. 그건 추상적인 공포가 아니었다. 내가 임신해 있는 동안 내 사촌은 미국의 큰 병원에서 셋째를 낳다가 사망했다. 그 일이 있고 몇 달 후에는 친한 친구가 산후 과다출혈로 워싱턴 DC의 병원에서 다른 병원으로 이송됐다. 나와 함께 일했던 한 여성은 남자형제의 쌍둥이가 만삭일 때 사산되어 애도하고 있었다. 일주일에 두세 번 병원을 찾을 때마다, 그곳에는 건강한 임신부터 무섭고 때로는 신체적으로 트라우마를 남기는 임신까지 모든 것을 겪고 있는 임산부들이 있었다.

내겐 다행히 나를 돌봐주는 배우자와 건강보험과 좋은 의료서비스가 있었지만, 나는 가톨릭병원에 다녔고 연구 결과에 따르면 이 병원은 임신과 출산을 겪는 여성들을 더 큰 위험에 빠트릴 수도 있었다.[35] 나는 나의 담당의사들을 신뢰하고 좋아했지만, 그들이 가톨릭교회의 윤리적, 종교적 지침, 즉 내가 알기로 여성에게 매우 적대적인 신념을 바탕으로 하는 가이드라인을 따른다는 것을 알았다.[36] 이 지침은 검토위원회 구성원 중 여성이 있음에도 여성과 그들의 경험에 기반한 윤리가 역사적으로 완전히 부재한 가운데 문화적으로 발전한 것이다. 그래서 환자의 선호는 윤리적, 종교적 지침에 밀릴 수 있었다. 그러나 미국의 많은 여성들은 전체 병상의 12퍼센트를 차지하는 가톨릭병원에 가는 것 외에는 별다른 방법이 없다.

2009년 피닉스의 로마가톨릭병원 관리자인 마거릿 맥브라이드 수녀는 이런 현실에서 표적이 되었다. 맥브라이드 수녀는 위험한 폐동맥고혈압으로 병원에 도착한 임신 삼 개월 차 스물일곱 살 여성의 생명을 구했다. 병원 윤리위원회 소속이었던 맥브라이드는 여성의 생명은 구할 수 있지만 임신은 종결시킬 수술을 승인했고, 유산이 주된 목적은 아니었다고 주장했다. 네 아이의 젊은 어머니는 목숨을 구했지만 맥브라이드는 파문당했다.[37]

주교는 왜 아이의 어머니와 맥브라이드 수녀가 파문되었는지를 설명하며 "어머니의 삶이 아이의 삶보다 우선될 수 없다"라는 성명문을 읽었다.

2016 합병감시기구와 미국시민자유연맹의 보고서에 따르면, 오하이오주 및 켄터키주에 본부를 둔 로마가톨릭보건단체인 머시헬스파트너스는 더 안전하고 건강한 선택지가 있는데도 위험한 유산을 강요함으로써 여성의 목숨을 위태롭게 했다. 유사한 사례로, 미시간주에 있는 한 가톨릭병원은 생명이 위험한 감염증세를 보이는 여성의 유도분만을 거부했다. 고통을 호소하는 여성에게 처방전 없이도 살 수 있는 해열제만 주고는 두 번이나 집으로 돌려보낸 사례도 있다. 그녀는 결국 자택 화장실에서 유산된 아이를 혼자 낳았다. 모두 임신 24주가 채 안 되었던 이 여성들은 그중 누구도 병원으로부터 다른 의료적 선택지가 있다는 고지를 받지 못했다. 대신 그들은 고통스럽고 위험하고 시간이 오래 걸리는 유산을 겪기 위해, 또는 궁극적으로는 피할 수 있었던 수술을 겪기 위해 의학적 림보상태에 놓였다.

신이 그렇게 하도록 말씀하신 것이 아님에도 종교적 지향과 여성을 기꺼이 희생시키려는 의지로 인해 정상적인 의학프로토콜은 간과된다. 프로토콜을 따랐다면 2012년 아일랜드의 한 병원에서 사망한 서른한 살 임산부 사비타 할라파나바르는 목숨을 건질 수 있었을 것이다. 남편의 참혹한 진술은 패혈증으로 그녀가 사망한 날을 상세히 밝히고 있다.[38] 병원은 부부의 간곡한 애청에도 불구하고 산모의 목숨을 구하기 위한 임신중절을 거부했다. 그녀의 죽음을 알게 됐을 때, 나는 해당 병원이 가톨릭병원일 거라 생각했지만 아니었다. 그보다 더 심했다. "여긴 가톨릭국가입니다." 이것이 할라파나바르와 그녀의 남편이 들은 말이었다. 아동을 성추행한 몇천 명의 사제들이 여전히 가톨릭교회의 일원이라는 것을 여기서 말해도 괜찮을까?

많은 사람들이 임신한 여성을 운반장치, 아기 낳는 기계, 선박으로 여기며, 오클라호마주 하원의원이 근래 발언했던 것처럼 아기를 "초대한" 한 명의 "호스트"로 생각하기도 한다.[39] 여성은 호텔도, 여인숙도, 비커나 유리병도 아니다. 현실에서는 그런 취급을 받고 있다 해도 말이다. 2017년 3월, 미국 난민재정착지원센터의 국장 E. 스콧 로이드는 강간으로 임신한 어느 미등록외국인 10대 소녀가 임신중절을 해선 안 된다고 결정을 내렸다. 그녀의 바람에도 불구하고 그는 "이 사건에서 그녀를 낙태로 돕는 것은 당사자의 이익에 부합하지 않는다"라며 확언했다.[40] 한 남자가 열일곱 살 여자아이를 강간했고, 이제 또다른 남자가 그녀가 임신을 종결할 권리를 거부하고 있는 것이다. 비슷한 처지인 다른 세 여자아이와 그녀가 행정부를 고소한 뒤에야 밝혀진 사실에 따르면, 임신중절을 줄기차게 반대해온 로이드는 의학적 절차대로 진행중인 인공유산을 중간에 '뒤집기' 위해 당사자의 의지에 반하여 프로게스테론을 투여하는, 과학적으로 입증되지 않은데다 논란이 많은 처치를 강제하려 논의했다.[41]

재생산권 전문가 로빈 마티는 당시 트위터를 통해 이렇게 말했다. "진지합니다. 이게 무슨 의미인지 제발 생각해보시길. 트럼프 행정부는 미등록 미성년자를 대상으로 한 의학실험을 논의한 겁니다. 그녀가 그들의 관리하에 있고 그들이 실험을 할 수 있다는 이유만으로요."[42]

수억 명의 여성이 좌절과 분노, 울분으로 들끓지 않아서 이런 취급을 받는 거라고 누구든 내 앞에서 말해보라. 아무도 그들이 모성을 어떻게 느끼는지, 그 폭력적 강요를 어떻게 생각하는지 본인에게 묻지 않는다. 수많은 기사가 끊임없이 전문가의 견해를 소개하지만, 정작 여성이 치료에 대해 어떻게 느끼는지 당신은 실제로 몇 차례나 들어봤는가?

여성이 누군가에게 휘둘릴 때, 특히 남성에게, 여성에 대해 손톱만큼도 모르는 남성에게 휘둘릴 때 사람들은 무엇을 느껴야 할까? 2012년 '낙태 반대론자'인 오하이오주 주의원은 여성이 왜 임신중절을 원할 것 같은지 묻는 질문에 갸우뚱하며 답했다. "전혀 생각 못 해본 문제군요."[43] 또 조지아주 하원의원 남성은 일부 여성들이 "자연스럽게" 진통을 느낄 때까지 유산됐거나 죽어가는 태아를 태내에 유지하는 법안을 주장했는데, 그가 합리적인 설명이랍시고 든 예시는 자기 농장의 소와 돼지였다.[44] 2012년에는 매년 강간으로 임신하는 3만 2000명의 미국 여성을 무시한 채 여전히 제삼자인 인사*가 이런 발언을 했다. "적법한 강간이라면 여성의 신체는 임신을 완전히 막을 방법을 갖추고 있다."[45] 이에 뒤질세라 2015년 원격중절수술(환자와 의사가 대면하지 않고 원격으로 진행하는 중절수술)을 법적으로 금지하려던 한 남성은 어떻게 여성이 소형 카메라를 삼킨 채 부인과 검사를 진행할 수 있는지 궁금해했다. 입법심의회에서 증언하던 의사는 여성의 위와 질은 연결되어 있지 않다고 설명해야 했다.[46] 극단적이거나 우스꽝스러운 이야기 같지만 전형적인 사례들이다. 여성에 대한 취급은 끔찍한 불평등을 상상할 수 없는 규모로 양산한다.

임신중절과 피임의 접근성 문제는 재생산권 논의를 주도하는 쟁점으로 몹시 중요하지만 이것만으로는 충분하지 못하다. 재생산정

---

* 당시 미주리주 공화당 상원후보였던 토드 애킨.

의reproductive justice는 더 견고하고 종합적인 프레임을 제공한다. 그 용어를 고안한 학자이자 활동가이며, 권리라는 프레임에 한계를 느낀 유색인종 여성단체와 함께 활동하는 로레타 로스에 의하면 재생산정의란 "사회적 정의와 재생산권이 접목된 정치적 운동"이다.[47] (로레타 로스는 또한 유색인종 여성의 재생산정의를 위한 단체 시스터송 SisterSong의 공동 창립자이다.) 역사적으로 미국은 재생산권의 주요 쟁점인 임신중절을 주로 백인, 이성애자, 시스젠더 여성이 주장하는 협의의 '선택' 문제로 여겨왔다. 그러나 '재생산권'은 인종, 계급, 성정체성, 재정난 또는 장애로 인해 선택에 제약을 받는 여성들의 필요와 권리를 파악하지 못한다. 이러한 프레임은 또한 정치의 영역에서 임신중절에 집중되던 논의가 여성의 '선택'과 이에 대한 사람들의 의견 문제로 축소되는 데 일조했다.

『검은 신체 죽이기: 인종, 재생산, 그리고 자유의 의미에 대하여 Killing the Black Body: Race, Reproduction, and the meaning of Liberty』의 저자 도러시 로버츠는 "이 같은 근시안적 프레임은 유색인종 여성을 소외시킬 뿐만 아니라, 임산부의 법률적 처벌과 임신중절권 사이의 연관성도 짚어내지 못한다"라고 말했다. 도러시 로버츠가 설명하듯, 재생산권과 달리 재생산정의는 우리 사회가 여성의 권리와 "아이를 가질 권리, 아이를 안전하고 건강하고 협조적인 환경에서 존엄하게 키울 권리"를 총체적 맥락 안에서 파악할 것을 요구한다.[48]

재생산정의는 진보를 지향하고 사회의 평등을 촉진하고자 하는 모든 정치적 의제의 핵심이 되어야 한다. 2016년 미국 대선을 계기로 보수와 진보 양측의 전문가들은 일제히 임신중절권을 문제삼으며, 이를 지지할 시 민주당은 중도층의 표심을 잡지 못해 진정으로 국민을 대표하는 당이 되기 어려울 것이라 주장했다. 이는 여성의 인권을, 여타 모든 진보적인 의제의 목적이 전제하는 기본조건을 기꺼이 무시하겠다는 신호였다. 이런 연관성을 무시한다면 결과는 여성이 직접 게임을 하는 플레이어가 아니라 체스판의 말이 되는 어리석고 위험한 게임으로 이어진다. 수많은 지지자들이 지적하듯 출산 횟수를 논하는 법안과 정책 수립의 장 어디에도 명백히 여성은 없으며, 그곳에서 여성은 협상카드가 될 수 없고 되어서도 안 된다. 신체의 통합성*과 자율성을 포함해 여성의 기본적인 권리를 확실하게 보장하는 것은 모두를 살리는 윤리강령이다.

✖✖

임신중절을 경험한 미국 여성의 약 60퍼센트가 이미 자녀가 있는 것으로 추정되는데, 이 사실로 미루어 임신중절을 하려는 여성이 비겁하고 부도덕적이며 이기적인 신생아 살인자라는 주장은 성립이 어렵다.[49] 이런 현실에서 많은 여성들의 모성은 더 많은 아이를 갖지 않겠다는 선택에 기반하고 있다. 아이를 갖는 일에 무엇이 뒤따르는지를 명확히 알고 있는 다수의 여성들이 자신의 환경과 경험에 반응하는 것이다. 많은 경우 그들은 일이나 학업에 대한 책임, 낮은 소득

---

* bodily integrity, 한 사람의 신체는 온전히 그에게 속하며 어떤 일이 생길지는 온전히 자신만이 결정할 수 있다는 개념.

과 빈곤으로 인한 재정부담, 의료비, 그리고 자녀 및 노인 돌봄에 대한 당장의 책임으로 고심하고 있다.

여성들이 주변의 의견이나 의학적 조언, 영적 안내 등을 구할 수는 있지만 임신을 유지할지 종료할지를 결정하는 것은 여성 혼자만의 결정이다. 그리고 이것은 그녀가 내리는 결정이므로 공동체가 지지해주어야 한다.

여성이 강제로 출산을 하게 되면 어머니가 되는 경험에 반감을 느낄 가능성은 훨씬 높아진다. 2015년의 연구에 따르면, 임신을 중절한 여성의 95퍼센트 이상이 자신의 결정을 후회하지 않았다.[50] 오직 5퍼센트만이 죄책감, 슬픔, 화를 느낀다고 답했다.[51] 입양을 보내기 위해 아이를 포기하는 것이 여성에게 더 많은 스트레스와 트라우마를 안긴다. 아기를 포기한 사람의 95퍼센트가 몇십 년간 지속되는 슬픔, 죄책감, 애도를 경험한다.[52]

여러 나라의 연구 결과, 어머니가 될지, 된다면 언제가 좋을지 결정할 권리를 거부당한 여성들은 더 큰 슬픔, 스트레스, 불안, 분노, 죄책감을 겪는다. 우울과 불안을 겪을 확률은 평균보다 2~3배 높다. 임신중절이 거부된 여성들은 임신중절의 의사를 존중받은 여성보다 궁핍하고 장기적인 경제난에 시달릴 확률이 훨씬 높았다.[53]

자신의 바람과는 반대로 강제로 출산한 여성들이 겪는 분노는 원치 않았던 아이들에 대한 원망으로 표출되곤 한다. 한 연구 결과에 따르면, 임신중절이 좌절된 여성의 3분의 1이 자녀에 대한 장기적인 분노를 드러냈으며, 이런 감정이 태만하고 부적절한 양육으로 이어진다는 것을 인지하고 있었다.[54] 예를 들어 그들은 애정을 표현하려는 경향이 덜하다. 원치 않게 태어난 아이들은 또한 인지발달에 문제가 있을 확률이 높고 비행행동을 하거나 다른 아이들을 괴롭힐 확률이 높다.[55]

임신하고 싶어하지 않거나, 아이를 원하지 않거나, 엄마가 되고 싶어하지 않는다는 이유로 수많은 여성이 괴짜에 불완전하고 여성스럽지 못하며 심지어 자신의 '진정한' 욕망에 무지한 사람으로 여겨진다. 때로 의사들은 자기가 당사자보다 더 잘 안다는 믿음으로 여성 환자의 불임시술 요구를 거절하기도 한다.[56] (그러나 병원과 교도소에서 유색인종 여성들이 본인의 동의 없이 불임시술을 당하는 사건이 반복되는 것을 생각한다면, 이러한 의사들의 거절은 제도적 인종차별과 연관되어 있다. 예를 들어 2014년 캘리포니아의 조사 보고서를 통해 140명에 달하는 여성이 수감기간중 제대로 된 동의 절차 없이 불임시술을 받았다는 사실이 밝혀지자, 추악한 우생학의 역사가 얽힌 시술이 금지되었다.[57])

압력과 반대에도 불구하고 오늘날 점점 더 많은 여성들이 예전보다 의도적으로 비출산을 선택한다.[58] 그러나 아이 없는 여성은 아이 없는 남성과 달리 대중의 맹비난으로부터 자유롭지 못하다. 아이를 갖지 않겠다는 선택은 가족들로부터 수치와 모욕을 당하고, 심지어 괴롭힘마저 당하는 것을 의미한다. 이런 결정을 내리는 여성은 불편함과 적개심을 숨긴 무신경한 '농담', 예를 들어 똑딱이는 시계라느니, 캣 레이디라느니,* 혹은 '진정한' 여성이 아니라는 등의 농담을

---

* '똑딱이는 시계'는 이제 가임기가 끝나간다는 조롱이며, '캣 레이디'는 고양이와 함께 사는 중년의 독신 여성을 일컫는 말이다.

견뎌야 한다. 어째서 오늘날 여성들이 점점 더 비출산을 선택하는지 의아해하는 사람들은 명백히 거울에 비친 자기 모습을 제대로 보지 못하는 이들이다.

엄마가 되는 일에 대한 두려움을 공개적으로 털어놓는 여성들은, 설령 엄마가 되기로 결심했더라도 비출산을 선택한 여성들보다 훨씬 더 많은 의혹을 받는다. 2015년 이스라엘의 사회학자 오나 도나스는 출산에 대한 후회를 기꺼이 토론하고자 하는 스물네 명의 여성에 대한 연구를 발표했다. 그녀에 따르면 모성은 "개인적 성취, 즐거움, 사랑, 자부, 만족, 기쁨의 근원일 수 있지만" 또한 "동시에 고통, 무력감, 좌절, 적개심, 실망의 영역이자 또한 억압과 종속의 장일 수 있다."[59] 오나 도나스와 대화를 나눈 여성들은 대부분 사람들이 구별하지 않고 구별하고 싶어하지도 않는 것을 일관되게 구별했다. 즉 아이의 존재와 엄마 됨의 경험, 그리고 이에 수반되는 여성 정체성에 대한 본질주의적 시각을 구별한 것이다. 오나 도나스는 출산후회가 여성으로, 그리고 어머니로 산다는 것의 의미를 이해하기 위한 필수적인 부가물이라고 여긴다. 그녀는 내면화된 이념과 권력체제에 도전하는 데 후회가 중요한 역할을 한다고 믿는다.

흥미롭게도 미국 여성들과 달리 분노를 표현하는 데 역사적으로 좀더 편안함을 느낀 독일의 여성들은 모성후회라는 화두를 정면으로 마주해왔다.[60] 『엄마의 행복이라는 거짓말*Die Mutterglück-Lüge*』의 저자 사라 피셔는 부모가 되는 경험이 남성과 여성 양측에 미치는 서로 다른 영향을 살펴보고 그 불균형에 여성들이 느끼는 분노를 다루었다. 알리나 브론스키와 데니제 빌크가 쓴 『어머니 폐지*Die*

Abschaffung der Mutter』는 모성의 이상이 어떻게 어엿한 시민이자 노동자로서 여성이 가진 능력을 약화시키는지 이야기한다. 이 책들이 출간된 후, 독일의 한 칼럼니스트는 이렇게 자신의 감정을 나누며 "후회하는 이들"을 아동학대범이라고 표현했다.[61]

✖✖

모성후회는 아이를 가지려 애쓰거나 아이를 떠나보내는 것 외에 별다른 선택지가 없는 여성들에게는 사치스럽게만 들린다. 실제로 자신의 좌절, 후회, 분노를 표현하는 엄마들 때문에 다른 여성들이 화가 날 수도 있다.

나의 이모와 이모부가 아이티에서 미국으로 이민을 올 때, 그들은 세 어린 자녀를 몇 년간 조부모의 손에 맡겨야 하는 절박한 상황 속에서 출국했다. 이후 이모는 다른 사람들의 아이를 돌보는 보모가 되었다. 이모는 똑똑하고 말투가 부드럽고 호기심이 많고 재미있는 사람이었으며 다감하고 박식하고 지적이었다. 자식들을 그리워했지만 남의 아이들을 돌보는 일에 슬픔이나 분노를 쏟아붓지 않았다. 얼마를 받느냐에 따라 애정을 차등분배하지 않았고 자신이 맡은 아이들을 진득하게 돌봤으며 아이들이 성인이 될 때까지 연락을 유지했다. 다른 육아노동자처럼 아이들과 그들의 부모, 그중에서도 엄마들과 복잡한 관계를 맺었다.

육아에 도움을 필요로 하는 사람들 대부분은 이런 종류의 도움을 이상적 모성의 상품화라는 측면에서 생각하지 않는다. 하지만 우리

사회는 이민자 여성과 빈곤층 여성에게 이런 이상을 충족시킬 것을 강요하고, 동시에 그들의 낮은 사회적 지위, 낮은 임금과 부족한 혜택, 그들 자신의 자녀를 돌보기에는 부족한 육아 지원 등은 그대로 유지한 채 그들의 능력을 인정하지 않으려 든다. 나는 사람들이 자신의 아이를 돌봐주는 여성에게 애정을 표현하는 것을 자주 들었다. 그러나 그들은 그 여성에게 자녀가 있는지조차 모른다고 실토했다. 이런 일에 드는 감정노동과 감정비용은 어마어마할 것이다.[62]

그러나 엄마가 되거나 보호하는 엄마라는 이상을 충족하기 위해 여성들이 느끼는 압박감은 불임, 유산, 자녀의 죽음을 경험하는 여성들에게는 한층 더 크고 부담스럽고 고통스럽게 다가올 것이다. 상실을 둘러싼 참담한 사회적 침묵으로 인해 그 경험은 복합적인 슬픔, 소진, 죄책감, 가책으로 가득차 있다.[63]

대략 미국 여성의 10퍼센트가 불임을 겪으며, 많은 사람들이 임신을 하기 위해 육체적으로 고되고 비용은 높은 치료를 장기적으로 받는다. 신체에 대한 좌절감과 재정적 부담과 더불어 친구, 가족, 낯선 사람들의 무심한 말들을 감당하면서 그들은 끊임없이 분노를 느낀다. 이는 무수한 검사와 계획, 필요에 의한 섹스, 보험 요건, 업무 지장 등등이 필연적으로 빚어내는 예측 가능한 결과다.

지속되는 우려를 다루는 과정에서 연구자들은 억눌린 분노와 스트레스가 임신촉진치료의 효과에 부정적 영향을 미친다는 것을 발견했다. 캘리포니아 여성들을 대상으로 한 어느 연구에 의하면, 분노와 우울의 수준이 높을수록 난자의 수가 적었다. 불임의 흔한 원인인 다낭성난소증후군을 앓는 여성들은 분노라는 감정을 인지하고 남들에게 꺼내놓는 일을 더 어려워하며, 더 높은 비율로 우울증을 앓는다.[64] 강력한 부정적 감정은 뇌내 화학물질과 호르몬의 생산을 착상 가능성을 줄이는 방향으로 유도한다. 다시 말하지만 분노가 불임을 유발한다는 것은 당연히 아니다. 하지만 인지되지 못한, 명명되지 못한 분노는 수정을 방해한다. "평소 받는 스트레스를 줄이세요"는 우리가 흔히 듣는 조언이지만, 여성의 스트레스 유발 요인의 핵심에는 다가가지도 못한다.[65]

여성은 종종 불임, 임신, 유산, 사산을 홀로 견디는데, 삶을 바꾸는 사건이 일어날 때 슬픔은 사회적으로 수용 가능한 반응인 반면 분노, 좌절, 질투, 죄책감은 그렇지 못한 반응이기 때문이다. 유산을 하고 조금도 슬퍼하지 않는 여성도 있다. 그러나 다수의 여성은 깊은 절망을 느끼며, 어떤 이들은 자신의 분노와 슬픔이 사람들이 공감해주는 정도를 한참 넘어선다고 말한다. 매일매일 분노, 질시, 슬픔 사이를 질주하는 듯한 느낌은 여성에게 흔하다. 이러한 상실이 우리를 얼마나 화나게 하는지, 수치심으로 가득하게 만드는지를 말하기란 몹시 어려운 일이다. 아기를 갖는 일이 모종의 성공으로 보일 때 아기를 갖지 않는 일은 실패가 되며, 우리는 스스로가 무능하다는 기분으로 가득찰 수 있다.

유산, 임신 말기 유산, 사산, 출산 직후 아이의 사망을 겪은 여성을 대하는 사회의 전형적인 반응은 "다시 한번 시도해보라"다. 나는 이 차갑고 무심한 조언에 충격을 받는다.

내 동생은 둘째의 예정일이 이 주 지났을 때 거의 100퍼센트에 가까운 태반조기박리를 경험했다. 태반조기박리는 여성의 태반이 자궁

우리의 분노는 길을 만든다

벽에서 분리되는, 잠재적으로 치명적인 상태다. 임신 전 동생은 신장 165센티미터에 체중은 48킬로가 채 되지 않았다. 출산 예정일이 일주일 지나고도 그녀는 4킬로그램이 넘게 자란 태아를 품고 다녔다. 유도분만을 요구했지만 의사는 진통이 "자연스럽게" 와야 한다고 했다. 거의 매일을 앓아야 했던 몹시 힘든 임신이었다. 그녀의 몸은 비대했고 거동은 불편했으며 첫째와 남편을 돌보느라 잠을 잘 수가 없어 탈진한 상태였다. 가능한 한 빨리 아이를 낳아야 한다는 생각이 강하게 들었지만, 그녀가 무엇을 생각하고 알고 느끼든 그건 결국 중요한 게 아니었다. 중요한 건 의사가 생각하는 자연스러움이었다. 기실 여성이 자신의 신체감각 및 신체가 필요로 하는 것에 확신을 가져봐야 그것은 부자연스러운 것이다.

그 "자연스럽게"는 결국 어느 날 밤 과다출혈로 잠에서 깨는 일로 드러났다. 이는 동생이 국소마취만 하고 응급실에서 제왕절개를 했다는 의미이자, 대량출혈로 인해 말 그대로 죽을 뻔했다는 의미다. 그리고 아기는 고비를 넘기지 못했다. 이 상황은 이른바 '분만시 외상'이지만, 이 용어는 내 동생과 그녀의 가족에게 일어난 일들을 조금도 포착해내지 못한다. 유일한 작은 은총은, 그녀가 이 상황의 대부분을 상세히 기억하지 못한다는 것이다.

그녀가 분만을 하고 서른 시간 후에, 아이의 사망 사실을 알고 가까스로 잠이 들었을 때 한 남자가 병실로 예고 없이 들어왔다. 새벽 두시였다. 그는 불을 켜서 동생 부부를 깨웠다. 그리고 동생은 무시한 채 오만한 태도로 제부에게 부인이 이상증세를 보일 수 있다고, 이유인즉슨 "여성은 가끔 정신을 놓기 때문"이라 말했다. 그는 병원의 심리치료사였다.

이런 비극 앞에서는 어떤 말도 나오지 못한다. 내 동생과 비슷하게 아들을 잃은 의사이자 재생산권 운동가인 제니퍼 건터는 자신이 '가장 슬픈 엄마 연대: 출산은 했지만 아기가 없는 사람들' 소속이라고 말한다.[66]

매년 수만 명의 여성이 사산을 하고, 천 명 이상의 아기가 생후 일이 주를 넘기지 못한다. 개방성과 사회적 지지의 부족으로 인해 여성들은 슬픔과 혼란, 분노라는 감정 가운데 방치된 채 임신과 출산의 후유증을 겪는다. 출산 전후의 정서 및 불안장애 예방과 치료의 전문가인 임상사회복지사 케이트 크립키는 "아기를 잃은 여성은 세상에 자신이 엄마라는 사실을 드러낼 수 없다"고 설명한다.[67]

다른 많은 사람들과 마찬가지로 내 동생이 필요했던 것은 가능한 한 빨리 다시 임신하라는 재촉이 아니라 상실과 그 상실 속에서 겪었던 폭력의 인정이었다. 그녀는 자신이 실패한 것도 아니고 나쁜 엄마도 아니라는 사실을 알 필요가 있었다. 그녀는 슬퍼할 뿐만 아니라 그 애도 가운데 화를 낼 수 있어야 했다. 그러나 건터가 말했듯, "사회는 우리 같은 조난자 엄마의 목소리는 듣고 싶어하지 않는다".

✖✖

모성은 여성에 대한 사회적 인식의 중심에 자리한다. 여기서 여성이란 싱글여성, 자녀가 없는 여성, 아내, 어머니 등 모든 여성을 말한다. 살면서 겪는 경험 중 하나인 엄마 됨은 복잡하고 즐거우며, 상상할 수 있는 모든 방면에서 삶을 바꿔놓는다. 그러나 모성이라는 이상은 종종 여성이 자유로워지는 것을 막는 곤봉처럼 사용되기도 한다.

엄마가 됨으로써 우리는 기쁨, 사랑, 안정, 공동체를 찾을 수 있고 또 많은 여성이 그러듯 삶의 가장 큰 목적을 찾을 수 있다. 그러나 이는 모든 여자아이와 성인 여성의 불가피한 행로도, 우리 모두를 평가하는 기준도 아니며 그렇게 되어서도 안 된다. 모성이 여성에게 휘두르는 무기가 아닌 사회, 강압적이지 않고 가혹하거나 폭력적이지도 않은 사회, 생명을 위협하지 않는 사회를 만드는 것은 인간의 기본적인 품위다.

모성에 대한 사회의 기대는 그 기대가 유발하는 분노를 강력히 억누를 만큼 막대하다. 여성은 자기 신체에 벌어지는 일을 통제할 권리가 박탈되었다는 것에 화낼 권리가 있는가? 여성은 위험하고 치욕스러운 치료를 강요받을 때 화낼 권리가 있는가? 잠자코 출산하고 희생하라는 사회적 압력 속에서 느끼는 분노와 좌절을 우리는 공개적으로 나눌 수 있는가?

모성을 둘러싼 그 수많은 분노는 우리가 재생산과 관련이 없는 인간으로서 품는 열망에서 비롯한다. 우리가 엄마라면 자녀와 가족들에게 벌어지는 일에 화내는 것이 허용된다. 어머니이자 배우자로서 가족과 자녀들에게 화를 내는 일도 허용된다. 하지만 엄마 됨의 경험과 기대 속에서 우리에게 일어나는 일로 화를 내는 것은 허용되지 않는다.

스트레스나 트라우마 때문에 크게 화내는 평범한 경험을 인정할 수 있다면, 심지어 차 문에 손가락을 찧고 화내는 경험까지 인정할 수 있다면, 왜 우리는 임신, 출산, 모성의 환경 때문에 몹시 화가 난다고 스스로 인정할 수 없는 것일까? 왜 아기 만드는 기계나 선박처럼 취급받는 것에 화를 낼 수 없는 것일까? 왜 당신의 가장 친밀한 관계가 생각처럼 평등하지 않다는 사실을 불현듯 깨닫고 화를 낼 수 없는 것일까? 왜 직장에서 덜 헌신적이고 덜 유능하다는 평가를 받고 화를 낼 수 없는 것일까? 왜 출산 후의 후유증에 충격을 받고 화를 낼 수 없는 것일까? 우리는 이런 문제를 좀처럼 공개적으로 논의하지 않으며, 특히 여러 젠더가 모여 있는 경우 더욱더 그래서 이런 이야기를 하는 것이 부끄럽거나 나약한 일이라는 듯 군다. 마치 이런 변화나 상처를 인정하는 것이 우리가 '여자로서 충분하지' 않다는 것을, 또는 '엄마로서 충분하지' 않다는 것을 인정하는 일이라는 듯이.

아이가 있는 여성에게 모성은 삶의 본질적인 의미를 규정하는 것이고, 우리는 종종 아이들을 향한 사랑으로 벅차오른다. 우리는 수많은 방법으로 아이를 돌보지만, 엄마 되는 일이 진정으로 위엄 있고 자비롭고, 목적의식 있고 충만한 일이 되기 위해서는 부모가 되는 것을 자유롭게 선택할 여성의 권리가 전제되어야만 한다. 불행히도 우리가 사는 세상은 그렇지 않다. 이상 속 모성은 부당함과 불의에 항거하는 여성의 능력을 억누른다. 우리가 마주한 과제는 우리 자신의 욕망과 결정 앞에 당당해지고 다른 여성의 선택을 재단하지 않는 것이다. 그리고 우리가 자주 마주하는 분노, 죄책감, 수치심의 방향을 돌려 여성과 엄마를, 엄마와 희생을 더이상 한데 엮지 않는 문화를 창조하는 데 쏟아붓는 것이다.

6장

자기야,
웃어

분노anger와 위험danger은 한 글자 차이다.

—엘리너 루스벨트

근래 어느 가을날, 뉴욕의 펜역에서 나는 대부분의 여성이 흔히들 겪는 경험을 하나 했다. 불과 몇 초 차이로 DC행 열차를 놓쳤을 때였다. 뭘 어떻게 해야 할지 사람들 틈바구니에 서서 생각하고 있는데 한 남자가 손으로 내 팔을 쓸어내리며 속삭이는 것 아닌가. "웃으면 더 예쁠 텐데." 당시 나는 마흔여덟 살이었고, 이런 식의 침범을 겪지 않은 때와 장소를 떠올릴 수가 없었다. 대부분은 이보다 훨씬 더 위협적이었다.

내가 안 웃으면? 대체 어쩌려고 했을까? 곁을 지나가면서 "나쁜년"이라 중얼거렸을까? 아니면 "이런 씨발년이!" 하고 고래고래 소리를 질렀을까? 얼어붙은 채 펜역에 서 있자니 비슷했던 예전의 일들이 머리를 스쳐지나갔다. 나는 화가 났지만, 화를 내며 반응하면 더 나쁜 결과를 초래한다는 것을 오래전에 배운 상태였다.

학교 운동장에서 널 강간하겠다고, 그래도 널 도와줄 사람은 아무도 없다고 남자아이가 처음으로 나를 협박했을 때 나는 아홉 살이었다. 어떤 남자가 내 팔을 붙잡고 "제대로 좀 보자"면서 나를 홱 돌렸을 때는 열네 살이었다. 스무 살엔 남자들 무리가 내 엉덩이를 움켜쥐겠다고 어깨 위의 남자친구 팔을 잡아 떼어냈다. 열차 사건이 생기기 불과 몇 주 전에는 어떤 남자가 나와 딸들을 우리집 앞 계단까지 쫓아왔다. 나는 열쇠로 문을 연 후에야 뒤에 바짝 서 있던 그를 발견했고, 그는 말했다. "좀 들어가도 될까?" 이런 에피소드는 넘쳐나서 다 열거할 수가 없을 정도다.

이런 사건이 생기면 나는 늘 얼어붙는다. 우리 대부분이 그러하듯. 뇌와 심장은 눈앞에 닥친 위험의 성질을 밝히고 내 반응에 따라 질주한다. 그러나 열네 살에 어떤 남자에게 팔을 붙잡혔을 때, 그때 나는 얼어붙지 않았다. 나는 그의 목 언저리를 힘껏 가격했다. 이것이 이런 상황에서 느끼는 맹목의 본능적 분노에 대한 첫 기억이다. 내가 도망가자 그는 큰 소리로 욕을 해댔다. 분노가 두려움을 넘어서도록 허락한 처음이자 마지막 순간이었다. 나는 얼마나 위험한 상황인지 절실히 알고 있었다. 또한 이 사건은 내 인생의 중요한 이정표가 되기도 했다. 나의 말과 행동의 자유를 가두며 내가 쌓아올린, 스스로를 한계짓는 벽의 벽돌이 된 사건임을 분명히 기억한다.

이런 사건의 대부분은 대낮에 사람들이 많은 장소에서 일어난다. 하지만 어떤 장소에서는 아무도 지나가다 멈추지 않고, 어떤 말도 건네지 않으며, 잠깐 서서 말리지도 않는 것이 보통이다.

어디서든 우리는 음담패설을 속삭이고, 성적인 제안을 건네고, 우리 몸을 끈적하게 더듬고, 현관에 몸을 숨기고, 벤치에 앉아 빤히 보고, 걸어서든 운전해서든 따라오고, 자신의 손버릇과 생각과 욕망을 가만히 두지 않으려는 남자아이와 성인 남성에게 적응하는 법을 배운다. 나는 나의 엄마, 이모, 할머니가 평생토록 이런 일을 겪는 것을 보며 자랐지만 아무도 이에 대해 말한 적이 없었다.

흔히 위험을 직면했을 때 분노는 '싸우려는fight' 본능으로, 두려움은 '도망가려는flight' 본능으로 간주된다. 이런 식으로 분노와 두려움을 병치하는 것은 이 둘이 서로 분리되어 있음을 시사하지만, 그것은 잘못된 설명이다. 이런 순간에 분노와 두려움은 분리되지 않는다. 혼란, 굴욕감과 함께 끓어오른다.

여성들이 매일 언어적으로나 신체적으로 공격받을 가능성과 싸워야 한다는 것은 부조리한 일이다. 집을 나설 때 여성들은 얼마나 멀리 이동하는지와 상관없이 공격적인 남성의 요구에 응하지 않아 봉변을 당하거나 폭행당하거나 살해될 가능성을 염두에 둔다. 여성으로서 우리는 우리의 존엄과 안전, 또는 우리가 지니고 있을 공공장소에 대한 권리를 타인의 변덕으로 인해 모조리 잃을 수 있다. 이것이 누군가 우리를 유린할 수 있다는 가혹한 사실을 우리가 받아들이게 된 배경이다. 때로 우리는 피가 나도록 혀를 깨문다.

분명히 말하지만, 위협적이지 않은 방식으로 관심을 드러내는 남성들과 나눠야 할 유쾌하고 친근한 교류도 있다. 여성들은 아주 어린 나이에도 자신만의 판별기제를 만들어낸다. 어떤 남자가 위험하고 어떤 남자가 순수한 관심을 보이는지를 판별한다. 하지만 나는 처음으로 희롱을 당했을 때 우쭐해하는 여자아이들, 나이가 들면서 점점 관심받지 못하는 것을 슬퍼하는 여성들도 많이 보았다. 판별기제가 있다 하더라도 우리는 어떤 남자가 무해한지 진정으로 알지 못한다. 그리고 잘못된 선택은 어마어마한 비용을 치르게 한다. 모든 여성이 반응하는 방법은 제각각이다. 하지만 나는 이런 지속적인 희롱에 너무나 질렸기 때문에 그런 일이 생길 때 스스로를 자제하기가 어렵다. 실은 자제할 필요도 없다.

✖✖

시인 엘리자베스 휴어는 이렇게 썼다. "신이 남자로 괴물을 만들어 냈다면/여자는 살상무기로 만들었어야 했다." 요구하는 대로 웃어주는 여성으로 가득한 세상이란 여성의 분노는 부적절하고 남성의 폭력위협은 정당한 세상이다. 이것이 그 어떤 여성도 "자기야, 웃어"란 말을 듣고 싶지 않은 이유다.

비영리단체인 길거리 성적괴롭힘 근절 모임Stop Street Harassment이 여러 차례 실시한 대규모 연구에 의하면, 전 세계 여성의 65~98퍼센트가 그날 하루를 뒤바꿔버리는 길거리 성적괴롭힘을 지속적으로 겪었다.[1] 미국에서는 여성의 65퍼센트가 성적괴롭힘을 당했다고 답했다. 코넬대학과 반反성적괴롭힘 활동단체 할러백!Hollaback!이 실시한 비슷한 연구에 따르면, 전 세계적으로는 65퍼센트보다 수치가 더 높았다.[2] 여기에는 22개국의 여성 50퍼센트 이상이 공공장소에서 원치 않는 신체접촉을 당했다는 사실도 포함된다. 독일의 경우 66퍼센트의 여성이 신체접촉을 당하고 71퍼센트의 여성이 누군가가 따라오는 경험을 겪었으며, 횟수는 대부분 한 번 이상이었다. 미국에서 성적괴롭힘을 당한 적 있다고 말하는 여성의 과반수는 첫 경험이 17세 이전이라고 답했다. 유럽의 경우 81퍼센트의 여성이 17세 이전에 성적괴롭힘을 당했다고 답했다. 전 세계적으로는 여성의 84퍼센트가 같은 상황을 겪었으며, 이중 다수는 9, 10세의 어린 나이에 같은 경험을 했다. 인도의 경우 여성의 47퍼센트가 남성의 성기 노출을 겪었다. 16명 중 1명은 성적괴롭힘이나 성폭행을 당할까봐 밤에 외출하기를 꺼린다고 답했다. 내가 자란 바하마의 나소는 여자아이와 성인 여성이 끊임없는 길거리 성적괴롭힘에 시달린다.

자유로이 공공장소에 출입하기가 쉽지 않은 장애 여성은 참혹하게도 길거리 성적괴롭힘에 적응하게 된다. 휠체어에 앉은 여성의 면전에 사타구니를 들이미는 남성도 있다.[3] 그들은 성적 매력이 없는 사람을 인간으로 취급해주므로 장애 여성이 고마워해야 한다는 정신 나간 주장을 하며 불난 집에 부채질을 한다. 장애비평연구의 박사과정인 킴 소더는 2016년 〈뉴욕 타임스〉에서 관련 기사가 나간 뒤 이렇게 설명했다. "장애인도 성적인 존재라는 사실을 외면해온 문화 속에서, 성적괴롭힘을 당한다고 장애인의 성적 정체성이 강화되는 것은 아니다. 길거리 성적괴롭힘의 피해를 경시하는 일은, 비장애 여성이 주기적으로 겪는 성적괴롭힘의 진정한 피해를 지울뿐더러 장애 여성이 겪는 성적괴롭힘이 그들을 인간으로 만들어주는 것이 아니라 위험에 처하게 할 뿐이란 사실 역시 무시하게 만든다."[4]

게이, 레즈비언, 논바이너리, 트랜스젠더 역시 높은 비율로 성적괴롭힘에 시달리며 때로는 신체적 폭력까지 겪는다. 2013년 유럽연합은 약 9만 5000명의 LGBTQ를 대상으로 설문조사를 실시했다.[5] 그 중 절반이 성적괴롭힘이 두려워서 공공장소를 일부러 피한다고 답했다. 미국 역시 마찬가지로 높은 비율을 기록했다.[6]

성적괴롭힘과 폭력은 여자아이와 성인 여성에겐 너무나 흔한 일이라 의식적으로 학대행위로 신고하는 경우가 적다. 10대 여자아이들을 대상으로 한 연구에서, 어느 열다섯 살 여자아이는 성적괴롭힘에 대한 질문에 답하며 설명하기를 "아침에 집을 나설 때마다 높은 확률로 모르는 남자들이 나를 더듬고 만질 거라 예상한다"라고 말했다.[7] 이런 환경에서, 우리 대다수는 '진짜' 폭력은 없었다는 것에 만족한다. 하지만 누군가는 폭력의 위협을 피하지 못한다.

2003년 스물아홉 살이었던 리처드 매컬러프는 뉴저지의 한 버스정류장에서 자신의 구애를 거절한 열다섯 살 새키아 건을 흉기로 찔렀다.[8] 새키아 건은 매컬러프에게 자신이 동성애자라고 말했다. 그는 혐오범죄로 기소되었다. 2013년 여름, 뉴욕의 트랜스젠더 여성인 스물한 살 아이슬랜 네틀스는 남성 무리에게 살해되었고 『뉴욕』지는 이를 "'같이 좀 놀자'가 낳은 비극"이라고 표현했다. 네틀스의 잔인한 죽음은 혐오범죄로 수사되었으며, 이는 오늘날 계속되는 흑인 트랜스젠더 여성들을 향한 일련의 유사 공격 가운데서도 두드러지는 사건이었다. 남아프리카공화국의 레즈비언, 게이, 트랜스젠더는 종종 새키아 건과 같이 '교정을 위한' 강간을 당하고 살해된다.[9]

남편과 내가 같은 공간을 서로 얼마나 다르게 느끼는지 통감할 때가 종종 있다. 최근 낯선 도시로 여행을 갔을 때, 우리는 아침 일찍 딸들과 함께 랜드마크까지 걸어가기로 했다. 목적지에 다다랐을 즈음 예정했던 시간에 맞춰 도착하긴 어렵다는 것을 깨달았다. 남편이 지도를 보았고, 우리는 풍경은 덜 멋있더라도 빨리 갈 수 있는 길을 택했다. 그리고 더 빠르게 걷기 시작했다. 남편은 계속 걸었지만 나와 딸들은 말없이 점점 뒤처져 한 무리가 되었다. 어떤 지점부터 길에서 여자들이 슬그머니 하나둘 줄어들었다. 이제 어디에도 여자는 없었고, 건물 현관과 좁은 골목에 삼삼오오 모여선 남자들이 우리를 빤히 보고 있었다. 움츠러든 우리는 여자들끼리 더 몸을 밀착했다.

내가 경험한 바에 의하면, 대부분의 남성들은 어릴 때 주변 여성들이 겪는 경험과 자기 경험이 얼마나 다른지 생각해보는 법을 배우지 못한다. 남성들은 강간을 시간의 한순간으로 이해한다. 시작, 중간, 끝이 있는 불미스러운 사건이라고. 하지만 여성에게 강간은 평생토록 자기 안으로 움츠러드는 수천 번의 순간들이다.

그 순간이란, 더이상 친구 집까지 걸어갈 수 없다는 것을 깨닫는 날이다. 남자아이가 그냥 "기습 키스"를 한 것뿐이니 상냥하게 굴라고 이모가 말하는 어느 때다. 전날 밤 낯선 사람이 집까지 따라왔기 때문에 길모퉁이 가게에 나가기를 관두는 저녁이다. 아버지나 의붓아버지, 오빠, 삼촌이 당신의 침대로 기어올라오는 늦은 시간이다. 특정 교수를 피하기 위해 원하지 않는데도 전공을 바꾸겠다는 이메일을 쓰는 시간이다. 버스를 놓치지 않으려고 뛰다가 누군가에게 그곳을 빨아달라는 말을 듣고 돌아보니 그 사람이 경찰일 때다. 선생님에게 어깨를 가리는 옷을 입으라며 "남자아이들 산만해지니까, 남자 선생님들은 또 어떻겠니?" 하고 훈계를 듣는 때, 언제나 꿈꿔왔던 장소에 여행가지 않기로 결심하자 "모험심이 없다"는 비난을 듣는 때다.

남자아이들에게는 세계가 점차 확장되지만 당신에게는 점점 줄어든다는 것을 깨닫는 쓰라린 순간이다. 이 모든 순간이 하루종일, 매일매일 계속되지만 아무도 입 밖으로 강간이라는 단어는 꺼내지 않는다. 할아버지와 아버지, 남자형제, 삼촌, 선생님, 친구들은 강간에 대해 진지한 고민을 하기는커녕 그 단어를 들을 일조차 없다. 남성은 성폭행을 당할 수 없거나 당하지 않는다는 말을 하려는 것이 아니다. 그들도 분명히 당하고 있다. 내가 분명히 말하려는 것은, 여성의 삶에서 남성에 의한 성폭력의 실제와 위협이 얼마나 일상적인지, 삶에 대한 구속으로 작용하는지다.

간혹 고통스러운 새벽의 깨달음을 얻는다. 곧 대학에 입학해서 자립할 딸들을 둔 어떤 아버지는 내게 "강간 생각만 하면 미쳐버릴 것 같아요"라고 말했다. 내가 따님들에게 가장 위험한 시기는 이미 지났다고 말했을 때 그가 더 화를 냈는지 아니면 그 말을 듣기 전에 이미 화를 내고 있었는지 모르겠다. 강간 피해자의 44퍼센트는 18세 이전에 피해를 당한다.

그날 가족여행에서 딸들과 내가 그 동네를 피해 돌아가야겠다고 말했을 때 남편은 황당해하며 화를 냈다. 나와 딸들은 목적지에서 만나자며 그 길로는 가지 않겠다고 했다. 결국 우리는 다 함께 남은 길을 다시 찾았다. 그런데 남편의 반응이, 내가 느끼기로는 짜증이었는데, 그 감정의 대상이 여성들이 살면서 그런 불편을 흔히 겪는다는 현실이 아니라 나라는 사실은 흥미로웠다. 나 역시 짜증나고 화가 났는데, 나는 누구에게 화를 내려고 했던가? 골목길의 남자들? 그들을 기른 여자들? 그들에게 힘을 부여한 종교? 여성을 성적괴롭힘으로부터 보호하는 데 실패한 법? 나는 그중 아무것에도 화를 낼 수 없었다.

여성이 남성에게 "안 돼/싫어"라고 말하면 안전할 수 없다는 사실을 보여주는 길거리 성적괴롭힘은 흔히 대수롭지 않은 일로 치부되지만 그 해악은 익히 알려져 있는데, 그중 두 가지가 점점 더 커지는 불안과 과잉경계다.

버지니아주 메리워싱턴대학의 연구자들은 원치 않는 성적 접근의 영향과 성적 대상화로 인한 자기감시의 증가를 조사했다. 그들은 성적괴롭힘, 대상화, 신체평가와 우울 및 수치심의 관계를 조사했고 그 결과 많은 여성이 연구 저자들이 말하는 "서서히 퍼지는 트라우마"를 재차 경험하며, 이것이 외상후스트레스장애와 관련된 증상들의 발현으로 이어진다는 것을 발견했다. 여성이 성폭행을 당한 경우 결과는 훨씬 심했다.[10] 이러한 흐름은 종종 피해자가 자신의 몸과의 분절감을 느끼게 한다. 이 연구를 읽었을 때, 나는 진정으로 아하! 하는 깨달음의 순간을 느꼈다. 내가 이 몸은 '내 것'이 아니라고 생각한 것은 내 몸을 위험과 취약함의 근원으로 여겼기 때문이라는 사실을 40대에 들어서야 비로소 깨달은 것이다.

의사들은 왜 전쟁에도 나가지 않는 일부 여성들이 남성들보다 외상후스트레스 수준이 더 높은지 오래도록 고민해왔다. 원치 않는 성적 접근, 대상화, 지속적인 성적괴롭힘이 일부 원인일 것이다. 하지만 위협의 감지 수준이 높아지고 분노가 증가한 것도 외상후스트레스의 또다른 원인이다. 미디어는 심지어 연관성이 명백할 때조차 길거리 성적괴롭힘을 더 큰 범죄와 좀처럼 연관짓지 않는다. 맥락을 잃은 사건들이 뉴스에 일상적으로 보도된다. 가령 술 한잔 사겠다는 제안을 거절한 여성의 머리에 볼링공을 던지거나, 함께 춤을 추지 않겠다는 여성의 머리에 유리잔을 내리쳐 깨부수는 사건들이 그 예다. 2014년 플로리다의 한 남성은 열네 살 여학생에게 200달러에 성관계를 맺자고 제안했고, 거부당하자 여학생의 머리채를 잡고 타고 있던 차 안으로 끌고 들어가 기절할 때까지 목을 졸랐다. 그러고는 사람들이 충격 속에 멍하니 바라보는데도 여학생을 차 밖으로 내던지고 수차례 밟았다. 그녀는 살아남아 경찰에 그를 신고했다. 2009년에는 한 여성을 추근대던 남성이 보도블록 위로 타고 있던 밴을 몰아 그녀와 친구 여성을 치는 바람에 피해 여성이 사망한 사건이 있었다. 그보다 불과 몇 주 전에는 또다른 여성이 동승하라는 권유를 거절했다가 차에 치였다. 샌프란시스코에서는 어떤 남성이 여성에게 거절당하자 그 여성의 얼굴과 팔을 흉기로 찔렀다.[11] 달리기를 하거나 자전거를 타는 여성, 버스정류장이나 바에 있는 여성은 모두 이런 위험성을 알고 있다. 이런 사례는 흔하다.

여자아이와 성인 여성은 그런 침범에 대응하는 방편으로 보통 그런 일에 대해 말하길 꺼리거나, 자신을 책망하거나, 주변에서 일어나는 일들을 무시하기 위해 최선을 다한다. 그러나 잘 언급되지 않는 사실이 하나 더 있다. 2017년 말, 작가 섀니타 허버드는 이렇게 말했다. "사람들은 나에게 우리 공동체에는 더 중요한 의무가 있다고 가르쳤다. 아마도 이것이 강간을 신고하는 아프리카계 미국인 여성이 열다섯 중 한 명에 불과한 이유 중 하나일 것이다. 우리는 백인의 힘이 어떠한 견제도 받지 않고 우리 공동체를 파괴하는 것을 목격해왔다. 그런 우리가 흑인 가해자에게 고통을 말하려 하면 '지금은 때가 아니다'라는 메시지를 받는다." 허버드는 흑인 남성이 직면한 위협, 폭력, 감금을 알기에 흑인 여성은 성적괴롭힘과 성폭행을 당하고도 앞으로 나서지 못하는 현실을 지적하는 것이었다. 이것은 특히 남성 주도의 성적괴롭힘 및 성폭행의 실태와 영향을 폭로하는 전 세계적인 운동, #미투#MeToo에 대한 이야기였지만, 다른 맥락에도 적용이 가능하다. "당신의 공동체가 당신을 공포에 떨게 하는 사람들을 위해 싸울 때, 당신은 당신의 고통이 우선이 아니라는 매우 복잡한 메시지를 받게 된다."[12]

2016년 초, 피츠버그의 술집에서 어떤 남성이 스물아홉 살이었던 재니스 탤턴잭슨에게 전화번호를 물어보며 접근했다가 뜻대로 되지 않자 인도에서 그녀를 쏘아 죽였다.[13] 탤턴잭슨이 살해되기 몇 달 전, 또다른 남성은 자신의 구애를 거절한 여성에게 화가 나 그녀의 아파트 현관문을 부수고 들어갔고, 그녀가 집에 없다는 것을 알고는 그녀의 강아지를 3층 창문 바깥으로 내던졌다. 한편 플로리다에서는 경찰들이 여성 부동산 중개업자들에게 지속적으로 성적괴롭힘을 가하는 남성을 수색하고 있었다.[14]

단지 길거리 성적괴롭힘이나 낯선 남자들의 문제만은 아니다. 이러한 수작과 그것을 거절당했을 때 보이는 폭력적인 보복의 이면에는 남성의 특권의식이 존재하는데, 이러한 특권의식은 '짝사랑' '10대의 혈기' '욱하는 소년'처럼 본질을 흐리는 표현들에도 똑같이 숨어 있다. 2014년 열여섯 살이었던 마렌 산체스는 같은 반 학생의 고등학교 졸업파티 초대를 거절했다가 살해당했다. 이 6장을 쓰고 있는 2016년에는, 브루클린에 사는 16세 시멜 머큐리어스가 그녀와 데이트하고 싶어했던 25세 남성에게 총을 맞았다는 경찰의 발표가 있었다. 데이트 신청을 거절당하자 그는 기관단총을 세 번이나 발사했다.

『감정의 문화정치학*The Cultural Politics of Emotion*』의 저자 사라 아메드는 이렇게 말했다. "취약함은 여성의 몸에 내재된 특성이 아니다. 오히려 이는 공적인 장소에서 활동을 제한하고 사적인 장소에 과하게 붙들어둠으로써 여성성을 고정하려는 하나의 작용이다."

성적괴롭힘을 비롯해 유사한 수준의 폭력에 대한 끊임없는 암시를 받으며 여성들은 자신의 위치를 꾸준히 상기한다. 여성의 성적괴롭힘 경험은 여전히 침묵 속에 묻혀 있고, 우리는, 그리고 전 세계는, 여자아이들에게 "안전하게 집에 머물러 있으라"라는 위험한 조언을 계속하고 있다. 이것은 안전에 관한 문제가 아니다. 만약 그랬다면, 어린 시절 성추행과 위험에 노출되었던 남자아이들도 똑같은 가르침을 받았을 것이다. 하지만 현실은 그렇지 않다. 이것은 사회적 통제에 관한 문제다.

분노, 성적괴롭힘, 폭력 그리고 과잉경계

사람들은 남성의 폭력에 대한 여성의 두려움을 중대한 문제로 간주하는 것에 깊은 문화적 저항감을 느낀다. 사회적, 법적, 정치적 불평등도 엄연히 존재하지만, 궁극적으로 여성의 신체적 자유를 제한하고 분노를 억누르는 것은 강간이다. 어떤 이들은 터무니없는 견해

로 치부하지만, 성적괴롭힘은 여성들에게 실제 강간의 위협과 동일한 심리적 반항을 부른다.[15]

2015년에 실시된 한 연구 결과에 따르면, 여성들이 범죄에 느끼는 두려움은 성적으로 대상화되는 경험과 미디어 노출로 더 극심해진다. 그리고 어떤 범죄로 피해를 입든 그에 더해 강간까지 당할 수 있다는 깨달음을 통해 두려움은 증폭된다.[16] 아프리카계 미국인 여성들은 높은 비율로 길거리 성적괴롭힘과 성적 대상화를 겪으며, 또한 범죄에 더 많이 노출되는 만큼 더 많은 두려움을 느낀다.

2016년, 호주의 연구자들은 여성들에게 성적괴롭힘을 당했거나 목격한 사례를 일주일간 기록하도록 요청했다. 그 결과는 평균 이틀에 1회꼴인 것으로 집계되었다. 다른 여성들이 표적이 된 상황을 목격한 것은 일주일에 1.35회였다. 의식적으로든 무의식적으로든 이러한 사건들을 통해 여성은 취약성을 자각한다.

성적괴롭힘이 더 위험한 상황으로 번질까봐 걱정하는 여성은 남성의 2배다. 여자들은 순식간에 강간 가능성을 떠올린다는 말에 사람들이 동조하지 않거나 여자들은 왜들 그렇게 화장실에 같이 가느냐는 농지거리를 할 때면 나는 "우리는 그렇게 하라고 배웠다, 그래야 남자들이 강간을 못하니까"라고 쏘아대며 찬물을 끼얹는다.

여성에게 성적괴롭힘을 계속 당하고 있는지, 강간을 주기적으로 떠올리는지 물어보면 대부분은 "아니다"라고 답할 것이다. 누가 강간 생각을 하고 싶겠는가? 그러나 길을 걸을 때 행인들과 눈을 마주치는지, 따뜻한 날이면 어디서 언제 산책을 하는지, 밤에 혼자 조깅은 하는지, 평화롭게 집으로 걸어가는 대신 택시를 타는지 물어보라. 그리고 왜 그렇게 하는지를 물어보라. 우리는 강간이 두려운 것이라고 만 배우지, 그것이 얼마나 만연하고 '자연스럽게' 다가오는지 의심하는 법은 배우지 못한다. 나는 수많은 여성들마저 이런 현실을 받아들이지 않는다는 것을 깨닫게 되었는데, 이는 자신을 '피해자성'과 연관짓고 싶지 않기 때문이다.

모든 여성은 성폭행을 당했든 아니든 저마다 강간 스토리가 하나씩 있다. 하나 이상일지도 모른다. 2014년 작가 레슬리 제이미슨은 자신의 에세이에서 여학생들만 모인 어느 대학 강의실에서 강사가 최악의 두려움에 대해 이야기해보자는 제안으로 시작된 토론에 대해 썼다. "첫번째 여학생은 '강간이요'라고 답했고 아마도 우리 모두가 같은 생각을 했을 것이다. 그다음 학생이 '강간을 당하고 살해되는 것이요'라고 말했다. 세번째 학생은 잠시 생각하더니 '집단강간을 당하는 것 아닐까요?'라고 말했고, 생각할 시간이 충분했기에 바로 앞의 답을 예상했던 네번째 학생은 '집단강간을 당하고 신체훼손을 당하는 것이요'라고 답했다. 남은 학생들이 무엇을 생각해냈을지는 기억나지 않는다. (성매매? 스너프필름이었을까?) 하지만 이 경험이 얼마나 기이했는지는 기억난다. 강의에 착실히 참여하기 위해 교실에 앉아 최악의 강간을 상상하고 또 저마다 여성혐오범죄를 겪는 상황에 대해 브레인스토밍을 해대던 일을. 우리는 킥킥 웃고 있었다. 물론 그 웃음은 두려움으로 인한 것이었다."

내가 공개적으로 강간에 대해 이야기하고 대놓고 글을 쓰기 시작했을 때, 지인들은 겁을 먹은 듯했다. 하지만 얼마 후 점차 익숙해지더니 나중에는 본인들의 이야기를 하기 시작했다. 몇 년 동안 알고 지냈던 여성들이 의식적으로 강간과 연결짓지 못했던 과거의 사건을 공유했다. 한 명은 대학 기숙사의 자기 방 창문으로 올라온 전 남자친구와 싸운 경험이었다. 또다른 여성은 혼잡한 파티에서 집요하게 따라오는 누군가를 피하기 위해 화장실에 숨었다가 창문 밖으로 기어서 나왔다. 세번째 여성은 성폭행을 묘사했지만 강간이라는 단어는 꺼내지 못했다. 네번째 여성은 승객이 모두 내린 지하철 객차에 앉아 있던 일을 묘사했다. "객차가 비어 있었다면 결코 타지 않았을 거예요." 한 남성이 올라타 옆자리에 앉자 그녀는 열차에서 내렸고, 한밤중에 빈 승강장에 남겨져야 했다.

어느 순간 나는 자신이 사는 곳에서는 강간이 문제가 되지 않는다고 주장하는 어떤 여성과 이야기를 나누고 있었다. 나는 그녀가 세계에서 인구가 가장 적은 10개국 중 하나이자 부부간 강간이 불법이 아닌 나라, 바하마에서 살고 있다는 것을 넌지시 지적했다.[17] (미국은 1993년까지 일부 주에서 부부간 강간이 불법이 아니었다.) 그녀는 "아, 그렇다면 분명 저도 해당되는 얘기네요"라고 대답했다. 어느 60대 여성은 메일을 통해, 오십 년 전 친오빠의 가장 친한 친구 두 명에게 산책로에서 강간을 당했다는 사연을 보내왔다. 그 사건 이후로도 그녀는 주기적으로 그들과 같은 테이블에 앉아 저녁을 먹어야 했다. 겁에 질린 채. 그녀가 이 사건에 대해 누군가에게 무엇이라도 털어놓은 것은 내게 보내온 그 이메일이 처음이었다. 이 모든 여성들이 자신에게 일어났던 일에 목소리를 냈고, 또한 자신이 느낀 분노에 대해서도 이야기했다. 그들은 어떻게 수치심과 자기침묵이 그러한 감정을 곪게 하고 삶을 부식시켰는지 허심탄회하게 털어놓았다. 이런 대화에서 여성이 하는 가장 흔한 말은 "아무에게도 안 말했어요" "내가 왜 이런 일을 참았을까요?"였다. 남성이 보이는 가장 흔한 반응은 "이런 일이 일어나는 줄 전혀 몰랐습니다"거나 정반대로 "당신은 과장하고 있네요"였다.

여성들은 강간을 피하는 일에, 또 강간을 두려워하고, 겪고, 그 의미를 부정하는 일에 엄청난 시간과 돈을 소비한다. 코미디언 완다 사이크스는 아마도 강간에 대한 '좋은' 농담의 완벽한 사례일 촌철살인 한마디로 우리 대다수가 느끼는 감정을 요약했다. "좀 쉬어야 할 것 같은데. (……) 보지를 떼었다 붙였다 할 수 있다면 얼마나 좋을까?"

시간을 주자. 로봇이 강간으로부터 여성을 구하러 온다고 들었으니까.

추악한 진실을 직시하기

—

미국에서는 이 분마다 성폭행이 일어나는데, 피해 대상은 압도적으로 여성이다. 여성이 평생에 걸쳐 성폭행을 당할 확률은 5분의 1이다. 남성은 77분의 1이다.[18] 남성이 피해자인 성폭행은 여자아이나 성인 여성이 피해자인 경우보다 신고 건수가 훨씬 적으며, 주로 성인기 이전에 일어난다. 강간(항문 및 구강 강간 포함)에 대한 새로운 연구와 정의에 의하면, 남성의 강간 피해율은 그간 측정되었던 것보다 더 높다. 그러나 최근 자료에 따르면 미성년 피해자는 80퍼센트 이상이 여자아이이며, 성인 생존자의 90퍼센트는 여성이었다. 가해자는 압도적으로 남성이다. 강간 피해자의 4분의 3이 가해자와 아는 사이다.[19] 대학가에 성폭력이 만연한 것 역시 세계적인 현상이다. 평균적으로 여대생 5명 중 1명이 성폭행을 경험하며, 그중 LGBTQ 학생들이 가장 높은 비중을 차지한다는 사실을 수십 년의 연구가 뒷받침한다.[20]

구조적 차별이 성폭력에서 미치는 영향은 강간의 양상에서 분명하게 드러난다. 전 세계적으로 아메리카 원주민 여성들은 가장 높은 수준의 폭행을 겪는다. 예컨대 아메리카 원주민 여성 3명 중 1명은 성폭행 경험을 한다. 아메리카 원주민 여성은 타민족 남성에게 폭행을 당할 가능성이 더 많은 유일한 인구통계집단이다.[21] 젊은 흑인 여성의 60퍼센트가량이 18세가 되기 이전에 성적인 형태의 폭행을 경험한다.[22] 2016년 보고서는 "성적 학대를 당한 많은 여자아이들이 피해 후의 비행 때문에 소년법원으로 보내지며, 사실 성적 학대는 여자아이들이 장차 청소년 형사사법체제에 진입하는지 예측할 수 있는 주요 변수 중 하나다"[23]라고 결론을 맺었다.

교도소에 수감된 여성은 남성보다 수감자 간 성폭행의 표적이 될 가능성이 더 높다. 하지만 미국 교도소에 남성이 불균형하게 많다는 점을 감안하면—성인 여성 수감인구의 비율이 가장 빠르게 늘어나고 있음에도 그러하다—미국 내 모든 여성보다 더 많은 수의 남성이 감옥에서 성폭행을 당할 수 있다.[24] 이러한 폭행의 의미와 폭행 피해자들이 겪는 크나큰 혼란에 사회와 언론은 거의 관심을 기울이지 않는다. 그러나 강간은 주로 가정에서 문제가 된다. 신고된 성폭행의 43퍼센트가 피해자가 17세가 되기 전에 발생한다는 것은 상당수의 성폭행이 근친과 연관이 있음을 의미한다.

이는 전부 통계지만, 데이터 수치 하나하나가 가해자의 폭력과 사회의 무관심에 깊은 분노를 느끼는 현실의 인간이다.

보수주의자들은 강간 통계를 주제로 토론하기를 즐기는데, 나는 늘 그들이 말하는 적정점은 무엇일지 궁금했다. 너무 많지도 적지도 않고 딱 적당한 강간 건수란 정확히 몇 건일까? 보수주의자들의 눈에 강간을 "적법"하게 만들어주는 건 대체 무엇일까? 피해자의 분노와 고통, 폭행에 대한 견해는 당연히 아닐 것이다. 그들에게 강간을 "적법"하게 만들어주는 것은 강간을 재산침해나 피해자의 윤리의식 결여와 결부시키는 시대착오적인 사고방식이다. 오늘날 강간범에게 강간할 권리를 주는 법은 없지만, 절대다수가 남성인 강간범들 중 오로지 3퍼센트도 안 되는 이들만이 기소되어 수감된다.[25] 미국의 절반 이상의 주가 강간범들에게 강간으로 인해 태어난 아이들에 대한 양육권 소송을 허용한다.[26] 강간죄 법안은 언제나 상대적 시민권에 대한 우리의 태도를 반영해왔다.[27]

강간은 세계에서 신고율이 가장 낮은 범죄다. 그것은 학교의 문제이자, 가톨릭교회, 유대교회당, 모스크의 문제다. 불교, 할리우드, 군대, 스포츠계의 문제이고 집안에서, 전쟁중에, 국경에서 벌어지는 문제이며 길거리 갱단, 노인 돌봄과 제도 안에서 일어나는 문제다. 성적괴롭힘과 성폭행에 너른 아량을 베풀지 않는 기관은 사실상 없다. 그리고 남자아이와 성인 남성이 피해자인 강간은 모두가 심각하게 여기지만, 강간은 상대를 가리지 않는다. 강간의 가해자는 압도적으로 남성이지만, 남성이 훨씬 더 많은 권력을 쥐고 있는 장소에서 판결을 받는다. 여성들은 권력과 지위가 주어져도 폭행을 행사할 리 없다는 말이 아니다. 하지만 연구 결과에 의하면 여성이 공권력을 가진 사회는 강간이 쉽지도, 강간에 관용을 베풀지도 않는다.[28]

권력, 지위, 위계

남성에게 교도소 복역에서 가장 두려운 것이 무엇인지 물어보라. 백이면 백, 강간이라고 답할 것이다. 여기서 무엇을 추론해볼 수 있을까? 남성에게 감옥인 것이 수많은 여성에겐 삶 그 자체라면?

교도소의 남성들이 폭행에 취약한 것은 가톨릭교회, BBC, 보이스카우트, 펜실베이니아주립대학* 등의 악명 높은 사건들 속 남자아이들이 폭행에 취약한 것과 비슷하다. 아동, 특히 남자아이가 연루되었거나 군대 내에서처럼 남성이 피해자인 강간혐의는 쉽게 무시되지 않는다. 2017년 10월 성적괴롭힘 및 성폭행 혐의에 대한 온갖 #미투가 빗발치기 전까지 지난 십 년간 주요 언론이 보다 공격적이고 정확한 보도에 열을 올린 성폭력사건의 대부분은 피해자가 여자아이나 성인 여성이 아니라 남자아이인 강간사건이었다. 가장 충격을 안기고 세간의 이목을 끄는 사례들의 대다수는 전원 남성이거나 남성이 다수인 위계 속에서 더 힘센 사람이 자신의 지위와 신뢰도를 이용하

---

* 2012년 BBC에서 스타 진행자 지미 새빌의 상습적인 미성년 성폭행을, 펜실베이니아주립대에서 미식축구팀 코치 제리 샌더스키의 같은 범죄를 은폐했음이 드러났다.

여 약자를 강간하는 경우다. 이런 제도 안에서 남자아이들이 처한 상황이란 전 세계 모든 여성들에게는 매우 익숙한 것이다. 더 높은 지위와 문화적 권위를 지닌 사람들이 가해자에게 더 많은 신뢰를 보내는 곳에서, 신체적으로 더 작고 연약하며 의존적인 사람이 되는 것.

대학생들을 상대로 한 설문조사에 의하면, 그들은 여성의 약 50퍼센트가 강간 경험에 대해 거짓말을 한다고 믿는다. 유사한 다른 연구에 따르면, 경력 8년 미만의 경찰관들 역시 강간 주장의 절반 가까이가 거짓이라 믿는다. 2003년까지만 해도 사람들은 필라델피아의 성범죄 담당 부서를 농담조로 "거짓말하는 년들의 부서"라고 불렀다. 허위 강간 주장의 발생률은 다른 범죄와 마찬가지로 2퍼센트에서 8퍼센트를 오간다는 것이 여러 나라에서 시행된 연구들을 통해 지속적으로 밝혀지고 있음에도 이러한 의심은 여전히 계속되고 있다. 이런 신화는 강간을 예방해 발생률을 줄이고 의미 있는 변화를 만드는 데 심각한 장애물이 된다. 또다른 장애물은 낯선 사람은 위험하니 사건 예방을 위해 "안전하게 집에 머물러 있으라"라는 수칙을 고집해 여자아이들의 행동과 표현의 자유를 일상적으로 제한하는 경향이다. 현실은 강간 가해자의 거의 80퍼센트가 면식범이고 안전하다고 여겨지는 익숙한 장소에서 피해가 발생했음에도 말이다.

2012년 세계는 몹시 충격적인 강간사건 세 건으로 여성 성폭력에 관심을 기울일 수밖에 없었다. 하나는 인도에서 발생한 건이었으며 다른 하나는 미국에서, 그리고 나머지 하나는 비교적 덜 알려진 건으로 브라질에서 발생했다. 그해 12월 델리에 사는 스물세 살의 조티 싱은 운행중인 버스 안에서 남성 여섯 명에게 폭행당하고 집단강간을 당한 뒤 쇠막대가 몸속에 삽입되어 결장이 뚫리는 고문을 당했다.[29] 그녀는 극심한 부상으로 이 주 후 사망했고, 이에 전 세계에서 시위가 일어났다.

2012년 8월 오하이오주 스튜번빌에서는 술에 취해 의식 없는 여고생을 열여섯 살, 열일곱 살인 남자아이 두 명이 이런저런 파티로 몇 시간 동안 끌고 다니며 갖은 방법으로 성폭행했다. 10대들은 수천 장의 사진과 수천 건의 게시글, 댓글을 소셜미디어에 올렸다. 순식간에 퍼진 사진에는 두 남학생이 의식을 잃은 희생자의 손목과 발목을 잡아 질질 방으로 끌고 들어가는 모습이 담겨 있었다. 그중 하나는 증거영상에서 "죽은 여자애랑은 애무가 필요 없다"라는 농담을 하고 있었다.

불과 몇 달 뒤 2013년 브라질에서는 한 남성이 리우데자네이루를 지나는 만원버스에서 관광객 여성을 강간했다.[30] 이 사건은 피해자가 관광객이었기 때문에 세계적으로 보도되었지만, 대중교통에서 이런 식으로 강간을 당하는 여성들의 이야기는 나라마다 주기적으로 뉴스에 등장한다. 예를 들어 2016년 4월 오전 열시, 한 남성이 워싱턴 DC의 빈 지하철 열차 안에서 출근중이던 한 여성에게 칼을 들이대며 강간했다.[31] 브라질 사건이 발생하고 사 년 뒤에 연구기관 데이터폴랴가 실시한 설문조사 결과에 따르면, 여성의 35퍼센트가 대중교통에서 신체적, 언어적 또는 다른 종류의 성적 학대를 경험했다고 답했다.[32]

굵직한 상을 수상한 반폭력 혁신가 엘자마리 디실바와 그녀의 문화변혁작업에 대한 인터뷰를 할 때 그녀는 "이런 상황에서 분노는 아주 자연스러운 반응"이라고 설명했다. 그녀는 델리 성폭행사건 발생 이후 "무언가를 해야 할" 필요가 있다고 생각한 수많은 여성 중 하나였다. 연봉이 높은 회사를 관둔 그녀는 인도 여성들을 향한 모든 형태의 성적괴롭힘과 성폭력을 추적할 수 있는 커뮤니티 매핑 어플리케이션 세이프시티Safecity를 개발했다.

디실바는 "자랄 때 젠더에 기반한 폭력을 여러 번 겪었다. 언젠가 이런 일을 할 거란 것을 알고 있었지만 그 집단강간사건 이후로 모든 것이 분명해졌다. 분노가 큰 역할을 했다. 그렇게 강렬한 감정을 느끼지 않았다면 이 일을 맡을 용기가 나지 않았을 것이다. 지금은 분노가 천천히 나는 단계에 이르렀다. 긍정적인 방향으로 분노를 옮기려 노력한다. 이제는 분노를 표현한다. 그러나 분노가 무르익는 시기를 생각하고 전략적으로 행동을 취하려 한다." 그녀의 작업은, 그리고 이와 비슷한 다른 노력들은 한 세대에서 끝나지 않는 투자이며 결실을 맺기까지 시간이 걸릴 것이다.

강간은 지금도 전 세계에 만연하며, 피해자들은 정의구현을 위한 제도적 노력에 여전히 이유 있는 회의를 느낀다. 전 세계적으로 법정을 비롯한 공적인 장소에서 성폭력은 끔찍한 영향을 미치는 심각한 위법행위가 아니라 그저 견해 차이와 비행의 문제 정도로 취급되는 듯하다. 2018년 런던에서는 수차례의 폭행으로 2009년 수감된 '검은 택시 강간범' 존 워보이스가 형기를 마치고 출소를 앞두고 있었다. 그는 열두 명의 여성을 대상으로 한 열아홉 건의 범죄를 저질렀는데, 자신의 택시에서 여성들에게 약을 먹이고 강간했으며, 이밖에도 백 건 이상의 사건에 연루되어 있다. 피해자들은 워보이스의 석방

에 항의했고, 이 글을 쓰는 지금도 그는 감옥에 있다.[33]

흔히 경찰에 신고하라는 격려를 하지만, 여성들, 특히 유색인종 여성들에게 이는 유익한 조언이 아니다. 강간을 신고하는 사람들에 대한 편견에 대해서는 이미 증거가 충분하며, 때로는 경찰들이 도리어 성적괴롭힘을 가하고 공격할 때도 있다.

몇 년 전 일이다. 내가 워싱턴DC 포토맥강을 따라 산책을 할 때 오토바이를 탄 경찰관이 한 시간 남짓 나를 따라다녔다. 그는 내가 걷는 길을 오가며 나를 스쳐지나갈 때마다 속도를 줄였다. 나는 앉을 만한 조용한 장소를 찾아 길을 빙 돌아갔다. 십 분 후 경찰관은 다시 나타나 "대화를 하고 싶었다"며 오토바이를 세웠다. 그러더니 내 이름과 내가 사는 곳을 물어보며 말을 걸고 십오 분 동안 그 자리에 머물렀다. 그는 내가 보내는 모든 비언어적인 신호를 무시했다. 나는 어두운색 선글라스를 낀 채 책을 읽거나 헤드폰으로 음악을 들으며 단음절로 답하고 있었다. 그도 알았듯 나는 혼자 조용히 앉아 있으려고 사람 많은 길을 벗어난 참이었다. 그는 위협적이지는 않았지만 경찰이라는 직위를 이용해 선을 넘고 있었다.

불과 몇 년 전에는 다른 경찰관이 내 차를 세우고 아이들 카시트를 제대로 설치하는 방법을 알려주겠다고 했다. 그때 나는 네 살 미만의 아이 셋과 함께 있었고, 아이들은 뒷좌석에 꽉 낀 채 붙어앉아 있었다. 우리는 동네수영장에서 집으로 돌아가는 길이었고, 나는 수영복만 입은 상태였다. 그는 나더러 내려서 아이들을 카시트에 어떻게 앉혔는지 보여달라고 주장했다. 내게 별다른 수가 있었을까? 나는 피곤에 지쳐 짜증을 내는 아기 셋을 데리고 있었고 곧 저녁시간이라서 집에 가야 했다. 내가 벨트 채우는 것을 시연하자 그는 떠났다. 당황스럽고 또 굴욕적이었다. 내가 왜 그를 신고하지 않았는지 알 수 없지만, 신고해봤자 기대할 게 없다는 것은 알고 있었다.

이들은 모두 사소한 사건이지만 내 신경을 긁었다. 특히 흑인 여성과 유색인종 여성이 법 집행관과 대화하는 경우, 성적인 내용을 포함하든 아니든 순식간에 위험하고 모욕적이며 심지어 치명적인 상황으로 발전할 수도 있다. 2015년 초여름에 텍사스 보안관들은 스물한 살의 차니시아 콜리가 멈춤 표지판에서 멈추지 않았다는 이유로, 즉 벌금으로 끝날 경범죄를 구실로 그녀의 차를 세웠다. 그런 뒤 편의점 주차장에서 수색작업을 진행했고 지역뉴스가 "11분 복강수색"으로 보도한 이 작업은 경찰차 블랙박스에 녹화되었다. 콜리가 카운티 지자체를 상대로 제기한 소송에 따르면 여자 보안관 셋, 남자 보안관 한 명이 그녀의 바지를 벗기고 다리를 벌리게 한 뒤 대마초를 "질에 삽입해" 숨겼는지 확인하려 성기에 조명을 비췄다.[34] 이 사건이 처음 있는 일은 아니었다. 다른 사건에서 경찰관들은 심지어 위생용 장갑도 착용하지 않았다.[35] 삼 년 후 텍사스의 스물여덟 살 샌드라 블랜드는 사소한 교통법규 위반으로 차를 세워야 했다. 블랙박스에 찍힌 영상 속에서 제대로 절차를 지키지 않은 건 그 경찰관이었다. 그녀는 저항했고 교도소로 보내졌다. 사흘 후 그녀는 감옥에서 목을 맸고 명백한 자살로 판명되었다. 그녀의 가족은 이 부당한 죽음에 소송을 제기했고 결국 승소했다.

미국 경찰이 두번째로 흔히 행사하는 직권남용이 바로 성적 직권남용이며, 때때로 그것은 추악한 범죄로 번진다. 이미 폭력에 더 취

우리의 분노는 길을 만든다

약한 유색인종 여성, 트랜스젠더 여성, 성노동자, 이민자 여성은 폭력의 위협이 따르는 과잉간섭에 늘 꾸준히 시달린다.

2015년 오클라호마시티의 전직 경찰관이자 연쇄강간범인 대니얼 홀츠클로는 30회 이상의 강간, 성추행 및 기타 관련 범죄 혐의로 유죄판결을 받았다(36건 중 18건만이 유죄판결이 났다). 그는 범행의 타깃으로 취약한 대상을 골랐는데, 대다수가 전과기록이 있었기 때문에 피해자들의 증언은 신빙성에서 의심을 샀다.[36] 결국 성폭행을 당한 전체 피해자 중에서 열세 명의 여성만이 증언에 나섰고, 그는 형기 263년을 선고받았다. 이와 같은 범죄의 이면에는 연쇄강간범 식별에 중요한, 수십 년에 걸쳐 비축해놓은 수천 개의 성폭행 증거 수집 키트가 미국 전역의 도시마다 경찰서에 방치된 채 썩어가고 있다는 사실이 존재한다.[37]

다른 나라의 여성들 역시 비슷한 학대에 직면해 있다. 2017년 인도의 보고서는 강간을 신고한 여성이 지속적으로 괴롭힘을 받으며, 때로는 경찰에 의해 성폭행을 당한 뒤 침묵을 강요받는다고 밝히고 있다.[38]

가정폭력은 주목할 만한 경찰 문제이며, 더 큰 사회문제들의 역학 관계를 부각시킨다. 경찰가정에서의 배우자 폭력 건수는 전국 평균보다 2~4배 높을 것으로 추정된다.[39] 국가 데이터베이스에 접근이 가능한 경찰관들은 배우자를 더 쉽게 학대하고 그들이 도망치는 것은 영영 어렵게 만든다. 게다가 경찰은 총기까지 소지하고 있다. 신상정보를 찾아 여성의 움직임도 추적할 수 있다. 기관 데이터베이스가 통합되어 있고 경찰관들은 접근이 가능하기 때문에 학대받은 여성이 활동가들의 도움을 받아 새로운 신분을 만들고 안전한 거주지를 찾는 일은 점점 더 어려워진다. 여성들은 또한 신고가 접수되었을 때 경찰들이 조직을 수호하기 위해 행사하는 공제조합의 힘을 익히 알고 있다. 이 모든 것이 가정에서 폭행을 당할 때 경찰에 도움을 요청하는 일을 극도로 어렵게 만든다.

미국 여성 4명 중 1명은 가정폭력을 겪으며, 비율을 수치로 환산하면 해마다 480만 건의 신체적 폭행이 발생하는 셈이다.[40] 한 해 동안 일어나는 강간, 교통사고, 강도상해를 합쳐도 가정폭력으로 피해를 입는 미국 여성의 수가 더 많다.[41] 미국에서 여성살해는 가해자의 절반 이상이 면식 있는 남성이며 하루에 3명 미만(2.5명)꼴이다.[42] (현재 파트너에게 살해되는 남성의 비율은 5~7퍼센트다.[43]) 총기규제 부족으로 인해 미국 여성들은 다른 선진국 여성보다 총에 맞을 가능성이 16배 높다.[44] 아메리카 원주민 여성과 알래스카 원주민 여성 5명 중 4명은 폭력을 경험한다.[45] 모든 미국 여성 6명 중 1명은 스토킹을 당한다.

전 세계적으로 파트너에 의한 폭력, 강간, 성폭행 발생률은 놀라운 수준이다. 적어도 3명 중 1명의 여성은 구타를 당하거나 섹스를 강요받거나 다른 방법으로 학대받아본 경험이 있으며 가해자의 압도적인 대다수가 가까운 남성, 즉 아버지, 형제, 파트너 또는 동거인이다.[46] 여성 4명 중 1명은 임신중 폭행을 당한다.

여성이 살면서 마주할 가장 위험한 남자는 저녁식사 테이블에 함께 앉는 남자지만, 언론은 여전히 낯선 사람이나 거리가 있는 지인이 저지른 끔찍한 범죄에 초점을 맞춘다. 이런 가정폭력은 그 자체로 심각하게 다뤄져야 하지만 대중폭력을 이해하는 일 역시 중요하다. 강력범죄의 가장 정확한 예측변수는 남성의 중범죄 가정폭력 전력이다.[47] 가령 총기난사자의 58퍼센트는 가정폭력의 전력이 있다.[48] 미국 역사상 가장 치명적인 다중살인사건 10건 중 9건은 가정 내 학대 전력이 있는 남성이 연루되어 있었다. 2017년에 일어난 특히 치명적인 총기난사사건 3건은 전부 별거중이던 아내가 이혼을 결심하자 분노한 남성이 저지른 것이다. 첫번째 사건은 텍사스주 플레이노에서 일곱 명이 사망했고, 두번째는 미시시피주 교외에서 여덟 명이 사망, 세번째는 텍사스주 서덜랜드 스프링스에서 스물일곱 명이 사망했다.[49] 이런 살인사건은 정치적인 문제로도, 테러로도 여겨지지 않지만 사실상 둘 다에 해당된다.

살인은 폭력의 한 차원이다. 세계보건기구에 따르면 2억 명 이상의 여자아이와 성인 여성이 여성할례로 인해 평생 쇠약한 신체로 고통스럽게 살고 있다.[50] 매년 6000만 명 이상의 여자아이들이 '꼬마신부'라는 터무니없는 완곡어법으로 불린다. 더 터무니없는 용어가 하나 있다면 그건 '아동 매춘부'다. 인구통계학자들은 여성 인구가 남성보다 1억 명 적은 것은 성별이 여자로 밝혀진 태아와 신생아를 죽이는 여성살해femicide가 원인이라고 추정한다. 이 인구격차는 결국 수요를 충족하기 위한 인신매매라는 전 세계적 현상을 낳았다. 여성은 연간 80만 명으로 추정되는 인신매매 피해자의 80퍼센트를 차지하며, 79퍼센트는 성착취를 위해 매매되고 있다. 포르노 역시 많은 경우 학대, 인신매매와 이어져 있기에 문제가 된다. 윤리적인 포르노 생산을 위해 애쓰는 제작자들도 있지만, 주류 포르노의 상당 부분은 여전히 사람을 폄하하고 폭력적인 남성의 여성 지배를 에로틱하게 승화하며 학대를 통해 이익을 얻는다. 아동과 여성의 몸을 상품화한 거래는 여성의 정치적, 경제적 소외 및 취약성과 밀접한 관계가 있다.

지금까지 설명한 이 모든 내용은 '평화로운 시기'의 국가별 데이터를 기반으로 한 것이다. 군사화된 전쟁지역의 민간인 여성들은 남성들이 그들의 몸을 무기화한다는 단순한 사실로 인해 자동적으로 전투원이 된다. 강간은 심지어 여성이 가해자이고 남성이 피해자일 때조차 삽입을 통해 피해자를 여성화하는 방법으로 모멸하고, '남성의 것'이었던 사람들을 범하면서 남성을 모멸한다.

기술은 이러한 모든 형태의 젠더 기반 폭력에 새로운 생명을 부여했다. 파트너를 학대하는 이들은 스파이웨어, 휴대폰, 문자, 이메일을 이용해 저렴하고도 손쉽게 사이버스토킹, 타인 사칭, 명예훼손 및 위협을 하지만 법 집행기관은 대응할 준비가 전혀 되어 있지 않다. 인신매매산업 역시 온라인으로 이동해 세계경제 전반에 걸쳐 수익을 창출하고 있다.

✖✖

젠더에 기반한 폭력의 사례가 여성의 심리상태에 미치는 영향은 측정이 불가능하다. 잃어버린 삶과 기회라는 측면에서 그 의미는 더더욱 측정하기 어렵다.

2017년 8월 초, 스웨덴의 프리랜서 기자 킴 발은 발명가 페터 마센을 인터뷰하러 덴마크로 가던 도중 실종되었다. 마지막으로 목격된 장소는 마센의 소형 잠수함이었고, 당국은 이 잠수함이 불가사의한 이유로 코이에북트만灣에서 가라앉았다고 믿었다. 십일 일간의 수색 끝에 반으로 절단된 채 인근 해변으로 밀려온 발의 몸통이 발견되었다.

마센은 당국에 이렇게 진술했다. "나는 그 어떤 고의적인 행위로 그녀가 죽는 것은 보지 못했다. 내가 본 그녀는 전혀 다른 상황에서 죽었다. 나는 그녀가 쓰러지는 걸 목격했다." 처음에 그는 과실치사로 기소됐으나 부검 결과, 서른 살이었던 이 여성은 시신이 훼손되기 전 생식기에만 열네 차례 칼에 찔렸던 것으로 드러났다. 마센의 컴퓨터에는 폭력적으로 고문당하고 살해되는 여성들의 영상이 저장되어 있었으며, 한 관계자의 말에 따르면 그 영상들은 "해외에서 촬영한 몹시 심각한 수준의 여성 영상"이었다.[51] 결국 그는 살인 및 '성교 이외의 고위험성 성적 관계'로 기소되었다.[52] 고위험성 성적 관계에 대한 이미지가 몇 달간 뉴스를 장식했고, 많은 사람들이 이를 소화할 수 없었다. 그러나 픽션 분야로 가면 여성과 여성의 신체를 이런 식으로 다룬 콘텐츠가 스크린을 채우고 수백만 달러의 이윤을 낸다. 모든 기업 프랜차이즈가 여성에 대한 폭력을 오락거리로 삼는다.

이런 폭력을 다루는 뉴스보도는 보통의 여성들이 주변에서 벌어지는 일을 어떻게 받아들이는지에 대한 관점이 명백히 결여되어 있다. 가끔 나는 심심풀이로 이용되는 여성혐오적 폭력의 이미지에 지칠 대로 지친 여성의 글을 읽게 된다. 특정 영화나 상품에 대한 욕일 때도 있다. 하지만 사실상 피할 방법은 없다. 신문이나 온라인 기사를 슬쩍 훑기만 해도 그런 것들이 눈에 들어온다. 우리는 사건들 간의 맥락을 파악하려 들지 않고, 그렇게 우리가 보는 것을 무심히 지나치며 살아간다. 사건을 접한 우리가 어떤 두려움, 분노, 좌절을 느끼는지는 제대로 조사되지 않는다.

우리 아이들에게는 여성혐오와 폭력에 대해 뭐라고 말해야 할까? 킴 발은 중국, 아이티, 북한, 쿠바, 스리랑카 등지에서 일하며 호평받는 용감한 기자였다. 그녀는 저명하고 부유한 덴마크 남성을 인터뷰하다가 사망했고, 세계에서 가장 성적으로 평등하다는 그녀의 나라에서 불과 몇 킬로미터 떨어진 곳이었다. 여성으로서 우리는 이런 일이 우리에게 일어나지 않으리라 믿고, 기자의 일을 하는 도중에 이런 일이 발생하지 않으리라 믿는다. 우리는 불안한 이야기들을 깊이 묻어둔다. 여성 언론인의 3분의 2가 업무와 관련된 위협, 성차별적 학대, 협박, 괴롭힘을 호소한다. 개인적으로 나는 거의 대부분의 물건을 무기처럼 쓸 수 있는 터무니없는 기술을 개발해두었다. 머리에는 끝이 날카롭고 무게가 제법 나가는 두꺼운 금속 헤어핀을 착용한다. 비행기를 혼자 탈 때는 뜨거운 차를 주문하는데, 손버릇이 나쁜 옆자리 승객에게 엎지르기 좋다. 무기의 목록은 끝이 없다.

우리는 위험을 무릅쓴다. 집 주변을 걸어다니는 그런 위험을 무릅쓴다. 2013년 애리얼 캐스트로라는 남자는 자신에게 익숙한 동네인 클리블랜드 서부의 길가에서 여자아이 셋을 유괴해 노예로 만들고 고문한 혐의로 체포되었다. 십 년간 갇혔던 여자아이들은 그의 집에서 자라 성인이 되었다.[53] 그는 아이들을 물리적으로 폭행하고 잔인하게 강간했으며 사슬로 묶어놓았고, 몇몇 정보에 의하면 일 년에 한

두 번만 외출을 허락했다.[54] 한 아이의 복부에 여러 차례 주먹질을 해서 임신중절을 유도한 일도 있었다.

십 년이라는 이 기간 중 어느 두 해에는 클리블랜드 인근 지역에서 열한 명의 흑인 여성이 한 명씩 학살되었는데, 이는 성범죄자 앤서니 소얼이 훗날 "공포의 집"이라 불리게 될 그의 자택에서 저지른 일이었다.[55] "클리블랜드 교살범"이라 불린 소얼은 이 여성들을 살해한 혐의 외에도 두 건의 강간, 한 건의 강간미수로 기소되었다. 관련한 기소는 일흔 건 이상이었다. 다른 사람과 마찬가지로 소얼 역시 사회에서 가장 존중받지 못하는 사람들인 도망자, 마약중독자, 인신매매를 당했거나 성노동자로 일하는 흑인 여성을 목표로 삼으면 감시망을 쉽게 피할 수 있다는 것을 알았다. 사건이 발생했을 때 경찰은 소얼의 집 문 앞까지 오고도 시체 냄새가 나는데 아무런 조치도 취하지 못했다.[56] 여전히, 잊지지 않는 질문들이 남아 있다. 어떻게, 아무도 모른 채, 그렇게 많은 여성이 사라질 수 있었던 것일까?

몇 년째 갤럽 조사에서 남성과 여성의 '안전격차'가 두 자릿수인 데는 이유가 있다. 갤럽의 연구원들은 2014년 범죄 관련 연례설문조사 발표를 통해 다음과 같이 설명했다. "미국인 대다수는 자기 동네가 안전하다고 느낀다. 63퍼센트의 응답자가 밤에 혼자 걸어도 무섭지 않을 것이라고 답했다." 이 수치는 남성의 73퍼센트가 안전하다고 느낀다라고 답한 데 비해 여성은 절반인 45퍼센트가 안전하다고 느끼지 않는다고 답한 현실을 가리고 있다.[57]

애리얼 캐스트로가 체포된 후, 나는 클리블랜드 경찰서에 연락해 캐스트로와 소얼의 사건이 젠더에 기반한 혐오범죄로 보고서가 작성되었는지 물었다. 경찰은 "해당 요청에 해당하는 문건은 없다"고 답했다.

FBI는 사건을 분석하며 일련의 질문 및 평가척도를 이용하는데, FBI에 따르면 혐오범죄는 누군가가 자신의 정체성으로 인해 교묘히, 또는 노골적으로 피해를 입는 상황에 해당된다. 그러나 복수의 정체성이 중첩되는 경우에는 사건이 혐오범죄로 기소되지 않기도 한다. 예를 들어, 흑인 레즈비언 여성이 표적인 범죄는 인종차별범죄 혹은 호모포비아범죄로 분류되지 인종차별 혹은 호모포비아 범죄인 동시에 젠더 기반 혐오범죄로 분류되는 경우는 드물다.

2015년 〈뉴욕 타임스〉는 반이슬람 정서와 관련된 구글 검색어("이슬람을 죽이자" "이슬람교도가 싫어요")와 실제 일어나는 폭력 간의 관계에 대한 논평을 실었다.[58] 필자들은 미네소타주에서 야간에 차를 운전해 귀가하던 스물세 살의 애스마 모하메드 니자미에게 어떤 남성이 "이슬람 개년!"이라고 외치고 그녀를 도로에서 쫓아내려 했던 사건을 인용해 이렇게 설명했다. "이슬람교도라고 하여 전부 혐오범죄의 희생자가 되지는 않겠지만 그 지속적인 공포감과 편집증에서 벗어날 수는 없을 것이다." 그 '지속적인 공포감'은 시스젠더, 이성애자, 백인 남성에겐 낯설지 모르겠지만 대다수의 여성과 유색인종 님성에게는 익숙한 것이다.

니자미는 "이슬람 개년"이라고 불렸다. 흑인이자 여성, 유대인이자 여성, 동성애자이자 여성 등 소수자 정체성의 중첩은 중요한 문제다.[59] 작가 모나 엘타호이가 미국에서 발생한 반이슬람 폭행사건 이후 설명했듯, 미국 이슬람교도의 25퍼센트가량을 차지하는 흑인에게 이슬람혐오, 인종차별, 여성혐오는 '잔인함 3종 세트'다.[60] 2015년 파리 테러사건 이후 300퍼센트 증가한 영국 내 반이슬람 혐오범죄 중 대부분은 여자아이와 성인 여성을 향한 폭행이지만, 정부와 언론은 혐오를 분류할 때 젠더의 영향을 지속적으로 무시한다.

여성은 매일매일, 여성이라는 이유 하나만으로 혐오폭력의 대상이 될 가능성이 높다.

정치이론가이자 법학자인 캐서린 매키넌은 "단순한 이중잣대가 여기 작용된다"라고 말한다.[61] 그녀의 설명에 의하면 남성에 대한 폭력은 "고문"이고 "정치적 행위"인데 "남성이 다른 남성을 통제하고 해친다는 것은 존엄과 힘을 누릴 자격이 있는 사람이 피해자가 되었음을 의미"하기 때문이다. 우리는 여성을 매일 억누르는 젠더 기반 폭력이 그 의도도 여파도 정치적이지 않다는 사실을 받아들여야만 한다.

누가 위험을 정의하는가
—

우리 대부분은 모험을 감수하는 쪽은 남성이라고 배우지만, 그것은 여성이 남성을 경험하면서 감수하는 위험이 제대로 논의되지 않아서일 뿐이다. 우리는 데이팅 웹사이트에 프로필을 올리고 낯선 사람을 만날 때 위험을 감수한다. 헬스클럽(실외운동의 대안), 택시나 자가용 서비스, 그 외 '안전'을 위한 값비싼 장치에 돈을 지불할 수 없을 때 위험을 감수한다. 임신할 때마다 위험을 감수한다. 성적괴롭힘, 폭행, 가정폭력을 신고할 때 위험을 감수한다. 경찰서에 갈 때 위험을 감수한다. 교사들이 총으로 무장해야 한다는 제안이 합리적으로 받아들여지는 학교에 아이들을 보낼 때 위험을 감수한다. 위험은 곳곳에 도사리고 있다.

우리는 위험을 감수하는 데 전문가다. 또한 우리는 자존심을 제쳐두고, 수치심을 숨기고, 야망을 축소하고, 분노를 조심스럽게 표출하는 데 전문가다.

✖✖

어릴 때 여자아이들에게 "안전하게 집에 머물러 있으라"라고 가르치는 것, 동시에 분노와 공격성을 억제하고 신체적 연약함을 기르게 하는 것. 이 모든 것이 여성성을 나약함 및 두려움과 연관짓게 한다. 분노와 공격성은 이런 가르침과 어울리지 않는다. 우리가 무섭다고 말하면 위험을 멈추기 위해 사회가 다 함께 무엇을 할 수 있을지 고민하는 대신, 우리 개개인이 어떻게 두려움을 피할지에 집중하는 사람들은 이를 쉽게 이해하고 받아들인다.

연구 결과에 따르면, 남녀 간 느끼는 두려움의 차이가 분노를 표현하는 수위를 조절한다. 여성이 화를 낼 때 남성은 화로 응수하기 쉽지만, 남성이 화를 낼 때 여성은 두려움으로 반응한다. 두려움을 더 많이 느끼는 여성은 남성이라면 화를 낼 상황에서 화를 내지 않을 확률이 높다. "왜 맞서 싸우지 않았지?" "왜 '안 돼'라고 말하지 않았대?" "왜 그냥 자리를 뜨지 않은 거야?" 이런 질문은 남녀의 차이가 얼마나 간과되는지 명백히 알려준다.

위협을 마주했을 때 우리는 '정상적' 신체반응이 싸우거나 도망치는 것이라 배운다. 이런 설명은 여성이 아닌 남성의 경험을 반영한 것이다. 2000년 UCLA 교수이자 사회심리학자 셸리 테일러 교수와 동료들은 남성과 여성이 스트레스나 위험을 직면했을 때 신체적 반응이 다르다는 것을 밝혀냈다.[62] 남성의 신체는 코르티솔과 노르에피네프린, 즉 싸우거나 도망치는 행동을 유발하는 화학물질이 분비된다. 여성도 맥박이 빨리 뛰고 혈압이 오르기는 마찬가지지만 그들의 몸은 엔도르핀과 옥시토신, 즉 보살피고 친구가 되는 행동을 유발하는 화학물질을 분비한다. 여성은 더욱 친화적이고 친근하게 굴게 된다는 것이다. 당신이 남성이라면 '싸우거나 도망치기'는 정상적인 반응이다. 그러나 여성에게도 여전히 이 기준이 적용되고 있다.

우리는 이미 어린 나이에 표정과 신체언어를 읽는 법을 배우고 대립각을 세우지 않는 기술을 개발하는데, 이는 단계적 축소de-escalation라고 알려진 과정이다. 이런 식의 접근능력은 사회화를 통해, 그리고 여성이 그녀를 위협하는 상대보다 대개 신체적으로 더 왜소하다는 현실을 통해 길러진다. 젠더 또한 하나의 요인이다. 여성의 성역할에 동질감을 느끼는 사람들은 타인의 표정에 더 자주 반응하고 두려움도 더 자주 느낀다. 그런 이유로, 예컨대 집에 머무르며 아이들을 돌보는 남성은 여성의 본성이라 여겨지는 위험인지와 두려움을 드러낼 가능성이 훨씬 더 높다.[63]

단순히 '자리를 뜨거나' '지나쳐버리는 것'은 합리적인 선택지가 되지 못한다. 두려움이나 분노, 혹은 둘 다를 느낄 때 우리는 머릿속으로 생각을 하느라 얼어붙고 당황해서 말이 나오지 않는다. 우리는 꼼짝 않고 조용히 미소를 짓는다. 우리는 우리의 분노를 축소해 묵인하고, 피하고, 진정시키고, 어깨를 으쓱해버린다. 킥킥 웃는 것은 승화의 방법이다. 웃음은 생존을 위한 길이다.[64] 그리고 웃음과 미소가 선택지에 없다면 우리는 운다. 이는 나약함으로 오인되곤 하지만, 자기침묵을 통한 유보의 방식이다.

이성애자 여성은 전통적인 성역할의 기대에 부응하는 경향이 더 높고, 평등한 관계를 맺는 여성보다 운다거나 화가 나도 침묵하는 방식으로 전통적인 여성성을 쉽게 드러낸다. 관습적인 구조 안에서 여성적으로 화내기란 더욱 어려운 일인데, 일단 분노를 표현하는 행위 자체가 '좋은' 여성 되기의 실패를 뜻하기 때문이다.[65] 또한 전통적인 관계 속의 여성들은 화가 날 때 두려움이나 슬픔을 더 자주 표현한다. 그러나 연구 결과에 의하면 자기침묵은 여성성의 기능이기도 하지만, 남편과 아버지에게서 언제 터져나올지 모를 잠재적 불관용과 분노를 인지하는 것과도 직접 관련이 있다. 전통적인 관계 속 남성들은 보다 평등한 공동체의 남성들에 비해 여성에게 더 공격적이고 화를 잘 내며 여성을 업신여긴다.[66]

권력과 통제를 둘러싼 젠더 역학관계 및 성역할의 기대는 파트너에게 폭력을 행사하는 상황에서 두드러진다. 학대관계에 있는 커플의 갈등을 상세하게 연구한 결과에 따르면, 두려움은 남성과 여성의 자기표현 방식을 구별 짓는 주요한 요소였다. 대상 커플들이 싸울 때 여성은 남성의 화가 신체적 폭행으로 번질까봐 계속 겁을 먹었다. 남성들은 여성이 화를 낼 때 같은 두려움을 느끼지 않았다.

가정학대의 핵심인 권력과 통제력의 역학관계 전문가 런디 밴크

로프트는 "학대하는 사람은 자신이 화를 내는 것은 아무런 문제가 없고, 파트너가 화를 내면 문제라 생각한다"라고 말했다.[67]

파트너에게 폭행을 당하는 여성의 68퍼센트가 적어도 한 번은 위험한 수준까지 목을 졸리는 것으로 추정된다. 10명 중 7명은 그 순간에 혹은 결과적으로 자신이 살해될 것이라 믿는다. 남성에게 살해당하는 여성은 살해 전 평균 7회 목을 졸린다. 그러나 미국에서는 오직 38개 주만 질식과 교사를 살인미수로 인정하는 법이 있다. 신체적 폭력을 직접 행사하지 않는다 해도 남성 학대자들은 그 위협과 그것이 유발하는 두려움을 이용해 정서적 학대를 가할 수 있다.

학대가정이 오용하는 분노와 두려움은 아이들에게도 영향을 미치며, 수백만 명의 아이들이 가정폭력 속에서 자란다. 그들은 폭력적이고 사람을 조종하며 위협적으로 행동하는 부모에 대한 두려움 속에서 생활한다. 이때 부모란 전부는 아니더라도 대개가 아버지인데, 아버지의 분노는 모든 종류의 상호작용에 영향을 미친다. 폭력가정의 아이들은 이 같은 상호작용 내에서 어머니가 위협을 피하기 위해 본인의 분노를 부정하고 말소하고 무효화하는 모습을 보면서 자란다. 자신의 젠더에 따라 이 아이들은 분노란 위험하며 어떤 대가를 치르더라도 피해야 하는 것이라고 생각하거나, 타인을 통제하는 강력한 수단이라고 배우게 된다. 이 아이들은 스스로를 책망하고, 성인이 되면 학대를 가하거나 당할 가능성이 3배 이상 높다.[68]

만약 어떤 여성이 분노를 표현할 때 위험에 처하는 관계를 맺고 있다면, 그녀는 분노를 억누르게 될 것이다. 무엇에 화가 나는지를 말할 수 없다는 것은 관계가 해롭고 불평등하다는 것을 알려주는 초기 경고신호여야 한다. 분노와 관련한 우울은 가정폭력 피해자들이 단연코 가장 흔히 겪는 '부작용'이다.[69]

컨설팅회사인 매킨지앤드컴퍼니가 최근 실시한 성평등에 관한 보고서에 의하면, 여성을 향한 괴롭힘과 폭력은 공정성과 평등을 가로막는 여섯 가지 주요 구조적 장애물 중 하나다.[70] 이 보고서는 젠더에 기반한 폭력이 경제적 불리함이나 다양한 질병과 직접 연관이 있다는 여타 유사한 연구들보다 한 발 더 나아간다. 편견이나 길거리 및 직장 내 성적괴롭힘 등으로 불이익을 받는 여성들은 가정에서 파트너에 의한 폭력에 더욱 취약하다. 경제적 의존은 가정폭력 피해 여성들의 변함없는 문제로, 그들은 가정을 떠날 때, 특히 아이들과 함께 집을 나올 때 적어도 안정적으로 머물 거처를 구할 수 있어야 한다.

미국 노숙자 여성의 63퍼센트가 파트너에 의한 폭력의 생존자들이다. 자녀가 있는 노숙자 여성의 93퍼센트가 트라우마를 호소한다.[71] 2016년에 노숙자 보호소에서 하루 동안 실시한 인구조사에 의하면 미국 전역에서 4만 명 이상이 도움을 요청했고 이 요청이 충족되지 못한 경우는 1만 2000건 이상이었는데, 대부분은 여성들의 주거, 육아, 법률적 지원, 교통에 관한 것으로 나타났다.[72]

우리는 스크린 위로 펼쳐지는 〈킬 빌〉이나 〈매드 맥스: 분노의 도로〉 같은 영화 속 여성들의 분노, 물리적 공격, 그리고 자경주의에 감탄한다. 그러나 현실에서 여성들이 이렇게 행동한다면 특별히 가혹하고 편파적인 처벌을 받게 된다. 2012년 5월 서른한 살의 아프리카계 미국인 여성 머리사 알렉산더는 남편에게 살해위협을 받고 천장에 경고사격을 했다. 총알은 남편의 뒤편에 있는 벽에 맞았다. 플로리다에 살고 있던 그녀는 살상무기에 의한 가중폭행 혐의로 기소되었다. 검사는 유죄를 인정하면 형량을 삼 년으로 줄여주겠다는 제안을 했지만, 그녀는 이 사건이 자택 내부에서 공격받을 시 집주인은 방어할 권리가 있다는 주州 정당방위법의 교과서적 사례라고 생각하여 협상을 거부했다. 결국 그녀는 살상무기에 의한 폭행 혐의가 인정되어 징역 이십 년을 선고받았다. 정당방위법도, 그녀가 자택 내부에 있었고 총알은 벽을 향해 발사되었으며 아무도 다치지 않았다는 사실도, 그리고 그녀는 아무 범죄 이력이 없으며 총기 소지 허가증이 있었다는 사실도 아무런 영향을 미치지 않았다.[73] 이와 유사한 처지였던 플로리다주의 모든 여성은 비슷한 상황에서 자신들에게는 정당방위법이 적용되지 않으리란 것을 깨달았다. 알렉산더의 선고는 종국에 뒤집혔지만, 몇 년 동안 끈질기게 자신을 변호한 후에야 비로소 얻어낸 결과였다.

전형적인 피해자 탓하기식의 접근은 법의 테두리 안에서 제도화되는데, 이 법은 가정폭력과 생존을 위한 여성의 적응 사이의 복잡한 역학관계를 충분히 고려하지 못할 뿐만 아니라 타인이 저지른 범죄의 책임을 여성에게 묻는다. 남성이 자녀를 학대할 때, 때로는 그 자신이 피해자이기도 한 여성은 폭력적인 파트너로부터 자녀를 제대로 보호하지 못했다는 이유로 기소되기도 한다.[74]

때로는 자녀들이 어머니를 보호하기도 한다.

2016년 7월, 열네 살인 브레샤 메도스는 가족을 수년간 공포에 떨게 했던 아버지를 살해한 혐의로 기소되었다. 그녀의 어머니는 2011년 보호명령 신청서에 이렇게 적었다. "십칠 년의 결혼생활 동안 그는 나를 찌르고, 늑골과 손가락을 부러뜨리고, 손의 핏줄을 파열시키고, 치아를 부러뜨리고, 눈에 멍이 들게 했습니다. 내 코는 부러진 것 같습니다." 글은 이렇게 끝난다. "그가 나와 아이들을 찾으면 우릴 살해할 거라고 100퍼센트 장담합니다." 검찰은 메도스가 성인일 때 기소하기를 원했는데, 그럴 경우 유죄가 인정되면 종신형이었다. 그녀는 과실치사가 인정되어 소년교정시설 일 년, 정신건강 관리시설 육 개월, 집행유예 이 년을 선고받았다. 활동가들은 그녀의 석방을 위해 싸웠고, 그녀는 2018년 초에 집으로 돌아올 수 있었다.[75]

구엘프대학 사회학과 부교수인 머나 도슨은 여성 가족을 살해한 남성에게 어떤 일이 일어나는지를 연구했고, 그들이 낯선 사람을 죽인 남성보다 적은 형량을 선고받았음을 밝혀냈다.[76] 도슨은 이를 "가족할인intimacy discount"이라고 부른다. 그런 현상이 일어나는 이유 중 하나는 남성이 외부적 자극에 의해 우발적인 폭력, 즉 '치정범죄'를 저지른 것이라는 방어논리 때문이다. 그러나 도슨은 또한 형사사법제도 전반에 걸친 이 관용이 "남성 파트너에게 살해된 여성은 재산처럼 간주된다"는 사실을 반영한다고 설명한다. 재산은 맞서 싸울 수 없는 법이다.

✖✖

2012년 런던에서 로라 베이츠는 집으로 걸어가던 어느 날 밤에 어느 차를 탄 남자들로부터 언어적 모욕을 당했다. 그다음 주 버스를 탔을 때는 어떤 남자가 그녀의 다리에 손을 대고 사타구니 방향으로 문지르는 걸 느꼈다. 어머니와 통화중이었던 그녀는 무슨 일이 일어나고 있는지 큰 소리로 설명하기 시작했다. 통화중이 아니었다면 하지 못할 일이었다. 버스 안의 사람들은 그녀의 말을 들었지만 아무도 끼어들지 않았다.

나중에 그때의 상황을 묘사하면서 베이츠는 승객들이 "왜 소란을 피우는 거야?"라는 눈길로 그녀를 바라봤다고 했다. 그녀는 자신이 입어선 안 될 옷을 입고 있었는지 의아했다. 그리고 집으로 돌아가 잠자코 있었다. 이틀 후, 그녀에게서 몇 걸음 떨어져 있던 두 남자가 "저 여자 젖꼭지 좀 봐"라면서 대화를 나누기 시작했다.

우리와 이야기를 나누며 베이츠는 이렇게 말했다. "처음에는 무섭고 당황스럽고 부끄럽고 불안했어요. 이런 일을 겪을 때 흔히 느끼는 모든 감정을 느낀 거죠. 그때는 제게 화를 낼 권리가 있다고 생각지 못했어요."

그녀는 다른 여성들과 성적괴롭힘, 성폭행에 대해 이야기를 나누기 시작했고 마침내 여성들이 자신의 이야기를 공유할 수 있는 간단한 사이트인 '일상 속 성차별 프로젝트Everyday Sexism Project'를 만들었다. 첫해에만 4만 명이 넘는 여성들이 가입했고 매일 #일상속성차별 해시태그를 달기 시작했다. 이 년 만에 세계 곳곳에 '일상 속 성차별' 웹사이트가 생겼다.

"우리는 이런 취급을 받아들이도록 너무도 사회화되었습니다. 그런 순간에 화를 낼 권리가 있다는 걸 깨닫지 못할 정도로요. 저도 '원래 이런 거지, 여자로 산다는 건 원래 이런 거야, 견뎌내야 해'라고 생각했습니다." 베이츠는 나와 많은 여성들이 생각했던 것을 그대로 묘사했다. "이것이 집단적 경험이라는 것을 깨닫고 나서야 화를 내기 시작했습니다. 분노는 늘 뒤늦게 찾아왔고, 저는 이게 여성에게 정말 중요하다고 생각했습니다. 분노를 얼마나 부정하고 억눌렀는지를 우리는 한참 뒤에야 깨닫습니다."

여자아이나 성인 여성이 아무런 두려움 없이 밤중에 홀로 걸을 수 있다면 어떨지 이따금 생각해본다. 변화의 측면에서 그것은 무엇을 의미할까? 남성의 공격과 폭력의 위험에서 벗어난 삶은 얼마나 다를까? 우리가 기존 삶의 해석을 받아들인다면, 우리는 그것을 용인될 만한 일로 만들어버리는 것이다. 그래서 나는 거절한다. 그 결과 나는 존재하는 것만으로도 화가 난 사람, 공격적인 사람이 될 것이다.

우리 여성들은 삶의 많은 부분에 영향을 미치는 폭력과 공포에 화를 내야 한다. 남성들도 마찬가지다. 분노는 위험, 불공평, 불의로부터 우리를 가장 잘 보호해주는 감정이다. 분노를 이해하고 위협에 대응해 이를 체계적으로 사용하는 방법을 배움으로써 여성은 수동성, 두려움, 자기 내부로의 침잠에서 깨어 있음, 참여, 변화로 나아갈 수 있다. 자신을 즉각적인 위험에 빠뜨릴 방식으로 행동하자는 뜻은 아니다. 자신의 감정을 이해하고 어떻게 이를 최선으로 이용하여 주변 공간을 변화시켜갈지 연구하자는 뜻이다. 이 변화는 저항의 공동체를 길러낸다.

우리가 웃는다면, 우리가 웃고 싶어서여야 한다.

7장

뚝, 뚝, 뚝

대체 누가 세상을 이따위로 만들어놓은 거야?

—준 조던, 「나의 권리에 관한 시」

2017년 나와 내 저술 파트너 캐서린 버니는 저명한 언론상 후보로 지명되었다. 후보에 올랐다는 것도 신났지만 사 년간 함께 글을 쓰면서 거의 매일 이야기를 나눴는데도 얼굴은 잠깐 한 번 본 게 다였기 때문에 더 고무되었다. 우리는 시상식이 열리는 맨해튼에서 전날 만나 저녁을 함께 먹었고 아침에 함께 시상식에 참석했다.

우리는 방명록 테이블로 안내받았고 라펠에 다는 클립 이름표를 받았다. 그날 캐서린은 스웨터를, 나는 하이넥 원피스를 입고 있었다. 칼라에 이름표를 달자 턱 아래서 대롱거리는 모습이 우스꽝스러워 우리는 웃음을 터뜨렸다. 업무 관련 행사에서 이름표를 다는 데는 이유가 있다. 자기소개를 하고 상대방을 기억하는 데 좋고, 서로 소통하기 편하다. 여성들은 라펠 달린 옷을 자주 입지 않기에 나는 남성 도우미에게 스태프들이 쓰는 목걸이 이름표를 받을 수 있는지 물었다. 그는 기꺼이 찾아보겠다며 자리를 떴다.

　잘 만든 포토월 근처에 서서 우리가 기다리는 동안, 업계의 권위자들이 사진을 찍고 있었다. 나는 서로 등을 토닥이는 그 남성 무리가 3미터 너비의 레드카펫에서 퇴장할 수 있도록 살짝 길을 터줬다. 그때 남성 한 명이 돌아보더니 물었다. "이다음엔 나를 어디로 끌고 갈 거죠?" 내가 주최측이라 생각하는 것 같았다. 나는 웃으면서 안내원이 아니니 이름표 나눠주는 남자에게 물어보라고 했다. 정말로 말하고 싶었던 것은 "아, 어떡하죠, 저를 다른 갈색 피부 여성과 착각하셨나보네요"였지만 입 밖으로 내뱉지는 않았다.

　그의 가정은 암묵적인 성차별이었고 어쩌면 인종차별이기까지 했다. 라펠 전용 이름표와 마찬가지로 이는 미묘한 편견, 매일은 아니더라도 자주 보게 되는 무심한 차별의 또다른 사례였다.

　우리는 늘 여성을 보조 스태프로 착각하는 사람들을 마주한다. 피부가 검거나 갈색이면 '청소부'나 건물관리인이라는 오해를 받기 더 쉽다. 소수민족 여성 과학자들이 진행한 2016년 연구에 의하면, 아프리카계 미국인의 48퍼센트가 청소부나 건물관리인이라는 오해를 받은 적이 있었다.[1]

　여성이 '도우미' 지위에 있으리라는 이런 추측은 때로는 노골적이지만, 크게 티가 나지 않는 경우도 많다. 2017년 하버드대학의 경제학 박사과정인 헤더 사슨스는 미국 최상위권 대학교 경제학자들의 이십구 년간의 연구 출간을 분석했다. 그 결과, 여성이 단독으로 연구를 발표하는 경우 종신교수로 임용될 확률이 남성과 똑같았지만, 남성과 공동 연구자로 이름을 올리는 경우에는 가능성이 떨어졌다.

반면 공동 연구를 한 남성의 경우 종신교수로 임용될 가능성이 4배 높았다. 여성은 공동 연구자로 인정받는 대신 남성의 보조자처럼 여겨진 것이다.[2] 이 발견은 마틸다 효과Matilda effect, 즉 여성의 발견과 연구가 남성 동료에게 귀속되는 경향과 관련이 있다.[3] 남성의 지위를 더 인정하려는 성향은 인용 양상에서도 뚜렷하게 드러나는데, 남성 연구자들은 특히나 더 남성의 연구를 참조하려는 경향이 높다.[4]

경제학 분야에서 '도우미'라는 단어는 다른 대체어들과 비교하자면 그나마 나은 편이다. 2017년 앨리스 H. 우는 인기 있는 경제학 분야 온라인 구직게시판에 올라온 댓글 수백만 건을 분석했다.[5] 그녀가 알고 싶었던 것은 경제학자들이 젠더에 대해 어떻게 생각하는지, 일상적인 대화를 나누며 남성과 여성에 관해 무슨 생각을 하는지였다. 결과는 암울했다.

그녀는 오로지 여성과 연관된 단어를 추려 사용 빈도순으로 상위 서른 개를 정리했다. 몹시 섹시한, 레즈비언, bb(baby를 뜻하는 인터넷 용어), 성차별주의, 젖꼭지, 항문, 결혼한, 페미나치, 창녀, 핫한, 질, 가슴, 임신한, 임신, 귀여운, 결혼, 과세, 죽이는, 흥분한, 반하다, 아름다운, 비서, 차버리다, 쇼핑, 데이트, 비영리, 의도, 섹시한, 데이트한, 창녀. 이 분야에 종사하는 여성들에게 상황적으로 유해한 표현들이었다. 하지만 내가 뭘 알겠는가? 나는 유머감각도 없는, 이게 왜 문제인지 과민하게 반응하는 일개 페미일 뿐인데.

시상식에서 일어난 일은 아주 사소한, 대수롭지 않은 일이었다. '나를 어디로 끌고 갈 거죠' 남자는 내 커리어에 영향을 끼칠 수 없다는 점에서 무해하지만 그런 편견은 도처에 존재하고 해로우며, 여성들의 안녕에 매일매일 영향을 끼친다.

✳✖

오늘날 여성들 중 끊임없이 방해받고, 목소리가 묻히고, 무시당하는 게 어떤 기분인지 모르는 이는 없을 것이다.

가정과 학교에서 어른들은 남자아이들에게 보다 자유롭게 의견을 나누고 복잡한 생각을 언어로 표현해보도록 장려한다. 교사들은 학생이 의견을 개진할 수 있는 질문을 자주 던지고 그들이 답할 때 똑바로 바라본다. 수업시간에 남자아이들은 여자아이들보다 8배 더 횡설수설해도 질책을 받거나 손을 들고 순서를 기다리란 말을 듣지 않는다.[6] 브리티시컬럼비아의 트리니티웨스턴대학 앨리슨 줄 교수는 교실 내 역학관계를 세밀하게 연구했는데, 그 결과 남자아이들이 여자아이들보다 9~10배 더 말을 많이 한다는 것을 발견했다.[7] 유년기에 젠더화된 담화구조를 조사한 그녀의 연구에 의하면, 서구의 학교에서 어른들은 남자아이들에게 5배 더 많이 말할 기회를 주며 그녀는 이것이 "여자아이들보다 중요한 존재라는 미묘한 신호"를 주는 것이라고 말한다.[8] 놀이터에서 노는 아동들을 관찰한 결과도 마찬가지인데, 6세까지 여자아이들의 언어습득이 더 빠름에도 불구하고 성인들의 격려 아래 남자아이들이 대화를 주도한다.

여자아이들의 학업성취도가 높은 것은 '착하다'는 것, 즉 조용하다는 것과 연관되고 교과내용 숙지도 역시 마찬가지다.[9] 이렇게 규정을 준수하는 성향은 여자아이와 성인 여성이 대학교나 직장 등 공격적인 언행이 유능함과 자기홍보, 경쟁력의 기본이 되는 곳에 진출할 때는 단점으로 작용한다. 하버드대학의 학부수업에 관한 어느 연구는 남학생이 여학생보다 최소한 3배는 더 말을 많이 한다는 것을 밝혔다. 또다른 연구에 의하면 로스쿨수업에서 여학생은 50퍼센트 덜 말한다.[10]

젠더가 섞인 그룹에서 남성은 '담화공간'을 과도하게 차지하지만, 고정관념에 따르면 여성이 세계 제일의 수다쟁이다. 남성과 여성 모두 남성의 발화보다는 여성의 발화에 끼어드는 경향이 높다. 심지어 TV 방송과 영화 각본에서도 그러하다. 남성 배우가 여성보다 공격적인 말을 더 많이 하고 2배 많은 대사 및 출연시간을 얻는다.

언어의 패턴은 민족성과 계급의 차이를 반영하기도 하지만[11] 젠더는 그런 요소를 능가한다.[12] 가령 남자 의사는 환자의 말을 자르고 특히 환자가 여성일 경우 더하지만, 환자는 의사가 여성이 아닌 한 의사의 말을 자르거나 끼어들지 않는다.[13] 직장에서 부하직원, 특히 남성 부하직원은 여성 상사에게 덜 공손하다. 언어학자들은 담화 및 담화분배에서의 성역할에 대해 몇십 년간 연구한 끝에 '여성의 담화', 즉 더 순종적이고 덜 단호한 담화는 하나의 특수한 유형이라는 결론을 내렸다. 비교문화적 분석에 의하면 '여성의 담화'는 실제로 '힘이 없는 담화'이며, 성별에 관계없이 낮은 지위의 사람들에게서 관찰된다.

트랜스젠더 남성인 스탠퍼드대학의 과학자 벤 바레스는 성전환을 통해 얻은 이득 중 하나가 "남성이 끼어드는 일 없이" 말할 수 있다는 것이라 밝혔다.[14]

신뢰와 권위 또한 젠더화된다. 리스트서브*에서 메일링 주제를 소개할 때, 남성은 여성보다 높은 확률로 응답을 받고 토론이 생성된다. 트위터에서 남성의 트윗은 여성의 트윗보다 2배 더 많이 리트윗된다.[15] 이 문제는 남성이 가득한 테이블에 혼자 앉아 있는 여성을 그린 촌철살인의 유명 만평으로 간결하게 묘사된다. 캡션은 이렇다. "아주 훌륭한 제안이에요, 트리그스 양. 아마 여기 있는 남성 중 한 명 정도는 그걸 제안하고 싶어할 거예요."

크리스토퍼 F. 카포위츠와 탤리 멘델버그 교수는 전문적이고 정치적인 공간에서 젠더와 인종의 역학관계에 대해 연구하고 글을 쓴다. 입법심의에 대한 그들의 연구 중 하나는, 여성이 동등한 대우와 영향력을 얻기 위해서는 의석의 3분의 2, 또는 70퍼센트 이상을 차지할 필요가 있다는 것을 보여준다. 그렇지 않을 경우 그들은 강력하고 영향력 있는, 혹은 중요한 발화자로 인식되는 데 어려움을 겪는다.

몇 년 전, 강한 논조로 주변의 반감을 사는 여자아이들에게 알려줘야 할 타개책에 관해 글을 쓴 적이 있다. 〈모든 여자아이가 배워야 할 열 개의 단어〉라는 기사였다.[16] 그 열 개의 단어는 다음과 같다. "내 말 끊지 마Stop interrupting me." "내가 말한 거잖아I just said that." "설명은 필요 없어No explanation needed." 기사에 대한 호응은 압도적이었고, 즉각 열두 개 이상의 언어로 번역되어 널리 퍼졌다. 전 세계의 여성들은 여전히 회의실이나 학교, 집에서 느끼는 좌절을 내게 호소하

---

* LISTSERV, 특정한 주제로 구독자들에게 일괄적으로 메일을 보낼 수 있는 인터넷 서비스.

며, 목소리를 낼 때 맞닥뜨리는 문제를 알아주는 것만으로도 고마워한다.

여성들도 분명 남의 말을 자르고 끼어들지만, 의도가 다르다. 남성은 대화의 방향을 전환하기 위해 더 공격적으로 끼어드는 반면, 여성은 같은 방향에서 더 많은 대화를 유도하기 위해 끼어든다.[17]

내 딸 하나는 동시에 여러 명과 대화하며 주제를 전환하고 끈질기게 끼어드는 습관이 있다. 어렸을 때 예의바르고도 단호하고 자신감 있게 의견을 말하도록 균형 잡힌 가르침을 주는 것이 어려웠다. 몇몇 연구에 의하면 부모들은 아들보다 딸에게 2배 더 간섭한다. 과도한 예의범절은 여자아이들에게 실제로 영향을 끼치지만, 아이러니하게도 성인이 된 여성들은 성공하려면 "남자처럼 말해야 한다"며 어린 시절에 사회화된 부분을 극복해내도록 끊임없이 요구받는다.

우리가 마주하는 가장 기본적인 편견이자 모든 편견의 근원이 되는 편견은 우리가 남성보다 귀기울일 가치가 없는 존재라는 믿음이다. 벤 바레스는 그가 여성일 때 발표했던 연구가 덜 존중받았다는 점을 지적했다. 한번은 복잡한 과제를 완수한 뒤 의심 많은 교수로부터 "남자친구가 대신 해준 게 아니냐"라는 말을 듣기도 했다. 몇 년이 지나고 벤이 자신의 연구에 대해 강의를 했는데, 강의가 끝나자 청중 가운데 한 명이 "이 사람 연구가 이 사람 누나 연구보다 훨씬 낫네"라고 외쳤다.

전문성과 지식을 갖추고 종신교수로 임명된 여성들은 모든 방면에서 자신보다 못한 평균적인 남성에게 무시당하곤 한다. 업계를 막론하고 전원 남성으로 구성된 패널all-male panels('매널manel'이라고도 하는데 그렇게 애정어린 명명은 아니다)이 끝도 없이 나서서는, 여성은 의자에 앉아서 생각하고 말하는 것을 동시에 할 수 없다는 듯 이야기한다.

기후변화부터 전쟁, 평화, 권위주의, 백인우월주의, 이민, 빈곤, 기근, 난민위기에 이르기까지 여성이라서 전문성이 떨어지거나 젠더가 중심적, 중추적 역할을 할 수 없는 중요 이슈 혹은 화제란 사실상 전무하다. 그럼에도 불구하고 남성들은 여성 없는 방에 앉아서 자신들이 인류의 가장 심각한 문제들을 지속적으로 해결할 방법을 내놓을 수 있다고 확신한다. 집단적인 망상이란 게 있다면, 바로 이런 것이다.

테크놀로지 분야 리더들이 트위터의 여성들은 재미가 없어서 팔로할 수 없다고 생각하는 것부터 노벨상 수상자에 여성이 없는 것까지, 여성이 전무한 성평등 콘퍼런스부터 패널 전원이 남성인 여성의 재생산 건강 토론까지, 사회가 여성의 생각과 작업에 무관심하다는 사실은 전방위적으로 명명백백하다. 일례로 평화협정을 할 때 모든 젠더가 포함된 경우 결과가 더 성공적이고 항구적인 평화로 이어진다는 사실이 예전부터 자명한데도 1992년에서 2011년까지 세계평화협정에 관여한 인물의 94퍼센트 이상이 남성이었다는 것을 생각해보라.[18] 여성이 부재한 곳에서 활동하는 남성 무리는 비윤리적이고 위험하다.

전문가 토론에 여성을 소외시키는 문제에 대한 가장 흔한 반응은 이렇다. "찾으려 했는데 마땅한 여성을 찾지 못했다." "우리는 성별을 가린 채 사람을 뽑았고, 가장 말을 잘하는 사람을 선택했다." 두 경우

우리의 분노는 길을 만든다

다 자신들이 게으르고 자기방어적으로 무능하며 구조적 차별의 역학에 대해 이해할 의지가 없음을 증명하는 핑계다. 2015년 수학자 그레그 마틴은 오늘날 패널을 무작위로 뽑았을 때 전원이 남성일 확률이 얼마나 낮은지 보여주는 심층적인 통계분석을 수행했다. 토론 기획자들이 편견 없이 패널을 뽑았다면 여성이 구성원의 과반일 확률이 훨씬 더 높았다.[19]

모든 남성 패널은 '맨스플레인mansplain'의 집합체다. 수많은 여성들과 마찬가지로, 나 역시 많은 남성들이 내 글을 보내며 내가 했던 말에 대해 논쟁하려 하는 경험을 셀 수 없이 했다.

2016년 9월 나사의 우주비행사이자 물리학자인 제시카 메이어는 성층권에 있는 우주선의 조건을 구현한 시뮬레이터 안에서 자신의 모습을 동영상으로 찍어 트위터에 올렸다. "내 첫 모험〉63,000피트, 물이 저절로 끓는, 우주랑 똑같은 공간! 적응 완료!" 그녀의 옆에는 끓는 물이 담긴 비커가 있었다. 몇 분이 지나자 우주비행사도 물리학자도 아닌 남성이 나타나 메이어에게 왜 물이 "저절로" 끓는 게 아닌지 설명했다.[20] 한 트위터리안은 "반라의 남성이 계신데 왜 여자 우주비행사의 말을 듣겠어" 하며 즉시 비꼬았다.

이런 식의 소통은 여성뿐만 아니라 주변 사람들도 깔보고 그들 역시 비용을 치르게 한다. 2016년 10월, 의사 타미카 크로스는 디트로이트에서 휴스턴으로 가는 비행기를 탔다. 두 열 앞에 앉은 여성이 남편이 의식을 잃었다며 비명을 지르자 한 승무원이 "얼른 의사 탑승객을 찾는다고 방송해"라고 외쳤다. 크로스가 손을 들었지만 그 승무원은 이렇게 말했다. "이런, 손 내려도 됩니다. 우린 진짜 의사나 간호사 같은 의료인을 찾고 있어요. 당신이랑 이야기할 시간이 없어요."

그러는 사이 환자는 여전히 반응이 없었다. 죽을 수도 있었다. 크로스는 다시 승무원에게 신호를 보냈다.

"와, 당신이 정말 의사라고요?"

"네."

크로스를 환자에게 데려가는 대신 승무원은 그녀에게 캐물었다. "무슨 의사인데요? 어디서 일하세요? 왜 디트로이트에 갔죠?" 이때 마침 백인 남성 의사가 나섰다. 그러자 승무원이 크로스에게 무시하듯 말했다. "도와주셔서 감사합니다. 저분이 우릴 도와줄 수 있을 것 같아요. 자격증도 있고요." 크로스에 의하면 그 남자는 질문공세를 받지도, 자격증을 보여주지도 않았다.[21] 그녀가 자신의 경험을 페이스북에 공유하자 다른 많은 여성과 흑인 남성이 유사한 경험을 털어놓았다.

심지어 우리는 여성의 권위가 받아들여질 때조차 남성의 검증이 선호된다는 것을 깨닫게 된다. 2015년에는 유전학자 피오나 잉글비가 그녀의 연구에 대한 터무니없이 성차별적인 동료평가를 공개한 후 해시태그 #남성저자를추가할것#AddMaleWriter이 유행했다.[22] 문제의 동료평가를 했던 한 남성은, 이미 다른 여성 공저자가 있는 그녀의 연구에 남성을 공저자로 추가하면 "종종 경험적 증거에서 멀리 벗어나 관념적인 추론으로 빠질 경우 해석을 점검하는 역할을 해줄 것"이라 제안했다. 그는 또한 남성이 "체력과 건강이 미미하게나마 더 뛰어나기 때문에 여성보다 일주일에 평균 한 시간은 더 많이 연구하므로" 자신의 제안이 논문의 전반적 질을 올려줄 것이라고 확신에 차

설명했다.[23]

쓸데없는 말에 대한 유머러스한 반박은 언제나 환영이다. 하지만 맨스플레인, 맨터럽트, 히피트, 맨밸리데이션*처럼 우리의 공통된 경험을 표현해주는 조롱조의 속어들은 여성이 남성보다 신뢰도가 떨어지고 아는 것이 없다는 유해한 믿음을 가리고 있으며, 이 믿음은 인종차별적이고 민족중심주의적인 편견에 의해 한층 더 강화된다.

남성과 여성 모두 이런 편견이 있지만, 여성이 복합적 사고에 더 취약하다는 생각은 남성들에게 더 흔하다. 2016년의 어느 연구는 생물학수업을 듣는 대학생 1700명에게 지식과 학업성과를 토대로 동료 학생들의 순위를 매겨달라고 요청했다. (이 연구는 오직 젠더에만 주목했다.) 남학생들은 압도적으로 여성 동료보다 남성 동료가 유능하고 아는 게 많다고 평가했다. 여성이 명백히 성적이 뛰어난 경우에도 마찬가지였다. 남성의 반여성적 젠더편견은 여성의 19배였다.[24] 과학, 기술, 공학, 수학 분야의 남성을 대상으로 2018년 진행된 추적조사에 따르면 남성 지능의 과대평가와 여성의 과소평가 정도는 유사했다.

곤충학 박사인 그웬 피어슨은 연구 결과에 대한 인터뷰에서 이렇게 회고했다. "대학원생일 때 동료 남학생이 제 면전에서 이렇게 말

---

* 맨터럽트(manterrupt)는 man과 interrupt의 합성어로 남성이 다른 사람의 말에 끼어드는 행위를 말하고, 히피트(hepeat)는 he와 repeat의 합성어로 여성이 말하면 무시받던 것이 남성이 다시 말했을 때 주목받는 경우를 가리키며, 맨밸리데이션 (manvalidation)은 man과 validation의 합성어로 남성의 검증이 있어야 신뢰받는 경우를 가리키는 표현이다.

했어요. 제가 이 프로그램에 참여할 정도로 똑똑하지 않은데 어떻게 입학했는지 모르겠다고요. 저 같은 사람을 대학원 동료로 둔다는 게 '자기 학위의 가치를 떨어뜨린다'고 하더군요. 정확히 그렇게 말했습니다. 그는 다른 학생을 위해 제가 떠나야 한다고 생각하는 듯했어요. 참담한 일이었죠." 기사에는 그로 인해 그녀가 화가 났는지는 언급되지 않았다.[25]

✖✖

여성은 말수가 적을 것이라는 기대치 때문에 우리는 늘 말을 너무 많이 하는 것처럼 보인다. 여성은 더 조용해야 하고, 말을 하더라도 양해를 구한다는 듯이 해야 한다. 입을 다무는 것은 여성스러운 자질이다. 이따금 이런 믿음은 흥미로운 방식으로 문화의 표면에 드러난다. 일본의 어떤 패스트푸드점은 웃는 입이 프린트된 여성용 햄버거 포장지를 개발해 여성이 공공장소에서 입을 벌리는 금기된 모습을 보이지 않도록 했다. 일명 "해방 포장지"라고 불리는 입 마스크가 생긴 이후 일본의 버거 판매는 213퍼센트 증가했다.[26] 2014년 당시 터키의 부총리였던 뷜렌트 아른츠는 공공장소에서 여성이 웃는 행위(즉 입을 여는 행위)를 "현대사회의 도덕성 쇠퇴" 징후라고 비난했다. 여성의 벌린 입과 높은 목소리는 오래전부터 광기, 위험, 혼란, 부패의 지표처럼 여겨졌다.[27]

여성은 특히 남성의 행동을 추궁하거나 공개적으로 지적해서는 안 된다. 성역할을 넘어 가족, 외모 이외의 주제에 목소리를 내면, 특히 그 제약에 도전하는 목소리를 내면 온라인에서든 오프라인에서든 대중의 적대감을 마주하게 된다.

2017년 봄, 미네소타주의 하원의원 멀리사 호트먼(백인이다)은 정족수 확인, 즉 출석하지 않은 의원을 회의실로 강제 복귀시키는 절차를 시행했다. 그녀는 공공안전예산 토론회에서 "휴게실에서 백인 남성만 모여 즐기는 카드게임을 저도 정말 방해하고 싶지 않습니다만, 이건 중요한 토론이라 생각합니다"라고 밝혔다.[28]

결석을 했던 두 의원은 호트먼에게 사과는 물론 사임까지 요구했다. 당시 미네소타주 의회의 유력단체는 구성원의 72퍼센트가 백인 남성이었고 하원 28개 위원회 중 19개 위원회의 위원회장 역시 백인 남성이었다. 그리고 이들은 실제로 호트먼이 여성 의원들의 발언을 듣기 위해 회의실로 복귀할 것을 요청했을 때 자리에 없었다. "저는 사과할 생각이 없습니다"라고 그녀는 말했다.

16세기 영국에서나 있었을 법한 에피소드지만, 실제로 16세기에는 '귀찮은 여자common scold'라는 법이 존재했다. 성가시고 고집 센 여성을 사회적 골칫거리라는 이유로 그저 말로써 기소할 수 있는 법이었다. 삼 세기 후 저명한 미국 소설가 헨리 제임스는 여성의 "얇은 콧소리 톤"을 "콧소리, 바람소리, 훌쩍이는 소리, 징징대는 소리, 우는 소리"라고 묘사했다. 이 정서는 러시 림보가 힐러리 클린턴을 "괴성을 지르는 전처"라고 비난할 때 고스란히 다시 반영되었다.[29] 2016년 대선 기간 내내 그녀의 남성 상대들이 대중의 환심을 사려 쩌렁쩌렁 언성을 높이고 으스대며 활보하고 장황한 비난공세를 퍼붓는 동안, 전 미국 상원의원이자 전 국무부 장관은 "날카롭다" "진정성이 없다"(조용히 말이 없을 경우) "고함을 지른다"(또렷한 목소리로 크게, 자신감 있게 말할 경우) 등의 비난을 받았다. 이렇게 사람을 업신여기는 성차별적 고정관념에는 흔히 "화를 잘 낸다"가 추가되며, 이는 여성을 더욱 무시하는 데 일조한다.

권위적으로 말하는 여성을 불편해하는 것은 보편적인 현상이다. 2010년 여성의 얼굴에 주먹을 날려 기소되었다가 합의를 보았던 펑크록밴드 섹스 피스톨스의 전 프론트맨 조니 로튼은 2014년 호주의 한 TV 방송국과의 인터뷰중 여성 진행자 앞에서 평정심을 잃었다.[30] 나이 지긋한 이 펑크로커는 폭발하며 이렇게 말했다. "닥쳐. 네가 누구든 닥치라고. 입다물어. 닥쳐. 남자가 말할 때 끼어들지 마."[31] TV 진행자이자 대학교수인 레바논인 리마 카라키는 2015년 생방송에서 게스트로 출연한 이집트인 여성 학자가 끼어들자 이렇게 말했다. "말 다 했습니까? 이제 내가 말하게 입 좀 다물죠. (……) 당신이 날 인터뷰하는 건 내 체면을 떨어뜨리는 일이니까. 당신은 여자야." 카라키는 자신의 마이크를 꺼버렸다. 2017년 공화당 정치인 켄 쿠치넬리는 버니 샌더스의 전 선거캠프 대변인 시몬 샌더스와 한창 생방송 토론을 하던 도중 이렇게 말했다. "잠깐이라도 입 좀 못 다무나?" 아프리카계 미국인 시몬 샌더스는 호전적인 쿠치넬리가 백인우월주의는 국가적인 문제라는 사실을 묵살하고 있다고 주장해왔다.[32]

여성의 발언, 여성의 화에 대한 남성의 반응에는 남자다움을 빼앗기고 통제력을 잃을지도 모른다는 두려움이 내재되어 있다. 남성이 '여성을 통제할' 수 없음을 분명하게 보여주는 여성들, 즉 잔소리하는 아내, 말괄량이, 성미 나쁜 여자는 남성을 깔아뭉개는 여자들이다.

내가 여성의 권리 문제를 다루면서 지난 몇 년간 접했던 반응 중 가장 마음에 드는 것은 사람들이 내 남편에게 던지는 이런 질문이었다. "당신 괜찮아요? 어떻게 참아요?"

신뢰도의 격차

이러한 경향은 교실이나 소셜미디어를 넘어서 법정으로까지 확장된다. 법정에서 재판관이나 변호사는 증언자가 여성일 경우 그 발언을 끊거나 의심할 가능성이 더 높다. 증언의 흐름과 서사가 끊기면 배심원들은 그 여성을 덜 신뢰하게 된다.[33] 이러한 발화의 역학은 다른 편견에 힘을 실어준다. 가령 남성 배심원은 여성 변호사가 남성만큼 설득력 있고 유능하게 변호할 수 있다는 사실을 받아들이기 힘들어한다. 배심원들은 안건이 복잡하지 않을 때만 여성의 전문가 증언을 신뢰한다. 배심원들, 특히 남성 배심원들은 검사가 여성일 경우 피고인에게 유죄판결을 내릴 가능성이 낮다.[34] 그리고 놀라지 마시라. 여성 피고가 과체중이면, 남성 배심원들은 그녀가 유죄라고 판결할 가능성이 더 높다.[35]

유색인종 여성, 노동계급 여성은 주류의 규범이 요구하는 여성성, 피해자성, 분노의 방식에 도전하는 언어를 구사하며 이로 인해 편파적인 불이익을 받는다. 사법절차는 당사자변론주의*를 따르고 전통

---

* 형사소송법에서 당사자 쌍방의 변론에 의하여 재판하는 주의.

적인 적법절차에는 한계가 있기 때문에 재판에서는 높은 계층이 구사하는 언어가 선호된다. 모든 발언자가 평등하고, 인종이나 계급, 민족 차별 같은 사회적 요인의 영향을 받지 않는다고 간주하기 때문이다.

심지어 최고위층 여성들도 신뢰도와 전문성을 의심받고 발언 도중 방해를 받으며, 언어를 효과적이며 지속적이고 설득력 있게 구사하지 못하는 상황에 처한다. 2017년 『버지니아 법률 리뷰*Virginia Law Review*』 저널에 소개된 심층연구에 따르면, 미국 연방대법원의 남성 재판관들은 주변에서 존경받는 여성 동료의 말을 끊는 경우가 남성 재판관끼리 서로 말을 끊는 경우보다 대략 3배 많은 것으로 나타났다.[36] 최근 임명된 닐 고서치 대법관은 2017년 후보자 청문회에서 자신에게 질문을 던진 여성 상원의원들의 말을 거듭 자르며 자신의 임무를 수행했다.[37]

여성들은 신뢰받고 권위를 얻기 위해 이중 삼중으로 열심히 노력해야 한다. 여러 연구 결과에 따르면 여성은 직장에서, 법원에서, 정계에서, 경찰이 연루된 상황에서, 의사 및 병원 직원들과의 상담에서 의심을 받을 가능성이 더 높다. 사람들은 남성 상사, 남성 지도자, 남성 직원을 선호한다.

젠더에 대한 기대는 신뢰도와 거짓말에 대한 관점을 형성한다. 설문조사에서는 많은 사람이 남성보다 여성을 신뢰한다고 답한다.[38] 그러나 깊이 들어가보면 현실은 그렇게 낙관적이지 않다. 사람들은 여성이 타인보다는 자기 자신에 대해 이야기할 때 믿는 경향이 높았다. 여성이 사회적 역할의 기대에 부합하지 않을 때 의심의 정도는 커졌다.[39] 게다가 대다수의 사람들은 여성이 개인으로서는 더 정직하다고 확신하지만, 모순되게도 남성처럼 주변을 이끌 수 있을 거라고 신뢰하지는 못한다. 여성이 분노를 표출하면 젠더관습을 거스르는 행동으로 여겨지며 이 모든 편견이 더욱 심화된다.

이러한 편견은 연령차별에 의해 강화된다. 나이든 여성들의 분노는 여자아이들의 초기 분노보다 훨씬 호소력이 덜하다. 나이든 여성들은 사라지거나, 그게 아니라면 최소한 조용히 다른 사람을 돌봐야 한다. 51세 이상의 여성은 전 세계 여성 중 가장 많은 비율을 차지하고 있지만 영화에서는 좀처럼 보이지 않는다. 여성 뉴스진행자들은 남성과 달리 나이가 들면 직업적 페널티가 생긴다.[40] 2013년 구글에 "존경스러운venerable 남성"을 검색하면 나이든 남성들이 추앙받는 이미지들이 나왔다. 반면 "존경스러운 여성"을 검색하자 "취약한vulnerable 여성을 찾으시나요?"라는 질문이 떴다. 거슬리지만 통찰력이 있다고 하겠다. 오직 남성만이 존경받는 곳에서 여성은 취약할 뿐이기 때문이다.

✖✖

2015년 소설가 캐서린 니컬스는 문학 에이전시에 투고를 할 때마다 거절당하는 일에 지친 나머지 남자 이름으로 투고를 해보기로 결심했다. 그녀는 그 실험에 대해 이렇게 적었다. "그날 하루, 계획한 대로 여섯 통의 메일을 보냈다. 스물네 시간 만에 '조지'는 다섯 건의 답신을 받았다. 셋은 원고를 요구했고 둘은 흥미로운 작업이라며 칭찬하는 점잖은 거절이었다. 반면 내 이름으로 똑같은 메일을 쉰 번 보냈을 때는 딱 두 차례 원고 요청을 받을 뿐이었다."⁴¹ 니컬스의 실험은 암울하지만 결과는 예견된 것이었다. 여성들은 글을 쓸 때 여전히 이니셜이나 젠더중립적인 이름을 사용하여 자신의 젠더를 숨긴다. J. K. 롤링이 세계에서 가장 유명한 사례 중 하나다. 롤링의 출판사는 표지의 저자 이름이 '조앤'일 경우 남자아이들이 책을 훨씬 덜 읽을 거라 판단했다. 이는 다층적인 문제다. 북미에서 십 년간(2002~2012년) 200만 부 이상 판매된 책들을 대상으로 한 연구에 따르면 놀랍게도 여성이 쓴 책은 남성이 쓴 책보다 가격이 45퍼센트 낮게 책정되었다.

니컬스의 이야기는 그나마 여타 업계보다 젠더적으로 평등한 업계의 사례지만, 연간 통계를 보면 여성의 작업물은 그 적합성을 계속 의심받는다는 그녀의 주장이 사실임이 드러난다. 2012년의 어느 연구에 따르면, 미국에서 출간된 도서의 45.8퍼센트를 여성이 쓰지만(52.5퍼센트는 남성이고, 나머지는 공저거나 저자 미상이다) 특히나 그것이 여성에 관한 책이라면 리뷰를 받거나 수상 후보로 선정될 가능성이 현저히 낮은 것으로 나타났다. 어떤 연구는 리뷰어의 3분의 2가 남성이며 여성 작가의 책이 대상일 때 고정관념에 치우치는 경향이 있음을 밝혀냈다.⁴² 2016년 문학계 여성 예술인 모임인 VIDA가 여러 측정방법과 매체를 통해 한 줄 한 줄 추적한 결과, 리뷰어의 82퍼센트가 남성이고 리뷰 대상 저자의 74퍼센트가 남성인 『런던 리뷰 오브 북스London Review of Books』가 가장 불균형한 리뷰 매체로 밝혀졌다. 2015년 작가 니컬라 그리피스가 최고 권위 문학상들의 십오 년간 수상 내역을 분석한 결과, 남성이 쓴 책의 남자 주인공이 체계적으로 선호된다는 것이 입증되었다. 예컨대 퓰리처상의 경우 "열다섯 권의 수상작 중 전적으로 성인 여성이나 여자아이의 시선에서 여성이 쓴 작품은 전무"했다.[43]

위치시Witchsy라는 온라인 아트마켓을 창립한 케이트 드와이어와 퍼넬러피 개진은 IT업계에도 비슷한 편견이 있다는 것을 깨닫고 자금확보를 우려했다. 실리콘밸리에서는 남성이 설립하고 운영하는 스타트업회사는 여성이 설립하고 운영하는 경우보다 16배 많은 벤처 펀딩을 받기 때문에 가상의 남성을 한 명이라도 이사회에 넣는 것이 도움이 되었다.[44] 그들은 '키스 맨Keith Mann'이라는 남성을 만들어냈다.[45] 오고가는 이메일 속에서 다른 여성들이 성으로 불린 것과는 달리, 그는 친근하게 이름으로 불렸다.

연구에 의하면 남성이 이끄는 프로젝트는 2배 많은 예산, 3배 많은 인력을 얻었다. 펜실베이니아대학의 교수인 재니스 매든은 세일즈 분야에서 여성에 대한 구조적 과소평가는 그들의 소득 감소로 이어지는데, 잠재력이 낮은 고객을 배정받고 그 결과 낮은 수수료를 받는 것이 원인임을 발견했다.[46]

2012년 사회심리학자 코린 모스라쿠신은 과학교수들에게 연구실 관리자를 뽑는다며 동일한 기술력에 종신재직권을 지닌 두 가상의 지원자를 평가해달라고 요청했다.[47] 한 후보는 '제니퍼'였고 다른 후보는 '존'이었다. 검토를 한 교수들은 가짜 존이 더 유능하다고 평가했고 그 자리를 주기 위해 평균 4000달러 더 높은 연봉을 제시했다. 교수들은 또한 가짜 제니퍼에게 상대적으로 조언을 해주려 하지 않았다. 유사한 테스트에서 "흑인으로 예상되는" 이름은 무시되거나 저

평가될 뿐만 아니라 골칫거리로 간주됐다.[48]

2014년 키란 스나이더는 직무평가에서 동일한 양상이 나타나는지 확인하기 위해 언어분석을 활용했다. 그녀는 IT업계의 관리자 180명(남성 105명과 여성 75명)으로부터 248건의 직원 업무수행평가를 수집해 그들이 직원의 행동을 어떻게 평가했는지 살펴보았다. 남성 직원은 평가의 58.9퍼센트가, 여성 직원은 87.9퍼센트가 비판적인 내용이었다. 일부 비판은 건설적이었지만 여성들은 성격과 의사소통기술을 이유로 반복적인 혹평을 받았다. "말투에 신경쓸 것." "남을 그런 식으로 판단하지 말 것!" "다른 사람이 빛나도록 도울 것." "물러설 것." "좀더 참을성을 보일 것."[49] 비판적인 업무평가 94건 중 71건이 거슬리는이라는 표현을 사용했다.

규칙을 따라라. 입을 다물어라. 주어진 것에 감사해라. 수백만 가지의 자잘한 방식으로 이런 말을 듣는 여성들의 내부에 분노가 쌓이지 않았다고 생각하는 사람은 손을 들어주길 바란다.

✖✖

여성이 일상적인 성차별, 이중잣대, 편견, 그리고 이따금의 노골적인 차별을 처음으로 경험하는 것은 어린 시절 가정에서다. 이런 초기의 학습과 배경에서는 노골적인 성차별보다 온정적 성차별이 문제가 된다. 당신을 사랑하고 보살피려 열심인 사람들에게 화를 내거나 그들을 원망하기란 어려운 일이다. 이것이 가정 및 사회생활 속에서 미세하고 친밀한 수준의 성차별을 호명하기 어려운 중요한 이유다.

행동과학자들에 따르면 성차별에는 서로 연관이 있으면서도 분명히 구별되는 두 종류의 성차별이 있다. 바로 적대적 성차별과 온정적 성차별이다.[50] 만약 누군가가 "모든 여성은 멍청하고 집에나 있어야 해!"라고 한다면 대부분의 사람들은 이것이 성차별주의자의 편견이며 여성의 명예를 훼손하는 발언임을 알아챌 것이다. 그러나 온정적 성차별은 이렇게 선명하게 드러나지 않는다. 온정적 성차별은 종종 매너와 친절함으로 무장하기에 호감이 가고 매력적으로 느껴진다. 온정적 성차별을 하는 이들의 행동은 유해하다고 분류하기 어렵다. 온정적 성차별은 양면적 성차별이라고도 하는데, 여성의 특별한 가치와 남성의 '보호능력'을 내세워 차별적 시선을 알아차리기 힘들기 때문이다. 온정적 성차별을 하는 이들은 "엄마가 되는 일은 세상에서 가장 아름다운 일"이라 말한 다음 "여자는 셈에 약해서"라는 신념을 내세워 여성의 임금을 깎고, 남자가 아이를 돌보기 어렵게 만든다.[51] 이는 사람들을 기분좋게 만들면서 실질적으로는 차별하는 확실한 방법이다. 온정적 성차별이 옳다고 믿는 남성은 그렇지 않은 남성보다 여성에게 더 자주 웃어준다.[52]

아이들은 종종 '꼬마 신사' '꼬마 숙녀'에 초점을 맞춘 예의범절 교육을 통해 온정적 성차별을 학습한다. 남자아이들은 여자아이와 성인 여성에게 문을 열어주거나 그들이 먼저 앉기를 기다리는 등 기사도적 행동을 익힌다. 반면 여자아이들은 꼬마 숙녀처럼 행동하는 법을 배운다. 남성의 면전에서는 겸손하고 공손하게 학습된 무력함을 드러내도록 배우는 것이다. 꼬마 숙녀들은 '정숙하게reserved' 행동하도록 배운다. 보통 얌전하다는 뜻으로 해석되는 이 단어의 두번째 뜻, 그러니까 나중에 쓰려고 빼놓는다는 의미는 늘 나의 호기심을 자극했다. 대체 내가 누구에게 예약되었다는reserved 거지? 평균적인 남녀 사이에는 분명한 신체적 차이가 있지만 오늘날의 세계에서 이는 아무런 의미가 없는, 상징적이고 의례적인 힘의 과장이다.

여성은 소유물이고, '착하고' 존중받을 만한 여성이 있는 반면 '못되고' 존중할 가치가 없는 여성도 있다는 시각은 역사적으로 타당하게 여겨졌으며, 바로 이것이 온정적 성차별의 핵심이다.

여성들 또한 온정적 성차별을 한다. 누가 특별대우받는 것을 좋아하지 않겠는가? 이때 남성의 가부장주의는 업신여김이 아닌 보살핌과 보호로 간주된다. 자신의 역할을 오로지 '돌보는 사람' '돕는 사람'으로만 보는 여성들은, 동료로서 일할 능력과 권위를 전통적인 역할이 주는 안전성 및 책임감과 암묵적으로 거래하는 것이다. 이런 거래를 통해 때로는 삶의 높은 만족도를 얻을 수도 있지만 거기에는 비용이 따르기 마련이다.[53]

온정적 성차별을 하는 이들은 여성을 전시대 위에 올려놓고 영구히 보호가 필요하고 의존하는 존재로 만든다.[54] 연구에 따르면, 그들은 또한 여자아이와 성인 여성이 덜 똑똑하다고 여기고, 강간신화를 지지하며, 여성에게 더 적은 보수를 지급하고, 여성의 독립을 반대할 가능성이 훨씬 더 높다. 그 결과 여성들은 정치적, 경제적 불안에 더 많이 노출된다. 전시대 위에 올라서는 것은 위태로운 일이다. 가만히 서 있거나 떨어져 다칠 위험을 감수해야 한다.

온정적 성차별에 대한 지지는 또한 여성들이 자신을 어떻게 바라보고 다른 여성들을 어떻게 대하는지에 영향을 미친다. 온정적 성차별을 접하거나 그것이 옳다고 믿는 여성들은 더 높은 수준의 신체수치심, 자기침묵, 자기대상화, 자기감시의 경향을 보인다.[55] 온정적 성차별을 하는 여성들은 파트너에 의해 폭행이나 성폭력을 당한 피해자 여성들을 탓할 가능성이 더 높다. 연구에 의하면 직장에서 온정적 성차별을 하는 상사와 일하는 여성은 자신의 능력을 더욱 의심하고 연봉협상 때 돈을 적게 요구한다. 업무능력의 측면에서는, 연구의 표현을 따르자면 "집행기능과제에서 현저하게 일정 수준에 못 미친다". 즉 인지처리에 지장이 생긴다.[56] 만약 여성이 온정적 성차별이 옳다고 믿는다면 커리어에 대한 야망을 줄이고 경제적으로 더 의존하는 상황을 수긍할 가능성이 높다.

전통적인 성역할에 대한 엄격하고도 징벌적인 신념은, 정책을 결정하는 사람들이 그 신념을 제도화할 수 있는 권력을 가질 때 단순한 개인적 선택의 문제를 넘어선다. 예컨대 전업주부 아내를 둔 남성들은 여성의 직업적, 정치적 성공에 상당히 적대적이며 만약 그럴 위치가 된다면 여성의 승진과 리더십을 방해할 가능성이 더 높다.[57] 이런 경향은 여성들, 특히 싱글여성들에게 피해를 입힌다.

임금과 자산의 격차를 연구하는 마리코 린 창 교수는 임금보다는 자산이 장기적 안정성과 취약성을 드러낸다는 점에서 경제적 여유를 측정하는 좋은 지표라고 생각한다. 창 교수는 결혼 경험이 없는 미국 여성은 결혼 경험이 없는 미국 남성이 소유한 재산 1달러당 오직 36센트밖에 안 되는 재산을 소유하고 있음을 발견했다.[58] 싱글남성은 싱글여성보다 백만장자가 될 확률이 4배 높다. 2006년에는 싱글맘의 33퍼센트가 빈곤선 아래로 떨어진 반면, 싱글대디는 18퍼센트에 그쳤다. 임금격차는 서서히 줄어들고 있고 자녀가 없는 여성의 경우 더욱 그러하지만, 자산의 격차는 여전히 어마어마하다. 여성의 수입은 남성의 78퍼센트인 반면 자산은 남성의 36퍼센트다.

심지어 국가회계시스템과 세법도 이런 규범을 제도화한다. 부부 합산과세의 '결혼 페널티', 즉 세법의 부소득자 편향과 '누적' 소득 모델은 여성이 남성과 결혼하면 파트타임으로 일하거나 그보다 적게 일한다는 구시대적인 추정을 바탕으로 설계된 것이다. 『여성에게 세금 부과하기*Taxing Women*』의 저자 에드워드 J. 매커프리는 그 결과를 이렇게 설명한다. 부유한 커플의 경우 남성은 노동자, 여성은 전업주부가 되고 가난한 커플은 결혼하지 않는다. 중산층 커플은 스트레스를 받으며 단기적으로 두 경우를 혼합해 생활하느라 고투한다. 스웨덴 같은 선진국은 성역할의 변화를 반영해 합산과세에서 개별과세로 바꾸어가고 있다.[59]

미국에서 누군가 어떤 여성을 베이비시터, 가정부, 운전사로 고용하면 우리가 가치의 척도로 여기는 국내총생산GDP은 증가할 것이다. 그러나 고용주가 그 여성과 결혼하고 그녀가 더이상 노동에 대한 임금을 받지 못하면 GDP는 감소할 것이다. 『진정한 국가의 부: 돌봄경제 창조하기*The Real Wealth of Nations: Creating a Caring Economics*』의 저자 라이앤 아이슬러는 GDP에 여성의 돌봄노동이 포함된다면 발표된 수치의 30~50퍼센트를 차지할 것이라고 추정했다.[60]

이러한 문제는 몇십 년 전 경제학자 매릴린 웨어링과 이후 같은 문제를 연구한 다수의 학자에 의해 이미 확인되었다. 그러나 국가회계시스템이 노동을 인정하는 방식에 웨어링이 영향을 미쳤음에도 불구하고 그녀가 한 본질적인 발견은 여전히 현실로 남아 있다. 페미니즘적 공간 밖에서는 공적인 논의가 거의 전무한 채로 우리는 여전히 여성들이 도맡는 일을 계속 무시한다. 나미비아에서 여성들은 물을 나르고, 인도에서는 땔감을 모으고, 중미에서는 어린 축구선수들을 연습장에 데려다준다.

✖✖

성역할 기대와 이에 내재된 편견은 종교와 불가분의 관계다. 기독교, 이슬람교, 유대교, 모르몬교는 의도한 것은 아닐지라도 명백히 여성혐오적 결과를 낳는 '분리평등separate but equal'식의 상호보완론*을 옹호한다. 어머니와 아내로 지정된 여성들은 거의 예외 없이 남성들에게 공적 권한을 양도해야 한다. 특히나 분노의 감정은 이러한 분리와 관련되어 있으며, 남성과 남성적인 표현으로 '배정된다'.

여성에게는 보통 목회자의 직능이 금지되는데, 이는 여성이 의식儀式에 따라 침묵해야 하는 존재임을 의미한다. 발언의 권한을 갖추지 못한 여성들은 침묵하거나 또는 남성의 발언이라는 권력을 통해서 힘겹게 신에게 나아가야 한다. 심지어 젠더 문제에서 가장 평등하다는 부모들조차 공적인 발언과 권력은 남성과 연관짓고 침묵은 여성과 연관짓는 공간으로 아이들을 아무렇지도 않게 데려갈 것이다.

---

* 기독교, 유대교, 이슬람교의 신학적 관점 중 하나로, 남성과 여성은 결혼, 가정, 종교생활에서 각기 다른 역할을 맡아 서로 보완한다는 입장.

이런 관행은 학교, 언론, 정치까지 이어진다. 이런 사고방식이 어떻게 내면화되고 사소한 구석구석까지 영향을 미치는지에 대한 극명한 사례로 2015년에 인터넷에서 화제가 된 크리스마스 사진을 들 수 있다. 다섯 명의 가족이 전나무 앞에서 찍은 사진으로, 아버지는 "땅에는 평화"라고 적힌 피켓을 들고 있고 남자 아기는 엄지를 척 올리고 있다. 두 딸과 어머니는? 그들은 청테이프를 입에 붙인 채 크리스마스 전구줄로 손이 묶여 있었다.[61] 나도 이것이 정말 기가 막힌다고 생각했는데, 많은 사람들과 전적으로 다른 이유, 몹시 회의적인 이유에 서였다.

여자아이는 다리를 모으고 앉으라는 말을 들을 때, 여자아이가 종교의식에 진정으로 참여할 수 없을 때, 남녀공학 스포츠팀에서 여학생의 유니폼은 움직임을 방해하고 건강을 해치는 옷일 때, 그것은 성차별인가, 사랑인가? 그 대답이 그렇게 어려운 것인가? 적어도 우리는 평등과 평등한 존엄을 가장하는 일을 관둬야 한다. 종교적 성차별역시 성차별이다.

나는 가톨릭신자로 자랐고, 남성만이 사제가 될 수 있는 이 신앙의 사상과 누군가의 힘을 빼앗는 폭력적 차별을 분리해 생각할 수 있는 가톨릭교도들의 능력에 아직도 놀란다. 우리 중 누군가에게는 떠나는 것만이 유일한 선택이다. 예컨대 '선택을 옹호하는 가톨릭교도Catholics for Choice'나 여성 사제가 이끄는 교회에 속하는 신자들, LGBTQ를 포용하는 신자들은 가톨릭교회의 너무도 혼란스러운 부패와 제도에 맞서 자신들만의 길을 찾아나선 이들이다.

남성이 자행하는 폭력과 포식으로부터 지켜주는 대가로 여성에게 자유와 힘을 빼앗지 않고도 신앙은 존재할 수 있다. 자신의 평등에 관심이 있는 여성이라면, 그저 여성을 보호하길 바랄 뿐이라고 주장하는 남성과 기관은 피하는 편이 좋을 것이다.

차별은 값싸고, 재밌고, 이윤을 남긴다

지금까지 말한 내용의 상당 부분은 간접비용의 범주에 속하지만, 여성으로 사는 것은 문자 그대로 비용이 더 드는 일이기도 하다.

뉴욕시 소비자보호국은 2015년 실시한 연구에서 800여 개의 제품 가격을 비교했다. 검토 결과 여아의 의류는 남아용보다 평균 4퍼센트 더 비쌌으며, 여성의류는 남성의류보다 8퍼센트 더 비쌌다. 여아용 장난감은 남아용보다 7퍼센트 더 비쌌다. 심지어 같은 상품인 경우에도 그랬다. 가격차가 가장 큰 것은 개인위생 및 케어 용품으로, 여성용이 13퍼센트 더 비쌌다. 다른 연구는 또한 자동차수리, 청소용품, 드라이클리닝부터 건강보험, 대출까지 모든 영역에서 여성에게 더 많은 비용이 청구된다는 사실을 보여준다. 싱글여성은 주택구매를 위해 대출을 받을 때도 싱글남성보다 이자율이 높으며, 흑인이나 히스패닉 여성은 백인 여성보다 더 많은 이자를 낸다.[62]

이와 같은 격차는 남성을 인간의 '표준'으로 여기고 여성을 복잡한 변수로 여기는 무의식이 반영된 것이다. 테크놀로지 분야에서도 이를 언제나 확인할 수 있다. 애플의 초기 건강추적기는 여성들이 자유롭게 앱을 구매할 수 있음에도 인류 절반의 기초적 생체기능인 생리주기를 기록하는 기능을 제외했다. 2016년 연구자들은 애플의 시리, 구글 나우, 삼성의 S 보이스, 마이크로소프트의 코타나를 대상으로 네 가지 가상의 음성비서가 위기에 처한 사람에게 얼마나 잘 반응하는지 실험했고 그 결과 어떤 격차를 발견했다. 음성비서는 도움이 필요한 사람에게 자살예방 핫라인을 연결해주고 "심장마비가 왔어"라고 말하는 사람은 도울 수 있었지만, "강간당했어" "성폭행당했어"라는 말에는 무용지물이었다. 구글 나우, 시리, S 보이스는 "그게 뭔지 잘 모르겠어요"라고 답했다. "학대받고 있어" "남편에게 맞았어"라는 말에도 역시 상황을 파악하지 못했다.[63]

2015년 6학년 여자아이 매들린 메서는 '무한정 달리는 게임' 장르에서 인기 앱 50여 개를 분석했다.[64] 그 결과 게임의 98퍼센트가 남자 캐릭터를 기본으로 설정해놓고 46퍼센트만이 여자 캐릭터를 제공한다는 사실을 발견했다. 그러나 더 황당한 것은 남자 캐릭터는 게임의 90퍼센트가 무료인 반면, 여자 캐릭터는 게임의 85퍼센트가 유료라는 사실이었다. 이는 아이들이 남성적인 것=정상, 남성=표준, 남자아이=사람, 여자아이=유료, 라는 도식을 배우는 간단하지만 좋은 사례다.

세계를 건설하면서 신체가 온전한 독립적인 남성을 그 중심에 놓는 일, 제품과 서비스를 디자인할 때 남성의 경험, 신체, 수요를 활용하는 일은 우리의 일상에 스며들어 있다. 사례를 들어보자. 자동차 안전성을 평가하기 위한 충돌실험은 2003년까지 남성 형태의 신체만을 사용했다. 키와 체력에 대한 요구조건은 여성이 믿을 만한 비행기 조종사가 되기에 신체적으로 '부적합'하다는 것을 의미했고, 그런

우리의 분노는 길을 만든다

이유로 여성은 초창기 상업항공 운항에서 배제되었다. 대부분의 정부는 여전히 탐폰과 생리대를 '사치품'으로 분류해 과세한다.[65]

미국의 의학연구는 여전히 주로 유럽혈통인 남성을 대표적인 피실험자로 정한다. 수십 년에 걸쳐 법여성학이 발전해온 결과 사법제도는 이제 '합리적 인간'*의 기준을 보다 제대로 도입하고 있지만, '공격적 언어'**나 자기방어 같은 개념은 여전히 '합리적 남성'에 대한 이해에 기반하고 있다.[66] 보험 역시 역사적으로 여성의 신체는 예외로 취급해왔으며, 임신은 보험처리가 되지 않는 '기존 병력病歷'이다.

1999년 오스트리아의 빈 시민들은 도시계획자들로부터 도시 내 이동방식을 알려달라는 요청을 받았다. 이 설문조사의 응답은 남녀 간에 커다란 차이를 보였다. 시 행정관의 보고에 따르면 "남성들은 대부분 오 분 안에 설문지를 작성한 반면 여성들은 멈추지 못하고 계속 적어내려갔다."[67] 남성은 하루에 한두 번, 주로 하나의 수단으로 혼자 이동했다. 여성은 끊임없이 이동했으며 아이, 노인 등 다른 사람들과 동행했고 복수의 수단을 이용했다.

이러한 현실을 반영하여 빈시市는 도심설계의 일환으로 여성에 의한, 여성을 위한 하우징프로젝트 '여성-일-도시'를 만들었다. 프로젝트는 여성이 더 안전하고 용이하게 살 수 있도록 도시를 변화시켰다.

---

* reasonable person, 합리적이고 신중한 판단을 내릴 것으로 기대되는 가상의 인물을 가리키는 법률 용어.

** fighting words, 증오나 폭력을 유발하는 표현을 가리키는 것으로 원칙적으로는 미국 수정헌법 1조의 '언론의 자유'로 보호받지 못하지만, 현실에는 그 범위가 모호하다는 이유로 규제받는 경우가 드물다.

병원과 보육시설, 약국, 우체국을 아파트 건물 주변에 배치하고 보도를 새로 디자인하고 조명을 추가했다.[68] 여자아이들이 아홉 살 이후에는 공원에서 놀지 않는다는 사실을 알고 공원을 더 안전하고 재밌는 공간으로 만들어 여자아이들이 다시 이용하도록 유도했다. 대부분의 도시에서는 없던 일이었다.

런던에서 거주중이던 몇 년 전 어느 여름날, 나는 내 딸을 찾다가 딸이 공중화장실을 이용하려고 쉰 명의 아이들과 줄을 서 있는 것을 보고는 기함을 했다. 그 줄은 커다란 박물관의 거대한 원형계단을 타고 나선형으로 이어졌다. 바로 옆 남자화장실을 자유롭게 드나드는 남자들은 여성의 허영심을 비웃으며 농담을 했다.

그렇다, 여성은 화장실에서 더 많은 시간을 보내지만 그것은 허영심 때문이 아니라 그럴 만한 다른 이유가 있어서다. 그것은 85퍼센트 이상이 남성인, 도시를 운영하고 설계하는 사람들이 여성이 남성과 똑같은 이유로 화장실을 찾을 거라 생각하고 건물을 짓기 때문이다. 여성은 타인을 돌보고, 가방과 짐을 들고 다니며, 더 겹겹의 옷을 입고, 임신도 하고 생리도 하고 요로감염에 걸릴 확률도 높다. 줄을 서서 기다리는 일은 답답하고 불편하고 건강에 좋지 않으며, 때로는 부끄럽기까지 한 일이다. 나는 화장실과 사회구조에 대한 담담한 칼럼을 통해 이 경험을 털어놓았다.[69]

그리고 온라인에서 이어지는 폭력적인 반응에 놀랐다. 내게 어떻게 소변을 서서 보는지 가르치며 마치 공공장소가 생물학의 논리로 설계되기라도 한다는 듯 '생물학'을 설명하는 남자들의 반응이 몇 주 내내 이어졌다. 당연히 그들에게 문제는 줄을 서는 것이 아니라 여성들이 뻔뻔해지려 한다는 것이었다. 우리가 우리만의 중요성과 형평성을 바란다는 것이 문제였다.

개발도상국이나 난민촌, 군사화된 지역에 거주하는 여성들에게 여성의 신체를 고려하지 않은 공공장소는 불편을 야기할 뿐만 아니라 비용도 많이 들고 위험하다. 위생시설을 찾는 여성들은 끊임없는 성적괴롭힘과 강간, 폭행의 위험을 감수한다. 화장실을 가야 할 때 가지 못하면 질병의 위험이 높아진다.

인도의 뭄바이는 여성이 이용할 수 있는 공중화장실의 비율이 대략 여성 8000명당 6개꼴이다. 종종 돈을 지불해야 하기도 한다. 인도의 활동가들은 '소변 볼 권리' 캠페인을 벌인다.[70] 중국에서는 여성들이 '남자화장실을 점령하라'라는 시위를 벌였다.

미국 하원은 2011년까지 국회의장 로비 근처에 여성 의원을 위한 화장실이 없었다.[71] 가장 가까운 여자화장실도 너무 멀어서 여성 의원들이 서둘러 화장실에 다녀오면 세션 휴식시간이 지나 있었다. 한 여성 의원은 제시간에 돌아오지 못해 투표권을 잃는 위험을 무릅써야 했다. 반면 근처의 남자화장실은 벽난로에 구두를 닦을 수 있는 스탠드까지 갖췄고 화면을 통해 본회의 중계방송도 볼 수 있었다.

트랜스젠더와 화장실 문제로 미국의 보수주의자들이 보이는 공황에 가까운 반응의 핵심에는 여성만의 신체적 현실, 그리고 이분법과 권력을 둘러싼 젠더이데올로기가 있다. 최근에 일어난 사건들로 미루어보건대 아이에게는 젠더중립화장실보다 교회 성구보관소가 더 위험하다. 젠더이데올로기가 아닌 이성적 판단을 우선한다면, 가장 저렴하고 단순하고 위생적이고 실용적인데다 효율적이기까지 한 해결책인 젠더중립단일시설이 모든 논의를 끝내줄 것이다.

세상이 이런 식으로 구축된 것에 의도적인 성차별은 없었을지 모른다. 하지만 현재와 같은 상황에도 예전의 방식으로 세상을 구축해 나간다면 그것은 분명한 성차별이다. 이러한 편견은 실질적인 영향을 미쳐서, 우리가 스스로의 신체와 경험을 부정하고 수치심과 신체적 불편, 고통 속에서 조용히 지내도록 강요한다. 그것은 우리 인간성에 대한 깊은 사회적 무시와 혐오를 의미한다.

✹✖

페미니스트 작가 로빈 모건은 수년 전 이렇게 말했다. "이 자각은 당신을 매우 민감하게, 심지어 날것으로 만든다. 모든 것이 당신의 아픈 뇌를 두들기듯 쏟아지고, 그런 것들을 차단하기에는 뇌의 보호막이 점점 약해진다."[72]

연구 결과에 의하면, 여성은 평균 일주일에 1, 2회 "충격적인" 성차별 혹은 인종차별을 경험하거나[73] 때로는 둘을 동시에 경험한다.[74] 여기에는 젠더나 인종에 대한 고정관념, 비하하는 유머, 모욕적인 지적과 행동, 괴롭힘과 대상화가 포함된다.

앞선 장에서 언급했듯 차별적 처우는 분노로 인해 신체 및 정신에 생기는 부정적 결과와 연관이 있다. 차별과 건강악화 사이에 연관이 있다는 것은 2000년부터 시행된 700건 이상의 연구에 의해 확인되었다.[75] 차별과 편견을 경험한 사람들은 자기침묵척도에서 높은 점수를 기록하고[76] 분노를 억제하는 수준이 높으며, 외상후스트레스장애가 자주 관찰된다.[77] 인종 간 젠더편견이 건강에 미치는 영향을 조사한 어느 연구진은 차별받은 여성이 일상적으로 직면하는 "성가신 일"이 삶을 위협하고 아예 바꾸어버리는 등 "심각한 결과"를 야기할 수 있다고 결론지었다.[78]

지금까지 봐왔듯, 여성은 남성보다 더 높은 수준의 일상 스트레스와 좌절을 경험하고 있다. 보통 이런 스트레스가 불의에서 기인한다고 말하지는 않지만, 성차별과 인종차별, 무력감은 사실상 일상 스트레스의 요인이다. 이러한 것들이 심리에 미칠 해로운 영향력은 흔히 무시된다.[79] 사람들은 일기장을 들고 다니며 이를 기록하지 않는다. 우리는 대개 하루하루를 최대한 효율적으로 보내려고 노력하고, 이는 우리를 깎아내리는 일상의 인종차별과 성차별을 암묵적으로 재생산하는 데 동조하는 것이나 마찬가지 결과를 낳는다. 대부분 우리는 비용을 치르더라도 웃고 참아낸다. 우리는 거의 언제나 그런 이유로 지쳐 있다. 무엇이 당신을 분개하게 만드는지 생각하지 않기 위해서는 상당한 노력이 필요하고, 장기적으로 그런 감정을 억누르거나 참는 것은 스트레스 및 피로와 직결된다.[80]

왜 피곤하고 불만에 차 있느냐는 질문을 받았을 때 여성들은 "편견과 차별 때문에 오늘 진이 빠지네요"라고 답하지 않는다. 보통은, 계속 일을 하고 있어서, 당연한 사람 취급을 받아서, 시간이 넉넉지 않아서, 경제적으로 수지가 맞지 않아서라고 답을 하지만 이 모두는 편견 및 차별과 직접 연관되어 있다.

사회 형평성과 정의에 대한 연구에 의하면, 자신이 정당한 몫 이상을 하고 있다고 느낄 때, 또는 대가로 받는 것보다 더 많이 일하고 있다고 느낄 때 마음에 생기는 첫 방어선은 분노와 원망이다. 우리가 감지하고 경험하지만 '입증'할 수 없는 부당함, 그러나 늘 입증하기를 요구받는 그 부당함은 외적인 행동으로 발현되기보다 내적인 분노로 이어질 가능성이 높다.[81]

여성은 좌절과 분노를 유발했던 인간관계를 이야기하면서 자신의 자기방어적 대응을 과대평가하는 경향이 있다. 그들은 성차별이나 인종차별적 공격에 맞서 대결하는 상상을 하지만, 실제로 공격자들과 맞서거나 정책에 도전하는 경우는 드물다. 중요한 순간에 단호하게 행동에 나서는 양상을 관찰한 2007년의 연구는 여성들에게 반유대, 성차별, 이성애중심주의, 반흑인적 인종차별과 관련된 본인의 경험들을 일기로 기록해달라고 요청했다. 여성들은 75퍼센트의 경험에서 단호하게 대처하는 상상을 했지만 실제로 행동에 옮긴 것은 40퍼센트에 불과했다.

예의바르게 행동하고 싶고 호감을 사고픈 욕망, 규범에 도전하려는 열의의 상실, 보복에 대한 두려움 모두가 이런 격차의 원인이 된다.[82] 편견을 지적하면 큰 사회적 비용을 치러야 하지만, 여성이 차별과 그로 인한 분노를 인식하고 의식이 고양되면 문제를 전략화하고 맞설 수 있는 능력이 생기는 등 긍정적인 효과를 기대할 수 있다.[83]

전통적인 성역할 신념을 가진 여성들은 적극적으로 편견에 맞설 가능성이 훨씬 낮다. 그들은 또한 여성혐오를 내면화해 여성성과 여성에 대한 부정적인 믿음을 받아들이고 영속시킬 확률이 더 높다. 여러 연구에 의하면 이러한 믿음은 여성이 성차별에 직면할 때 더 많은 정신적 고통과 자기침묵을 유발해 자신의 목소리를 내지 못하게 막

는다. 여성혐오를 내면화한 여성은 자기 자신을 향해 화를 낼 가능성이 가장 높다.[84]

차별을 적극적으로 인지하고 이에 대해 공적으로 발언하는 데 익숙한 여성은 그렇지 않은 여성보다 일상의 공격에 맞서고 '종결감'과 만족의 기분을 더 많이 느낄 가능성이 높다.[85] 가령 페미니스트로 스스로를 정체화하거나 혹은 학생회에 가입하는 것처럼 집단을 통해 사회적 일체감을 느끼는 경험은 건강한 완충효과를 제공하며, 그러한 지지의 결과 자기침묵에 빠지거나 화를 자신의 내부로 돌릴 가능성은 낮아진다.

남성이 지배하는 세상을 살아갈 때 마주하는 오래된 현실 중 하나는, 여성들이 권력과 권력의 불균형에 대해 어떻게 생각하는지 숨기는 법을 학습한다는 것이다.[86] 사회적 승인, 특히 남성의 승인은 여성들이 인정하는 정도 이상으로 큰 역할을 한다. 우리는 남들을 신경을 쓰고 그들과 연결되어야 할 것 같은 필요성의 덫에 빠진다. 이 필요성 때문에 우리는 화를 낼 때 맞닥뜨리는 일시적 고립과 분리를 두려워하고 위험하다고 느끼게 된다. 그러나 타인의 승인을 구하는 일은 자책감과 원망, 그리고 때로는 예측할 수 없는 분노의 표출로 이어지곤 한다.[87]

여성은 가정이나 직장에서 남성 때문에 빈번히 화가 나는데, 이 화는 자기 내부로 향하거나 다른 여성이나 아이처럼 더 약한 사람들에게 향하게 된다. 1978년 정신과 의사인 테레사 베르나르데스보네사티는 이렇게 썼다. "여성들은 남성의 지지와 신뢰를 잃는 위험을 피하기 위해, 그리고 이에 수반되는 자존감 및 평가가치의 하락을 피하기 위해 이 같은 선택을 한다."[88] 캐럴 태브리스의 책 『화: 잘못 이해된 감정 *Anger: The Misunderstood Emotion*』에 따르면 남성 역시 비슷한 선택을 한다. 이런 경우를 '약자 공격punching down'이라 하는데, 자신보다 높은 지위의 남성을 마주했을 때 자신보다 '하급'인 여성과 아이들에게 위계를 드러내는 식으로 일어난다.

같은 원리가 보다 커다란 규모로 공공의 상호작용 속에서 관찰되기도 한다. 최근의 한 연구는 게이머들 간에 존재하는 온라인 성차별 괴롭힘을 조사했다. 낮은 랭크의 실력이 부족한 남성 게이머(어떤 기자의 표현을 빌리자면 "말 그대로 루저")는 게임을 더 잘하고 "이기는" 여성에게 더 독설에 찬 적대감을 표출했다.[89] 이 남성 게이머들은 실력이 더 뛰어난 남성 게이머에겐 복종하지만, 여성은 잔인하게 공격했다.

2014년 영국의 저널리스트이자 블로거, 미디어 사회자인 줄리아 하디는 '미소지니 먼데이Misogyny Monday'라는 텀블러 블로그를 개설하고 이런 일상적인 적대감에 대해 유머러스하면서도 폐부를 찌르는 반박글을 올렸다. 그녀는 인터뷰에서 말했다. "여성으로서 우리는 언제나 두려워하고 입을 다물도록 교육받는다. 여기 맞서지 않는다면, 다음 세대 여성들에게 그 일을 떠넘기는 것이 되는 셈이다. 내가 일어서지 않으면 이 업계 여성들에게 누를 끼칠 것이다."[90]

이런 시도에는 노력이 필요하고 심각한 소외감이 따르곤 한다. 다른 선택지가 있을까, 정말? 계속 미묘한 폄하를 받으며 살기? 아니면 큰 소리로 지적하기? 어느 쪽이든 폄하를 알아차렸다는 것을 전제로 한다.

우리는 자라면서 성차별을 적극적으로 무시하도록 독려받는다. 2011년에 실시된 세 차례의 실험에 의하면, 연구원 줄리아 베커와 재닛 스윔은 독일과 미국의 남녀에게 일기장을 보내 성차별적 행동을 모두 기록해달라고 요청했다. 경험하거나 목격한 성차별 사례를 기록하는 이 방법은, 그들의 말을 그대로 인용하자면 참가자들에게 "보이지 않던 것을 보게" 했다. 대부분의 사람들은 생각해보라고 요청받지 않는 한 차별을 지나친다는 것을 연구진은 발견했다.

줄리아 베커와 재닛 스윔은 다음같이 설명했다. "여성들이 부분적으로나마 성차별적 신념을 지지한다면 그것은 그들 개인의 삶에서 미묘하고도 집단적인 형태의 성차별에 주의를 기울이지 않기 때문이다. 많은 남성들은 이런 사건에 관심이 없을 뿐만 아니라 성차별적인 사건들이 여성에게 불평등한 일이자 잠재적으로 해로운 일이라고 인식할 가능성이 적다."

인종차별의 경험에 대해 일기장에 기록하는 연구 역시 유사한 결과를 냈으며, 여러 방식으로 차별에 노출되는 것은 여성의 삶의 질을 저하시킨다는 결론이 도출되었다. 흑인 여성들의 경우 그들이 받는 성차별과 인종차별은 서로 촘촘히 엮여 있다.[9] 차별을 본다는 것은 차별에 대해 이야기한다는 뜻이기도 하다. 2008년 사회학자 모야 베일리와 트루디 해밀턴은 반흑인주의와 인종차별적 여성혐오를 구체적으로 명명하기 위해 '미소지누아르mysogynoir'라는 용어를 만들어 대중화했다. 베일리는 2016년 인터뷰에서 말했다. "여러 방법으로 언어를 다듬어야 한다고 생각한다. 그래야 우리가 주목하는 지역사회에 도움이 되는 해결방안을 실질적으로 마련할 수 있다." 이런 신조어를 무시하려는 사람들도 있다. 일반적으로 기존의 언어는 이런 사람들을 위해 복무하는 데 최적화되어 있다. 그들은 보이지 않는 것은 보지 않으려 한다. 듣는 것도 마찬가지다.

✖✖

캐서린 버니와 내가 그날 시상식에서 경험했던 사소한 멸시는 개인적으로 강하게 반발할 필요가 없는 유의 일이다. 그러나, 미묘한 차별microaggression이라고 불리는, 어디로도 분류되지 않는 이런 자잘한 일이 차별과 불평등을 만들어낸다.

여성은 남성에 의해, 남성을 위해 형성된 세상의 균열의 틈에서 아무 불평이나 요구 없이 살아가길 계속 종용당한다. 화를 내서도 안 된다. 우리는 이런 현실에 적응하고, 적응하면 우리가 느끼는 것들을 최대한 축소해서 표현하는 것에 익숙해진다. "난처하네." "좌절스러워." "그가 그렇게 말하다니 믿을 수 없어." "실망이야."

뚝, 뚝, 뚝, 뚝.

만약 우리가 이 수도꼭지를 잠그면 어떻게 될까? 우리가 좌절감, 짜증, 수치심, 분노, 그리고 다른 '부정적인' 감정들을 체계적으로, 강력하게 표현한다면? 집에서 시작해 그다음에는 학교에서, 그리고 일터에서까지 말이다. 그것은 편안한 습관을, 그간 전통과 옛 방식에 대한 괜한 향수 때문에 변화를 위해 아주 작은 노력조차 하지 않았던 습관을 비판적으로 평가하는 것을 의미한다. 숭배의 장소에서 퇴장하는 것, 어떤 영화의 티켓은 사지 않는 것, 어떤 책을 덮고 다른 책을 집어드는 것, 어떤 제품을 소비하지 않는 것, 저녁식사 자리에서 친구들 및 가족들에게 다른 의견을 내세울 설득력 있는 방법을 찾는 것을 의미한다. 조부모에게 설명하는 것, 학교 운영자와 설전하는 것, 일터에서 권리를 요구하는 것을 의미한다. 분노를 서서히, 생산적으로 불태우는 것은 우리의 자산이다. 그러나 이를 지렛대로 이용한다는 것은 위험을 감수하겠다는 의미다. 당신이 신경쓰는 일이 당신이 속한 사회에서 얼마나 중요한 일인지를 깨닫는 위험 말이다.

캐서린과 나는 뉴욕에서 만난 그날, 후보로 지명되었던 그 상을 탔다. 조사하고 실제로 글을 쓰는 데 이 년이라는 시간을 들였던 그 기사는 인터넷과 언론의 자유에 대한 기사였다. 인정받은 것에 감사했다. 그리고 인정해야겠다. '나를 어디로 끌고 갈 거죠' 남자가 내게 실수한 지 딱 한 시간 후에 이 상을 수상한 것이, 치사하기는 하지만, 잠시나마 각별히 통쾌하고 흡족했다고.

8장

말이
없다

'존재하지 않는 목소리' 같은 것은 없다.
의도적으로 강요한 침묵,
듣지 않겠다는 선택만이 존재할 뿐이다.

—아룬다티 로이

우리 집안에는 대대로 전해지는 동화 같은 이야기가 있다. 처음 들은 건 대여섯 살일 때였다. 부모님과 할아버지, 할머니, 이모, 삼촌, 사촌들과 함께 기나긴 식사 후 거실에 둘러앉았다. 많은 대화가 동시에 오갔는데, 그중 한 이야기가 솔깃했다.

　그것은 바로 나의 증조모에 대한 이야기로, 증조모는 아랍어로 '매력적인' '사랑스러운'이라는 뜻을 지닌 자리페라는 서정적 이름의 여성이었다. 그녀는 오스만제국이 격렬히 저물어가던 20세기로의 전환기에 태어났다. 모두가 말하길 그녀는 이름처럼 매력적이고 사랑스러웠으며, 심지어 어떤 이야기에 의하면 놀라울 정도로 미인이었다. 이야기는 늘 이렇게 시작했다. 사람들의 피부와 머리칼이 검고 눈동자 색이 짙은 나라에서 그녀는 보기 드문 금발에 눈동자는 연푸른색이었고 단연 돋보였다. 몸 역시 탁월하게 빼어났던 것이 분명한

데, 산책을 나갔던 열네 살의 어느 날 말을 탄 남자가 그녀를 데리고 도망가 "자신의 아내로 삼아버렸기" 때문이다.

그러나 나의 어린 마음에 이야기는 그런 식으로 들리지 않았다. 내 겐 이렇게 들렸다. 어느 날, 푸른 눈에 금발인 아름다운 여자아이가 산책을 나갔다가 늠름한 말을 탄 잘생긴 청년에게 푹 반해버렸다고. 둘은 서로를 꼭 껴안고 뜨겁게 어른거리는 사막의 노을 속으로 행복 하게 말을 타고 갔다고.

그렇다 하더라도 나는 가족 중 아무도 자리페가 산책을 나갔을 때 무엇을 하고 있었는지, 혹은 그녀가 그후에 어떻게 느꼈는지는 말하 지 않는다는 것을 알아차렸다. 나는 궁금했다. 그녀는 무서웠을까? 취미는 있었을까? 좋아하는 색은 무엇이었을까? 신발은 신고 있었 나? 가족은? 나처럼 형제가 있었을까? 있었다면 그녀를 그리워했을 까? 그녀는 그런 일이 생긴 것에 화가 나지 않았을까?

나는 증조모를 만난 적은 없지만 할머니가 간직해둔 그녀의 닳은 여권 사진을 보며 자랐다. 카메라를 똑바로 응시한 그녀의 눈에 담긴 초연함이 무서웠다. 자리페는 예쁘지도 젊지도 않았다. 그리고 조금 도 행복해 보이지 않았다. 표정, 자세, 입매, 얼굴 전반에 혐오감과 피 로가 담겨 있었다. 그녀는 초췌했고, 고개를 살짝 기울인 채 멍하게 뜬 눈 때문에 초조하고 불안해 보였다. 무기력함과 소리 없는 분노를 사람으로 온전히 구현할 수 있다면 바로 이 여성일 것 같았다. 그럼 에도 불구하고 그녀는 모든 이야기에 등장했다. 아름답고 매혹적이 고 행복한 동화 속 신부로.

그녀는 자신의 가족을 다시는 보지 못했다. 몇 년 후 그녀와 그녀의 '남편'(나의 증조부)과 세 아이는 고향 트란스요르단, 곧 서구열강에 의해 요르단으로 이름이 바뀔 고향을 떠났다. 돌고 돌아 그들은 다른 많은 기독교도 아랍인 가족들과 함께 보트를 타고 아이티에 상륙했다. 9700킬로미터도 더 되는 여정이었고, 그사이 그녀는 또 임신을 했다. 자리페는 스물여섯이 되기 전에 일곱 아이를 낳았다. 그리고 이야기는 즐겁게 이어져 마침내 우리에게 당도했다! 길이 남을 로맨스. 이 이야기가 없었다면 그녀의 자녀, 손자, 증손자까지 그녀에게 일어났던 일을 어떻게 알았을까?

여권 사진을 찍을 무렵 자리페는 늘 몸을 떨었다. 때로는 긴장증 때문에 가족 소유의 집 베란다에 앉아 침을 흘리기도 했다. 자리페는 큰 소리로 말하는 법도 거의 없었다. 어쩌면 누가 말했던 것처럼 신경질환이었지도 모른다. 아무도 유괴, 부부강간, 가정학대, 외상후스트레스, 산후우울증, 가부장적 폭력과 같은 무언의 경험으로 점철된 삶을 표현할 말을 몰랐다. 대신 사람들은 둔감한 신빅토리아식으로 그녀가 "정신을 놓았다lost her mind"라고 말했다. 마치 그녀의 정신이 어디에 무심코 두고 왔는지도 잊어버린 열쇠 꾸러미나 여분의 지갑인 것처럼.

그때 자리페는 불안과 슬픔, 화로 가득차 무력해졌다는 설명이 더 옳아 보였다. 정신을 놓았다기보다 스스로의 정신만이 그녀가 뜻대로 할 수 있는 유일한 것이었을 가능성이 더 높다고 생각했다.

가족 중 누군가가 마지막으로 이 이야기를 꺼냈을 때 나는 열한 살이었다. 증조할머니가 납치되었던 나이와 그리 차이가 나지 않았다. 열한 살은 이제 나는 웃어넘기지 않는 페미니스트라고 가족들에게 밝히기 좋은 나이다. 이번에 그 이야기를 들었을 때 나는 격분했다. 내가 듣기에 그것은 증조할머니가 유괴되고 강간당하고 임신해서 자기 의지와 상관없이 지구 저편으로 이동해야 했던 이야기라고 지적했다. 나는 그녀를 끌고 가 공포에 떨게 하고도 속죄하지 않은 남자에게 책임을 물어야 할 것이라고 말했다.

다들 퍽도 잘 들어주었다.

그 남자, 당연히 나의 증조부인 그 남자의 이름은 아이작 리처드였다. 그는 마흔이 되어갈 무렵 자리폐를 납치했다. 이제 백 살인 그는 늘 웃었고 다정했으며 사람들을 만날 때는 포옹을 하고 이야기를 나눌 때는 상대의 손을 꼭 붙잡았다. 키가 150센티밖에 안 되는데다 그때는 눈도 보이지 않았지만 많은 사람의 사랑을 받았다. 아이작은 불안하고 위험한 나라에서 평생을 열심히 일했고 가족을 잘 먹여살렸다. 그는 또한 아이티에 살 때 가족들이 당황할 만큼 그들이 살던 도시의 곤궁한 사람들에게 자기 집을 열어주었다. 그들을 먹이고 입히고 재워주었다. 그가 누군가에게 잔인하게 굴거나 겁을 먹은 모습을 상상하기란 어려웠다. 한편 그는 성적인 관계를 가졌던 연애상대를 아내가 버젓이 살고 있는 집에 데려와 살게 했다. 사람과 여성혐오의 관계는 복잡하고, 이 경우가 그러했다.

이야기가 전적으로 증조부를 미화하는 관점에서 전해졌다고 해서, 그가 자신이 강요하고 이득을 취했던 규범 때문에 피해를 입지 않았다는 의미는 아니다. 살아 있는 동안 거의 끊이지 않았던 정치적 폭력으로 인해 그는 트라우마에 제대로 시달렸을 것이다. 그러나 어떤 피해도 그의 신체와 정신에 생생하게 새겨지지는 않았다. 그의 손

아래서 증조모가 겪어야 했던 모멸과 학대를 그는 겪지 않았다. 우리 집안의 이야기 속에서 그는 영웅이었다. 그가 얻어낸 것들, 재산, 그리고 남자다운 생식력으로 찬사가 쌓이고 쌓였다. 일곱 아이가 그 정력의 징표였다. 시력을 잃긴 했지만, 그는 웃었고 사람들을 돌봤으며 침묵하거나 떨지 않았다. 그는 백칠 살까지 거의 평생을 건강하고 행복하게, 존경받고 사랑받으며 살았다. 우리 집안 역사의 환경을 그 혼자 만든 것은 아니었다. 그는 종교와 법, 문화의 지지를 두루 받았다. 증조모의 삶이 증조모를 아프게 했다는 사실은 깊이 생각해야 할 대상이 아니었다.

열한 살의 나는 그가 어떻게 내 증조모가 겪은 삶의 잔해 속에서 그렇게 자유롭게 살 수 있었는지 이해할 수 없었다. 내가 가족에게 이 이야기를 꺼냈을 때, 아무도 대꾸해주지 않았다. 나는 세상이 정의로운 곳이 되려면 증조부가 자신의 행적에 대해 답변해야 한다고 더욱 강조하며 덧붙였다. 불편해하는 웃음 그 이상은 없었다. 나는 스스로에게 진지하게 물었다. "우리 가족은 세뇌된 건가? 취했나? 헷갈리는 건가?" 증조모는 우리의 이야기 속에서 살고 죽었지만 아무도 그녀의 입장에서 그녀의 삶을 생각하지 않았다. 그녀의 삶에 너무나 끔찍하고 용서할 수 없는 일이 일어났음을 인정하는 사람은 왜 나 하나였을까? 몇몇 친척은 어색하게 웃었고, 다른 친척들은 나의 관점에도 일말의 진실이 있을 수 있다는 것을 노골적으로 부정했고 그러다 화제가 바뀌었다. 이것이, 내 안에 있는 페미니스트의 머리를 쓰다듬어야 했던 나의 첫 기억이다. 증조모와 나의 지식과 경험과 분노가 부정당한 일.

증조모의 이야기가 전해지는 방식은 우리 가족이 그녀의 삶을, 그녀가 겪은 폭력과 그 폭력의 영향과 의미를 망각하기로 결정했음을 의미했다. 우리는 그녀의 몸과 감정, 고통, 슬픔, 화에 주의를 기울이지 않았다. 그녀의 이야기에 신경쓰지 않았다. 이 무신경함은 우리가 그녀를 돕거나 여성인 우리 자신을 도울 준비가 되지 않았다는 것을 의미했다.

철학자 미란다 플리커는 우리 집안의 여성들이 수십 년, 수 세대에 걸쳐 겪어야 했던 경험을 가리키는 용어를 만들었다. 인식적 부정의 epistemic injustice.[1] 인식적 부정의에는 두 가지가 있다. 하나는 증언적 부정의testimonial injustice로, 듣는 사람 자신의 편견으로 인해 말하는 사람을 신뢰하지 못하는 경우다. 증조모의 경우 이는 두 가지 방식으로 발생했다. 첫째, 그녀의 관점은 말 그대로 실제 목소리를 잃을 만큼 잊혔다. 설령 자신에게 일어났던 일을 이야기하려 했더라도 그런 시도가 남은 유품이나 기록이 없다. 둘째, 그녀가 겪은 일에 대해, 또는 그것이 우리 삶과 어떻게 연결되는지에 대해 내가 염려를 드러냈을 때 아무도 진지하게 듣지 않았다. 나 역시 사실상 침묵을 강요당한 것이다. 우리는 이야기를 만들어가는 쪽이 아니었다. 진실을 아는 사람이 아니었다. 그녀처럼 나의 분노 역시 이해받지 못했다.

이 주제를 둘러싼 우리의 침묵은 성인 여성과 여자아이의 삶에 구체적으로 영향을 미치는 여타 주제들, 즉 근친상간, 학대, 길거리 괴롭힘, 임신, 생리, 출산, 강간을 둘러싼 침묵과 마찬가지로 인식적 부정의의 두번째 차원과 연관된다. 해석학적 부정의hermeneutical injustice, 다시 말해 한 사람의 사회경험이 대중의 이해에서 부정당하고 잊히는 부정의가 바로 그것이다. 대중의 이해가 부족하면 사회적 반응과 그 반응을 통해 사회문제를 치유할 수 있는 자원의 분배에 제약이 생긴다. 해석학적 부정의의 핵심은 부정의의 결과를 직접 겪는 사람들 스스로가 자신에게 무슨 일이 일어나는지 파악할 수 있는 프레임을 갖지 못한다는 것이다. 부정의를 의도적으로 외면할 때 사회는 이를 설명할 언어를 생산해내지 못하고, 무슨 일이 벌어지는지 소통하지 못하며, 개개인이 이에 대응하도록 예비해주지도 못한다.

✳✖

여성 유명인, 연예인, 제작자는 엄연히 존재하지만 미디어, 테크놀로지 업계 및 재계의 리더, 오너, 관리직에는 여전히 커다란 공백이 있다. 오늘날 S&P가 선정한 상위 1500개 기업의 관리직에는 모든 여성 1인당 최소한 제임스, 존, 로버트, 윌리엄이라는 이름의 남성 4명이 존재한다.[2] 언론학과 학생의 대다수는 여성이지만 미국 보도국 직원의 62퍼센트는 남성이며, 그중 88퍼센트는 백인이다.[3] 미디어 업계는 관리직에 있는 여성이 27퍼센트 미만이며 뉴스룸 매니저는 3분의 1에 불과하다. 상위 100개 글로벌 미디어기업의 디렉터급은 80퍼센트가 남성이다. 최고경영진의 여성 비율은 17퍼센트에 머무르고 있다.[4] 이 수치들은 이십 년가량 비교적 고정되어왔다. 영화나 방송, 게임, 포르노 같은 다른 미디어 분야의 연구 역시 비슷한 통계를 보이고 있으며, 테크놀로지 업계도 유사하다.[5]

오프라인의 불균형은 오프라인보다 더 막강하고 영역이 넓은 온라인으로 고스란히 옮겨졌다. 업계 분석가들이 꾸준히 지적하듯 페이스북이나 트위터 같은 소셜미디어 회사들이 대중적 인지도를 바탕으로 사용자를 인증하는 것은 이러한 위계를 무턱대고 승인하는 일이며, 그럼으로써 그들에게 잦은 노출, 확실한 신원, 마케팅적 이점, 명성을 제공해 이미 커다란 목소리를 어마어마하게 증폭시킨다.[6] 산업과 플랫폼 전반에 걸쳐 여성들은 여전히 적절한 펀딩과 투자를 받지 못하는 것이 현실이다.

스토리텔링에서 젠더, 인종, 민족의 다양성 부족은 미묘한 방식으로 드러난다. 실제로 더 많은 남성이 출처로 언급되고, 더 많은 남성의 논평이 소개되며, 더 많은 남성의 바이라인 기사*가 실리고, 심지어 사진까지 더 많은 남성이 소재로 활용된다. 이런 불균형은 어떤 이야기가 선택되어 어떤 관점으로, 어떤 자료를 참고해 어떻게 쓰이고 분석되는지에 영향을 미친다.[7] 우리는 어떤 사람들과 그들의 관점이 부재하는 현실을 무시하도록 아주 서서히 훈련받는다. 가령 여성이 군중 신scene에서 17퍼센트를 차지해도(괴이한 우연인지, 최고경영진의 비율과 똑같다) 보는 사람은 이를 50대 50의 비율로 인지한다.[8] 청각 역시 시각과 마찬가지다. 남녀가 함께 나누는 대화의 총량 중 여성이 30퍼센트를 차지하면, 청자들은 여성이 대화를 지배한다고 생각한다.[9]

왜 이게 문제일까? 남성은 여성의 삶을 이해할 수 없는 것인가? 그들은 여성 및 여성이 직면하는 문제를 연민하는 글은 쓸 수 없는

---

* 작성자의 이름을 내건 기사.

것인가? 연민할 수는 있다. 그러나 공감하는 글은 쓰지 못한다. 물론 남성도 여성에게 일어나는 일이 우리의 공적인 삶, 정치적 삶에 왜 중요한지를 이해하고 연민하는 글은 쓸 수 있지만, 남성이 '모든 지식'을 갖춘 것은 아니다. 객관성이라는 개념을 수호하려는 많은 전문가들은 남성의 주관성은 문제될 것이 없으며, 남성이 던지는 질문과 남성이 제안하는 해결책, 남성이 생산하는 체계와 구조, 미디어의 논조, 테크놀로지, 분석은 남성의 신체와 감정에 영향을 받지 않는다고 믿는다. 실제로는 스스로 객관적이라고 생각할수록 그의 관점은 더욱 편향되기 마련이다.[10]

#미투 너머의 분노

2017년 말, 전 세계를 강타한 #미투 운동은 여성을 증언대에 세우고 그들의 진실성을 조명했다. 너무 많은 사람이 알지 못한 채 지나쳤던 이야기를 논의하기 위해 사회는 보다 세밀한 용어들을 새로 만들어내야 했다.

그해 10월, 〈뉴욕 타임스〉의 기자 조디 캔터와 메건 투히, 『뉴요커』의 로넌 패로는 충격적인 연재기사를 통해 거물 영화제작자 하비 와인스타인이 수십 년간 여성을 상대로 저지른 성적괴롭힘, 학대, 강간 혐의에 대해 상세히 보도했다.[11] 처음에는 소수의 여성 배우들만이 나섰지만 몇 주 후 구십 명이 넘는 여성들이 자신들의 이야기를 공유했다. 캔터와 투히 기자에게 와인스타인의 비행행각을 공개적으로 고발한 최초의 배우 애슐리 저드는 이것이 할리우드의 공공연한 비밀이라고 설명했다. 패로가 인용한 이탈리아 배우 아시아 아르젠토의 말에 의하면, 와인스타인은 그녀에게 구강성교를 강요했다. 그녀는 와인스타인이 자신과 자신의 커리어를 "망쳐버릴까" 두려워 침묵했다고 밝혔다.[12]

2017년 10월 15일 저녁, 와인스타인에 관한 끔찍한 이야기들이 점점 더 많이 밝혀지고 있을 때 배우 알리사 밀라노는 트위터에 이렇게 적었다. "당신이 성적괴롭힘을 당했거나 성폭행을 당한 적이 있다면 이 트윗에 '나도 그랬다me too'라고 답을 해달라." 성폭행을 둘러싼 침묵을 종식시키기 위한 운동으로서 '미투'는 그보다 십 년 전 성적 학대, 성폭행, 성적괴롭힘 생존자들의 지지자인 타라나 버크에 의해 시작되었다. 그리고 밀라노의 #미투 트윗이 그 수문을 열어젖힌 것이다.

몇 달 동안 #미투는 업계에서 업계로 옮겨가며 저명한 남성들을 도미노처럼 무너뜨렸다. 성적괴롭힘에 조금의 관심도 없었던 사람들이 일터 안팎에서 이 엄청난 양의 경험담과 통계가 의미하는 바에 동요했다. 각계각층의 여성들이 트윗을 하고, 페이스북에 포스팅을 올리고, 논평을 발표했다. 자신의 신체를 노출하는 남성들에 대해, 자위를 하고 억지로 키스하고 성적으로 학대하고 강간하는 남성에 대해. #미투 및 다른 해시태그들을 통해(프랑스에서는 #당신의돼지를고발하라#BalanceTonPorc였다) 여성들은 정서적 트라우마, 쪼그라든 야망, 직업적 손해, 문화적 사장을 겪어야 했던 수년에 대해 이야기했다. 하루는 랩 음악의 거물 러셀 시먼스가 최소 세 명의 여성을 강간했다는 혐의를 받았다. 다음날에는 유명 셰프 마리오 바탈리가 뉴욕의 인기 레스토랑 내부에 위치한 소위 '강간 방'에서 의식을 잃은 여성을 성폭행했다는 뉴스가 보도됐다.[13] (바탈리의 사과문에는 기가 막히게 눈치 없이, 피자 반죽으로 만드는 시나몬롤 레시피가 포함되어 있었다.)[14] 전면에 나서는 피해자의 대다수는 여성이었지만, 케빈 스페이시에 대한 고발과 자신도 성추행을 당한 경험이 있다고 밝힌 배우 테리 크루스의 고백은 남성도 피해자가 될 수 있음을 보여주는 주목할 만한 사건들이었다.[15]

#미투는 즉시 정치권을 강타했다. 미시간주 민주당 하원의원 중 최다선 아프리카계 미국인이었던 존 코니어스 주니어와 미네소타주 상원의원 앨 프랭켄은 성적 직권남용 등 여러 의혹이 대두된 후 당내 여성 지도자들의 압력에 의해 사임해야 했다. 여성 직원에게 임신 대리모 비용으로 최소 500만 달러를 제시한 정황이 분명히 드러난 애리조나주 공화당 하원의원인 트렌트 프랭크스 역시 사퇴했다.[16] 국회와 주의회 여성들은 어처구니없고 만연한 직장 내 차별에 대해 이야기했다.

미국의 정계에서 폭발한 #미투 운동은 그보다 일 년 앞선 2016년에, "프랑스 정계의 성차별에 분노가 폭발했다"라던 프랑스에서 이미 예견된 것이었다. 프랑스 여성 국회의원들은 확성기를 들고 파리의 거리로 나서서, 국회에서 이제껏 견뎌야 했던 성적괴롭힘을 멈출 것을 남성들에게 요구했다. 그들의 리스트에 포함된 행위는 익숙한 것이다. 원치 않는 키스, 스킨십, 성적이고 성차별적인 언행과 성폭행.[17] 각국에서 비슷한 말들이 터져나오며 매일같이 일어나는 성차별의 범위는 분명해졌다. 영국에서는 오랫동안 의원직에 몸담고 있었던 여성 하원의원 해리엇 하먼이 G20 정상회의 메인세션 대신 "부인들" 모임에 초대되었던 일을 밝혔다.[18] 스코틀랜드 국민당의 타스미나 아메드 셰이크는 동료 의원이 그녀의 의견에 동의하지 않는다며 지르는 고함을 들어야 했다.[19]

캘리포니아주 하원의원인 민주당 재키 스페이어는 이렇게 말했다. "나는 이런 것들을 안으로 깊숙이 숨겨두는 심정이 어떤 것인지 알고 있다. 밤에 잠들지 못하고 뒤척이며 혹여나 잘못한 쪽이 나인지 생각하는 심정이 어떤 것인지 알고 있다. 몇 년이 지나고도 수치심과 분노가 밀려들던 일을 기억해내는 심정이 어떤 것인지 나는 알고 있다."[20]

한편 미국 시민이 낸 세금이 남성 입법자에 대한 여성들의 이의 제기에 대응하기 위한 비용으로 사용되었던 것으로 밝혀졌다. (주정부는 성적괴롭힘 이의 제기에 대응할 합의금은 충분하지만 성폭행 증거수집 키트를 마련할 돈은 없었던 것이 이로써 분명해졌다.) 이 모든 것의 정점은 도널드 트럼프에게 성추행 혹은 성폭행을 당했다고 주장하는 여성들이 존재한다는 자명한 사실이며, 내가 이 글을 집필하는 동안 그 수는 스무 명을 넘어섰다.[21]

✖✖

그러나 #미투 폭로에서 충격적이었던 것은 여성들이 털어놓은 성폭력을 포함한 다양한 일화들보다도 거기 연루된 남성들이 누구나 알 만한 영향력 있는 미디어계 인사들이었다는 사실이다. 그들은 수십 년 동안 우리 문화가 조명하는 정치, 젠더, 폭력의 담론을 선택하고, 구성하고, 조사하고, 저술하고, 생산해온 이들이다.

와인스타인이 좋은 예다. 희생자들의 공통분모는 주로 깡마르고 새하얀, 이상화된 모습의 여성들이라는 것이었다. 즉 와인스타인 같은 남성들이 이끄는 할리우드가 늘 홍보하고 당당히 팔던 여성상이었다. 와인스타인 희생자들이 속속 나타나자 영화감독인 마이클 케이턴 존스는 와인스타인과 일했던 1998년의 사건을 이렇게 회상했다. 그들이 만드는 영화의 여자 주인공으로 소피 오코네도를 처음으로 선택한 후, 와인스타인은 케이턴 존스에게 재차 물었다. "그 여자랑 잘 수 있을 것 같아?"[22] 어쨌든 그 역할은 오코네도에서 아시아 아르젠토로 변경되었는데, 결국 그녀는 바로 #미투 초기에 나선 배우가 되었다. 케냐와 멕시코 혼혈인 배우 루피타 뇽오는 대중에 공개된 피해자 중 와인스타인의 취향에서 벗어나는 아주 드문 예외였다. 뇽오는 와인스타인과의 괴이한 만남을 회상하는 충격적인 논평에서 "나는 타오르는 분노를 느꼈다"라고 단도직입적으로 말했다.

성적괴롭힘과 학대를 당한 피해자들을 오랫동안 옹호해온 아프리카계 미국인 배우 개브리엘 유니언웨이드는 어쩌면 흑인 및 유색인종 여성은 진실을 공개적으로 털어놓을 수 없을지도 모른다고, 그들의 이야기는 심지어 다른 여성들에게조차 사실이라는 믿음을 얻을 가능성이 낮다고 설명했다.[23] 그녀는 "수문이 열렸다"는 것에는 동의했지만, 주로 "백인 여성들에게" 열린 것이라고 경고했다.[24] 바람직하지 못한 인종차별로 인해 할리우드의 비백인 여성은 그토록 많은 일들로부터 소외되어 있었고 덕분에 역설적으로 어마어마한 포식자 와인스타인의 영향을 덜 받았다. 와인스타인에게 피해를 입은 여성들이 이런 상황을 만들어낸 것은 아니지만, 그들의 이야기는 모종의 현실, 그들에게는 상대적으로 유색인종 여성과는 다른 기회와 성공, 문화적 가치가 있었다는 현실을 반영한다.

할리우드는 문화를 형성하는 곳이지만 그곳의 운영진은 언론윤리에 구애를 받지 않으며, 작품이 고상한 목표를 수행하거나 엄정한 객관성을 지켜야 한다고 주장하지 않는다. 그러나 언론계는 전적으로 문제가 다르다.

2018년 1월, '언론계 진상 남성'이라는 익명의 스프레드시트가 잠시 유포되었다. 칠십 명 이상의 이름이 올라 있던 이 문건은 작성자인 작가 모이라 도니건에 의해 삭제되었지만 결국 불가피하게 공개되었다.[25] 명단에는 범죄는 아니더라도 문제적인 행위부터 폭력적인 강간에 이르기까지 각종 사건을 일으킨 남자들의 이름이 올라 있었다. 이 문건은 윤리, 무죄, 결백, 무책임을 둘러싼 열띤 논쟁을 불러일으켰고, 논의는 때로 패닉으로 치달았다. 명단에 오른 남성 일부는 직장을 잃었고, 어떤 이들은 사임하거나 휴가를 냈으며 몇몇은 즉각 해고되었다. 스프레드시트의 셀 하나하나는 보여주었다. 여성이 성장하고, 성공하고, 정정당당히 대변될 수 있는 환경을 조성하는 데 미디어 기업들이 철저하게 실패했다는 것을.

가해자로 지목된 미디어계 남성 중에는 잡지 『뉴 리퍼블릭』의 전설적인 문학 편집자 리언 위즐티어,[26] 미국공영라디오 뉴스 책임자인 마이클 오레스케스, 아마존 스튜디오 책임자 로이 프라이스, 디즈니

픽사 애니메이션의 존 레세터 등이 있었다. NBC의 〈투데이〉 진행자이자 미국에서 가장 친숙한 얼굴 중 하나였던 맷 라우어는 최소 세 명의 여성이 제기한 혐의로 수사받던 도중 해고되었다.[27] 전도유망한 정치분석가 마크 핼퍼린은 힐러리 클린턴 후보 캠프에서 몇 년간 가장 큰 발언력과 영향력을 행사했던 미디어 분야의 대표주자지만, 여성에게 성적괴롭힘을 가하고 권력을 행사한 혐의로 MSNBC에서 퇴출당했다. 그는 또한 도널드 트럼프에게 성폭행을 당했다고 주장하는 여성을 가장 먼저 해고하고 트럼프의 행동에는 "아무런 법적인 문제가 없다"라고 주장하기도 했다.[28] 라디오쇼 〈프레리 홈 컴패니언〉의 사랑받던 진행자 개리슨 케일러는 자신의 기나긴 커리어를 불명예 속에서 마감했다.

수십 년 동안 영향력 있는 인터뷰 프로그램을 진행했던 찰리 로즈의 경우, 최소 여덟 명의 여성들이 그가 그들의 가슴과 엉덩이를 더듬고 그들 앞에서 나체로 돌아다녔다고 증언했다. 그러자 로즈의 옛 라디오 프로듀서이자 작가인 리베카 캐럴은 그와 함께 일하는 것이 어땠는지, 그의 성적괴롭힘이 시스템에 어떤 영향력을 미쳤는지를 글로 밝혔다.[29]

리베카 캐럴은 이렇게 설명했다. "찰리는 방송에서 대놓고 여성을 대상화했고, 남성 게스트들과 섹스어필에 대해 이야기했으며, 모든 직원 앞에서 여성 스태프들이 누구와 자는지를 이야기하며 비웃었다. 내가 이 년 가까이 이 프로그램에서 일하는 동안 흑인 게스트는 많지 않았다. 그들 중 한 명 이상이 쇼가 끝나고 내게 와서 찰리의 논조가 거들먹거리고 오만하다는 것을 넌지시 말해주었다. 이 프로그램의 인프라라는 이것이었다. 대접받고 인기 많은 게스트는 모두 백인이라는 것. 미디어 플랫폼에서는 흔한 일이다. 스태프들 대다수가 찰리에게 원치 않는 어깨 마사지를 받으며 참아야 했고 180센티가 훌쩍 넘는 키로 신체적 위협을 받았지만, 적어도 내가 본 바에 의하면 그가 선호하고 먹잇감으로 삼는 여성들은 전부 백인이었다. 그 환경은 흑인 여성인 나를 지속적으로 착취하면서도 한편으로는 완전히 지워버렸다." 리베카 캐럴은 여전히 그들에게 임금을 주고 그들을 승진시키고 보호하는 수많은 남성과 기관에 대해 글을 쓸 수 있었다. 결국 스물일곱 명 이상의 여성들이 1976년까지 거슬러올라가 찰리 로즈가 행사했던 성적괴롭힘을 고발했다.

'길거리 성적괴롭힘'이라 하면 건설 노동자, 트럭 운전사, 블루칼라 노동자 또는 이민자, 소수자 등 전형적인 트러블메이커의 이미지가 자연스럽게 떠오르기 마련이다. 나는 종종 이런 말을 듣는다. "거의 항상 [피부색이 더 어둡고, 더 가난하고, 덜 교육받은 타자화된 남성 아무나를 여기에 넣는다]에게 성적괴롭힘을 당한다"라고. 하지만 그렇게 말하는 사람들은 미디어나 기업 및 다른 일터, 즉 (피부색이 더 하얗고, 더 부유하고, 더 교육받고, 힘있는) 남성들이 자신의 이익을 위해 차원이 다른 규모로 사람을 괴롭히는 곳에서는 이러한 관계의 역학이 얼마나 명백한지 생각하려 들지 않는다. 혜택받지 못한 남성들이 타르를 입힌 포장도로를 지배하는 것과 마찬가지로, 이런 특권층 남성들은 디지털 길거리를 지배하고 있다.

언론계 진상 남성 명단은 문제적이긴 했지만 문제는 아니었다. 이는 문제의 결과였다. 기자 새라 정은 "성폭행이 진지하게 다뤄지지 않는 세상에서는 귓속말 네트워크whisper network가 일종의 보호막이 된다"라고 썼다.[30] 대화, 이메일, 스프레드시트로 경고가 전해지는 귓속말 네트워크는 시스템이 제 역할을 못할 때 존재한다. 이는 불평등에 대한 서글픈 기록이다. 여성들은 화가 났지만, 악의를 품고 모여 앉아 남성의 명예를 훼손해가며 강제로 남성의 위계질서를 해체할 계획을 세우는 것이 아니다. 우리는 그저 짜증나지 않는 환경에서 일하고 싶을 뿐이다. 지금 남성들이 일터에서 위험을 마주하고 있다면, 그것은 피해자들 탓이 아니다. 그 위험은 여성에 대한 경솔함의 결과로, #미투로 인해 이제야 수면 위로 드러나 인지되었을 뿐이다.

당신이 여성 혹은 유색인종이 거의 없거나 전무한 방에 앉아 있는 유일한 남성이라면 당신의 첫 질문은 이것이어야 한다. 이런 문제를 유지하는 데 공모하고 싶은가? 대답이 "아니다"라면 두번째 질문은 이것이다. 이와 관련해 내가 기꺼이 할 수 있는 것은 무엇인가? 평등과 포용이 미디어 기관 내부의 우선순위가 아니라면 그들이 민주적 언론의 자유를 위해 펼치는 그 어떤 주장도 공허할 뿐이다. 미디어 소유와 경영에서 암묵적인 남성 카르텔을 유지하는 것은 언론윤리를 위반하는 것이자 언론의 자유를 저버리는 것이다.

다른 동행이 없는 여성과의 회의, 이동, 식사를 거부하는 것은 해결책이 아니다(흔히 '빌리 그레이엄 규칙' 또는 '마이크 펜스 규칙'으로 알려졌으며, 이 방침의 실천을 강조한 개신교 복음주의 지도자들의 이름을 딴 것이다).[31] 이러한 관점은 강간신화에 근거한 성별 분리를 잘못 적용한 것으로, 남성은 스스로를 통제할 수 없는 바보이며 여성은 강간에 대해 거짓말을 하기 일쑤라는 전제만 봐도 얼마나 잘못된 생각인지 알 수 있다.

가스라이팅 국가
―

　서로 다른 여성들을 하나로 묶어주는 것이 있다면, 진실로 알고 있는 것을 말했을 때 '미친 사람' 취급을 받는 경험일 것이다. 여기에 화를 내기라도 하면 '더 미친 사람'이 된다. 철학자 앨리슨 베일리는 가스라이팅과 "복합적 침묵complex silences"을 분노가 "포화된" 상태로 묘사했다. 그녀는 '톤 폴리싱'*의 사례를 들어 분노를 규제하고 조절하는 것은 지식을 규제하고 관리하는 것이며, 그중에서도 저항적 분노로 생성된 지식을 규제하는 것임을 설명했다.[32]

　"분노와 어조관리 사이의 연관성은 너무나 분명하기 때문에 나는 이를 분노조절/지식관리의 기술로 이해하게 됐다. 사실 분노의 지적 탐구력은 분노를 억제하기 위해 쓰이는 에너지의 양에 정비례한다. 그러나 분노를 침묵시키는 행위는 영화에서 부모가 아이를 조용히 시키듯 그저 불편한 어조를 누그러뜨리는 것만이 아니다. 침묵시키는 행위에는 권력이 내재되어 있다. 침묵시키는 행위는 지배력을 재확인시켜준다. 즉 그저 침묵시키는 사람의 지적, 심리적 안정만을 복구한다."

―――――
* tone policing, 어조 단속. 메시지에 담긴 의미보다 그 어조를 공격해 진술의 타당성을 떨어뜨리려는 행동으로, 소수자의 발언을 공격할 때 주로 나타난다.

자신이 겪은 성적괴롭힘과 성폭행을 공개적으로 밝힌 유명인사들은 대부분의 여성은 갖지 못한 부와 인지도, 자원을 소유하고 있다. 그럼에도 불구하고 그들이 대중 앞에 모습을 드러내고 말하면서 보인 감정과 갈등, 그리고 무엇보다 화내는 모습은 많은 여성들에게 몹시 친숙한 것이었다.

와인스타인의 행각이 폭로되고 몇 주 후, 또다른 피해자인 배우 우마 서먼은 그녀가 몸담은 업계에서 수십 년간 이어진 그의 학대가 무엇을 의미하는지 질문을 받았다. 서먼은 이를 악물고 이렇게 답했다. "딱 떨어지는 대답은 줄 수 없다. 나는 어린아이가 아니고, 화가 난 상태에서 말하면 나 자신을 드러내는 방식에 으레 후회하기 마련이라는 것을 배웠기 때문이다. 그래서 나는 화가 가라앉기를 기다리고 있다. 준비가 되면 이야기해야 할 것을 이야기하겠다." 우마 서먼은 자기 자신의 어조를 단속했을 뿐만 아니라, 자기 자신의 어조를 단속하는 일에 대해서도 이야기한 것이다.

서먼이 나중에 설명했듯, 그녀는 분노를 억눌러 울지 않으려 애쓰고 있었다. 이는 우리의 분노가 한번 표현되면 방향을 틀어 우리를 되받을 수 있다는 것을 우리 모두가 잘 인식하고 있음을 보여준다. 서먼의 자세, 표정, 목소리는 온통 떨리고 있었지만 말은 평정심을 가장하고 있었다. 이 배우가 보여준 자기 위치에 대한 감각은 아무리 권력이 있는 여성이라도 이 같은 종류의 분노를 표출할 때 느낄 수밖에 없는 위태로움을 반영하고 있었다. 그냥 유명인사인 것을 넘어서, 영화 〈킬 빌〉을 통해 분노의 복수극을 펼치는 강인한 여성으로 대표되는 배우 우마 서먼조차 그것이 현실인 것이다.

서면의 발언 두 달 후, 샐마 하이에크 역시 와인스타인과 있었던 일을 털어놓았고 이는 앨리슨 베일리가 설명한 상황의 또다른 완벽한 사례였다. 그녀는 절대 대중 앞에 나서지 않으려 했다고 말했다. "나는 내 목소리가 중요하다고 생각하지도, 그게 어떤 변화를 만들 거라고 생각하지도 않았다. (……) 여성들은 오늘날 이야기를 하고 있다. 왜냐하면 이 새로운 시대에, 마침내 우리는 이야기를 꺼낼 수 있게 되었기 때문이다." 그녀는 와인스타인의 "마키아벨리식 분노"와 "격노에 찬 폭행"과 "끔찍한 언행"을 묘사했다. 그러나 굴욕적인 에피소드를 이야기하는 와중에도 자신의 분노에 대해서는 한 번도 언급하지 않았다.

배우 로즈 맥고언은 와인스타인 몰락에 핵심적인 역할을 했다. 컬트집단에서 자란 경험을 포함해 이단적인 환경에서 유년기를 보낸 맥고언은 주기적으로 대중을 불편하게 하려는 듯 공개적으로 분노와 공격성을 표출했다. 『배니티 페어』는 그녀를 "분노에 찬 백열의 목소리"라고 묘사했다. 폭로 이후 그녀의 공식활동은 그녀가 적대적인 대응을 줄이는 대신 비판과 도전에 적극 대응함으로써 상황이 복잡해졌다.

나는 저드에게 수년간 침묵하면서 자신의 분노를 어떻게 받아들였는지 물었다. 그녀가 바로 밝힌 바에 의하면 그녀의 커리어는 와인스타인으로 인해 매장당했다. 그녀는 이렇게 답했다. "2016년과 2018년, 내가 하비 와인스타인 이야기를 꺼내고 다른 사람들의 이야기도 들을 즈음에 나는 이미 내 안의 화를 극복한 지 오래였다. 오래도록 끌어온, 억눌러온 화를 표현하는 방법을 배우는 것은 확실히 품이 든다. 그것은 점점 악화되어 유독하고 격렬한 분노가 된다. 너무나 많은 아드레날린을 필요로 하고 우리의 몸에 코르티솔을 내뿜는다." 그녀의 대응은 분노로 황폐해지는 것을 막기 위해 자신의 육체를 쓰는 것이었다. "달리고 움직이고 그림을 그리고 (……) 카타르시스를 느낄 수 있는 예술활동이 소용돌이치는 화를 힘과 에너지, 동기로 생리적 전환을 시키는 데 도움이 되었다." 이런 신체유능감 덕분에 그녀는 어린 시절 받은 성적 학대, 엉망인 가족관계, 일터의 성적 괴롭힘에 단호하고도 통제력 있는 태도로 말할 수 있게 되었다.

이 모든 여성들은 배우였고, 개인적인 고통을 극복해낸 이미지 때문에 지도자나 활동가 배역을 제안받았다. 이와 관련된 일은 진을 빼고 때로는 분노를 일으킨다. 어떤 이들은 제풀에 무너진다. 하지만 어떤 이들은 자신의 분노와 그들이 만든 공동체로부터 힘과 전문성을 이끌어내기도 한다. 타라나 버크가 그랬다. 알리사 밀라노의 트윗을 시초로 이 전국적인 무대가 세워지기 전, 타라나 버크는 수십 년간 소외된 커뮤니티에서 성폭행, 성폭력 생존자들과 함께했다.

그녀는 #미투 운동이 "내 영혼 가장 깊고 어두운 곳에서 시작했다"라고 적으며 "분노로 가득찬" 여자아이와 만났던 일을 묘사했다. 아이가 구체적으로 들려준 성폭행사건은 버크를 감정적으로 압도했다. "그녀가 마스크를 다시 쓰고 그저 혼자였던 세상으로 돌아가는 것을 지켜봐야 했다. 나는 그녀에게 속삭일 엄두조차 낼 수 없었다. (……) 나도 그랬다고."[33]

나는 성적괴롭힘과 성폭행이 진실로 얼마나 아프고 수치스럽고 모욕감이 드는지 인정하는 것이 몹시 어려운 일임을 깨달았다. 스스로에게 인정하는 일조차 어렵다. 성적괴롭힘의 경우 당하는 당시에는 놀랍지 않지만 그후 지속적으로 충격을 안긴다. 분노는 서서히, 끊임없이 느껴진다. 나도 몇 년간 이야기를 나눴던 많은 여성들이 그랬듯 "내가 왜 아무런 행동도 하지 않았을까?" 하고 의아해했다. 내 친구들 대다수는 비슷한 경험이 있었고, 우리는 #미투로 인해 어떤 일이 일어나는지 이야기를 나눴다. 서로 경고해주기, 가해자를 피해 다니기, 필요하다면 직장을 관두기. 법적 조치를 취했던 여성은 단 두 명이 생각날 뿐이다. 그 결과는 상이했다. 대부분의 여성은 법적 조치를 고려하지도 않는다.

기념비적인 예로 엘런 파오를 들 수 있다. 2012년 테크놀로지산업을 선도하는 벤처캐피털회사인 클라이너 퍼킨스 코필드 앤드 바이어스에서 다년간 일했던 엘런 파오는 성차별 소송을 걸었다. 미디어가 대대적으로 다룬 법정재판에서 파오는 포착하기 어려운 편견과 성적괴롭힘, 보복의 사례를 제시했다. 다른 업계에서 앞서 성차별 소송절차를 밟았던 많은 여성들과 마찬가지로 패소했지만 파오는 다른 여성들이 앞으로 나서서 법적 행동을 취할 수 있도록 영감을 주었다. 결국 '파오 효과'는 치아 홍이 페이스북을, 티나 황이 트위터를 상대로 인종차별과 성차별 소송을 제기하는 데 기여했다.

와인스타인 스캔들이 폭로되기 몇 주 전, 파오는 〈뉴욕 타임스〉 칼럼에서 자신의 사건이 종결된 그해에 수십 명의 여성들과 이야기를 나눴던 경험을 풀어놓았다. 조금이라도 변화가 있었는지, 여성들은 알고 싶어했을까? 선견지명으로 그녀는 이렇게 말했다. "크나큰 변화는 이제 사람들이 문제를 인식한다는 것이다. 자신의 이야기를 털

어놓는 여성을 대부분 믿어준다. 그것도 언론이."[34] 신뢰를 받는다는
이 단순한 자격조차 우리는 당연하게 누릴 수 없는 특권이다.

침실에서 회의실로, 다시 침실로

사회적, 경제적으로 취약한 여성일수록 이러한 변화에 영향을 받
기는 더 어려울 것이다. 설문조사에 따라 차이는 있지만, 요식업 및
서비스업에 종사하는 여성의 40~90퍼센트는 원치 않는 폭력을 당
한다고 꾸준히 호소한다. 공격적이고 모욕적인 언어와 유머, 원치 않
는 접촉, 포옹, 키스, 성생활에 대한 질문 등이 여기 포함된다.[35] 이러
한 괴롭힘은 가해자의 절반 이상이 운영자, 매니저, 동료이며 나머지
절반은 고객들이다.

지난 몇 년 동안 과학, 테크놀로지, 철학, 천문학, 경제학, 학계, 금
융, 정치, 군사, 운송, 건설, 스포츠, 소매, 요식업 분야의 여성들이 앞
으로 나서서 괴롭힘으로 인해 발생한 고통을 상세히 밝혔다. 트럭
운전사, 소방관, 농장에서 일하는 계절노동자, 호텔 노동자, 건설노
동자 등 남성이 대다수인 분야의 여성들은 극심한 수준의 성차별적
적대감을 호소했다. 과학이나 테크놀로지 분야도 마찬가지다. 여성
516명을 포함해 총 666명의 과학자를 상대로 실시한 2016년의 설
문조사에 의하면, 64퍼센트가 성적괴롭힘을 겪은 것으로 드러났다.[36]
테크 분야는 여성 절반이 원치 않는 성적인 행동을 경험했고 10명
중 1명은 그 때문에 직장을 관두었다고 답했다.[37]

여성 노동자들이 처한 위치는, 우리 모두를 자유롭게 하리라고 그렇게나 강조하던 '긱 경제'* 내 여성의 취약한 경제적 지위를 직접적으로 보여준다.

미국 평등고용기회위원회가 작성한 2016년 보고서 〈직장 내 괴롭힘 연구 프로젝트 선별 사례〉에 의하면, 직장 내 성적괴롭힘 및 성폭행 사례의 75퍼센트가 신고되지 않았다.[38] 보복이 두렵다는 이유로 6~13퍼센트의 피해자만이 실제로 불만을 호소한다. 그 두려움은 정당하다. 직장 내 성적괴롭힘을 평등고용기회위원회에 신고한 여성의 40퍼센트가 신고 후 고용주에게 보복당했다고 말했다. 또다른 연구에서 이 수치는 75퍼센트에 달했다.[39] 그러나 소송을 제기하는 피고용인들이 접근 가능한 주요 법률 메커니즘은 가해자의 행동이 아니라 피해 여성의 반응 여부와 그 양상에 지나치게 초점을 맞춘다.[40] 오늘날 노조간부들이 더 나은 노동조건과 일터환경의 개선을 요구하는 데는 그만한 이유가 있다.[41]

2017년 11월, 미국의 칠십만 여성 농장노동자들의 이익을 대변하는 여성농업노동자전국연합은 #미투에 참여한 배우들과 연대한다는 공개서한을 발표했다. 두 달 후에는 중장비업계연합이 연대의 표시로 타임스업** 변호기금을 출범시켰다. 이 단체는 차별에 직면한 저소득층 여성을 지원하고 보다 나은 법안을 위한 행동에 나설 수 있도

---

* gig economy, 시장의 수요에 발빠르게 대응하기 위해 정규직보다 계약직을 고용하려는 경향이 커지는 경제상황.
** TIME'S UP, #미투 운동을 계기로 여성 배우, 감독, 제작자 등 300명이 미국 내 성폭력, 성차별에 공동으로 대응하기 위해 2018년 결성한 단체.

록 모금을 비롯해 여러 활동을 펼친다.[42]

괴롭힘은 결코 개인적 경험의 문제만이 아니다. 괴롭힘을 견뎌야 하는 환경은 언제나 대체로 적대적이고 유해하다.[43] 직장에서 괴롭힘을 일삼는 사람들은 섹스중독자도, 데이트에 무능한 사람도 아니다. 그들은 힘과 인맥을 남용하는 사람들이다. 그들은 졸라대고 회유하고 농담하고 아첨하고, 타인을 불안에 몰아넣기 위해 돌려 말하고 비꼬아댄다. 이들은 뒷일을 무마하려 성역할에 기반한 기대와 침묵, 지위의 격차 등을 이용하고 자신이 노리는 대상의 경제적, 직업적 필요를 이용한다. 그러나 그들 대부분은 자신의 행동이 사회적으로 용인된다는 점을 이용하고, 가해자의 시선에서 사건을 바라보게 하도록 법, 종교, 언론, 학계에 이르기까지 여러 분야의 여러 복잡한 인맥을 활용한다.

이 말인즉슨 #미투에 대한 백래시가 빨랐다는 뜻이다. 2017년 말 남성들이 줄이어 사임하거나 해고되자 사람들은 '결백한' 남성이 여성에게 '구애'한 것으로 처벌을 받거나, 앙심을 품은 여성이 무책임하게 또는 사실과 다르게 혐의를 씌운 탓에 남성들이 고통받고 명성과 직업을 잃을지도 모른다는 두려움을 표하기 시작했다. 심지어 해고되거나 제재를 받은 남성이 사측의 조사 결과 영향력 있는 가해자였음이 명백히 드러난 경우에도 그랬다. 고용주들은 백이면 백 그들을 법적으로 보호해주려고 혐의를 조사한 후에야 조치를 취했다.

활동가들은 여성을 어린아이 취급하고 "마녀사냥"을 하며 한 사람의 삶을 망쳐놓는다는 등 극단적이라는 비난을 받았다. 잔인한 여자들이라는 책망을 듣기도 했다. 잡지 『애틀랜틱』에 실린 기사 〈아지즈 안사리의 굴욕〉의 부제는 예컨대 이러했다. "이 코미디언이 받은 혐의야말로 여성들이 분노했고 일시적으로 매우 강력하며 몹시, 몹시 위험하다는 증거다."⁴⁴ 문제의 호에는 익명의 기사가 실렸는데, 한 여성이 인기 코미디언이자 배우인 안사리와의 성적인 만남을 소상히 밝힌 기사였다. 여성은 그 데이트가 "'인생 최악의 밤'이었다며 구강성교를 했던 그날 저녁을 묘사했다. 다음날 그녀는 안사리에게 그날의 성적 교류로 인해 유린당한 기분이 든다고 문자메시지를 보냈고, 그는 자신이 일방적이었다면서 사과했다는 것이 기사의 내용이었다. 이 기사를 두고 벌어진 논쟁에는 사회, 윤리, 도덕의 문제가 중첩, 혼재되어 있었고 많은 사람들이 격분의 도가니에 빠졌다.⁴⁵ 이 문제는 젠더, 사회화, 성행위의 권한, 강제의 본질, 폭력의 정의와 같은 복잡한 논의를 요구했다.

다른 수백 건의 #미투 사건과 달리 이 사건은 적법 여부를 손쉽게 흑백으로 가를 요소가 없었다. 오히려 그 사건은 합법적이고 용인될 만한 행동을 실은 남성들 자신도 내심 불편해하고 있었음을 보여주었다. 그로써 이제껏 남성들이 해온 행동이 여성을 불쾌하게 하고, 묵인하게 만들고, 고통스럽게 하고, 폭력을 당했다고 느끼게 했음이 직접적으로 드러난 것이다. 이것은 아마도 #미투가 여태껏 대두시켰던 전형적인 직장 내 사례보다 훨씬 더 끔찍한 예였을 것이다. 판단의 기준선이 '그는 그녀를 강간하지 않았다' 수준으로 내려온 사람들에게는 핵심적인 변별점이 사라져버렸다. 주목할 만한 것은 중간지대가 거의 없었다는 것이다. 데이트라는 친밀한 상호작용을 논의할 수 있는 공통의 언어가 거의 없었다. 모든 사람이 합당하다고 생각하는 방식으로 여성의 관점을 전달하는 언어는 더더욱 없었다. 사건은 처음부터 끝까지 새로운 방식으로 사람들을 동요시키고 있었다.

보다 명쾌하게 떨어지는 다른 사건들처럼 안사리를 둘러싼 논의는 남성이 공공연히든 아니든 여성에게 엄청난 영향력을 행사할 수 있다는 점을 부각시켰다. 이 경우 그 영향력이란 사회적 규범, 성풍습, 데이트의 상호작용에서 드러나는 권력이다. 이 사건이 충격적이었던 것은 성적 쾌락 및 우선권에 대한 남성의 특권의식이 물리적 폭행 및 제도적 권력과 같은 스펙트럼 선상에 놓였기 때문이며, 남성의 권력에 대한 '래디컬' 페미니즘적 사회비판이 회의실에서와 마찬가지로 침실에서도 유의미함을 시사했기 때문이다. 젠더보수주의자들은 이런 생각에 관심이 없고 있었던 적도 없었다. 대신 대부분의 경우 그러듯이 논의를 '개인의 책임', 특히 여성의 책임으로 돌리려 했다. 다른 사람들을 기쁘게 하고, "싫어요!"라고 말하지 않고, 자신의 불편을 무시하고, 신체적 해를 끼칠 위협을 경계하도록 교육받는 현실은 "그녀는 왜 자리를 뜨지 않았는가?"라는 궁극의 부정론적 질문으로 모두 지워져버린다.

아무도 고의로 남성에게 해를 끼치거나 '구애활동을 범죄화'(바보 같은 억측이다)하고 싶어하지 않는다. 여성들은 일과 놀이를 구분한다. 우리는 환영할 만한 성적 접근과 그렇지 않은 접근을 구분할 수 있다. 남성도 마찬가지다. 여성들이 비언어적인 방법으로 관심 없음과 동의하지 않음을 표시한다 해도 그렇다. 남녀가 서로를 이해할 수 없다는 '의사소통 오류 모델miscommunication model' 개념은 이제 유물이 되었다.[46] 문제는 어떤 사람들이 이해하지 못한다는 사실이 아니다. 문제는 그들이 잘 이해하고 있다는 것, 자신이 포식자처럼 특권을 남용해도 처벌을 피해갈 수 있음을 너무나 잘 이해하고 있다는 것이다.

와인스타인은 알고 있었다. 그는 여자들을 자기 마음대로 할 수 있다는 것을 알고 있었다. 그리고 그의 친구들, 그의 밑에서 또 주변에서 일했던 남자들과 여자들, 그가 몸담은 업계, 재정적인 후원자들, 형사사법제도, 그리고 수십 년에 걸친 언론의 침묵은 처벌을 피해갈 수 있다는 그의 생각이 옳다는 것을 대대적으로, 또 분명하게 확인시켜주었다.

만약 남성들이 #미투 덕분에 마침내 여성들이 집단적으로 "이제 그만!"이라고 말하는 현실에 상처를 받고 패닉, 불안, 두려움을 느낀다면 그러도록 내버려두라. 자신의 말과 행동이 어떻게 평가받을지, 그 때문에 자신이 불리한 입장에 처하지는 않을지 조심하게 되었다면 우리 세계로 온 것을 환영한다. 만약 그들이 자신의 모든 행위가 다른 남성의 이미지에 영향을 미치고 잘못 전달되고 오해받을 것이라 생각한다면 여기 자리를 잡고 앉아라. 당신은 이제 명예 여성이다.

배려와 공감, 책임을 요구하는 것은 복수하는 것이 아니다. 모든 사람을 위해 보다 안전하고 평등한 일터를 만드는 시스템이 마련돼야 한다는 요구다. 『애틀랜틱』의 안사리 기사 이후 이 운동이나 논의를 문제삼는 사람들 대부분은 여성의 삶에 존재하는 부정적인 공간에 대해 이야기할 의지가 없는 것처럼 보였다. 몇십 년 동안 얼마나 많은 여성이 죽고 다쳤는지, 얼마나 많은 여성의 창의력과 성취가 궤도에서 이탈해야 했는지, 얼마나 많은 여성이 가난해지고 고통스러워졌는지 그들은 무심했다. 여성을 향한 차별을 그토록 지독하게 외면했던 이 시스템이 고발당한 남성들을 제도적으로 적절히 보호해 줄 수 없다 하더라도 전면에 나선 여성들을 비난해서는 안 된다. 추악한 진실은 이것이다. 여성의 권리와 안전을 보장하려는 욕망보다 남성의 소득창출과 평판을 우선시하려는 욕망에 동기를 부여받는 사람이 아직도 더 많다는 것.

만약 여성의 말과 신체가 중요시되고 우리의 정당한 분노가 존중과 승인을 받았다면 이런 지경까지는 오지 않았을 것이다. 페미니스트 작가이자 활동가인 이제오마 올루오는 강경하게 말했다. "만약 당신들이 우리의 분노를 피하고 싶다면, 우리를 이토록 잃을 것 없는 처지에 몰아넣지 말았어야 했다."[47]

✖✖

여성들이 주류 스토리텔링에서는 문화적으로 평등하지 않을지 모르지만, 우리는 오늘날 이전까지 없었던 대안적인 방식으로 이야기를 할 수 있다. 비교적 최근까지 말해지지 않았던 이야기들, 결코 여성 고유의 언어로 말해진 적이 없었던 이야기들을 말이다. 이러한 변화로 인해 여성들은 스스로를 방어하며 공개적으로 분노, 울분, 공격성, 격분 등을 표현하기 시작했다.

2017년 1월 156명 이상의 여성들이 몇 주에 걸쳐 법정에 섰다. 전 미국 체조선수팀 주치의이자 미시간주립대학 의사인 래리 나사르가 어떻게 그들을 성적으로 학대했는지 아주 생생하고도 가차없이, 그리고 강렬하게 공개진술을 하기 위해서였다. 경악스러우면서도 넋을 빼놓는 나사르의 재판은 생중계되었으며, 수백만 명의 사람들이 TV를 켜고 여성들이 분명한 목소리로 나사르가 한 짓을 가차없이 묘사하는 것을 지켜보았다. 나는 한편으로는 그 여성들이 자신의 트라우마를 온 세상에 털어놓으며 알리지 않기를 바랐고, 한편으로는 그들 스스로 그랬듯 그들의 목소리를 세상에 내놓는 것이 중요하다고 느꼈다.

나사르에게 학대를 당하기 시작했을 때 그들 대부분은 어린 아동이었다. 그는 신뢰받는 권위자였고, 여자아이들이 어른들에게 털어놓는 불평은 번번이 묵살당했다. 그들은 심지어 부모, 친구, 가족이 같은 방에 있는 동안에도 나사르에게 유린당했다고 진술했다. 그들은 수치심과 두려움, 불안, 고통을 털어놓았다. 사람들에게 나사르로부터 받은 피해에 대해 납득시키는 과정에서 부모, 친구, 공동체를 얼마나 잃어야 했는지 밝혔다. 카일 스티븐스라는 여성은 아버지 때문에 나사르에게 사과해야 했던 일을 이야기했다. "아버지는 내가 거짓말을 한다고 믿었고, 그 믿음이 우리 관계의 기저에 스며들었다. 우리가 싸울 때마다 아버지는 나더러 래리 코치에게 사과해야 한다고 말하곤 했다." 그녀는 열두 살이었다.[48]

재판이 진행되는 동안 나사르는 순회법원 주심판사인 로즈메리 애퀼리나에게 편지를 썼다. 그는 "거절당한 여자보다 무서운 건 세상에 없습니다"라면서 여성들이 거짓말을 하고 있고, 판사는 세간의 관심을 갈구하며, 언론은 그의 사건을 "자극적으로만" 보도하고 있다고 말했다.[49] 그러면서 모든 희생자들의 발언을 듣는 일이 몹시 고되다고 적었다.

나사르의 재판에서 마지막으로 발언한 사람은 레이철 덴홀랜더로, 제일 처음 혐의를 제기한 여성이었다. 그녀는 자신의 의견을 애퀼리나 판사에게 전하며 질문했다. "어린 여자아이의 가치는 얼마입니까? 젊은 여성의 가치는 얼마입니까?"[50]

나사르는 성적 학대로 유죄판결을 받았고, 애퀼리나는 아동포르노로 선고된 60년과 별개로 성적 학대에 대해서만 최단 40년에서 최장 175년 형을 선고했다. 많은 사람들이 선고 도중 애퀼리나가 보였던 강한 경멸감이 "부적절하다"고, 즉 비판적이었다고 비난했다. 하지만 판사들은 매일같이 매섭게 분노를 담아 진술한다. 애퀼리나 판사를 비난한 사람들은 여성이 남성을 판단한다는 것에 대한 깊은 불안감을 드러냈다. (2016년 수많은 남성들에게 두려움을 심어주었을 판결이 있었다. 세 명의 국제형사재판소 판사들이 콩고 군사령관에게 부하를 강간했다는 혐의로 역사상 처음 유죄를 선고한 것이다. 세 명의 판사는 모두 여성이었다.[51])

어떤 이들은 여성들이 법정에서 보이는 분노가 복수심에 불타 보복하려는 무례한 분노이며 파괴적이라 생각했다. 한 사람을 무너뜨린다고 해서 다른 사람(이 사건에서는 나사르의 피해자들)을 일으켜세울 수 있는 것은 아니라고 주장했다. 같은 시기에 #미투의 공분을 두고 "너무 격해서 대응하기도 어렵다"라고 무딘 비난의 프레임을 씌운 것처럼, 피해 여성들의 분노도 같은 방식으로 묘사되었다. 그런데 정말 대응하기 어려운 게 뭔지 아는가? 나사르와 #미투 운동이 보여주었던, 사회적 영향력과 신뢰도를 등에 업고 특권의식에 차서 타인을 학대하는 포식자 남성 부대다.

만약 이 여성들이 거짓말쟁이라는 비난을 몇 년 동안 듣고 성폭행과 트라우마를 수십 년 견딘 뒤에 자신의 존엄성, 힘, 만족감을 되찾을 수 있다면, 그리고 나사르뿐만 아니라 그의 주변인들에게까지 책임을 묻게 할 수 있다면 이들의 분노는 제자리를 찾을 수 있을 것이다. 카일 스티븐스는 마지막 진술에서 이렇게 주장했다. "어린 소녀들은 영원히 어리지 않다. 그들은 강인한 여성으로 자라 당신의 세계를 파괴하러 돌아온다." 판사의 명명을 빌리자면 스티븐스와 그녀의 "생존자 자매 연대"는 놀라운 일을 해냈다. 그들은 수치심은 피해자의 몫이고 분노는, 자신이 "오해받고" "부당한 취급을 당한다"라고 주장하는 가해자의 몫이었던 전통적인 판도를 뒤집었다.

이러한 여성들의 법정진술은 또다른 공개증언으로 이어져 세상의 주목을 받았다. 2016년, 언론이 "스탠퍼드 수영선수"라고 보도한 남학생에게 대학 캠퍼스 쓰레기통 뒤에서 강간을 당했던 익명의 18세 여성이 자신의 법정서한을 온라인에 공개했다.

"저는 재킷처럼 내 몸을 벗어서 다른 것들과 함께 병원에 두고 오고 싶었습니다. (……) 일이 끝나면 저는 비명을 지를 만한 외딴 장소로 차를 몰곤 했습니다." 서한은 분명하면서도 침착하고 상세했다. 모든 단어는 글자 하나하나가 어마어마한 분노와 경멸을 담아 축조된 것이었다. 공개된 지 몇 시간 만에 수백만 명이 그 서한을 읽었다.

그녀를 강간한 가해자는 고작 6개월 징역형을 선고받았고, 판사는 이보다 긴 형량은 그에게 "막대한 타격을 줄 것"이라고 설명했다. 가해자의 아버지는 "이십 분간의 행동으로 터무니없는 대가를 치르게 됐다"라고 주장했다. 그는 3개월 만에 출소했고 그의 이름은 성범죄자 명단에 등록되었다. 어느 순간부터 그는 대학생들에게 '음주와 성행위'의 위험성에 대한 대학교 순회강연을 제안받았다.

피해자는 이렇게 적었다. "보호관찰관의 보고서를 읽고 나는 믿을 수가 없었습니다. 분노에 사로잡혔다가 이내 깊은 슬픔으로 가라앉았습니다. 내 삶은 일 년이 넘게 멈춰 있었습니다. 동료 배심원들이 내가 견뎌야 했던 부당함을 인정하는 판결을 내릴 때까지 그랬습니다. (……) 분노와 괴로움, 불확실한 상황 속에서 보낸 일 년이었습니다. 보호감찰관이 추천한 지역 교도소에서의 일 년 혹은 그 미만의 형기는 솜방망이처럼 관대한 휴식시간이자, 그의 폭행의 심각성에 대한 우롱이자, 나와 모든 여성에 대한 모욕이었습니다."[52]

여성의 표현의 자유 같은 소리

내가 이 스탠퍼드 강간사건에 대해 『롤링 스톤스』에 기고했을 때, 편집부는 댓글창을 닫아야 했다. 익명의 사람들이 그녀의 신상을 털고 이름과 주소 등을 악의적으로 올렸기 때문이다. 며칠간 활동가들은 어린 희생자의 신분과 사생활을 보호하고 안전을 보장하기 위해 미디어 플랫폼을 백방으로 뛰어다녔다.

자신의 이야기를 공유함으로써 여성들은 내부고발자가 된다. 그리고 여성 언론인, 작가, 정치인에게 익숙한 세상으로 들어가게 된다. 이들은 모두 갈취, 협박, 스토킹, 사칭, 신상 털기, 성적인 이미지 보내기 같은 공격에 특히나 노출되어 있다. 익명이나 낯선 개인에 의한 공격도 있지만, 지인, 직장동료, 공무원, 예전 파트너로부터 공격을 받기도 한다.[53] 누구나 온라인 괴롭힘의 표적이 될 수 있지만 여성들이 겪는 괴롭힘은 더 집요하고 성적이며, 더 높은 확률로 오프라인상의 위협과 폭력으로 연결된다. 그로 인해 여성들은 감정적으로 더 동요하게 되고 오프라인에서 경계심 및 안전에 대한 우려가 커진다.

권위를 갖추고 대중 앞에 모습을 드러내는 여성 언론인과 정치인들은 특히나 더 많은 공격을 받는다. 예컨대 트위터 내 여성 언론인은 남성 언론인보다 폭력적인 댓글을 3배 더 받는다. 2016년 〈가디언〉 웹사이트의 7천만 건 이상의 독자 댓글을 상세히 분석한 결과, 가장 많은 공격을 받은 필자 10명 중 8명이 여성이라는 편향된 수치가 드러났다.[54] 가장 적은 공격을 받은 필자 10명은 모두 남성이었으며, 그들의 기사는 해당 매체 바이라인 기사의 68퍼센트를 차지하고 있었다.[55] 가장 폭력적인 댓글을 받은 주제는 무엇이었을까? 페미니즘, 강간, 아랍과 이스라엘의 분쟁이었다.

이따금 남성 동료가 자신도 불쾌한 이메일과 메시지를 받는다고 부득불 설명하며 가짜 동등함의 기막힌 사례가 되어준다. 누구나 괴롭힘을 당할 수 있고, 남성들도 종종 괴롭힘의 대상이 된다. 어떤 연구들은 남성이 더 자주 당한다는 결과를 보여주기도 한다. 그러나 괴롭힘의 질은 크게 다르다. "개자식"이라 불리는 것이 아침에 메일함을 열었을 때 성기 사진이나 야만적인 강간포르노, 인종차별적 폭력, 자위하는 남성의 영상을 보는 것과 같다는 주장을 나는 결코 납득할 수 없을 것이다.

이런 괴롭힘의 의도는 꽤나 단순하다. 여성을 입다물게 하는 것이다. 괴롭힘의 언어와 이미지에는 여성이 말을 그만하게 만들려는 욕구가 가득하다. 매달기, 목 조르기, 강제로 구강성교하기, 참수하기, 물건으로 입을 틀어막기 모두 흔한 소재다. 2014년, 소설가 제인 오스틴을 영국 지폐에 싣는 교섭을 성공시킨 영국 활동가 캐럴라인 크리아도 페레스는 수천 명의 남성으로부터 협박을 받았고 그중 한 명은 "말 많은 여성은 다 강간당해야 한다"라며 폭언을 했다. 또다른 남성은 이런 협박을 했다. "입을 당장 다물든지, 아니면 내가 닥치게 만들고 자지를 물려줄게."

이러한 위협을 심각하게 받아들이는 태도에 "그저 말뿐이잖아"라며 이의를 제기하는 것은 여성들이 고려해야 하는 오프라인상의 젠더 기반 폭력을 무시하는 것이다. 2014년 버지니아주 매리워싱턴대학의 페미니즘단체는 럭비팀의 유명한 응원가에 반대시위를 했다. 종종 〈창녀를 따러 가자Fuck a Whore〉라는 제목으로 통하는 이 응원가는 죽은 여성을 포함해 여성을 강간하고 모욕하는 내용의 소위 "웃기는" 노래로, 이 가사가 여성에 대한 폭력을 정당화한다며 학생들이 항의하자 대학 행정부는 이 단체를 해산시켰다. 시위를 이끈 여성들은 소셜미디어에서 소외당하고, 비난과 위협을 받았다. 단체의 일원이었던 스무 살 그레이스 맨은 다섯 달 이후 남성 룸메이트에게 살해당했다. 그는 그녀를 결박하고 목구멍에 비닐봉지를 쑤셔넣었다.[56]

✖✖

여성과 여성의 '피해의식'을 비웃는 일은 만연하다. 내가 아는 대부분의 여성은 의식적으로든 무의식적으로든 자신이 피해자가 맞는 지 평가하고 또 평가한다. 그들은 호들갑스럽게 상황을 과장하는 사람들이 아니라 똑똑하고 단호하며 쉽게 동요하지 않는 사람들이다. 분노나 두려움을 느끼지 않는다는 의미가 아니다. 오프라인에서와 마찬가지로 비용과 이익을 저울질한다는 뜻이다. 여성들은 '오프라인으로 전환'하거나, 온라인상의 위협과 오프라인에서 일어나는 폭력 사이의 연관성을 무시할 여력이 없다. 여성들은 주어진 '선택지'가 한정적이고 자주 침묵을 강요받는다.

　미디어 평론가인 애니타 사키시안은 2015년 연설에서 "내가 할 수 없었던 말은, '꺼져'라는 말이다"라고 밝혔다. 사키시안은 '게이머게이트'라고 불리는, 다년간 온라인에서 이루어진 여성혐오 집단괴롭힘에서 주요 표적이 된 세 여성 중 하나였다. 어느 순간 그녀의 얼굴은 온라인게임에 이용되었고, 그녀를 때리면 멍이 들고 피를 흘리는 게임을 수천 명이 플레이했다. "여성혐오를 게임으로 옮겨놓은 수천 명의 남성들에게 말한다. (……) 내 삶은 게임이 아니다. 나는 삼 년 동안 끝이 없을 것만 같던 괴롭힘을 매일매일 당했다. 게임업계에 만연해 있는 자명하고 명백한 성차별주의에 감히 의문을 품었다는 이유로."[57]

　사키시안은 작가 브리애나 우, 개발자 조이 퀸과 함께 사이버폭도들에게 습격당하고 강간과 살해 위협을 받았다. 그녀는 대학강연도 취소할 수밖에 없었는데, 학교 관계자들이 그녀가 강연을 하면 "미국 역사상 가장 끔찍한 교내 총기난사사건"이 일어날 거라고 위협하는 익명의 이메일을 받았기 때문이다. 세 여성은 모두 자신의 주거지를 떠나야 했다.

　이 세 여성이 맞닥뜨린 공격은 흑인 여성 작가와 활동가들을 대상으로 온라인상에서 계획된 조직적 학대, 일명 '작전명: 롤리팝'의 또 다른 사례였다. 대다수가 2014년 온라인 커뮤니티 4Chan에서 만난 남성 권리 옹호자들인 이들은 여러 소셜미디어 플랫폼에서 유색인종 페미니스트를 가장하기 시작했다. 그들은 사칭 계정으로 폭력적이고 적대적인 댓글을 달았고, 싸움을 부추기고 표적으로 삼은 여성을 당황시키는 게시글을 올렸다. 무려 일 년이 넘게 계획된 이 활동은 여성들이 #너속옷보여#YourSlipIsShowing라는 해시태그로 대항하면서 들통이 났다. 이 사건은 2017년, 게이머게이트와 어느 정도 비슷하게도, 미국 대선의 무결성에 대한 전면적 공격으로 해석되는 움직임의 선두주격이었음이 밝혀졌다. 이런 온라인상의 폭력과 여성 위협은 2016년 대선 개입 및 선전전의 전조였으나, 여러 노력에도 불구하고 주류 언론은 이것을 언론의 자유나 민주주의의 올바른 기능에 대한 근본적인 위협으로 받아들일 능력도 의지도 없는 듯했다.

　사키시안은 이어 그녀가 단어 하나하나를 얼마나 면밀하게 선택해야 하는지, 그리고 어디서 누구에게 말해야 할지를 얼마나 면밀하게 결정해야 하는지 설명했다.

　매일 나는 나를 파괴하고 침묵시키는 일에 필사적인 수천 명의 남성들이 내 말을 샅샅이 조사하고 뒤틀고 왜곡하는 것을 본다. 내가 할 수 없었던 말은, 나는 인간이라는 것이다. 나는 슬픔, 분노, 피로, 불안, 우울을 공개적으로 표현할 수 없다. (……) 두려움을 표현할 수도 없고, 늘 경계하며 사는 것이 얼마나 피곤한지도 표현할 수 없다. 우리 사회에서 여성은 감정을 표현하면 히스테릭하거나 변덕스럽거나 몹시 감정적이거나 지나치게 예민하다는 딱지가 붙는다. 불안, 의심, 화, 슬픔에 대한 우리의 표현은 모두 감시당하며 우리에게 불리한 방향으로 이용된다. 우리는 그런 감정을 느끼고 공유할 공간을 자신에게 허용하지 않고, 그래서 홀로 이런 고통을 겪어야 한다는 생각이 굳어진다. 그렇게 우리는 어쩔 수 없이 강인해지고 웬만한 일에는 동요하지 않는 사람이 된다.

이처럼 자신이 부당한 대우를 받고 있음을 인지한 여성들은 말하고 쓰는 일을 멈추고 잠시 물러나거나 글을 고치기도 한다. 스스로 자신의 목소리를 감시하고 성별이 분리된 장소로 이동하며, 젠더중립을 표방하지만 실상 남성을 위한 공론장을 떠난다.[58] 여성의 3분의 1은 위협과 폭력이 두려워 자신의 의견을 숨긴다고 밝혔다.[59] 그러나 이 문제가 우리의 일, 표현의 자유, 정치적 참여, 민주주의의 올바른 작동을 저해하는 문제로 중요하게 인식될 날은 요원해 보인다.

사키시안은 이렇게 말했다. "내가 할 수 없었던 말은, '화가 난다'는 말이다. 나는 화가 난다. 사실은 분노가 치민다. (……) 의견이 있는 여성이니 그 대가로 온라인상의 괴롭힘을 받아들이라는 기대에 화가 난다."

여성은 정치적으로 할말이 있다. 세계 각국에서 정계에 진출하는 여성의 수는 점진적으로 증가하고 있지만, 그 비율은 철저하게 다른 이야기를 하고 있다. 미국의 경우 의회의 20퍼센트 미만, 주의회의 24퍼센트가 여성이다.[60] 지난 이십 년간 다른 나라들이 여성의 정치적 효능감을 위해 전진하는 사이 미국의 여성 대표성은 세계 52위에서 104위로 떨어졌다.[61] 영국의 경우 2017년 총선 당시 여성의 내각 참여가 두드러지게 증가했다. 현재 상원의 26퍼센트를 여성이 차지하고 있으며 내각 역시 같은 비율로, 둘 다 최고치를 기록하고 있다.[62] 하지만 독일의 경우 연방의회의 여성 비율이 지난 이십 년 중 최저였다.

그 어디에서도 여성은 자신들의 목소리를 들려주고 정책과 자원의 전환에 영향력을 발휘하는 절대다수가 아니다.

이는 한편으로 의회 등의 공론장에서 초현실적인 토론이 오간다는 의미이기도 하다. 이런 식의 소통은 여성이 일터에서 남성과 동등한 비율을 차지하는 것이 얼마나 중요한지 생생히 보여준다. 2013년 미시간주 하의원인 리사 브라운은 임신중절 접근권 관련 토론에서 질이라는 단어를 사용했다가 의장 내 발언을 금지당했다. 입법을 반대하는 남성 의원은 이렇게 반응했다. "너무 불쾌했다. 나는 여성 앞에서도 그런 단어를 입에 올리고 싶지 않다. 남성과 여성이 한자리에 있는 상황에서는 꺼내지 말아야 할 단어다."

2015년 뉴질랜드 총리는 이민자 수용소에 대한 의회의 논쟁이 과열되는 와중에 강간 공포를 이용했다. 여성 의원들이 가해자가 이민자들이 아닌 자신의 강간 경험에 대해 이야기하며 대응하자, 그들은 "의회의 규칙을 어겼다"는 이유로 퇴장당했다.[63]

2018년 애리조나주 교도소 내 여성 수감자들에게 생리용품 공급을 늘리는 입법 제안에 대한 청문회에서, 애시너 샐먼 주 하원의원은 전부 남성으로 구성된 패널들에게 근거자료를 제출하면서 당연히 생리나 과다분비와 같은 표현을 사용했다. 그러자 한 남성이 이렇게 말했다. "생리대라느니 탐폰이라느니, 월경 관련 문제를 들을 거라고는 생각도 못했습니다. 법안 자체에 대해서만 말할 수는 없습니까? 제발?" 교도소에 수감된 여성들은 감염과 독성쇼크증후군의 위험을 무릅쓰고 대형 생리대를 원통 모양으로 말아 탐폰처럼 쓰고 있었다.[64]

샐먼의 법안 건의는 생리용품이 '사치품'인지 아닌지를 놓고 전 세계 국회와 시의회에 논쟁의 불을 지폈다. 대부분의 정부는 탐폰과 생리대를 사치품으로 분류하고 여성에게 세금을 부과한다. 2015년 프랑스에서는 이러한 젠더 세금에 문제를 제기하고 성공적인 결과를 거두었지만, 대부분의 나라는 여전히 이 비용을 여성에게 부과한다. 2017년 12월 영국에서는 10대 여학생과 성인 여성들이 #생리해방#FreePeriods 시위에 나섰고 무상급식 대상자인 여학생들에게 생리용품을 제공할 것을 요구했다.[65]

분노에 관한 책을 화내지 않고 읽기란 가능한 일일까? 나는 책을 쓰면서 불가능하다는 것을 깨달았다. 우리는 무엇을 하고 있는가? 왜 사람들은 생리라는 단어를 말하지 못하는 남성들, 그리고 질과 위가 연결되어 있지 않다는 사실을 모르는 남성들이 유능하고 신뢰할 만한 지도자라고 생각하는 것일까?

화가 난 남성들, 한껏 확신에 차 있고 끈질긴 남성들은 고귀한 몸이라서 여성들은 좀처럼 할 수도 없고 했다가는 비난받을 연극적인 행동을 취할 수 있다. 2016년 가족계획연맹의 회장 세실 리처즈는 연맹의 기금 청문회에서 의원들에게 끊임없는 호통 세례를 받았다. 대다수가 남성으로 구성된 심의기관은 마흔 차례 이상 그녀의 말을 자르고 끼어들었다.[66] 그로부터 일 년 후, 2016년 러시아의 미국 대선 개입에 대한 상원정보위원회 청문회 도중 위원회장인 리처드 버 의원은 카멀라 해리스 의원의 말을 자르고는 공손하지 않다고 그녀를 힐책했다.[67] 또다른 청문회에서 미치 매코널 상원 다수당 대표가 모호한 의회 규칙을 이용하여 엘리자베스 워런 상원의원의 발언을 금지시켰다. "그녀는 경고를 받았다. 설명을 들었다. 그럼에도 불구하고, 계속했다." 매코널의 이 발언은 곧 유명해져 그와 관련된 수많은 인터넷 밈과 상품이 쏟아졌다. '그럼에도 불구하고, 계속했다 Nevertheless, she persisted' 밈은 일 년 뒤 '제 시간이니 말씀 자르겠습니다 Reclaiming my time'에 자리를 내줘야 했다. 이것은 맥신 워터스 캘리포니아 민주당 하원의원이 의회 청문회 도중 그녀의 질의를 회피하려는 스티븐 므누신 재무장관의 발언을 중단시키고 판세를 뒤집기 위해 한 말이었다. 네티즌은 기뻐서 열광했다.[68]

이런 일화들의 정중앙에는 도널드 트럼프의 사례가 있다. 2016년 1차 대선토론회 당시 악의를 품고 기회를 노리는 가정폭력 가해자를 기를 쓰고 흉내낸 그는 힐러리 클린턴을 집요히 괴롭히며 그녀의 발언 도중 쉰한 차례나 끼어들었다. 연합통신의 태머라 러시는 이렇게 썼다. "트럼프는 다수당 최초의 여성 대통령 후보에게, 여성들이 일터를 포함한 곳곳에서 남성에게 일상적으로 받는 모욕을 선사했다. 전국에 중계되는 행사에서 구십 분이 넘도록."[69] 트럼프는 클린턴이 그의 발언에 끼어드는 횟수의 3배만큼 그녀의 발언에 끼어들어 동시에 말을 했다. 대다수 여성들에게는 매우 익숙한 패턴이었다.

트럼프의 문제적 행태를 비난하는 목소리가 높았지만, 힐러리를 침묵시키려는 기세는 선거 이후에도 이어졌다. 남성 정치인들에게는 좀처럼 없는 일이었다. 〈뉴욕 데일리 뉴스〉는 '힐러리 클린턴은 책이 아니라 전 국민을 상대로 장문의 사과문을 써야'라는 제목으로 논평을 내보내며 "이봐요, 힐러리 클린턴, 닥×고 이제 꺼지시지"라고 시작했다. '힐러리 클린턴, 제발 2016년 이야기는 그만해요' 유의 대동소이한 메시지를 전하는 수많은 보도가 쏟아졌다. 낙선한 남성 후보들은 향후 정치적 야망을 발표하면서 차기 대선을 위해 노력하는 반면, 클린턴은 허공으로 사라지라는 요구를 받았다. 널리 확산된 이런 적대감이 패배에 쐐기를 박았다.

로드아일랜드주 의원 게일 골딘은 2017년 말에 이렇게 적었다. "공직에 몸담은 여성들이 권력을 둘러싼 진실에 대해 입을 열면 그 권력은 당신이 발의한 법안을 없애고, 위원회에서 맡은 업무를 바꿔버리고, 당신의 명성을 더럽히는 것으로 응답한다." 그리고 이어 설명했다. "[성적괴롭힘까지 연루되는 경우] 선출된 여성은 반드시 잔혹한 진실을 마주하게 된다. 한 인간으로서 신뢰도에 금이 가면 입법자로서의 신뢰도에도 금이 간다."[70]

국제의원연맹의 2016년 보고서에 따르면, 전 세계 여성 국회의원의 44퍼센트 이상이 살해, 강간, 폭력, 납치의 위협을 받았다. 3분의 1은 원치 않는 위협적인 메시지에 지속적으로 노출되는 괴롭힘을 겪었다.

영국의 하원의원이자 제1야당의 예비 내무부 장관인 다이앤 애벗은 이렇게 말했다. "'뚱보년의 몸무게를 견딜 굵직한 나무를 찾을 수만 있다면' 나는 교수형에 처해질 거란 트윗들이 올라온 적이 있다. 나는 지속적으로 강간 협박에 시달렸고 검둥이라는 소리를 듣고 또 들어야 했다."[71] 2016년 육 개월의 트윗을 분석한 결과, 영국 여성 의원들에게 발송된 악성 트윗의 45퍼센트가 애벗에게 보내졌던 것으로 나타났다.[72]

이탈리아의 하원의장인 라우라 볼드리니는 그녀가 받았던 성적인 이미지들과 협박에 대해 소리 높여 말했으며, 지금은 여성의 공적 표현의 자유를 보장하기 위해 일하고 있다.[73] 세실 키엥게는 2013년 이탈리아 국민통합부 장관으로 임명되었다가 예상치 못했던 인종차별적 위협의 세례를 마주했는데, 어떤 정치인은 키엥게가 강간을 당해야만 이 상황이 어떤 느낌인지 "이해할 것"이라고 발언했다.[74]

2016년 시애틀의 여성 시의원 다섯 명은 신축 농구장 조성을 승인하는 조례에 반대표를 던졌다가 성차별적인 분노를 담은 메시지에 파묻혀야 했다. "개같은 년, 창녀, 씨발년, 무식한 년"이라는 메시지가 "저속한 말"이라는 표현 아래 미디어에 공개되었다. 시의원 한 명은 경찰의 호위를 받았다.[75]

매사추세츠주 하원의원인 캐서린 클라크는 스와팅swatting이라는 위험한 '장난'의 피해자였다. 스와팅이란 익명으로 경찰에 총기나 폭발물 관련 허위 신고를 해서 특수기동대SWAT 같은 중무장 기동대를 개인의 자택에 보내는 것이다.

2016년 캐나다 빅컨트리 석유업계종사자연합회의 회장은 골프대회를 개최하고 앨버타주의 주총리 레이철 노틀리의 얼굴을 과녁으로 설치해 참가자들이 골프공으로 노틀리의 '얼굴'을 강타하도록 만들었다. 2017년 9월 도널드 트럼프 대통령은 자신이 골프공을 세게 쳐서 힐러리 클린턴을 맞춰 넘어뜨리는 합성 영상을 리트윗했다.

국회의원 설문조사 결과, 여성 의원의 42퍼센트가 "극도로 수치스럽거나 성적인 묘사가 있는 자신의 이미지가 소셜미디어에 퍼진 적 있다"고 답했다. 남성은 여성이 입을 그만 다물기를 바랄 때 포르노를 보낸다.

유망한 여성 정치인을 본인의 동의 없이 성적으로 대상화하는 것은, 남성 정치인들은 생각도 해볼 필요가 없는 방식으로 '평범한 일'이다. 여성 정치인과 후보자를 성적인 이미지로 소비하는 것은 '무해한' 재미이며 정치적 전략이 된다. 연구에 의하면 성적 대상화는 여성의 명예를 훼손하고, 보는 사람으로 하여금 그 여성의 도덕적 지위와 권한이 부족하다고 생각하게 만들며, 명백히 당사자 여성의 당선 가능성을 낮춘다. 2009년 연구에 따르면, 새라 페일린의 외모에 집중해달라는 요청을 받은 지지자들은 매케인-페일린에게 투표할 의향이 줄어들었다.[76] 2016년 대선 유세기간 동안에는 힐러리 클린턴의 얼굴을 합성한 포르노 밈, 가짜 동영상, 성적인 이미지들이 그녀를 저렴하게 취급 가능하며 불감증에 아무도 원하지 않는 여자로 묘사하는 데 사용되었다.

당신이 풍자적인 유머감각을 유지할 수만 있다면 다음 사실에 주목할 만하다. 2016년 미국의 밀레니얼세대 남성들이 웹사이트 폰허브에서 가장 많이 검색한 단어 여섯 개 중 네 개는 엄마, 계모, MILF,* 레즈비언이었다. 이처럼 특정 여성들을 성적 대상화하려는 남성들의 욕망은 무엇을 말해주는 걸까? 이들은 모두 금기시되는 욕망을 대변하는 여성, 그러나 명백히 성인 남성과 남자아이를 통제할 힘을 지닌 여성, 또는 남성을 노골적으로 거부하는 여성이다.

2012년 호주에서는 전 총리 줄리아 길라드에 대한 성차별적 학대가 너무 만연한 나머지 호주의 매쿼리 사전은 여성혐오misogyny의 정의를 업데이트해야 했다. 이 결정을 내릴 당시 사전의 편집자였던 수 버틀러는 여성혐오의 정확한 현대적 정의는 여성을 향한 제도적이고 병적인 증오, 그리고 리더십과 권한에서 지속적으로 여성을 배제하는 경향에 더하여 "여성을 향한 뿌리 깊은 편견"을 포함한다고 설명했다.[77]

성차별주의가 보통 어떤 사람이 성차별적인 방식으로 행동하는 것, 또는 성차별적 사건을 경험하는 것처럼 개별적이라면 여성혐오는 체계적이다. 성차별이 개인과 개인의 관계에서 일어나는 것이라면, 여성혐오는 구조적으로 일어난다. 성차별이 당신의 하루를 바꾼다면 여성혐오와 그 이면의 위력은 당신 인생의 결과를 바꾸고, 당신 주변 세상을 모든 방면에서 형성할 것이다.

---

* Mom I'd Like to Fuck(자고 싶은 엄마)의 약자로, 친구의 어머니 같은 중년 여성을 향한 성욕을 표현한 말.

오늘날 전 세계적으로 온라인상의 여성은 남성보다 2억 명 정도 더 적다. 이 격차는 여러 차원의 구조적 차별을 반영하고 있으며, 점점 더 커지고 있다.[78]

※✖

#미투는 여성이 자신의 분노를 얼마나 기꺼이 인정할 것인가에 대한 전환점이 되었다. 우리 중 상당수에게 분노를 드러내는 법이 바뀌었다는 것은 명백해 보인다.

기자이자 활동가인 앤드리아 그라임스는 이렇게 설명했다. "나는 더이상 쿨하거나 냉정한 여자가 아니다. 나는 몹시 화가 나고 지친 여자다. 그래서 비호감이 된다는 것도 안다. 그래서 바이라인 기사가 게재되지 못해 말 그대로 금전적 손해를 보고, 남성에게 존중도 인정도 받지 못할 것을 안다. 그 남성은 누가 언제 어떤 기사를 쓸지, 누구를 고용할지 결정하는 남성이고, 공연 취재에 나를 추천하지 않기로 결정하는 남성이며, 친구들에게 이 유별난 여자를 피하라고 말하는 남성이다. 그는 친구들에게 이렇게 말할 것이다. 그 여자는 이런 유의 일에 미쳐 있거든. 너에게 개같은 잔소리를 할 거야, 친구. 어느 금요일 강간문화에 대한 트윗에 널 태그할 거라고."[79]

여성의 집단적 분노의 중요성과 가시성은 아무리 강조해도 지나치지 않다. 이 분노는 단호함, 세심함, 그리고 노동을 필요로 한다. 이는 우리 자신의 분노를 존중하고 기꺼이 다른 여성의 분노를 존중함을 의미한다.

여성들의 분노는 외로운 경험으로, 내부를 향해 다른 감정이나 행동으로 변이된다.

집에서든, 학교나 일터에서든 혼자 목소리를 내면 고립감을 느끼기 쉽지만 이것을 기억하라. 이러한 분노 앞에 당신은 결코 혼자가 아니다. 모든 남성이 성차별주의자는 아니지만 모든 여성은 여성혐오의 영향을 받았음을 표현하기 위해 #여자들은다겪는다#YesAllWomen 해시태그 운동을 시작한 여성은 일 년이 지나고 이렇게 말했다. "2014년 5월 25일 밤, 나는 침대에 웅크리고 죽기만을 기다렸다. 나는 감히 여성이 마주하는 두려움을 보여주는 해시태그 운동을 시작한 무슬림 여성이었다. 운동이 벌어지는 동안 남성들은 소수의 죄를 가지고 남성 전체를 일반화한다고 여성을 모욕하고 비난했다."

나는 그날을 기억한다. 그녀는 화가 나 있었다. 나도 화가 나 있었다. 수백만 여성들이 화가 나 있었다. 그녀는 홀로 방에 앉아 있었지만, 한편으로 여성이 "숨쉬고, 화를 내고, 공감할 수 있는" 장소를 만드는 일이 얼마나 가치 있는지 알고 있었다. 또한 그녀 자신이 적은 대로 그녀의 "목소리에 힘과 잠재력이 깃들어 있다는 것, 그 목소리가 점점 더 커지고 멀리 퍼져나가리라는 것"을 알고 있었다.

우리는 한 번도 만난 적은 없었지만 그날 아침에 짧게 메일을 주고받았다. 그날 오후 그녀가 계정을 삭제한 순간을 나는 기억하고 있다. 이를 안 우리는 그녀를 태그하는 일을 멈추었고 다른 사람들에게도 멈추어달라고 호소했다. 위협이 난무하고 증오는 선명했다.

몇 날 며칠, 몇 주간 긴장은 계속되었다. 그녀는 #모든남자가그런 것은아니다#NotAllMen 패거리뿐 아니라 그녀가 제안한 해시태그를 올리던 일부 여성들에게도 공격을 받았다. "서로 알고 지내며 팔로우하던 어느 작가가 나를 남성혐오자로 간주하더니, 원래 그런 기미가 보였다고 주장했다. 그 작가는 이런 트윗을 올렸다. '그 여자 그냥 엄청 화가 난 거지. 알잖아요?'"

유행하는 해시태그의 복판에 존재하는 것이 얼마나 큰 불안과 신체적 고통을 야기하는지 정확히 표현하기란 어려운 일이다. 수백만 명의 감정을 흡수하는 것은 감당할 수 있는 수준 이상이고, 화를 흡수하는 것은 공포스러운 일이다. 이런 일이 처음으로 내게 일어났을 때, 나는 불안발작으로 나가떨어졌고 그런 상태가 며칠은 지속되는 것만 같았다. #여자들은다겪는다 같은 운동은 한번 시작되면 자체적인 생명력이 생겨 예상할 수도 없고 애초에 의도하지 않은 결과를 낳는다.

그 여성은 자신의 경험을 털어놓았다. "무수한 살해협박이 쏟아지고 나면 하염없이 그 생각만 하게 된다. 살해협박을 받게 되어 후회한다. 미디어의 관심을 받게 되어 후회한다. 그 고통과 눈물 때문에, 그후 몇 달이나 나 자신에게 품었던 혐오 때문에 후회한다. 하지만 전 세계 여성들에게 말하고 그 말을 경청하는 사람이 있고 인정받을 수 있는 장소를 제공했다는 것은 후회하지 않는다."[80]

그녀는 결연하게 회상을 마무리했다. 나는 그 말을 자주 인용한다.

나는 여기 있다. 이것은 나의 입이다. 이것은 나의 목소리다.
당신은 나를 침묵하게 할 수 없다.

　모든 이야기는 중요하지만, 아직 우리는 그저 우리의 이야기만을 할 수 있을 뿐이다. 우리는 여전히 공동체의 존중을 받을 수 없고, 권한을 가진 위치에서 부당하고 불합리한 일을 말할 수 없다. 여성의 판단과 사고, 노동과 기여는 폭력과 차별의 촘촘한 매트릭스에 의해 끊임없이 무시되고 축소되고 억눌린다. 이러한 소거 앞에서 우리는 우리의 정체성, 희망, 야망과 타협하도록 강요받는다. 우리의 안전과 인간성, 존엄에 끝없는 위협을 받아가면서.

　#미투를 비롯해 유사한 해시태그 운동은 "실제로는 아무것도 하지 않는다"라는 비판을 받는다. 수천만의 여성이 #미투#MeToo, #때가됐다#TimesUp, #괜찮지않다#NotOK, #일상속성차별#EverydaySexism, #절규#aufschrei, #난잡한여자들#Fasttailedgirls, #이건강간문화다#thisisrapeculture, #교회역시#ChurchToo, #나는왜참았나#WhyIStayed, #자매여괜찮아요#YouOkSis, #여자들은다겪는다#YesAllWomen, #백인여자들은다겪는다#YesAllWhiteWomen 같은 해시태그를 이용해 결정적인 무언가를 창조했다. 언어를 만들고 공동의 이해를 이끌어낸 것이다. 이는 인식적 정의epistemic justice를 위한 초석과도 같다. 이것은 우리도 진실을 아는 사람이라는 주장이다. 우리도 발언하는 특권을, 사람들이 우리를 들어주고 믿어주는 특권을 누릴 자격이 있다는 말이다. 해시태그의 이러한 기능을 무시하는 태도는 권력을 쥐고서 소위 '진실'과 '객관'이라는 것에 영향력을 행사하는 이들의 오만함을 암시하는 것이다.

교실과 식사 테이블에서 우리는 미디어로 퍼져나갈 다양한 이야기를 나눠야 한다. 여성의 이야기들을 그들 자신의 언어로 들어야 한다. 여성들은 우리가 마주하는 장벽들에 대해, 우리를 깎아내리는 사회규범과 이에 끊임없이 적응해가는 우리의 방식에 대해 함께 이야기를 나누고 있다. 우리는 이런 일들을 남성들이 신뢰를 갖고 기꺼이 함께하는 공간에서 해나가야 한다. 기록된 모든 역사 속에서 여성이 남성의 경험에 관여하고 그들의 경험을 배워왔듯, 우리를 강간하고 살해하겠다는 위협 없이 남성도 우리로부터 배우는 그런 공간에서 말이다.

내 증조모의 삶에서 부당한 점이 있다면, 그녀 자신과 후손들을 더 억압하는 방식으로 이야기가 전해지고 있었다는 것이다. 그 부당함을 바로잡기 위해서는 자리페 할머니가 겪은 일을 조명해 다른 이들이 그 경험이 의미하는 바를 숙고할 수 있도록 이야기가 전해져야 할 것이다. 그녀가 살아가며 겪은 부당함과 참담했을 그 분노에 빛을 비추어야 할 것이다.

9장

부인否認의 정치

계몽주의의 문제는 앎을 신뢰한다는 것이 아니다.
문제는 문명화라는 겉치레 속에 숨은
엄청난 (……) 좌절과 분노를 아는 데 실패했다는 것이다.

—엘런 윌리스

2014년 캘리포니아 아일라비스타의 어느 금요일 밤, 스물두 살의 엘리엇 로저는 남자 넷과 여자 둘, 도합 여섯 명을 살해했다. 세 군데 장소에서 총기난사 계획을 수행하기 전에 로저는 상세한 글을 쓰고, 자신의 의도, 무엇보다도 "잘난 체하는 금발 창녀년들"을 모조리 죽이겠다는 의도를 설명하는 영상을 유튜브에 올렸다. 그는 여성을 감금하고 강간하고 사육하는 것에 대해 이야기했다. 글과 영상에서 그는 여성들이 일상적으로 듣는 욕설을 사용하고 있었다. 로저가 여성보다 남성을 더 많이 죽였다는 사실은 문제가 아니다. 여성에 대한 증오에서 비롯된 폭력 세례에 남성이 표적이 되거나 걸려드는 경우는 많다.[1]

로저가 여러 사람을 살해한 다음날 아침, 나는 펜실베이니아 한복판에서 친구들과 수다를 떨며 아침을 먹고 있었다. 나는 식사를 하면서 뜻하지 않게 총기난사 소식을 들었고, 미국 언론이 로저의 침해당한 특권의식을 문제로 인지하지 않는 데 충격을 받았다. 초기 보도들은 예상대로 그를 정신적 문제가 있는 "외로운 늑대" 난사범으로 묘사했다. 뉴스를 접할수록 내 분노는 더욱 커져만 갔다. 이 사건에 관심을 쏟던 내가 아는 여성들은 모두 하루종일 믿을 수 없어하며 분노했다. 그날 언론은 점차 로저의 여성 '문제'를 보도하기 시작했지만 총기나 정신질환과는 동떨어진 이야기로 다뤘다. 총기는 남성성과 관련이 없고, 정신질환은 문화의 관계망을 벗어나 외따로 발현된 것으로 보았다. 로저는 온라인의 '인셀incel' 그룹 소속이었다. '인셀'이란 원래 비자발적인 독신주의자를 가리키는 악의 없는 용어였지만 이제는 깊은 여성혐오로 폭력성향이 짙어져가는 남성 커뮤니티 서브컬처를 통상적으로 지칭한다.[2] (2018년 토론토에서 한 남성이 인도로 자신의 밴을 몰아 행인 열 명을 죽였다. 그는 이것이 "인셀 반란"이라고 선언했다.)

그날 하루를 보내면서 나는 나와 비슷한 일을 하는 다른 여성들에게도 익숙할 대응을 했다. 의식을 반으로 나누기. 아침식사를 즐기면서 나는 로저와 그가 감금한 여성들, 살해한 룸메이트들, 애도에 젖은 가족들을 생각하지 않으려 애썼다. 점심을 먹으러 가는 길에 메노파* 지역을 지나가면서도 어린 시절 성적 학대를 겪고 살아남은 메노파 친구 이야기를 꺼내지 않았다. 아버지가 어린 시절 내내 상습적으로 모녀를 강간했을 때, 친구는 자기가 믿는 종교에서 이야기하는

---

* 기독교 재세례파의 한 분파. 신약성경에 기초해 평화주의와 무저항을 강조한다.

정의와 평화, 비폭력이 자기와 어머니에게까지는 미치지 않는다는 것을 이해했다. 이런 것들은 입 밖으로 소리내 말하기만 해도 화가 나고 공격적인 사람으로 간주된다.

그 비슷한 감정을 관리하기 위해, 그리고 많은 여성들이 느낀 분노에 감응하여 나는 #여자들은다겪는다 해시태그를 달고 트위터에 다음 같은 메시지를 올렸다. "여성에게 폭력을 행사하는 것, #모든남자가그런것은아니다. 그러나 남성이 휘두르는 폭력의 위협을 받으며 매일 매 순간을 살아가는 일을, #여자들은다겪는다. 전 세계 모든 여성이 겪는다." 내 트윗은 몇 분 만에 5천 회 이상 리트윗되었다.

점심시간이 되고 친구들과 식사를 하며 나는 분노와 휴대폰을 한쪽으로 치워두었다. 대화는 금세 아미시* 사람들의 생활방식이 어떤지, 그리고 아미시 거주지를 방문하는 게 좋을지에 대한 논의로 옮겨갔다. 물수제비를 뜬 돌처럼 불현듯 찰스 칼 로버츠가 머릿속에 떠올랐다. 2006년 그는 지금 우리가 앉은 곳에서 몇 킬로미터 떨어지지 않은 방 하나짜리 아미시 기숙사로 걸어들어갔다. 그리고 남자아이들은 다 내보내고 여자아이들을 결박한 뒤 열 명 중 여덟 명의 뒤통수에 총을 쏘았고 그중 다섯이 죽었다. 가장 어린 아이가 여섯 살, 가장 나이 많은 아이가 열세 살이었다. 나는 내 아이들을 그곳으로 데려가고 싶지 않았다.

총기난사사건 이야기가 나오자 테이블에 있던 몇몇 남성이 지금 우리가 아일라비스타에 있지 않은 것에, 로저가 휘두른 무작위적 폭

---

* 펜실베이니아주에 위치한 재세례파 계열 문화 공동체.

력의 대상이 되지 않은 것에 안도감을 표했다. "금발녀들"이나 "내가 여자들에게서 증오하는 모든 것" "갖지 못할 바에는 다 죽여버리겠다" 등 그가 한 발언은 주요 뉴스에 나오지 않았다. 그가 보인 여성혐오에 대해 내가 이야기하자, 대다수의 사람들은 내 말이 틀렸거나 너무 과장되었다는 식으로 거의 일관된 반응을 보였다. 회의적인 분위기가 지배적이었고, 적어도 한 대화에서는 내 말이 틀렸다는 단호한 부인否認의 말이 나왔다. 나는 인종차별로 보이는 로저의 시각이(그는 앵글로아시안이었다) 그의 폭력적인 사고방식과 어떻게 연관되는지를 설명하느라 진땀을 뺐다.

나는 화가 났고, 같은 자리에 있는 사람들에게 그것은 흉하고 달갑지 않은 감정이었다. 딱히 억누르지 않았던 내 적대감은 날것처럼 생생하고 개인적이었으며, 분명 이를 알아차린 사람이라면 누구나 '도를 넘어섰다'라고 느꼈을 것이다. 그 자리의 누구도 로저의 폭력적인 여성혐오가 그의 행동이나 다른 다중살인범을 이해하는 데 단초가 된다는 의견에 강력히 반박하려 들지는 않았다. 하지만 전반적으로 나 혼자 사건을 지나치게 심각하게 받아들인다는 분위기였다. 그리고 의도했든 아니든 그런 분위기는 남성들에게서 조성된 것이었다. 나는 왜 내가 화난 것으로 보이지 않으려 신경쓰는지 한참을 고민했다.

이런 가운데 두서없고 증오로 가득한 로저의 선언은 랩지니어스*에 올라왔고, 사이트의 공동 창립자인 마보드 모개덤은 로저의 선언

---

* Rap Genius, 지금의 '지니어스'. 노래 가사 및 정보를 제공하는 웹사이트.

에 극악무도한 내용의 주석을 달며 글쓰기 스타일을 칭찬하고 그의 여동생이 "겁나 예쁠" 거라 말했다.[3]

나의 온몸은 분노에 휩싸였다.

✖✖

여성의 경험과 그 경험이 일으키는 분노를 부인하는 것은 복잡한 일이다. 그건 침묵을 강요하는 것과도 다르다. 그것은 정체성이 위협 당한다는 위기감에서 비롯되는 능동적 반응으로, 여성은 지나치게 감정적이고 덜 지성적이며 지도가 필요한 존재라는 사고방식에 기반하는 내면 깊은 곳의 성차별이 즉각적으로 표출된 것이다.

인내심을 갖고 읽어주길 바란다.

여성과 남성 모두에게 여성이 사는 삶의 진실은 보기 어렵고 받아들이기 불쾌할 수 있다. 퓨 리서치센터에 의하면, 미국 남성의 56퍼센트가 미국에서 성차별이 근절되었다고 생각하는 반면 여성은 63퍼센트가 수시로 성차별의 영향을 받는다고 말한다. 이런 엄청난 격차의 원인은 보수적인 남성의 78퍼센트가 진보적인 여성(때로는 그들의 아내, 어머니, 여자형제, 딸이기도 한), 성차별이 현실과 일상에서 장애물로 작용한다고 말하는 여성의 75퍼센트를 믿지 않기 때문이다. 연령대가 높은 남성에게만 해당하는 이야기가 아니다. 18~34세 남성들 역시 성차별이 여성의 삶에 영향을 미치지 않는다고 답한 비율이 38퍼센트로, 이는 심각한 영향을 미친다고 답한 동일 연령층의 여성이 63퍼센트라는 사실과 대조적이다. 대다수 사람들이 문화적으로 남성성이 선호된다는 데 동의한다고 응답했지만, 그보다 훨씬 더 많은 수의 남성이 여성은 사회화로 인한 행동이라고 생각하는 것을 생물학적 차원의 문제로 여겼다. 즉 남성은 남성의 지배성이 천성적이고 불변의 것이라 생각하는 경향이 높았다.[4]

고등학교를 졸업하지 않은 남성의 약 50퍼센트, 대학 졸업장이 있는 남성의 25퍼센트가 여성들이 만족스럽지 않은 직업적 성과에 대해 성차별을 핑계로 댄다고 믿었다. 당신의 삶에서 이는 어떻게 나타나는가? 당신은 "아! 상사가 내 일을 또 가로채다니"라는 말을 입 밖으로 내는가? 아니면 그런 생각을 혼자 삼키는가? 말을 꺼내면 파트너나 형제, 직장동료 등 주변 사람이 "정말이야? 오해하는 거 아니고?"라고 반응하진 않는가?

젠더균등을 위한 메커니즘에 대해 남성들은 여성보다 지속적으로 적게 지지하는 경향을 보이며, 남성은 일터가 과거보다 더 균형잡히고 평등해졌다고 말하는 경향이 높다.[5] 편견과 성차별에 관한 개인적인 경험과 반박 불가한 증거를 제시해도 많은 남성은 주변 여성들이 겪는 일을 인정하려 하지 않는다. 앞에서 인용했던 연구들과 몹시 유사한 어느 연구는, 주요한 연구를 수행하는 대학의 과학 전공 교수들이 남성 이름의 지원자를 더 솜씨 좋고 유능하다고 평가한다는 사실을 밝혔다.[6] 그들은 또한 남성으로 식별되는 이름을 가진 사람이 더 많은 연봉을 받을 만하다고 생각했으며, 동등한 수준과 실력을 갖춘 여성에겐 더 적은 연봉을 책정했다. 이런 결과가 나왔을 때 많은 남성들은 연구의 '객관성'에 의문을 제기하거나 이 연구가 중요하지 않다며 받아들이지 않았다.[7]

2017년 퓨 리서치 설문조사 결과, 일하는 여성의 42퍼센트가 직장 내 차별의 여덟 가지 유형 중 자신의 젠더와 관련해 최소 하나를 겪었다고 답했다. 4분의 1에 가까운 수치인 23퍼센트가 "유능하지 않다는 취급을 받았다"라고 답한 반면 남성은 6퍼센트만이 그렇게 답했다.[8]

이러한 격차는 여성이 스스로 준비가 덜 되었고 확신이 없다고 생각하게 만들며, 그에 더해 스트레스, 피로, 좌절, 불안, 분노를 느끼게 한다. 여성들이 이 같은 문제를 제기라도 하면 즉각 부인당한다는 것은 더 말할 것도 없는 진실이다. 만약 여성이 성차별적 관점을 수용하여 스스로를 비난을 하거나 분노를 자기 안으로 돌린다면, 더욱 나쁜 결과가 이어진다.

여성의 취약성으로 쌓아올린 남성성

2016년, 강연장을 가득 채운 10대 후반 학생들을 대상으로 미디어의 고정관념에 대한 강연을 했다. 강연이 끝난 뒤에는 점심식사에 초대받았고 화제는 인종차별, 이성애 정상성, 성정체성, 성차별 같은 주제로 친구들과 대립하는 게 얼마나 어려운 일인지로 흘러갔다. 한 여학생이 질문했다. "유치원 때부터 알던 남자아이들이 복도에 서서 제 곁에서 강간 농담을 하고 낄낄대면 저는 어떻게 해야 하죠? 더 심하게는, 어떤 여자애가 성폭행당한 걸 알고도 그 옆에서 그러면요?"

우리는 함께 몇 가지 전략을 검토했다. 그중 하나는 제삼자의 개입이 중요하다는 사실을 이해하는 남학생들로 구성된 네트워크를 키우는 것이었다. 남학생들은 여학생에게는 불가능한 방식으로 또래 남학생에게 의견을 낼 수 있었다. 그 자리에 있던 서른다섯 명 남짓한 학생들 사이에는 딱 한 명의 남학생이 있었다. 그가 손을 들고 제안했다. "좀더 친절하게 말한다면 더 많은 남자아이들을 설득할 수 있을 것 같아요. 선생님은 너무 화가 난 것처럼 보여서요." 무엇 때문에 우리가 화가 났는지를 논의하는 대신 우리의 표현방식이 비생산적이라고 비난하는, 전형적인 경로변경이었다. 그 남학생은 우리의 화에 연루되어 불편하다고 생각했을 게 분명했다.

2016년, 뉴질랜드 오클랜드대학의 연구자 옥타비아 콜더도와 니컬라 게이비는 10대 학생들이 일상의 성차별에 대해 어떻게 생각하는지 알아보기 위해 학생들과 협업했다. 그들은 이 학생들이 "성평등이 당연시되고 성차별을 감내할 확률이 절대 없는" 일반적인 환경에서 자랐다고 판단했다. 학생들에게 직접적인 질문을 하면, 성차별은 남성과 여성이 동등하게 겪는 것이라는 답변이 돌아왔다. 설문조사에 임한 학생들은 젠더를 불문하고 성차별이 양쪽에게 대칭적으로 동일하다는 것을 강조하려 애썼다. 그러나 동등하게 보려는 시도에도 불구하고 성차별이나 폭력의 실제 사건을 묘사해보라는 질문에서는 남학생과 여학생의 양상이 갈렸다.[9]

남자아이나 성인 남성에 대한 성차별이 주로 수사적이거나 이론적 차원에서, 혹은 추측의 형태로 언급된 반면, 여자아이와 성인 여성에 대한 성차별은 고통스러운 개인적 사례 혹은 목격한 사건의 형태로 공유되었다. 학생들에게 "일상 속 성차별을 주로 어디서 발견하는가?"라는 질문을 던졌을 때 여자아이들은 성적괴롭힘이나 성폭력, 여성폄하 유머, 여성을 비하하는 고정관념 등을 이야기했다. 반면에 남자아이들은 주로 가상의 상황을 제시했다. 모든 학생들이 여성에 대한 성차별적 행동을 목격했다고 답했다. 그러나 남성이 차별의 대상이 되는 실제 사례는 없었다. 대신 학생들은 광고 속 고정관념 같은 것에 주목했다.

성차별의 존재를 부인하는 사람들은 언제나 무엇이 당신을 화나게 했는지보다 당신의 화 자체에 더 적대적으로 반응할 것이다. 성차별 부인이 여러모로 곤란한 것은, 여성이 겪는 불평등이 남성의 유년기 정체성과 엮여 있다는 사실 때문이다. 10대 남자아이들은 남성성과 그 획득에 많은 노력을 쏟는다. 그렇지 않을 경우 불이익을 당할수 있고, 실제로 진짜 당하기 때문이다.

돈을 벌고 사람들을 안전하게 지키는 것은 남성성이 요구하는 기본 책임이다. 직업이나 성해방, 공권력에서의 여성 평등은 그들에게 성역할 스트레스를 발생시킨다. 남성 9명 중 4명은 보다 확대된 성평등과 노동시장에서의 경쟁으로 인해 오늘날 남성으로 사는 것이 힘들다고 말한다.[10] 아내가 자신만큼 벌거나 더 많이 벌 것 같으면 남성들은 더 많은 시간을 일한다. 여성이 돈을 더 많이 벌면 남성들은 집안일을 덜 한다. 아내의 소득이 높은 남성은 발기부전과 우울증에 걸릴 확률이 높다.[11]

하지만 돈에 관련해서만 그런 것이 아니다. 남성이 지켜야 할 사고관도 그렇다. 길거리에서 맞닥뜨리는 성적괴롭힘이나 폭행 위협에 대해 들으면 남성은 '내 여자'를 안전하게 지키는 능력을 도전받는 셈이 되고, 이 때문에 혼란, 의심, 분노뿐만 아니라 스트레스와 무능감을 느낀다. 여성이 이런 문제를 솔직히 드러냈을 때 그로 인해 남성 정체성이 위협을 받는 것처럼 느끼기도 한다. 핵심적인 문제는, 당신이 세상 어디에 살든 남성성에 대한 지배적인 규준은 적극적으로 여성의 취약성 위에 세워졌다는 것이다. 여성을 보호할 수 없다면 '진짜 남성'이란 무엇인가? 여성이 자신과 자기 가족을 경제적으로 부양할 수 있다면 '진짜 남성'이란 무엇인가?

게다가 성적괴롭힘과 폭력에 대해 이야기하는 것은 남성들에게 자기 자신의 취약성을 마주해야 한다는 것, 때로는 아동일 때 겪은 성폭행과 마주해야 한다는 것을 의미한다. 남성이 겪는 성폭행은 대부분이 유년기에 발생하며 그로 인해 수치심과 트라우마에 짓눌리는데, 그 이유 중 하나는 폭행당하는 것은 여성적인 것으로 간주되기 때문이다.

우리가 수없이 부인당하는 것은 이처럼 이상적인 남성성을 보호하기 위해서다. 남성이 자신의 정체성에 대한 위협을 극복한 경우에도 남성성과 남성 중심성은 다시 효력을 발휘한다. 딸을 둔 아버지들은 자신의 딸이 성차별을 마주하게 될 것이고, 딸을 보호하기 위해 자신의 특권을 활용하고 여러 시도를 해도 그 영향을 상쇄하기는 역부족이라는 것을 알게 되면 몹시 놀란다. 일반적인 반응은 여성을 사적인 관계, 즉 '내 딸, 내 아내, 내 여자형제, 내 어머니'로 정의해 공감하는 것으로, 이는 무용한 가부장적 사고의 극치다. 이는 여성을 여성들이 지닌 권리로, 한 명의 어엿한 개인으로 정의하지 않고 남성과 남성들의 권리의 확장으로 정의하는 일이다. 여성에게는 산책을 하고, 학교에 다니고, 아름답게 보이고, 따분하고 뻔뻔한 사람에게 시달리지 않으며, 남성과의 관계에 종속되지 않고 일할 권리가 있다.

이런 기준을 세우는 프레임은 또한 "저기 다른 곳에 사는 여자들은 말이지……"로 시작되는 부인의 말에서도 명백히 드러난다. "다른 곳"이란 다른 도시나 다른 주, 다른 나라 어디든 좋다. 그들은 지금 옆에서 하는 말에 귀기울이는 대신 걱정해본 적도 없을 "저기 다른 곳에 사는 여자들", 더 가난하고 병든 여성들을 들먹이며 반응한다. 저 여자들은 염산 세례를 받았다고. 학대받고 강간당하고 구타당할 가능성이 더 높다고. 성인 여성과 여자아이들이 스스로 겪는 여러 유형의 억압을 언급하면 분명 누군가는 그렇게 응답하는데, 사실상 다음의 말을 공손하게 돌려 하는 것일 뿐이다. "입 좀 다물어. 이만큼 잘해주는 것에 감사하기나 하라고." 이런 사고방식과 그 기저에는 여성이 아닌 남성에 대한 논의가 있다. 그들은 '내 여자'를 제대로 돌보지 못하는 남성보다 자신이 우월함을 확인하는 한편, "아마존에 팔아넘기지 않는 걸 행운이라 생각해라"라고 말하는 것이다.

여성은 자신의 인권을 위해 다른 여성과 경쟁하지 않는다. 나의 권리는 다른 여성의 고통이나 취약함과 관련이 없다. 그리고 나의 권리가 나와 관계된 남성의 지위에 좌우되어서는 안 된다.

✳✖

이런 방식으로 남성과 남성성을 중심에 두면 여성의 분노 경험이 침해받는다. 역할과 정체성으로 남성들이 받는 스트레스는 여성이 화를 내고 남성이 이를 받아들이는 방식에 자주 영향을 미친다. 남성이든 여성이든 누군가 비판적이고 공격적으로 굴면서 자신을 통제하려 들면 화를 내게 마련이다. 하지만 많은 남성의 경우 분노를 표출하는 행동은 남성성을 적절히 수행하는 과정이다. 여성은 주로 남성이 전통적인 남성성을 전시할 때 격렬한 분노를 느낀다. 반면 남성은 여성이 전통적 규범을 따르지 않을 때 분노한다.

이와 유사한 정당화의 패턴은 유색인종 여성과 백인 여성의 관계에 분노가 어떤 영향을 미치는가에도 분명히 드러난다. 심리학자 로빈 쿡노블스는 1977년 이렇게 설명했다. "타인의 화를 참아준다는 것은 방어적인 태도 없이 귀기울여 들을 수 있다는 것을 의미한다. 과거나 지금이나 흑인 여성들의 많은 분노가 백인 여성을 향해 있기 때문에, 백인 여성들에게 이는 어려운 일일 수 있다." 사십 년이 지난 오늘날에도 이 말은 유효한 진실이다.

사람들은 보통 비슷한 이유로 화를 낸다. 불공평한 취급을 받을 때, 옳지 못한 상황을 보았을 때, 안전과 가족, 지위가 위협을 받을 때. 그러나 남성은 같은 남성보다 여성에게 도전을 받을 때 더 화를 낸다. 다시 말하자면, '천부적'으로 더 높은 자신의 지위가 의문의 대상이 될 때 더 화를 낸다. 연구 결과에 따르면 남성은 여성이 그들의 욕구를 우선시하는 대신 여성 자신의 욕구나 불편함, 변화의 열망을 우선시할 때 특히 언짢아한다. 남성은 여성이 부정적인 감정을 드러내고 분노에 찬 반응을 보이고 '이기적인' 요구를 할 때 더 많이 화가 난다고 한다. 남성은 여성의 "변덕"이니 "자아도취"라는 말로 문제를 설명한다.

남성성이라는 관습이 남성 개개인의 삶을 잡아먹고 있다 할지라도 많은 남성들은 성차별을 문제가 될 만한 사안이라고 여기지 않을 것이다. 부부의 경우 남편은 남성 특권을 발생시키는 젠더고정관념이 옳다고 믿고 아내는 그러지 않을수록 이혼 확률이 올라간다. 앞에서 언급했듯, 여성 쪽에서 이혼을 제기할 가능성이 훨씬 더 높다. 남성의 경우 결혼제도는 모종의 특권을 전제로 한다. 결혼제도는 젠더에 따라 나뉘는 역할, 궁극적으로는 성차별적인 역할 속에서 남성의 자신감을 형성한다. 상대적으로 불안정한 결합인 동거는 남성의 자신감을 형성해주지 않는다. 여성은 관계를 종결하는 이유로 개인 대 개인의 불평등을 꼽는다. 이는 수차례의 연구와 설문조사로 증명된 현실이다.

가령 2017년 미니텔 연구에 의하면, 영국 여성의 61퍼센트가 싱글로서 행복하다고 응답한 반면, 남성의 경우는 49퍼센트에 그쳤다.[12] 관계를 형성하지 않는 이유로 여성은 가사와 감정노동의 부담을 꼽았다.[13] 많은 남성들이 이런 노동을 기대하게끔 자랐다.

2015년 미국 이성애자 남성을 대상으로 한 설문조사에서는 "독립적인" 배우자를 원한다는 응답은 34퍼센트에 그쳤던 반면, 독립적인 딸을 원한다는 응답은 66퍼센트를 차지했다. 남성들은 또한 배우자보다 딸이 지적인 편을 선호했다. 다시 말하면 그들은 의존적이고 순종적이고 자급자족하지 못하는 아내를 원하지만, 아내와 달리 남성 자신의 확장인 딸은 지적이고 야심차고 독립적이길 바랐다.[14]

만약 남성이 여성에게 "당신을 가장 화나게 하는 것은 무엇인가?"라는 질문을 던지고 대답에 귀를 기울인다면 이혼을 제기하는 남녀의 비율은 균등해질지도 모른다. 이성애 결혼이 줄어드는 현실을 안타까워하는 보수주의자들이 결혼제도를 잘 뒷받침하기 위해서는 전통적인 이분법적인 성역할을 강화하는 대신 유동성을 포용해야만 한다는 사실은 몹시 달콤한 역설이라 하겠다.

✖✖

성역할에 따른 이분법적 사고에 당신이 얼마나 동의하고 동의하지 않느냐는, 분리된 영역 이데올로기ssi*의 측면에서 당신이 어디에 속하는지에 달려 있다. 온정적 성차별을 뒷받침하는 이 프레임에서는 여성과 남성의 역할과 책임, 능력과 '선천적' 관심사가 엄격히 분리된다. 여성이 자신의 힘과 영향력을 주로 사교, 종교활동, 교회, 학교, 육아에 한정하는 반면 남성은 공공영역, 즉 돈벌이, 입법, 언론 등으로 자신의 힘을 한정한다. 원칙적으로 이 두 세계는 분리되어 있지만 동등하다. 그러나 실질적으로는 분리되어 있지도, 동등하지도 않다. 그것이 표방하는 동등함이란 근본적으로 민주주의의 이상과 공존할 수 없는 잘못된 것이다.

젠더 간 영역이 분리되어 있다는 믿음이 공고할수록 남자든 여자든 성평등을 추구하는 변화에 부정적이다.[15] 이는 비단 역할이나 책임뿐만 아니라 궁극적으로 인지능력에 영향을 미친다. 집단이 젠더적으로 평등한 경우 여성은 우수한 인지능력을 보이는 반면, 집단이

---

* Separate Sphere Ideology, 남성과 여성의 활동영역이 다르다는 담론.

젠더적으로 평등하지 않은 경우 남성의 사회적 민감도가 떨어진다.[16] 27개국의 20만 명 이상을 대상으로 한 2017년 연구 결과, 사람의 능력은 평생의 "생물심리사회적biopsychosocial" 조건의 결과라는 것이 증명되었다. 결론은 연구 제목 그대로였다. "뿌린 대로 거두는 것이다."[17]

높은 SSI 수치는 또한 가정 내 남성과 여성의 소득 차이, 유급노동과 무급노동의 분배, 정치적 참여, 일터 내 차별적 태도를 지지하는 정도 등을 예측 가능하게 했다. 이러한 태도가 가정이 아닌 공적 영역으로 이동하면 다른 형태의 차별 및 부인과 교차한다. 예를 들어 미국에서 백인의 55퍼센트는 미국 내 흑인과 여타 소수인종에 대한 차별보다 백인에 대한 차별이 더 많다고 믿는다.[18]

분리된 영역의 세계에서 여성들은 규칙을 따르고 '착하게' 구는 한 대접받는다. 여기서 '착하게'란, 다른 선택지가 거의 없을 때 하게 되는 합리적 행동이다. 이런 믿음을 관리하는 일반적인 방법은 여성을 두 부류로 나누는 것이다. 악마를 유혹하는 난잡한 여성인가, 늘 행복하고 모성애 넘치는 착한 여성인가. '창녀'는 행동한 대로 처벌받는 반면 '성녀'는 희생양이 될 수 없는데, 처벌받을 일을 결코 하지 않을 것이기 때문이다. 여기에 인종주의와 민족중심주의가 덧대진다. 역사적으로, 그리고 영구적으로 '진짜 여성'의 의미를 전형적인 백인 여성으로 제한하고, 흑인 여성은 폭력적이고 자격이 없는 이세벨*로, 히스패닉 여성은 음란한 요부로, 동양인 여성은 수동적이고

---

* Jezebel, 이스라엘 왕 아합의 아내. 구약성경에서 희대의 독부로 그려진다.

순종적인 인형으로, 노동계급 여성은 무성無性의 로봇으로 여기는 것이다.

심리학자인 앤드리아 밀러와 유진 보기다는 남녀의 영역이 분리되어 있다는 믿음을 "동기가 부여된, 체제를 정당화하는 이데올로기"라고 부른다.[19] 체제정당화란 사람이 자신의 자아의식과 세계관에 반하는 정보나 행동을 맞닥뜨렸을 때 발동되는 정서 및 인지과정을 가리킨다.[20]

체제정당화 이론과 이른바 공정한 세상 이론*에 의하면, 세계가 올바른 곳이 아니라는 증거가 제시되었을 때 이런 성향이 있는 사람들은 정당성을 다시 강화하고자 자신의 믿음과 불일치하는 정보를 무시하거나 병폐를 피해 당사자 탓으로 돌리며 비난한다.[21] 가난한 사람은 게으르고 일을 열심히 안 한다. 흑인들은 범죄자가 될 확률이 높고, 나가서 술을 마시고 섹스를 하는 여성은 강간에 책임이 있다.

이런 사고방식은 사람을 집단의 '내부인'과 '외부인'으로 분류한다. 타인에게 책임을 묻고, 계층적이고 때로는 폭력적인 지배를 정당화하기 위해서다. 이는 가정에서도 마찬가지다. 이런 도식 속에서 전통적인 성역할을 버리고 분노를 표출하는 여성은 특히나 문젯거리가 된다. 단지 화를 내며 말하는 것만으로도 그녀는 강력한 규칙을 어기는 셈이다. 그녀의 분노는 사회적 불균형을 알리는 경고음이고, 그 분노를 부인하는 것은 방어적인 체제정당화 반응이다. 그리하여 그에 대한 조롱, 폄하, 억압, 부인이 뒤따르곤 하는데, 부인이라는 방

---

* just-world theory, 세상은 근본적으로 공정하고 정의롭다고 믿으려는 인지편향.

식을 통해 심리학적 완화,[22] 즉 "불일치감" 및 "분노와 연관된 불공정함"을 효과적으로 관리할 수 있기 때문이다.[23]

여성도 체제를 정당화한다
—

젠더 간 영역이 분리되어 있다고 믿거나 여성의 말과 분노를 부인하는 것은 당연하게도 남성뿐만이 아니다. 종종, 어떨 때는 훨씬 더 많이 여성이 그런 경향을 보이기도 한다. 연구에 따르면 보수적인 젠더이데올로기를 고수하는 여성은 자신의 분노를 부인하고 또 분노하는 다른 여성에게 적절한 반응을 보이지 않는 경향이 있는데, 특히 안락한 사회체제란 없음을 부각하며 화를 내는 여성에게 그럴 가능성이 높다. 세상이 공정하다고 믿는 여성들은 비판을 마주하면 화를 내는데, 그 화의 이면에는 혼란과 두려움이 존재한다. 예컨대 차별이 실재한다는 두려움, 규칙을 따라도 폭력은 통제할 수 없다는 두려움 같은 것이다. 가끔은 맥락에 따라 경쟁에 대한 두려움, 다른 여성의 성공으로 드러날 젠더와 성역할의 진실에 대한 두려움도 있다. 몇몇 연구에 따르면, 온정적 성차별주의자 여성은 다른 여성이 원초적 야망이나 정치적 권력을 보일 때 가장 적대감을 드러낸다.

최근에 패널로 참여했던 토론방송에서, 어느새 나는 놀랍게도 #미투 운동이 "도가 지나쳤다"라고 말하는 보수 성향 작가와 논쟁을 하고 있었다. 그녀는 성인 남성과 남자아이들이 상처입고 억압당하고 있다고 주장했고, 여성들은 관심의 서툰 표현과 범죄를 동일선상에 두고 있으며, 나약하고 과민한 것이거나 아니면 앙심을 품고 거짓말을 하는 거라고 말했다. 그녀는 법이 시민사회에서 제대로 작동하고 있으며, 무고한 남성들은 사소한 실수 때문에 커리어를 망치게 될 것이라는 주장을 폈다. 요지는 이것이었다. 그녀의 경험에 의하면 대부분의 여성은 #미투 문제를 겪고 있지 않으며, 피해자들이 상황을 자초했다는 것이었다. 나의 항변은 그녀의 귀에 가닿지 않았다. 생방송 대담이기는 했지만, 나는 내가 가족모임이나 학교회의, 또는 일상적인 저녁모임 때 마주하던 것과 똑같은 논쟁의 수렁에 빠졌음을 알 수 있었다.

세상이 정의롭다고 생각하는 것과 세상이 더 정의로워지길 바라는 것은 방향이 완전히 다르다. 연구에 따르면 가부장적 규범을 지지하면서 젠더 간 영역은 분리되어 있고 세상은 공정하다고 믿는 여성은 그 때문에 자신이 불리해진다 해도 그 신념을 유지할 것이라고 한다.[24] 부인하고 우회함으로써 인간은 심리적 균형을 유지하고, 정서적으로 파괴적이고 불안감을 유발하는 정보를 마주했을 때 무기력감을 느끼지 않을 수 있다.[25] 실제로 그 토론방송에서 내가 통계수치를 읊는 동안 그녀는 이 말을 반복할 뿐이었다. "내가 아는 세상은 그렇지 않아요."

그녀의 반응은 사회이론가들이 정체성보호인지identity protective cognition라고 부르는 것의 좋은 사례였다. 정체성보호인지란 인간이 "자신이 선호하는 형태의 사회조직을 지지하는 방식을 통해 명백한 위험을 선별적으로 못 본 체하는" 과정을 말한다.[26] 그녀는 여성 피해자들을 비난하고 남성의 돈벌이를 우선시하며 온정적 성차별에 기

우리의 분노는 길을 만든다

댐으로써, 여성이 당하는 성적괴롭힘이 그녀가 겪는 불평등이라는 측면에서 어떤 의미인지 생각해야 하는 부조화를 쉽게 넘겼을 것이었다.[27] 토론 내내 나는 좌절했고, 그녀 역시 의심할 여지 없이 화가 났다. 왜냐하면 내가 말한 것들이 그녀에겐 생소하며 화가 나고 대립을 조장하는 것으로 보였기 때문이다.

부인이 사실이나 논거에 기반하는 경우는 좀처럼 없다.[28] 부인은 이성, 비판적 사고, 숙고 등을 넘어서는 본능적인 정서방어다. 이는 예컨대 보수 성향의 백인 남성이 미국의 기후변화, 식량 및 환경독성, 총기폭력, 임신중절 등 모든 위험을 마치 외부자인 양 못마땅하게 인식하는 데서 명백히 드러난다. 이 좁은 범위의 집단, 대부분 도널드 트럼프 행정부에 소속된 것처럼 보이는 사람들은 외부자가 하듯 위험평가를 수행하며, 거의 모든 사람들의 눈에는 자명한 위험이나 권리침해를 거의, 혹은 전혀 보지 못한다. 사회과학자들은 이를 "백인 남성 효과"라고 부르며 자신의 지위를 보호하기 위한 메커니즘이라 설명한다. 미국에서 이 용어는 강력히 현실을 반영하고 적확하지만, 사실 연구자들이 고안한 정체성보호인지 개념보다 정확도가 떨어지는 부적절한 명칭이다. 여성이 보다 높은 지위를 누리는 스웨덴 같은 나라에서는 백인 남성과 여성 모두 더 낮은 지위의 여타 민족집단과 다르게 위험을 평가하는 등 민족성이 영향력을 발휘한다.[29] 젠더 간 영역이 분리되어 있다고 믿고 온정적 성차별을 고수하는 남성들은 여성의 화를 정당한 것으로 '보지' 못한다. 여성들이 현실에서 맞닥뜨리는 문제와 위험을 보기 위해서는 현상을 위협하는 변화가 필요하기 때문이다.

젠더 간 영역이 분리되어 있다고 믿고 온정적 성차별을 고수하는 여성들 또한 차별적 규범의 가장 강력한 집행자가 된다. 온정적 성차별과 공정한 세상에 대한 신념에서 높은 수치를 기록하는 여성들은 강간 피해자나 친밀한 파트너에게 학대당한 여성을 배심원의 일원으로서 가혹하게 판단할 가능성이 가장 높다. 그들은 남성에 의한 범죄 및 그 유행이 내포하는 더 넓은 의미와 맥락을 못 본 체할 것이다.[30] 이중 어느 것도 인종차별이나 성차별, 다른 형태의 편견과 공공연한 선입관을 용납해주기 위한 것이 아니다. 오히려 화를 내고 사실에 근거한 논쟁을 해도 어째서 사람들의 생각이 바뀌지 않는지를 지적하기 위함이다.

그들은 부당한 현실과 사실 때문에 화를 내는 것이 아니다. 나 같은 사람에게 지적당하는 것에 화를 내는 것이다.

✖✖

내가 TV에서 그 여성과 나눴던 것과 같은 대화는 종종 여성으로서 우리가 한 '선택'의 차이에서 기인하는 것으로 여겨지기도 한다. 마치 우리가 사회, 문화, 정치가 배제된 진공상태에서 이런 결정을 내렸다는 듯이 말이다. 이는 '선택 페미니즘'이라는 부실하고도 허황된 개념에 기반하는 것으로, 요약하자면 여성의 결정은 여성이 내린 것이므로 모두 페미니즘적이라는 것이다. 페미니즘은 분명 공적이고 정치적이다. 그러나 '선택 페미니즘'이라는 용어는 여러 이유로 공허한데, 무엇보다도 여성의 사고와 결정을 비정치화할 뿐만 아니라 여성이 스스로를 책망하게 만들고 우울감을 느끼게 하며, 그들이 차별을 목도하거나 마주할 때 침묵하게 만든다.[31]

콜더도와 게이비가 수행한 연구에서 여자아이들은 이런 결과를 '성차별에 대해 말할 수 없는 상태'라는 측면에서 보여주었다. 이는 여성이 이중잣대, 편견, 차별이나 그들의 분노에 대해 공개적으로 말하는 것을 어렵게 만드는 중대한 요소다. 이 같은 침묵은 표현할 언어의 부족, 일상적 소통의 장애를 이해할 수 있는 구조의 부족과 결부되어 많은 여자아이들로 하여금 자신의 경험이 무엇에도 영향을 받지 않은 고립된 선택의 결과라고 생각하게 만든다. 그 영향으로 그들은 성차별을 사회의 잘못이나 평등을 가로막는 제도적 방해가 아니라 개인적 책임의 결과로 돌리게 된다. 나는 기회가 될 때마다 이를 지적하고 있다.

✖✖

나와 TV에서 토론한 여성은 전문가들을 혼란에 빠뜨렸던 트럼프 지지자의 완벽한 실례였다. 힐러리 클린턴 대신 도널드 트럼프에게 투표함으로써 '자신의 이익에 반하는' 행동을 한 대졸 백인 여성. 차별과 억압의 교집합이 어떻게 작동하는지를 보여주는 극적인 예였다. 이 경우 경제적 문제도 있었지만, 이처럼 특정 신념에 따라 집단적으로 표를 행사하는 행동은 자신의 젠더권리가 낮아지는 것을 감안하고서라도 기존 지위를 유지하기 위해 인종적 특권을 지렛대로 삼는 행위였다. 제도적인 백인 남성 우월주의를 통해 백인 여성은 여타 여성들과 달리 가부장적 규범(예컨대 권력을 가진 백인 남성을 계속 우대하는 체제)에 접근해 어느 정도는 이익을 얻을 수 있지만, 오는 것이 있으면 가는 것이 있는 법이고, 결과적으로는 모두가 희생된다.

선거기간 트럼프의 인기가 올라가는 가운데 미국에서 가장 화가 난 사람들은 바로 보수 성향의 백인 여성들이었다.[32] 2015년 1월 『에스콰이어』지에서 미국인 3000명을 대상으로 한 설문조사에 의하면, 모든 인구통계학적 집단을 통틀어 백인 여성이 가장 높은 수준의 분노와 공격성을 보였고 보수층에서는 그 정도가 더욱 심했다. 트럼프를 지지하는 백인 여성 유권자들은 인종우월주의를 재차 주장했는데, 바로 그 순간에도 그들이 상대적인 젠더불평등을 겪고 있고 지위가 낮다는 증거는 차고 넘쳤다.

도널드 트럼프는 권위주의를 부채질하는 경멸과 혐오의 언어를 구사하면서 온 국민을 '타자화'해버리는 노선을 선택한, '건장한 어깨'의 가부장적 후보였다. 여성 지지자들은 증오를 표출하는 그의 수사에 열정적으로 동조할 수 있었지만 한편으로 트럼프의 선거운동이 여성혐오의 축제와도 같다는 사실과 고투해야 했다. 트럼프는 대중 앞에 나설 때마다, 모든 뉴스기사와 트위터로 발언을 할 때마다 여성을 향해 한껏 추잡한 태도를 취했다.

사회과학자들은 분노와 혐오를 동일한 차원의 인간감정으로 분류해왔다.[33] 트럼프의 여성 및 여성 신체 혐오와 여성을 향한 분노에는 강력한 힘이 있었다. 클린턴과 트럼프 사이에 있었던 한 토론은 젠더화된 분노와 혐오의 관계를 보여주는 완벽한 사례였다. 2015년 12월 19일 민주당 토론 중간에 대선후보 힐러리 클린턴은 화장실에서 오

분간 머문 바람에 무대 복귀가 늦어졌다. 즉각적으로 언론은 여자화장실 줄이 길어서 그녀가 늦는다고 보도했다. 클린턴이 아직 나타나지 않은 가운데 휴식시간이 거의 끝나갔고, 사회자는 클린턴 없이 토론을 시작했다. 몇 분 뒤 클린턴이 무대로 빙긋 웃으며 돌아왔고, 사정을 이해한다는 듯 웃는 청중에게 그녀는 "죄송합니다"라고 말했다. 그 웃음이 인정하듯 여성은 남성을 위해, 남성에 의해 만들어진 세상의 틈새에서 살고 있다. 그녀 없이 토론을 시작했다는 이유로 클린턴이 화라도 냈던가?

나중에 트럼프는 이 일을 클린턴을 조롱하는 데 이용하며 이렇게 말했다. "나는 클린턴이 어디 갔는지 안다. 혐오스럽다. 말하고 싶지도 않다. 세상에, 너무나 혐오스러운 일이다. 그 얘긴 꺼내지 말자. 혐오스럽다. 언급하지 말자."[34] 이후 이틀 내리 클린턴과 우리들 나머지는 남성 고위 정치인과 기자들이 그녀의 몸과 신체기능에 대해 떠들어대는 것을 견뎌야 했다. 또한 트럼프는 그해 초 유축기를 필요로 하는 변호사에게 "혐오스럽다"고 말했다.[35] 폭스뉴스 TV의 앵커 메건 켈리는 그해 여름에 열린 공화당 첫 대선토론회에서 그의 성차별적 행적에 이의를 제기했다. 트럼프는 나중에 "그 눈에서 피가 나올 정도로 혈안이 된 걸 봤을 거다, 어디 다른 데서도 피가 나오고 있었나 보지"라며 그녀를 조롱했다.

트럼프의 세계관에서 남성은 혐오스러운 짓을 할 수도 있는 존재이지만 순응적이지 않은 여성들은 그 자체로 혐오스러운 존재다. 이런 연상은 사람들이 여성의 신체를 받아들이는 방식을 넘어서 여성의 능력과 도덕성에 대한 인식을 망쳐놓는다. 한 연구는 참가자들에게 여성의 핸드백에서 '어쩌다' 떨어진 물건을 보게 한 뒤 특정 업무에 대한 그 여성의 수행능력을 평가해달라고 요청했다. 가방에서 떨어진 내용물은 머리핀인 경우도 있었고 탐폰인 경우도 있었다. 사람들은 탐폰을 떨어뜨린 여성이 비호감에 유능하지도 않다며 더 매몰찬 평가를 내렸다. 어떤 평가자는 심지어 그 옆에 앉지도 않으려 했다. 더 흥미로운 것은, 그 효과가 핸드백에 탐폰이 있던 특정 여성을 넘어서 다른 여성에 대한 혐오로 이어졌다는 점이다.[36]

트럼프가 그토록 노골적으로 드러낸 혐오는 클린턴을 감옥으로 보내야 한다고, 심지어 총살해야 한다고 외치며 두려움을 내비치던 그의 지지자들 일부에게 쉽게 공유되었다(트럼프 지지 집회에서는 "수감하라!"라는 광적인 구호가 되풀이되었고 트럼프가 당선된 후에도 계속되었다). 철학자 케이트 만은 이렇게 설명했다. "트럼프 지지 집회에 모인 사람들이 클린턴을 '수감하라'라고 외쳤을 때, 클린턴이 처벌받는 모습을 봐야겠다는 그들의 욕구는 분명히 드러났다. 하지만 그 수준을 넘어 그녀를 봉쇄하려는 열망도 한편으로는 있는 듯했다." 클린턴의 신체에 대한 혐오와 정치적 분노 및 징벌적 안건을 분리할 능력이 없어 보이는 정적들과 유권자들은 봉쇄의 언어를 사용한 것이다.[37] 클린턴을 이런 식으로 취급하면서 트럼프와 그의 지지자들은 여성에 대한 혐오를 더욱 대놓고 드러냈다. 피를 흘리고, 액체가 새고, 스며나오고, 흐르고, 배변을 하는 것은 우리가 가진 인간성의 한 측면이다. 그리고 이런 인간성을 구실로 우리는 여성을 매도하는 법을 배우고 여성은 스스로를 혐오하는 법을 배운다. 그런데 우리는 여기에 분노하면 안 되는 것인가?

설령 이 모든 것을 못 본 체할 수 있는 여성이 있다 해도, 우리 신체가 불쾌하다는 발언을 우리가 무시할 수 있다 해도 대선을 불과 몇 주 앞두고 지금은 유명해진 '액세스 할리우드 테이프'가 공개되는 일이 생긴다. 2005년에 녹음된 그 테이프에는 당시 부동산 재벌이자 리얼리티쇼 스타였던 트럼프가 유명세 덕에 마음에 드는 아무 여성이나 추행할 수 있는 백지 위임장이 생겼다며 TV쇼 〈엑세스 할리우드〉의 사회자인 빌리 부시에게 으스대는 내용이 담겨 있었다.

"나는 개처럼 그녀와 해보려 했다. 그러나 끝까지 갈 수 없었다. 그리고 그녀는 유부녀였다."(트럼프도 세번째 부인이 있는 유부남이었다.) "그러다 어느 날 보니 가짜 가슴에 얼굴은 완전히 바뀌어 있었다. (……) 나는 자동적으로 여자들에게 키스한다. 꼭 자석 같다. 그냥 키스한다. 기다릴 수가 없다. 당신이 스타라면 그렇게 해도 여자들은 가만히 있는다. 아무거나 할 수 있다. 보지를 움켜잡아도 된다. 뭐든 된다."

그가 "라커룸 수다"라고 일축한 그 대화가 진보 성향 여성들을 흔들어놓았다면, 보수 성향의 여성들은 세계관이 몇 배는 더 위협받은 수준이었다. 거기에는 그들이 익히 아는 남자들과 똑같은 남성, 똑같은 방식으로 똑같은 말을 하고, 보호자가 되어주겠다고 약속을 해놓고 바로 그 자리에서 여전히, 뻔하게, 부패한 채 여성혐오를 해대는 포식자 남성이 있었다. 테이프가 공개된 뒤 그것만으로는 부족하다는 듯 캐나다의 작가이자 블로거 켈리 옥스퍼드는 트럼프가 한 것 같은 협박이나 공격을 받았던 첫 경험을 #괜찮지않다#NotOK 해시태그와 함께 공유해달라고 요청했다. 스물네 시간이 채 되지 않아 900만

명 이상의 여성들이 몇 년간 겪어야 했던 심리적 고통을 털어놓으며 응답해왔다. 전 세계의 여성들이 날카로운 고통을, 굴욕과 폭행으로 느꼈던 분노를 이야기했다.

사람들은 자신의 본성과 세계, 그 세계 속 자기 자리에 대한 신념에 대치되는 사회불평등이 존재한다는 부인하기 힘든 증거를 마주하면 사실을 인지하고 그 의미를 받아들이는 대신 더 기세를 올려 가스라이팅을 하고, 피해자를 나무라고, 불공평한 사회체제의 혜택을 과장하고, 한사코 현상태를 옹호한다.[38] 그들은 분노로 반응하고, 화가 난 여성들의 요구를 쉽사리 묵살해버린다.

요 몇 주 동안 나는 혼란에 빠진 여성들이 내밀하게 들려주는, 때로는 수년이나 외면하고 별일 아니라며 축소한 이야기들에 압도되는 기분이었다. 유세에 나선 트럼프의 모든 사진, 영상, 녹음테이프는 여성들의 잠재의식에 가라앉아 있던 달갑지 않은 기억들을 끄집어냈다. 이런 불쾌한 경험은 괴롭힘이나 폭행에 대해 여성들과 전혀 이야기해본 적 없는 남성들에게는 새로운 정보였다. 여성들은 이토록 생생하게 되살아나는 기억을 자기 안에 담아두는 방법을 학습하는 이유는, 대개 아무도 신경써주지 않는다고 생각하기 때문이다. 우리는 또한 남성의 공격적 괴롭힘을 무시하거나 가볍게 넘기라고 배운다. 나와 이야기를 나눈 많은 여성들은 사랑하는 남성이 자신에게 일어난 일 때문에 "기분 나빠하지" 않도록 몹시 조심했다고도 덧붙였다. 다른 말로 하자면, 그들을 불쾌하고 난감한 진실로부터 보호하는 편을 선택했던 것이다.

여성을 '존중'하는 일에 대해 트럼프가 보이는 곤혹스럽고 희롱 섞인 언행과 허튼소리를 보고 들을 때마다 사람들은 트라우마만 헤집히는 것이 아니라 무엇보다 여성을 '보호'한다는 말의 타당성에 의구심을 품게 되었다. 대체 그는 무엇으로부터 사람들을 보호하겠다고 약속하는 것일까? 온정적 성차별이 사용하는 익숙하고 위안을 주는 언어를 사용하면서. 기후변화? 빈곤? 질병? 아니, 그는 "국민"을 인종적 폭력, 특히 백인 여성을 향한 폭력으로부터 보호하겠다고 주기적으로 약속했다. 멕시코인 이민자들은 강간범이다. 센트럴파크 파이브는 유죄였다(무죄만 아니었다면).* 이슬람교도들은 강간을 하고 테러를 저지를 것이다. 중국은 (비유하자면) 미국을 강간하고 있다. 이러한 강간위협은 백인 남성 우월주의에 내포된, 과거에도 유해했고 앞으로도 유해할 파수꾼 남성상을 재확립할 때마다 요란히 동원되는 수단이다.[39]

트럼프 지지자들은 그의 불쾌한 허세에 "해를 끼치진 않는다" "사내는 다 그렇다" "그냥 라커룸 수다일 뿐이다" 같은 구실을 내세우는 것으로 반응하며 체제정당화의 전형적인 모습을 보였다. 해명은 갈수록 구구해진다. 신뢰도와 적절성은 터무니없이 떨어진다. 여성은 그의 즐거움을 위해 자신이 받았던 명백한 수모는 무시할 것을 요구받는다. 결국 분노는 방향을 틀어 인종차별을 비롯한 여타 차별을 악화시키는 쪽으로 길을 찾는다.

트럼프의 경우처럼 만약 권력 있는 백인 남성이 지위와 권력의 역

---

* 1989년 뉴욕 센트럴파크에서 벌어진 강간 살인미수 사건. 다섯 명의 흑인과 히스패닉 소년들이 범인으로 지목되어 수감되었지만, 나중에 DNA가 일치하는 진범이 자수하는 바람에 무죄로 밝혀졌다.

할을 대놓고 드러내는 방편으로 포식자 같은 성적 행동을 전시한다면, 유색인종 남성의 상습적인 악당화도, 보호를 바탕으로 하는 권위의 주장도 모순인 셈이다. 트럼프가 여성, 이민자, 무슬림, 흑인, 장애인을 무례하게 취급할 때 침묵으로 일관하던 공화당 지도자들은 합심해서 그들의 '아내, 딸, 어머니'를 보호하겠다며 분노를 표출하기 시작했다. 여성의 권리와 존엄성을 우려해서가 아니었다. 그저 새로이 발견한 분노를 전시한 것이었다. 트럼프가 백인 여성을 두고(당연히 결혼을 한 여성이다), 원칙적으로 그런 대우를 받을 만한 '아무런 짓도 하지 않은 선량한 여성'을 두고 입방아를 찧었기 때문이었다. 그들의 여성처럼 말이다. 그들은 트럼프의 터무니없는 주장이 자신들의 권력의 근간을 위협하는 경우에만 염려를 했다.

트럼프 테이프는 여성들의 뇌리에 각인됐지만 남성들의 뇌에서는 즉시 사라졌다. 페이스북은 2016년 10월 9일 대선토론회가 진행되는 동안, 수백만 개의 실시간 댓글을 분석해 채팅에 참여한 사람들이 선거와 관련해 어떤 주제를 우선시하고 있는지 조사했다.[40] 트럼프 테이프는 여성의 급상승 주제어 1위를 차지했지만 남성의 경우에는 상위 5위 리스트에 포함조차 되지 않았다. 트럼프 테이프라는 이슈 위로 그것이 이끌어낸 기억과 감정, 그리고 테이프가 밝혀낸 위선이 더해져 여성들은 남성들이 성적괴롭힘이나 성폭행과 얼마나 무관한 삶을 사는지 확실히 깨달을 수밖에 없었다. 부인하라. 부인하고 더 부인하라.

그러나 더 보수적인 가정과 공동체에서는 분열 그 이상이 관찰된다. 2017년 『엘르』지는 『에스콰이어』가 2015년에 했던 것과 비슷한 설문조사를 실시했다. 선거 후 여론조사에 의하면 응답자의 53퍼센트가 그 전해보다 세태에 더 분노하고 있었다. 놀라운 일도 아니었다. 74퍼센트 대 69퍼센트라는 비율로 여성은 여전히 남성보다 더화가 난 상태였으며, 하루에 적어도 한 번은 뉴스에서 분노를 유발하는 정보를 접한다고 답했다. 백인 여성들 역시 이번에도 흑인 여성들보다 꾸준히 화를 내는 비율이 높았고, 이는 작가이자 정치평론가인 멀리사 해리스 페리 교수가 당시 썼던 대로 화난 흑인 여성 신화를 반박하는 결과였다. 이번에는 진보 성향의 여성들이 해마다 더욱화가 난다고 대답한 응답자의 76퍼센트를 차지하며 가장 단호한 반응을 보였다. 역시 놀라운 일이 아니었다. 하지만 설문에서 민주당을지지하는 여성의 3분의 2가 백인 남성이 나라를 운영한다고 생각한다고 답한 반면, 민주당 지지 남성 중 그렇게 대답한 사람은 37퍼센트에 그쳤다.[41]

미국 대졸 백인 여성의 44퍼센트가 도널드 트럼프에게 투표했다.[42] 흑인 여성 유권자는 90퍼센트 이상이 힐러리 클린턴을 지지했다. 기독교 백인 남성 우월주의에, 그리고 근본적으로 권위주의적인그 핵심 신조에 단결하여 반박한 결과였다.

젠더와 화가 난 권위주의자들

―

비교문화 연구에 의하면 권위주의자의 보편적인 마음가짐은 이러하다. 엄중히 규칙을 고수하고, 도덕률에 엄격하고, 경멸과 혐오의 감정이 강하고, 사회집단에 순종적이고, 자기성찰을 혐오하고, 남을 벌하려는 욕망과 성향이 있다. 가장 친밀한 규모인 가정에서 젠더규범을 엄격히 강제하는 경우도 마찬가지라 할 수 있다. 규칙, 도덕규범, 실망감 표현, 혐오 등을 통해 젠더이분법을 확립하고 감시하는 경향은 가정에서부터 시작된다. 아이가 자기 자신에 대해 어떻게 느끼고 무엇을 아는지 무시한 채 권위를 받들기만 바라는 경우도 많다.

연구에 따르면, 엄격하고 징벌적인 규칙과 철학을 고수하는 가정에서 자란 성인은 자기 부모에게 느끼는 분노를 엄격하고 징벌적인 정치적 견해로 전이한다.[43] 또한 반페미니즘과 여성에 대한 경멸은 권위주의적 신념과 직결된다는 일관된 패턴이 여러 연구를 통해 밝혀졌다.[44]

2017년 정치학자 칼리 웨인, 니컬러스 밸런티노, 마지아 오체노는 유권자의 경제상태나 정당, 정치이념, 인종보다 성차별주의가 트럼프 지지를 예측하게 하는 요소임을 발견했다. 영향력이 엇비슷한 요소로는 민족중심주의가 있고, 권위주의적 성향은 이에 훨씬 못 미쳤다. 연구는 특별히 젠더와 성역할에 대한 분노가 성차별주의를 정치적 힘으로 전환시킨다고 결론지었다.[45]

체제정당화와 공정한 세상에 대한 신념이 있는 여성들의 경우, 성차별에 노출되면서 권위주의적 신념과 성향이 더욱 강해진다. 전 세계 10만 명 이상의 사람들을 대상으로 권위주의적 신념의 심리적 이점을 연구한 2012년 연구 결과, 권위주의적 리더에 대한 여성의 헌신은 사회의 성평등격차를 더욱 벌려놓았다.[46]

미국의 대다수 여성들의 경우, 종교적 신념과 그 신념이 형성하는 가족구조로 인해 불평등을 일상적으로 마주한다. 종교적으로 보수 성향이 높은 전통적 구조의 가족일수록, 남성이 최종 의사결정을 내리고 경제권을 쥐는 것을 선호하는 위계 속에서 성역할은 분명하게 둘로 나뉜다. 이 같은 신념을 품은 가정에서는 어떻게 보이고 어떻게 행동해야 하는지, 누구를 어떻게 사랑해야 하는지, 어떻게 일하고 생각하고 입고 또 누구에게 권력을 맡겨야 하는지에 대한 규칙이 엄격하게 적용된다.[47]

가정에서의 성차별은 권위주의에 의존하는 순차적 '타자화'다. 집과 가족에 기반한 차별은 수 세기 동안 신학적이고 철학적인 숙고, 전통으로 포장되었지만 그럼에도 불구하고 억압적이다.[48] 이것의 가장 강력한 영향은, 여성은 권력을 원하거나 추구하거나 소유하지 않는 게 '자연스럽다'며 남성과 여성을 분리하는 것이다. 이처럼 가부장적이고 보수적이고 종교적인 삶의 기본 태도는 여성을 근본적으로 차별해서 대우하는 것이다. 이는 대단히 정치적이다.

미국에서는 개신교 복음주의자들과 가톨릭교도들이 지도자의 권위주의적 행동을 가장 잘 받아들인다.[49] 2016년 백인 복음주의자들의 81퍼센트가 도널드 트럼프의 명백히 신을 믿지 않는 태도와 괴롭힘, 조롱에도 불구하고 그에게 표를 던졌다. 특히 두 집단은 고문, 여성의 성적 자기결정권과 재생산권 감시, 아동체벌 등 징벌적인 정책도 적극 받아들였다.[50] 여성, 섹슈얼리티, 성역할에 대해서도 그들의 태도는 몹시 징벌적이었다.

미국 정치에서 여성의 지위는 이런 태도와 그 태도를 제도화하는 사회정책에 긴밀히 연결된다. 점점 커져가는 미국 내 정치적 분열은

넓게 보자면 성역할에 대한 우리 입장의 분열이기도 하다. 반대편의 주장에도 불구하고 보수주의자들은 여성이 사회의 온전한 구성원이 될 수 있고 되어야 한다는 것을 그저 믿지 않으려 한다. 여성은 돌봄 노동을 해야 하고, 그 돌봄도 지나치게 대중적인 야심이나 정치적 권력으로 표현되어서는 안 된다. 2015년의 어느 설문조사에 의하면 공화당원의 20퍼센트만이 살아생전 여성 대통령을 보고 싶다고 답했다. 그러나 좋은 소식도 있다. 트럼프의 당선이 그런 기조를 바꾼 듯하다. 2018년 설문조사에서는 30퍼센트가 여성 대통령을 보고 싶다고 답했다.

보수층 여성이 미디어에서 두각을 드러낸다 하더라도, 2000년대 중반 이후로 공화당 여성이 선출직 공직자로서 얻어낸 바가 거의 없고 당선된 대표로서의 입지도 계속 잃어가고 있다는 사실을 바꾸진 못한다. 오늘날 민주당 여성 의원의 수는 공화당 여성 의원의 3배에 이른다. 게다가 공화당 여성 의원은 지도자가 될 기회를 잃고 있다. 사회적으로 허용되는 여성혐오가 있음을 인정할 때까지, '정치적 분열'을 이해하거나 종결시키기란 불가능하다.

✖✖

도덕적 권위를 갖추고 가끔은 정당한 분노를 표현하며 발언하는 것은 대중적 발언권을 갖고 정치적 권력을 유지하는 데 필수적이다. 그러나 여성이 단호하게 자신의 입장을 표현하면 공개적으로 화를 냈든 아니든 사회의 맹비난과 무효화 시도, 백래시, 처벌을 마주하게

우리의 분노는 길을 만든다

된다.[51]

'복수는 나의 것'은 2016년 미국 대선의 라이트모티프였다. 횡설수설 난장판인 도널드 트럼프, 단정치 못한 차림으로 손가락질하는 버니 샌더스 둘 다 그들의 도덕적 위상을 잃지 않고 분개할 수 있었다. 오히려 그들은 포퓰리즘 행동주의를 양산하고자 분노를 효과적으로 이용했다(그들의 젠더는 거의 언급되지 않았다). 반면 힐러리 클린턴은 좀처럼 화를 보이지 않았고 화난 어조를 사용하지도 않았다. 그녀의 목소리, 미소, 복장이 부당하게 비난을 받아도, 트럼프가 토론회 무대에서 그녀의 일거수일투족을 걸고넘어지며 괴롭혀도, 남성들이 그녀의 신체활동을 두고 거들먹거려도 그녀는 침착하고 냉정을 유지하며 화는 내지 않았다. 민주당 상원의원 엘리자베스 워런 같은 다른 사람들이 그녀 대신 화가 난 것처럼 보였다. 워런은 트위터에서 끝없이 분노했고, 공개적으로 공격성을 드러내기도 했다. 다른 사람을 대변한다고 인식되었으므로 좀더 용인되는 행동이었다. 대선에 대한 클린턴의 날것에 가까운 솔직한 회고록 『무슨 일이 있었나*What Happened*』가 2017년 출간된 직후, 사람들은 "왜 힐러리는 더 화를 내지 않는 거야?"라고 묻기 시작했다.[52]

한편 영부인 미셸 오바마는 보수언론에(가끔은 진보언론에도) 남편에게 과도한 영향력을 위험하게 행사하는 화난 흑인 여성의 모습으로 끊임없이 등장했다. 그에 더해 미셸 오바마의 이런 묘사는 남편이 아내의 화에 눌려 잡혀 산다는 흔한 비유를 더욱 퍼뜨렸다. 그녀는 국가 최고통치자의 "숨어서 논쟁을 일으키는 어두운 이면"으로 묘사되었다.[53] 버락 오바마는 백인 대통령들에게는 분명 해당되지 않았던 방식으로(지금 도널드 트럼프를 보면 더더군다나 분명하다) 분노를 표현하는 데 제약을 받았다.

미셸 오바마는 2016년 오프라 윈프리와의 인터뷰에서 이렇게 설명했다. "'아니, 당신은 나를 알지도 못하잖아'라고 생각하게 되는 바로 그런 것이었죠. '와, 저 이야긴 대체 어디서 나온 거야?' 바로 그렇게 느끼게 된다니까요. 처음에 그런 반발감이 드는데, '내가 아니어도 너무 아니잖아'라고 생각하니까요. 그러고는 이런 생각이 드는 거죠. '이건 나 때문이 아니야.' 글을 쓴 사람이 문제인 거예요."[54]

흑인 여성들은 이런 식으로 정형화된다. 하지만 몹시 드물게도 발언권 있는 지도자가 되기도 하는데, 그 경우 그들은 자신의 분노를 특히 신중하게 사용해야 한다. 그들은 제도의 가외에서, 말하자면 인정받는 전통적인 제도와 위계의 바깥에서, 최전선에서 일할 가능성이 높다. 예를 들어 형사사법제도를 개혁하고, 재생산 및 인종적 정의 운동에 투신하고, 장애인 인권, 환경 및 기후변화를 위한 활동을 하는 것이다. 어떤 경우든 그들은 그 자리에 걸맞은 영향력이 있는데, 그 자리란 현상 유지에 반하는 자리다. 하지만 흑인 여성들에게 타인을 지키기 위해 '화가 난 흑인 여성'의 책무를 이어받으라고 요구하는 것은 분명한 문제다. 작가 페미니스타 존스가 2016년에 설명했듯, 미국은 강인한 흑인 여성이 타인의 걱정과 짐을 짊어지리라고 기대해온 역사가 길다. 존스의 설명대로 여기서 위험한 점은, 이런 여성들이 무기력한 백인들의 구세주가 되어 '유모화'된다는 것이다.[55]

2016년 도널드 트럼프 당선으로 얻은 이점이랄 것이 하나 있다면, 어떤 여성도 자신이 정계에 출마해 당선될 수 있다는 사실을 두 번 다시 절대로 의심하지 않게 된 것이다. 트럼프가 당선되면서 수많은 사람들이 분노와 우울을 느꼈고, 이는 행동주의에 불씨를 댕기고, 전 례없이 많은 여성들이 출마를 선언하거나 준비하는 계기가 되었다. 2018년 초 브루킹스연구소에서 발간된 정치 참여에 관한 보고서에 의하면 "젊은 여성 집단 전체가 동일 남성 집단보다 훨씬 더 많은 정 치적 참여를 보인 것은 미국 역사상 아마도 처음"이었다.⁵⁶

선거가 끝나고 육 개월간 2만 명 이상의 여성이 출마 의사를 밝혔 다. 민주당원으로 출마하는 여성을 위한 교육 프로그램인 이머지 아 메리카Emerge America는 지원자가 87퍼센트 늘었다. 약 1만 6000명 의 여성이 임신중절권을 찬성하는 여성 후보자들을 지지하는 에밀 리스 리스트Emily's List에 연락해 후원 의사를 밝혔다. 직전 해 920명 에서 급증한 수치였다. 초당적 훈련기관인 '그녀는 출마해야 한다 She Should Run' 역시 에밀리스 리스트와 거의 똑같은 증가율을 보였 다. '그녀를 당선시키자Getting Her Elected' '어디든 출마하라Run for Something' '미국여성당American Women's Party' 같은 새로운 기관과 운 동단체에는 자원봉사자가 쇄도했다. 이 같은 여성의 정치적 행동주 의에 불을 붙인 것은 거의 전적으로 여성의 지위를 진지하게 재고하 도록 국가를 압박하려는 진보적인 여성들의 움직임이었다.

정치적으로 혼란한 시기에는 정치 성향에 관계없이 여성들은 사회에 분노할 일이 많아지고 그에 따라 행동하게 된다. 역사적으로 대중의 고통이 고조되는 시기에는 여성들이 저항의 원동력이자 정치 정책의 원동력이었으며, 이는 여성이 투표권을 갖거나 출마가 가능하기 전부터 그랬다. 1874년에 설립된 기독교여자절제회는 가정폭력과 빈곤을 막기 위한 시도로 금주법 제정을 위한 투쟁을 대규모로 주도했다. 그리고 단체는 프랜시스 윌러드의 지도하에 활동 영역을 넓혀 공정근로기준법, 교도소 개혁, 여성참정권 등을 요구했다.

여성들이 그들에게 '걸맞은 자리'가 있다는 완고한 편견을 고려해 가장 성공적으로 적응하는 방법은 엄마가 되어 정치적인 야망과 분노를 걸러내는 것이다. '음주운전방지 어머니회Mothers Against Drunk Driving' '아동보호기금the Children's Defense Fund' '맘스라이징 MomsRising' '전면에 나선 엄마들Mothers Out Front' '미국 총기규제를 촉구하는 어머니회Moms Demand Action for Gun Sense in America' '운동하는 엄마들Mothers of the Movement' 등이 이러한 접근법의 예다.[57] 이런 단체들은 여성의 분노에 근거한 정치적인 에너지를 결집하는, 전복적이고도 '위협적이지 않은' 방법이다.

"동요되어 화가 나고 슬펐던 것이 기억납니다. 뭐라도 해야 한다고 느꼈습니다." 2017년 섀넌 와츠를 만났을 때 그녀는 이렇게 말했다. 와츠는 총기폭력을 반대하는 영향력 있는 변호단체인 미국 총기규제를 촉구하는 어머니회의 창립자이다. 그녀는 2012년 12월 15일 코네티컷주 뉴타운 샌디훅초등학교에서 발생한 총기난사사건 당일 어떤 기분이었는지를 설명했다. 스무 살이었던 애덤 랜자가 집에서 자신의 어머니를 죽인 뒤 학교로 가 여섯 명의 교사와 스무 명의 학생을 죽이고 자살한 사건이었다.

새년은 이렇게 회상했다. "내 생각에는 이 나라의 수많은 여성들이 화가 났을 때 그게 슬픔인지 분노인지 혼란스러워하는 것 같습니다. 샌디훅사건 때도 이 나라의 수많은 여성들이 그런 혼란을 경험했어요. 믿기지 않는 슬픔과 좌절, 분노가 하나로 합쳐져 이제 전면에 나서야 한다는 깨달음이 왔습니다. 한참 전에 그랬어야 했죠. 백인으로서, 교외에 거주하는 여성으로서 나는 샌디훅사건으로 엄청난 충격을 받았습니다. 매일 90여 명의 미국인이 [총기폭력으로] 사망한다는 것을 그전까지는 몰랐어요."

그로부터 육 년 후인 2018년 2월에는 한 남성이 마저리스톤먼더글러스고등학교로 걸어들어가 열네 명의 학생과 성인 넷을 쏜 또다른 총기난사가 발생하여 수백만 명에게 충격을 주었다. 이 사건을 계기로 그와 같은 사정에 밝은 학생들이 자신들의 정당한 분노를 전면에 내세우고 #네버어게인#NeverAgain 운동을 조직적으로 일으켜 전국적으로 가시화하고, 그럼으로써 성인들이 통과시키는 데 실패한 총기규제에 압력을 가했다.

와츠가 샌디훅사건 다음날 페이스북 페이지로 미국 총기규제를 촉구하는 어머니회를 시작한 지 오 년이 되지 않아 이 단체는 미국 모든 주의 7만 개 지부에 걸쳐 4500명의 자원봉사자를 갖추게 되었다. 이 조직은 2017년 뉴욕 시의원 피터 쿠가 "화난 엄마가 이룰 수 있는 건 별로 없다"라고 했던 유의 견해가 거짓임을 근사하게 증명한다.[58]

트럼프 당선이 북돋운 여성들의 분노는 여성들이 다양한 주제에 초점을 맞춘 활동을 펼치게 하는 가장 큰 추진력이었다. 2017년 4월 3만 명이 조금 안 되는 이들을 대상으로 한 여론조사에 따르면 트럼프 정부와 그 정책에 항의하는 행동을 취한 사람들의 86퍼센트가 여성이었고, 그중 28퍼센트는 30~45세, 50퍼센트는 46~65세였다. 가부장적 전통과 진보 성향 여성들의 활동이 비등한 텍사스주의 경우 트럼프 당선 이후의 사회운동은 거의 전적으로 여성들이 주도하고 있다.[59] 2017년 4월 전국 각 도시 및 해외에서 열린 '인류 기후행진'과 '과학을 위한 행진' 모두 여성이 지도자이며 참가자 대다수를 차지했다. 여성들은 도시와 근교 모든 곳의 진보 성향 시민저항단체에서 두드러지게 활동한다.[60] 어떤 이들은 진보정당에서 공직에 출마하기 위해 도시를 떠나 출신지로 돌아가고 있다.[61]

트럼프가 불법이민정책을 발표했을 때 발이 묶여 억류된 이민자들에게 법률서비스를 제공한 이민변호사의 대다수는 여성이었다.[62] 또한 여성들은 '안전핀 박스Safety Pin Box'라는 서비스를 만들었는데, 이는 백인들이 그들의 인종 덕분에 얻은 사회적, 경제적 이점을 구조적 인종차별에 대항하는 데 활용하도록 장려하는 서비스다.[63] 부담적정보험법 폐지에 반대하기 위해 국회에 전화를 건 사람의 80퍼센트이상이 여성이었다. 여성 변호사들과 판사들은 트럼프 재임기간 내내 행정부에 남성들보다 훨씬 더 많이 도전했다.[64] 2018년 3월에는 웨스트버지니아, 애리조나, 오클라호마 등지에서 일어난 교사파업이 미국 전역에 대서특필되었다. 이들 주에서는 교사의 급여가 비슷한 교육을 받은 다른 분야의 노동자보다 30퍼센트 낮았다.[65] 언론은 이런 운동의 '역사적' 특징을 역설했지만, 이 파업이 본질적으로는 구

우리의 분노는 길을 만든다

조적 과소평가와 착취에 반발해 여성들이 벌이는 파업임을 지적하는 매체는 거의 없었다.[66]

지역이나 정치적 견해와 관계없이 여성들은 활동가, 유권자, 정치인으로서 사생활, 사유재산, 부의 축적에 대한 (남성의) 전통적인 특권을 해체하는 일을 지지한다. 여성은 깨끗한 환경과 안전한 물을 위한 규제, 기후변화의 영향에 대한 합리적인 인식, 대량투옥* 및 제도적 폭력을 해결하기 위한 사법개혁 등 돌봄경제를 뒷받침하는 사회적 안전망과 메커니즘을 선호한다. 미국에서 여성은 유권자 탄압, 은행개혁, 군대 및 교도소, 캠퍼스 내 성폭력에 대항하는 투쟁의 선봉에 선다. '흑인의 생명도 중요하다Black Lives Matter'를 창시해 리더십과 행동주의의 광범위하고 혁신적인 모델을 개발한다. 다코타 액세스 파이프라인** 시위와 이민자 인권운동을 이끈다. 시민이라는 개념에 여성을 동등하게 포함시키기를 거부하는 사람들 눈에는 이러한 싸움에 참여하는 여성은 그 사실만으로도 '엘리트'이며 못생기고 화가 난 족속들이다.

트럼프에게 맞서는 일은 여성들에게 익숙한 기술을 필요로 한다. 바로 부족한 지원과 자원으로 사회적 네트워크를 쌓는 것. 대표들을 모으고 소집하고 커뮤니티를 만드는 일. 트라우마와 연관된 감정

---

* 미국은 1970년대 인권운동에 나섰던 흑인들을 감옥에 무차별적으로 수감하면서 대량투옥의 역사가 시작되었다. 근래 들어 투옥률 증가가 범죄율 하락에 기여하는 정도가 지나치게 과장됐다는 분석들이 나오면서 사법제도개혁을 요구하는 목소리가 높아졌다.

** Dakota Acceess Pipeline, 미국 중서부를 관통하는 대형 송유관. 아메리카 원주민 보호구역을 가로지르기 때문에 강력한 반발에 부딪혔지만, 2017년 트럼프 행정부는 파이프라인을 완공했다.

을 생산적으로 처리하도록 도와주는 일. 활동가이자 조직가인 에밀리 엘스워스는 이렇게 말한다. "여성들은 진지하게 받아들여지기 위해서는 자신의 메시지, 어조, 외모를 가다듬어야만 한다. 매일을 그런 조건 속에서 일하니, 저항에 능한 것은 당연한 일이다."[67]

남성 권력에 저항이 능한 여성, 특히 이 책에서 다루는 분노, 정치, 부인의 관점에서 저항에 능한 여성은 종종 저항을 체현한 존재로 여겨진다. 예컨대 2018년 4월, 지금은 물러난 공화당의 메인주 의회의원 후보는 같은 해 2월 플로리다 파크랜드 총기난사사건에서 살아남은 열여섯 살의 에마 곤살레스를 "스킨헤드 레즈비언"이라 부르며 비하했다. 총기난사 몇 주 전에 그녀는 덥고 귀찮기만 했던 머리를 밀었다. 길고 풍성한 머리칼이 전통적인 여성 규범에 대한 모종의 찬미라면, 삭발은 그러한 규범에 대한 분명한 거부다. 〈뉴욕 타임스〉의 기자 바네사 프리드먼은 곤살레스의 이미지는 시끄럽고 당당한 다른 여성들과 궤를 같이한다며 그 실제 인물로는 배우이자 활동가인 로즈 맥고언을, 허구의 인물로는 배우 다나이 구리라가 연기한 〈블랙 팬서〉의 오코예, 샬리즈 세런이 연기한 〈매드 맥스: 분노의 도로〉의 임페라토르 퓨리오사를 들었다. 이들은 TV 시리즈 〈빌리언스〉에서 아시아 케이트 딜런이 보여준 것처럼 어느 젠더에도 속하지 않는 확연한 논바이너리다. 이 여성들의 외모는 당시 트럼프의 백악관을 채운, 사치스럽게 단장한 머리를 한 여성들과 정치적으로도 철학적으로도 극명한 대조를 이룬다. 프리드먼은 프린스턴대학의 강사 에린 K. 비언콤을 인용해 이렇게 말했다. "여성에게 머리칼이 부재하는 것은 남성적 시선의 정치학에 분열을 일으키려는 시도로 해석될 수

있다."⁶⁸

어떤 여성에게 머리카락이라는 눈요깃감이 없다면, 그녀의 입에서 나오는 말을 쉽사리 무시하기란 어려울 것이다.

✖️✖️

여성의 집단적인 분노는 트럼프 취임 다음날인 2017년 1월 21일의 전 세계적인 시위로 그들을 이끌었다. 그날의 여성 행진은 역사상 가장 큰 규모의 시위로 추정된다. 추산 규모 500만 명의 참가자가 600여 개 도시에 모여 여성의 인권, 노동자의 권리, LGBTQ의 권리, 인종정의, 이민제도개혁을 부르짖었다. 트럼프 당선이 의미하는 바에 충격을 받은 수백만 명의 여성에게 이는 처음으로 경험하는 시위였다.

내가 친구 및 가족과 함께 참가한 워싱턴DC 행진에서는 수백만 여성과 남성, 아이가 주요 도로와 길가, 의사당 인근의 공원, 공터를 채웠다. 그곳에 있던 많은 사람들처럼 나 역시 주최측이 이루어낸 많은 것에 깜짝 놀랐다. 혼란스러운 가운데 그들은 놀랍게도 다양한 사람과 조직, 관심사로 이루어진 산발적인 집단들을 순식간에 결집시켰다. 스페인어로 이민자의 권리를 이야기하는 여섯 살의 소피 크루스부터 여든두 살의 글로리아 스타이넘까지, 발언자는 무수히 다양했다. 놀라운 것은, 세계 어느 도시에서도 신체적 공격이나 체포에 관한 소식이 없었다는 것이다.

워싱턴DC에서 가장 마음을 울린 공연자는 신비주의적 아프로퓨

처리스트 음악가이자 배우, 많은 이들의 롤모델인 자넬 모네였다. 모네는 경찰의 폭력으로 숨진 아프리카계 미국인 희생자의 어머니들과 함께 무대에 섰고, 청중과 주고받는 노래인 〈뭘 지껄이는 거야Hell you Talmbout〉로 관중을 이끌었다. 군중이 "그녀 이름을 말해!"라고 가사를 외치면 어머니들이 "샌드라 블랜드"로 시작해 자녀들의 이름을 외쳤다.

이 여성들과 그 자녀들의 존재를 알려야 한다는 모네의 마음과 주장은 집회현장에서 단지 상징적인 차원에 머물지 않았다. 팔 개월 후 이야기를 나눴을 때 그녀는 이렇게 말했다. "그 곡을 이 년 동안 갖고만 있었어요. 아트팀이랑 〈원더랜드Wondaland〉라는 곡을 작업하고 있었는데, 모두 화가 나 있었어요. 앨범에 수록할 곡을 쓸 수도 없고, 작업할 수도 없었죠. 파티용 노래를 만들 수가 없었어요. 화가 나 있지 않은 사람은 없었어요. 그 노래는 화가 난 상태에서 나왔지만, 화를 전환시키려는 노래였어요. 이 사람들이 주목받게 하자. 이 노래는 우리를 위한 게 아니다. '우리는 이 음악을 무기처럼 연주하겠다'라고 말하는 노래인 거예요. 음악은 사람들을 참여시키니까요."

이러한 창조적 표현정신은 모네의 도상학작업에도 스며들어 있다. 그녀가 몸담은 업계가 십 년이 넘도록 다양한(종종 지나치게 남성적인) 남성 동료의 천재성에 열광하는 동안 그녀는 조용히 전위적인 작업을 해왔고, 이제야 그 반짝이는 재기와 사회적, 정치적 메시지가 알려지고 있다.

그날 열린 시위에서 모네의 공연은 수백만 여성에게 보내는 요청이었다. 백인우월주의와 계속 결탁할 것인지, 아니면 그 영속성에 대항해 적극적으로 싸울 것인지 고민해달라는 요청.

그날 하루 동안에도, 그다음 수년 동안도 몇 번이고 나는 여성의 평등이라는 맥락에서 인종에 대한 인식을 고취시키는 건 "분열을 초래하는" 일이라는 말을 들어왔다. 성차별은 언제나 인종, 계급, 성적 정체성, 장애, 성정체성 등 다른 요소로 인해 조정된다. 만약 당신이 미국의 젠더불평등을 논할 때 인종 문제를 꺼내는 것이 역효과를 낳는다는 쪽으로 생각이 기운다면, 그건 당신이 당신의 특권을 '보지' 못하고 있으며 불편한 자리를 피하고 싶어한다는 의미밖에 되지 않는다.

여성 행진을 성공적으로 개최하는 데 필요했던 에너지, 추진력, 민중의 조직화를 이끈 원동력은 앨리시아 가자, 패트리스 컬러스, 오펠 토메티가 시작한 '흑인의 생명도 소중하다' 운동에서 비롯되었다. 2013년, 조지 지머먼이 2012년에 열일곱 살의 트레이번 마틴을 살해한 사건에서 무죄판결을 받았다는 소식을 괴로이 들은 지역사회 활동가인 가자는 "흑인의 생명도 소중하다"라는 문장으로 마무리되는 글을 페이스북에 올려 운동에 불을 붙였다. 그들의 작업은 전 세계적 네트워크로 확장된 모델이 되었다.

행동에 나선 계기가 무엇인지 내가 물었을 때 가자에게서는 사려 깊은 대답이 돌아왔다. "불의를 향한 분노는 나를 움직이는 요소 중 하나입니다. 그러나 그건 그 자체로 지속되는 감정은 아니죠. 우리가 무엇이 될 수 있는지, 그 가능성에 대한 깊은 사랑으로 전환되어야 해요. 분노가 촉매는 될 수 있어도 그것에만 기대서는 움직일 수 없어요. 제대로 사용하지 않으면 금방 파괴적으로 변하니까요. 그게 사랑이 중요한 이유죠. 사랑은 우리가 가장 아끼는 것, 갈망하는 것으로 우리를 데려다줍니다."

우리는 남성 지도자를 '인도주의'의 대표로 인정하면서도 여성 지도자는 인정하지 못하는 경우가 많다. 전략가와 여론조사원들은 반反트럼프를 기치로 내건 첫 행진이 '여성 행진'이 되는 것은 현명하지 못하다고 분석했다. 더 큰 권력을 지닌 사람들, 집 안팎에서 자유롭고도 단호하게 발언할 수 있는 사람들은 이 행사에서 마땅한 의미를 찾지 못했을지도 모른다.

그러나 이 행진은 각지의 여성들에게 큰 도움이 되었다. 우리가 우리 자신과 우리의 관심사를 지킬 수 있고 지킬 것임을 스스로에게 증명해 보였다. 우리가 입다물고 사라지지 않을 것임을, 우리를 실패로 몰아넣는 사람들이 우리를 대표하도록 더는 좌시하지 않을 것임을 스스로에게 증명해 보였다. 많은 이들이 행진에 참여한 경험을 계기로 전국 곳곳의 다양한 캠페인에 진출했다. 십 개월이 지나고 2017년 11월에 있었던 지방선거는 여성, 소수자, LGBTQ의 역사적 승리로 기록되었다. 유권자들은 다원주의와 사회적, 경제적 정의를 포용하고 대변하는 후보들을 꾸준히 지지했다.[69]

이 운동들의 의미나 대표성을 걱정하는 이들에게는 회의실에서 가장 시끄러운 남성의 이익을 위해 여성 유권자와 여성 정치인의 조용히 타오르는 분노와 에너지가 왜 그리 자주 무시되는지에 집중하는 편이 더 합리적일지도 모른다. 아니면 2018년 1월 20일에 다시 한번 수백만의 사람들이 도시의 거리들로 쏟아져나온 두번째 여성 행진이 왜 주요 언론에서 언급도 되지 않았는지를 묻는 편이 더 합리적일지도 모른다. 이런 대우를 불과 몇 년 전 티파티운동* 활동가들이 받았던 지나친 관심과 비교하지 않기란 어려운 일이다. 부인과 침묵은 여러 형태로 자행된다.

조롱을 두려워한다는 것은 무슨 의미인가

가까운 사람에게 화를 낸 여성은 어떤 반응을 가장 두려워할까? 내가 발견한 몇 안 되는 연구에 의하면, 폭력이나 관계의 손상, 보복성 분노가 두렵다고 답하지는 않았다. 그들은 조롱이 가장 두려우면서도 예상되는 반응이라고 답했다.[70] 이는 과장도 아니고 상상 속의 우려도 아니다. 친밀한 사이에만 국한되는 반응도 아니다. 연구 결과, 예컨대 심의를 내리는 단체에서 분노를 표출하는 여성들은 주변 남성보다 덜 진지하게 받아들여진다.[71]

조롱에는 우리 대부분이 화를 내면 으레 예상하는 반응인 의심, 왜곡, 부인이 모두 포함된다. 여성들은 분노를 인지하고 이를 편하게 표현하는 동안에도 자신의 감정이 주목받지 못하리라는 것, 특히 대인관계에서는 더 그러하리란 것을 알고 있다.

테네시대학의 간호학 교수 샌드라 토머스는 여성의 분노, 공격성, 정서생활을 수십 년간 연구해왔다. 여러 국가가 대상이 된 비교문화 연구를 포함해 그간의 연구를 검토한 2005년 리뷰에서 그녀는 여성

---

* 보수 성향의 조세저항운동.

이 분노를 느끼고 표현한 사건들을 이야기할 때 가장 일관되고 보편적인 문제가 무력함이라는 것을 밝혔다. 여성이 묘사하는 상황의 3분의 2가 무력함을 특징으로 한다. 토머스는 이렇게 적었다. "여성들은 누군가가, 또는 무언가가 바뀌기를 바라지만 변화하게 만들 수는 없었다. 사실 일터의 동료나 자신에게 중요한 사람들이 여성 자신의 의견이나 요구를 들어주지 않는다고 호소하는 건 드문 일이 아니다. 당신의 화와 그 화가 의미하는 바에 가치가 없다는 소리를 듣는 상황이 그 무력함을 보여주는 상황의 표본일 것이다."[72] 무력함은 여성이 더 많이 우는 이유 중 하나다. 여성이 울면 상대가 분노로 반응할 가능성이 낮다.

여자아이들은 자신이 알고 존중하고 사랑하는 사람들에게 자신의 경험, 분노, 좌절에 대해 이야기할 때 자기 말이 진실이며 심각한 사안이라는 것을 납득시키기 위해 끊임없이 방법을 모색한다. 몇몇 연구에 의하면 겨우 여덟 살, 열 살인 어린 여자아이들도 화를 표현할 때 놀림받거나 혼이 날 거라고 생각한다. 그들을 화나게 한 범인은 누구인가? 급우들, 특히 남자아이들이지만 어이없게 교사들일 때도 있다.[73] 여자아이들은 성인이 되면서 화와 인기의 연관성을 더 정확히 알게 된다.

이 같은 관계의 상호작용에 연료를 공급하는 젠더신념과 표현규칙은 사회과학이나 연구조사를 통해 살펴보면 뚜렷하고 두드러지지만 실제 삶에서, 특히 가정에서는 훨씬 미묘하고 잘 보이지 않는다. 보이지 않는 성차별은 전통과 관습에 녹아 있으며, 우리가 카풀을 할 때도, 학교연극을 할 때도, 저녁식사를 할 때도 우리의 정체성에 영향을 미친다. 열 살의 딸에게는 식탁을 차리라는 부탁을 하고 여덟 살짜리 아들에게는 눈 치우라는 부탁을 할 때도 위력을 발휘한다. 분노를 부인하는 반응은 어디서든 흔하지만, 여성 대다수가 화를 가장 많이 내는 공간인 가정에서의 부인이 가장 중대한 영향을 미치며 핵심을 찌른다는 것은 바로 그래서다. 여성을 향한 일상적 차별은 사회 규범 및 '가정 친화적' 전통과 너무나 단단히 묶여 있어서 우리는 현상을 있는 그대로, 즉 사회의 모든 차원에서 행해지는 거대한 사회적 불의로 바라보지 못한다.

우리 모두는 우리가 믿는 것을 믿을 권리와 옳다고 생각하는 삶을 살아갈 권리가 있다. 그러나 명백한 차별에 마땅한 이름을 부여할 수 없다는 의미는 아니다. 온정적 성차별은 여전히 성차별이다. 종교적 성차별은 여전히 성차별이다. 이 둘은 개인적이고 사적인 영역에서 작동하지만, 우리 삶의 모든 영역을 향해 나선형으로 뻗어나가며 역동적이고 복잡한 차이와 지배를 형성한다.

사회화의 출발점인 가족은 기본이 되는 초기환경이며, 그러한 환경의 작은 변화는 막대한 이점으로 이어진다. 정서를 분리하는 것, 즉 한편에서는 여성의 분노를 제어하고 징벌하며 한편에서는 남성의 분노를 양성하고 보상해주는 이러한 분리는 행동과 결과에서 꾸준한 불균형을 생산하고 유지시킨다.

공공연하든 미묘하든, 적대적이든 온정적이든 개인이 가정에서 성차별주의자일 때 그 사회는 덜 평등하다. 2012년 57개국에서 수행된 젠더불평등 연구에 의하면, 가정에서 개개인이 가진 젠더에 대한 신념은 "당사자에게 머무르지 않고 사회가 작동하는 데까지 영향을 미친다."[74] 개개인이 성차별주의자일수록 사회는 불평등하다.[75] 또한 가정 내 성차별과 대인관계에서의 성차별이 심한 사회는 불안정하고 안전하지 않다. 휴스턴의 라이스대학 정치학 교수인 밸러리 허드슨과 공동 연구진이 십여 년간 수행한 연구에 의하면, 국가의 평화와 안보는 가정에서 여자아이들이 받는 대우를 통해 가장 정확히 예측할 수 있었다.[76]

여자아이들과 성인 여성의 권리가 불편한 전략적 변곡점에 위치한 지금, 환경이 위기에 처하고 민주주의적 가치가 엄중한 위협을 받는 것은 우연이 아니다. 어떤 것도 따로 분리될 수 없다. 지금은 화난 여성과 기꺼이 소란을 피우려는 여성의 시대다. 이것은 사치가 아니라 당위다.

화를 내라.

목소리를 높여라.

분노는 당신이 된다.

10장

자기만의
분노

그게 내가 바라는 것입니다. 여러분이 폭발하는 소릴 듣는 것.
(······) 스스로에게 어떤 힘이 잠재되어 있는지도 모르는
당신이 폭발하는 것.

—어슐러 K. 르귄

처음 글을 쓰기 시작했을 때는 어느 손이 내 목을 조르는 것 같았
다. 제대로 작가가 될 거라면, 가능한 한 공손하고, 가능한 한 차분
하고, 가능한 한 화내지 않는 편이 낫지 않을까. 그리고 지금은 기
본적으로, 당신도 알다시피, 집어치워, 라는 생각이다.

—제이디 스미스

이제 어떡할까? 이 모든 분노로 무엇을 해야 하는 것일까? 십 년 전이라면 이 질문을 나 자신에게 던지지 못했을 것이다. 그때 나의 분노는 존재를 알아채지도 못할 정도로 방치되어 있었다. 내가 처음으로 알아차린 분노는 사회가 가장 선호하는 형태의 분노, 바로 엄마로서 내는 화였다.

2010년의 어느 날, 나는 작은 화장실에서 패닉에 빠져 몸을 떨었다. 몇 분 전만 해도 열 걸음이 채 떨어지지 않은 부엌에서 평온하고도 즐겁게 저녁을 만들며 갓 열세 살이 된 딸과 즐겁게 이야기를 나누고 있었다. 사랑스러운 저녁이었고 새봄이었다. 두 시간 동안 축구 연습을 했는데도 딸아이는 에너지가 넘쳐 터질 듯했다.

몇 년간 문틀을 기어오르고 계단 난간을 타던 아이였다. 여섯 살 때 한번은 농구장 중간에 있다가 사라졌는데, 3.7미터 높이의 농구대에 앉아 있는 걸 발견했다. 공원 그네의 가로대에 고양이처럼 늘어지고, 몇 시간을 운동해도 도무지 지치지 않고 혈기가 넘치는 아이였다. 열한 살에는 가족이 이사할 계획도 없는데 혼자 이탈리아에 있는 학교에 지원을 했다. 씩씩하고 당당하고 세상에 대한 환희로 가득한 아이였다.

그러니 동네 아이스크림가게까지 걸어가도 되겠느냐는 아이의 질문에 놀라지 말았어야 했다. 나는 양해를 구하고 부엌에서 나와 화장실로 들어가 문을 잠갔다. 문을 닫자마자 눈물이 터져 스스로에게 놀랐다. 머릿속은 뒤죽박죽이었다. 우리 동네는 주기적으로 과도하게 위험한 일이 생기는 곳이 아니었고 아이의 질문도 평범했다. 그애는 수차례 혼자 아이스크림가게까지 걸어갔었다. 그러나 그날 오후에야 나는 아이가 얼마나 '어른'처럼 보이는지 깨달았다. 그게 그애의 자유에 어떤 의미인지를 알기에 나는 분개했다.

너무 이른 것만 같았다. 딸들에게 성적괴롭힘에 대해, 지속적인 강간위협에 적응하는 일에 대해 가르쳤어야 한다는 것을 안다. 하지만 그러고 싶지 않았다. 무엇보다 딸과 내가 전과는 다른 방식으로, 다른 이유로, 다른 크기로 느끼게 될 슬픔을 상상하고 싶지 않았다. 키가 170센티에 운동을 좋아하고 신체적 모험을 즐기는 내 딸은 사뭇 더 성숙해 보였다. 성적괴롭힘은 이미 겪었거나, 그게 아니라면 앞으로 혼자 걸어다닐 때 겪을 터였다. 이제는 공공장소에서 긴장을 해야 했다. 경계해야 했다. 다른 여자아이들이 그러듯 딸 역시 자기도 깨닫지 못한 사이 안으로 침잠하며 자기 자신을, 호기심과 삶에 대한 탐험을 제한하기 시작했을지도 몰랐다. 새로운 경험을 향한 열린 마

음과 자연스러운 탐구심은 이제 발목을 잡힐 것이었다. 그애의 여성
성으로 인해, 그애의 젠더가 문제되는 현실로 인해, 그애를 불평등한
존재로 만드는 세상의 방식으로 인해.

순간 나는 이게 불안발작이 아니란 것을 깨달았다. 그건 파도처럼
밀려나오는 분노였다. 백열의 물결이 내 몸을 강렬하게 관통해 퍼져
나갔고, 화장실에서 나는 다른 사람이 된 것만 같았다. 왜 나는 이에
대해 무언가를 말하지도, 행동하지도 못했던가? 대체 무엇이 나만의
경험을 침묵 속에서 받아들이게 만들었는가?

마음을 추스르고 나는 부엌으로 돌아가 딸에게 누군가로 인해 경
계심이 들고 불편해질 때 무엇을 해야 하는지 간단하고도 실용적인
조언을 해주었다. 아무 가게나 들어가라, 아이와 함께 있는 여자가
있는지 둘러봐라, 누군가의 집 문을 두드리고 상황을 설명해라. 나
는 그애에게 너는 자유롭게 걸어다닐 권리가 있고 사람들 얼굴을 쳐
다볼 권리가 있다고 말해주었다. 나는 길거리에서 발생하는 성적괴
롭힘의 역학에 대해 설명했고, 설사 어떤 주목을 받더라도 그애의 옷
차림이나 걸음걸이와는 무관하다는 것을 분명히 했다. 여자아이라는
것, 당당하게 걷는 것은 부끄러울 게 전혀 없는 일이라고.

그날 내가 느낀 분노는 점점 자라났다. 나는 그날의 기억과 감정에
맥락을 부여할 필요를 절절히 느꼈다. 더 많이 생각하고, 더 많이 나
누고, 더 많이 글을 쓰고, 더 많이 이해하고, 그리고 결국에는 더 화가
났다. 어떤 종류의 운동에 참여해본 지 몇 년이 지난 때였다. 그러나
시간이 없었다. 그것도 문제가 되었다. 나는 아내로서, 엄마로서, 직
장인으로서 받는 요구에 지쳐 있었고 타인의 사회적 기대치, 젠더규

범을 포함해 우리 삶에 보내는 기대치에 분개했다.

어떤 주제로든 대화를 나눌 수 있던 나의 능력을 나의 분노가 방해하기 시작했을 때, 대체 무엇이 나를 좌절과 분노의 소용돌이로 바꿔놓은 것인지 가족들이 궁금해할 때 나는 다른 여성들에게 눈을 돌렸다. 내가 그들의 삶을 겉으로나마 제대로 이해한 게 맞는다면, 그들 역시 낮은 단계의 소리 없는 분노로 끓어오르고 있었다.

"무얼 해야 할까? 이 모든 분노로 무엇을 해야 하는 것일까?" 나는 계속 자신에게 물었다.

✖✖

분노를 어떻게 받아들여야 할지 찾아본 적 있다면 나처럼 곧바로 '분노조절anger management'에 대한 조언을 발견했을 확률이 높다. 이는 흥미로운 용어인데, 우리가 분노를 어떻게, 언제 느끼는지 통제할 수 있으며 반드시 통제하고 억제해야 한다는 의미를 내포한다는 점에서 그렇다. 그러나 문제는 분노조절의 기술이 극도로 좁은 범위의 분노표현, 주로 전형적으로 남성과 관련된다고 여겨지는 파괴적이고 거대한 분노만을 대상으로 삼는다는 것이다.[1]

여성의 경우, 건강한 분노조절을 위해 더 많은 통제가 필요하지 않다. 오히려 통제력이 덜 필요하다. 우리는 무의식중에 늘 분노를 조절하고 있다. 만일 당신이 분노를 목적과 의도에 맞게, 참여와 변화를 위해 쓰길 원한다면 '통제'와 '조절'이라는 개념은 제한적인 해결책밖에 제시하지 못한다. 소위 분노조절이라는 것이 정말로 의미가 있으려면 자기침묵, 신체화, 건강하지 못한 분노의 전환, 분노를 부인하는 사회의 반응에 동등하게 초점을 맞춰야 한다.

그러나 내가 조사한 바로는 여성의 분노와 그 긍정적인 사용에 대한 연구는 극히 적었다. 분노가 정신건강에 미치는 부정적인 영향과 공격성이 관련된 지점을 다루는 임상연구로서 내가 찾을 수 있는 것은 대부분 남성에게 집중하고 있었다. 폭발적인 격분과 만성적 분노에 대한 연구는 산더미 같았지만 침묵이나 부인, 유용한 표현에 대한 연구는 모래성 수준이었다.

내가 필요했던 것은 '분노의 기술'을 기르는 방법이었다. 나는 나의 분노가 내 바깥에 있다고 생각하고 싶지 않았다. 나는 나의 분노를 온전히 내 것으로 만들고 싶었다. 분노는 나를 나 자신에게 데려다주므로. 분노는 내게 명료한 시야와 목표를 주었다.

분노는 감정이다. 좋은 것도 나쁜 것도 아니다. 불편하기는 하지만 본질적으로 바람직하지 않은 것은 아니다. 우리가 마주하는 분노와 관련된 문제의 대부분은 분노의 의미가 사회적으로 축조되는 방식에서, 그리고 우리의 감정이 우리의 정체성과 사회적 지위라는 필터를 통과하는 방식에서 비롯한다. 분노는 특정한 이들에게 허락되는 권리여서는 안 된다.

여성들에게 왜 분노라는 감정에서 부정적인 결과를 예상하고 두려움을 지속적으로 연관짓는지 물으면 그들은 "통제력을 잃고" "부적절한" 방식으로 행동하고 싶지 않아서라고 답한다. 미움을 받거나 미친 사람, 비이성적인 사람, 위험한 사람으로 보이지 않으려는 이런 욕구의 이면에는 통제력 결여라는 현실이 존재하며, 여성은 강요된 침묵, 승화, 부인, 사회적 맹비난의 결과로 이미 그것을 감당하고 있다. 성역할에 대한 기대가 여전히 여성의 분노표현을 터부시하는 것이다. 정도의 차이가 있을 뿐, 대부분의 문화권에서 분노는 남성성의 영역에 속한다.

2010년에 미국과 캐나다에서 실시한 대규모 연구에 따르면, 응답자의 6.2퍼센트만이 여성이 분노를 표현하는 것이 "적절하다"라고 생각하는 것으로 나타났다.[2] 이러한 차이의 원인을 젠더에서 찾는 시도는 현실을 설명해주긴 하지만 완전히 정확한 진단은 아니다. 불평등한 사회적 관계에서는 누가 분노를 표출할 수 있는가의 역학이 중요하기 때문이다. 남성들 사이에서는 인종, 민족, 계급적 지위가 분노의 표현에 제약을 가하고 위험인식에 영향을 미친다. 그러나 계급/민족이 같은 집단에서는 일반적으로 여성이 화를 내지 않고 내부에 담아두는 것이 적절하게 여겨진다.

여성의 표현, 건강, 행복, 평등을 위해 사라져야 할 단어가 있다면, 그것은 적절하다이다. 헐겁고 모호한 이 단어는 일종의 중요한 도덕적 본질을 전달하려 하지만 실제로는 우리의 언어, 외모, 요구를 규제하려는 감시용어일 뿐이다. 통제의 언어인 것이다.

통제라면 이제 신물이 난다.

✹✖

이번 장의 목적은 분노의 기술을 개발하기 위한 도구를 제공하는 것이다.

나는 오래도록 분노가 부정적인 것이라 철석같이 믿었고, 그래서 나의 자기인식, 관계, 정치력, 사회의 부당함과 맞서려는 욕구를 분노와 조화시킬 수 없었다. 분노를 이용하는 길이 완전히 단절되었기 때문에 분노는 변화를 위한 촉매제가 되는 대신 나의 자신감을 깎고 나 자신의 경험을 부정했다. 다른 사람들처럼 나 역시 공감과 연민은 분노와 상관없는 것이라고 배웠지만 내 분노의 기저에는 공감과 연민이 있었다. 그때부터 나의 분노가 나 자신의 중요한 일부임을, 그러니 분노를 억압하는 대신 존중하고 사랑해야 함을 배웠다. 쉽지 않은 일이고, 그 과정에서 곤란한 상황이 생길 수도 있었다. 하지만 어떤 문화적 맥락에서든 부정적인 감정을 포함해 모든 감정을 최대치로 느끼도록 스스로에게 허용하는 사람들이 더 행복하고 충만한 삶을 살아간다는 사회과학의 결과는 나의 개인적 경험으로도 드러나고 있었다.[3]

분노는 타인과 세상에 대한 우리의 판단에 영향을 받는 도덕적 감정이다. 우리 여성은 도덕적 판단으로부터, 그 판단과 불가분의 관계인 권위로부터 한 발짝 떨어져 있길 요구받는다. 우리의 뼈와 피, 정신 깊은 곳에 자리한 분노는 그 억압적인 기준에 대한 반박이며, 그 기준을 통한 통제에 대한 반박이다. 우리가 분노를 주장할 권리가 있다는 것만을 말하는 것은 아니다. 우리의 분노는 도덕적 의무라는 것이다. 우리가 다른 무언가에 기꺼이 시간과 비용, 노력을 들인다면 분노를 자유로이 해방시키는 일에도 그래야 마땅하다.

심리학자 데버라 콕스, 캐린 브루크너, 샐리 스탭이 2003년 저술한 책의 제목이자 고안한 용어인 '분노 어드밴티지anger advantage'는 사회적, 정서적, 물리적, 심리적 현상의 복합체로서 분노를 통합적으로 이해할 것을 제안한다. 연구는 여성들이 어떻게 본인의 분노를 인지하지 않고 회피하는지, 유의미한 변화를 방해하는 우회로와 대처 기제를 찾는지 초점을 맞춘다. 그리고 이들은 분노를 생산적으로 사용하는 데 좋은 기준선이 되어주는 네 가지 기술을 밝혔다. (1)분노를 인지하기, (2)분노에 대해 이야기하기, (3)다른 사람의 말 경청하기, (4)그들의 용어를 빌리자면 '싱크탱크think tank', 즉 전략화하기. 나는 이제 보다 넓은 제안을 포함해 이 주제를 구체화해보고자 한다.

1. 자신이 어떤 사람인지 알기
—

분노는 그 자체로 자연히 당신을 '옳게' 만들어주지 않는다. 그러나 페미니스트 작가이자 철학자인 오드리 로드가 설명했듯, 분노는 "정보와 에너지"를 담고 있다.[4] 이것이 분노를 써야 할 방향이다. 자신이 무엇을 느끼는지 아는 사람은 화가 나도 침착하게 사고할 수 있다. 그들은 초연함을 길러 자신이 마주한 문제와 거리감을 두고 해결 방식을 결정한다.

자기인식의 측면에서 당신은 분노와 관련된 당신의 기본설정을 찬찬히 검토할 수 있다. 당신은 표현하는 편인가, 반추하는 편인가? 속으로 끓는 편인가, 폭발하는 편인가? 우는 편인가, 차분하고 단호하게 말하는 편인가? 분노를 다른 것으로 전환하고 있는가? 가까운 사람이나 사건 때문에 화가 났음을 스스로 인정하는가? 말하기 두려운 것, 스스로에게조차 말하기 두려운 것은 무엇인가? 당신은 특성 분노라고 알려진 것처럼 급격히 화가 나는 사람일 수도 있고, 상태분 노라고 알려진 것처럼 분노를 유발하는 상황에서도 화가 느리게 나 는 사람일 수도 있다.

간혹 행복감이나 즐거움을 느끼도록, 또는 타인의 감정을 대신 표 현하도록 기대받을 때 첫번째 중요한 단계는 그저 우리 안에 강렬한 부정적 감정이 있다는 사실을 인지하는 것이다. 스스로에게, 그리고 다른 사람에게 화가 났다는 사실을 인지하는 것은 어렵고 불안감을 안기기도 하지만, 자존감을 세우고 유지하려면 이는 시급하고 중요 한 일이다.

분노에 대해 알면 알수록 그 부정적 영향력에서 벗어나게 된다. 전 문가들은 화를 온전히 자기 것으로 만듦으로써, 즉 그게 무엇인지를 알고 이름 붙이는 것으로써 관계의 질이 향상되고 친밀감이 높아진 다는 데 동의한다.

어떤 사람들은 '자기 사람들', 자신을 이해하고 들어주고 공감해주 고 때로는 같은 사안이나 문제로 화를 내주는 사람을 찾음으로써 효 과를 본다. 당장 기분을 어떻게 할 수는 없어도 화가 난 심정에 대해 이야기하는 것만으로도 효과가 있다. 스스로는 보지 못하는 해결책 이나 대안책이 다른 사람에게는 종종 보이기도 하기 때문이다. 공유 는 특정한 몇몇 이유로 중요하다. 이름을 붙이는 것, 그에 대해 글을 쓰는 것, 이야기하는 것, 즉 정서명명affect labelling은 단순히 화를 분 출하는 것, 예를 들어 접시를 던지는 행위와는 다르다. 이름을 붙이 고, 글을 쓰고, 이야기하는 것이 유용한 이유는 그 행위가 실제로 분노나 불안을 야기하는 신경 메커니즘에 관여를 하기 때문이다.[5] 이는 분노에 대한 일종의 마음챙김mindfulness을 가능하게 한다.

건설적인 대화는 잘 듣는다는 것을 의미하기도 하는데, 듣기는 타인의 분노를 이해하게 하고, 그 감정을 덜 위협적이고 덜 위험한 것으로 만드는 이중의 목적을 수행한다. 만약 그렇지 않다 하더라도 그것 역시 자체로 귀중한 정보이다. 만약 당신이 울고 침묵하는 가운데 속에서는 분노가 들끓는다면, 무엇이 당신을 무력한 상태로 이끈 것인가? 다른 사람이 화를 낼까봐 겁이 나는가? 진정한 위험요소는 무엇인가? 글로 적고, 다시 생각해보고, 시간이 나면 입 밖으로 꺼내 이야기해보라. 성인의 관계에서 당신이 화가 난다고 말하는데 상대가 이를 받아들이지 못한다면 그 관계는 건강하지 않은 것이고, 같은 패턴이 계속된다면 지속할 가치가 없는 관계일 것이다.

핵심은 상황의 인정과 변화를 위해 의사소통을 사용하는 것이다. 상황을 파국화하거나 반추하기 위한 의사소통은 분노를 지속시켜 당신을 좀먹는다. 당신을 한곳에 붙박는 분노는 아무 도움이 되지 않는다.

2. 분노, 단호함, 공격성 구분하기
—

분노와 단호함, 공격성은 종종 쓸데없이 동일하게 취급되는데, 분노와 단호함, 공격성을 보이는 사람이 여성인 경우 더욱 그러하다. 그러나 이 셋은 모두 아니요라는 말와 연관이 된다. 간단명료하고 당당한 이 선언을 여자아이와 여성은 배우지 않는다.

단호함은 그저 자신감 있게 입장을 표하는 태도다. 이는 직접적이고 분명하고 정직한 소통의 한 형태이며, 일상 속 스트레스 요인에 대한 효과적인 대응으로 널리 알려져 있다.[6] 단호한 여성은 감정의 회복력이 더 좋고 불안이나 우울 증세가 덜하다.

그러나 단호함의 의미는 사람마다 다르다. 어떤 사람에게는 그저 아니요라는 말을 꺼내는 것만으로도 큰 진전이다. 어떤 사람은 예의 바르지만 분명한 어조로 동료에게 이메일을 보내는 것이 단호한 것이다. 어떤 사람에게는 배우자에게 최선을 다하라고 요구하는 것이 단호한 것이다. 어떤 사람은 온라인 청원을 개시하는 일이 단호해지는 데 성공한 것이다. 당신이 할말을 꾹 참게 만들거나 당신이 무엇을 요구하든 당신은 받을 자격이 없다고 믿게 만드는 이 사회화를 되돌리려면 연습이 필요하고, 어떤 경우는 몇 년이 걸리기도 한다.

공격성은 보다 직접적으로 대립하는 태도로, 정중함은 덜하지만 대부분은 상대에 대한 존중을 잃지 않는다. 끝까지 화를 내지 않고 단호하면서 공격적인 것은 가능하고, 역으로 화를 내면서 단호하지도 공격적이지 않은 것도 가능하다. 맥락에 따라 해당되는 상황은 각각 다르다. 나는 가끔 공격적인aggressive의 어원이 '앞으로 가다'를 뜻하는 라틴어 aggredi와 밀접한 관련이 있다는 것을 떠올리곤 한다.

단호함과 공격성은 분노와 마찬가지로 여성성과 상충될 수 있는데, 어떤 여성이 단호하고 공격적이라는 것은 양보와 순응에 관심이 없음을 의미하기 때문이다. 여성은 양보를 해야 마땅한데 말이다.[7]

연구에 의하면 직장에서 무언가를 요구하는 경우, 여성은 그 응답에 남성보다 더 빨리 순응하는 것으로 드러났다.[8] 다시 말하자면 만족하기 전에 받아들이는 것이다. 얼마나 자주 말을 아끼고 요구를 억제하는지, 당신이 하는 말을 관찰해보라. 스스로에게 물어보자. "단호하게 행동하면 불안한가?" "메일을 쓸 때 그저처럼 의도를 축소하는 말을 반복해서 사용하는가?" "죄송하지만이라는 말로 문장을 시작하는 경우가 얼마나 잦은가?" 당신은 쉽고 빠르게 순응하고 요구를 철회하는가?

분노, 단호함, 공격성은 또한 '열의'라는 말과 얽힌다. "나 화난 거아니야, 열의가 있는 거지"는 이 주제로 이야기를 나눌 때 자주 듣는말이다. '열의'라는 표현이 내게는 특히나 젠더화된 말처럼 느껴지는데, 여성들은 화가 났든 아니든 강경하게 이야기하면 열의가 있다고묘사되는 경우가 많다. '열의 있는 여성'은 분노를 꺼리는 문화에서자신의 강한 신념을 전달할 때 말을 고르는 정교한 능력을 개발한 여성이다. 사실 분노는 진지한 관심사나 헌신할 대상에 열의를 느끼면서 형성되는 감정이다. 자신에게 물어보라. 왜 화가 난 사람보다 열의 있는 사람으로 보이는 편을 선호하는가? 대부분의 경우 '열의 있는 사람'으로 보이는 것은 고정관념(화가 난 흑인 여성, 못생기고 유머감각 없는 백인 여성 등을 예로 들 수 있다)의 해체를 회피하거나, '화가났다'는 말과 부정적으로 얽히는 상황을 회피할 때 유용하다. 그러나분노가 사실상 중요한 쟁점이라는 것을, 타당하고 정당한 감정임을인정하지 않음으로써 우리는 분노를 효과적으로 적절히 사용할 권리를 거부하게 된다. '열의'라는 표현은 당신의 감정이 폭발적, 파괴적, 위협적, 공격적이지 않다는 것을 전달하기 위한 '분노'의 대체어일 때가 많다. 이런 선택은 분노는 부정적이며 피해야 하는 감정이라는 관념을 영구화한다.

3. 용감해지기

타인을 기쁘게 하는 일을 관둘 수 있을 정도로, 미움을 받고 그들의 심기를 건드릴 수 있을 정도로 용감해져라. 대부분의 경우 무언가를 크게 외치는 것만으로도 화난 여자라는 혹평을 받기 십상이다. 그러니 무엇이 당신을 괴롭히는지 정확히 말하고 행동에 착수하는 편이 낫다. 그러자면 항상 호감을 살 수는 없다는 사실을 받아들여야 한다. 당신의 분노와 단호함은 어떤 사람들을 기분 나쁘게, 불편하게, 예민하고 조심스럽게 만들 것이다. 그들은 당신에게, 당신의 생각과 언행에 화를 낼 것이다. 그들은 사회생활의 인맥을 위태롭게 하면서까지 사회적 관습에 도전하려는 당신의 의지를 혐오할 것이다. 유머 감각 없고 까다로우며 흥을 깨고 파티, 회의, 식사, 야유회 분위기를 망치는 사람이라는 딱지가 붙을 것을 각오하라.

안다는 것은 불편함을 감수하는 것이다.[9] 당신의 분노에 깊이 불편해하는 사람은 언제나 있을 것이다. 그들은 당신이 선택한 표현방식을 폄하하면서 당신의 말을 깎아내리려 할 것이다. 이는 일종의 게으름이자 분명한 묵살의 조짐이며, 때로는 학대의 전조이기도 하다. 만약 누군가가 왜 당신이 화났는지, 왜 특정한 사건이나 문제에 분노라는 방식으로 접근하려 하는지 고려할 의지가 없다면 바로 그 사람이 문제다. 여성들 사이에서 이러한 묵살은 '피해자성'과 자신을 동일시하지 않으려는 욕망에서 비롯하는데, 사회적 격차와 불이익의 지표로서 당신의 분노는 그런 생각에 대한 하나의 도전이 된다. 공정함을 요구하고 문제를 설명하는 행동이 당신을 '피해자'로 만들지는 않는다. 하지만 침묵의 강요, 부인, 조롱, 위협, 냉담은 그럴 수 있다.

이런 상황에서는 착함, 즉 여자아이라면 어떻게든 갖춰야 한다고 배우는 덕목과 친절의 차이를 생각해보는 것이 도움이 된다. 착한 것은 스스로에게 관심과 욕망, 마땅한 이유가 없더라도 다른 사람을 기쁘게 하기 위해 무언가를 하는 것이다. 반면 친절한 것은 자신에게 우선 진실하다는 것을 가정한다.

4. (신중히) 돌보기

—

자신에게 소홀하지 않고 남을 돌보는 것은 가능하다. 많은 여성들이 주변의 기대 때문만이 아니라 누군가를 사랑하고 아껴주고 싶다는 이유로 자기 몫이 아닌 일을 떠맡는다. 그러나 우리가 한없이 자신을 내던져가며 타인을 돌볼 것이라는 기대는, 그리고 그런 기대가 만들어내는 요구는 우리를 지치게 한다. 목적이 분명한 돌봄. 여기에는 당신의 건강과 안위를 돌보는 일도 포함된다는 것을 이해해야 한다. 거절하는 법을 배우고, 미안해하지 말고 당당히 거절하는 법을 배워라.

과도한 돌봄을 해결하는 가장 효과적인 방법 중 하나는 신중히 고민하고 의식적으로 선택하는 것이다. 당신이 제공하는 유급, 무급 노동을 꼼꼼히 계산하는 것은 불가능한 일이 아니며, 타인에게 들이는 감정 역시 셈을 해도 좋다.

경계를 명확히 하라. 많은 여성들이 자신의 주변 사람을 돌보는 일 때문에 분개하고 가정이나 직장에서 이용당해 좌절감을 느끼면서도 그것을 인정하지 않는다. 쉬운 사람이 될 필요는 없다. 다른 사람들의 요구를 너무 쉽게 받아준다면 늘 당신은 지치고 화가 날 것이다. 평등한 관계에서는 모두가 더 나은 의사소통과 감정표현이 가능하다.[10]

도움을 요구하라. 여성이 불공평한 대우를 감지하고 자기 정체성에 대한 사회의 적대감을 인지하고 느끼는 분노는 낮은 기대치로 인해 훨씬 심화된다. 덜 기대하는 것이 여성적인 것으로 여겨지는 사회에서 더 원하고 더 많이 요구하기란 쉬운 일이 아니다. 낮은 기대치, 뭔가 부족하다는 기분, 낮은 자존감은 자기계발self-help 산업의 원동력이다. 언제 자기계발이 필요할까? 아무도 당신을 도와주지 않을 때다. 개인적 만족과 발전이라는 이상은 해방을 위한 체제 재건의 대안이 될 수 없다.[11] 자기계발의 부흥은 여성이 스스로를 부족하다고 느끼는 경향에서 상당 부분 기인하는데, 같은 시기에 선택 페미니즘과 신자유주의경제가 함께 부흥한 것은 우연이 아니다. 선택 페미니즘과 마찬가지로 자기계발 역시 사회 및 국가가 변화를 위해 노력할 필요성을 줄이고 대신 '자기계발'을 할 시간, 돈, 자원이 없는 사람들에게 상황이 악화된 책임을 돌린다.

있을 수 있는 증상을 넘어 자신을 회복할 방도로 분노를 생각하라. 만약 당신이 어린 시절의 학대, 또는 성인기의 신체적, 성적 폭력을 경험한 수백만 여성 중 하나라면 분노를 피하는 것은 불가능하다. 이 분노를 억누르면 그로 인해 더 해로운 영향이 발생한다. 당신의 분노가 건강을 위해 말하는 바를 무시하면, 폭행의 경험과 그 기억으로부터 회복하기는 어려워진다.[12]

용서를 재고하라. 분노는 종종 배신감, 실망감, 당연한 존재로 여겨진다는 기분에서 비롯한다. 상처, 억울함, 좌절, 화 같은 우리의 감정은 종종 부정적이고 진지하게 받아들일 가치가 없는 것으로 묘사된다. 우리는 무시하고, 용서하고, 잊어버리라는 격려를 받는다. 신앙이 있는 여성에게 용서는 유익한 여타 해결책보다 우선시되곤 한다. 자신을 희생하는 용서는 아주 특출난 감정노동이다.

용서는 관계에서 가치 있고 중요하지만, 당신의 본능이 용서를 보류하고 싶다면 그래도 좋다. 용서에 대한 기대는 용서가 내키지 않을 때 종종 필연적으로 수치심을 안긴다. 상처와 고통, 트라우마를 무시하고, 당신의 이야기는 들어줄 가치가 없다고 느끼게 만든다는 점에서 모멸감을 유발한다.[13] 당신이 괜찮아지고 준비가 될 때까지 용서하지 말아라. 특히 당신을 고통스럽게 하는 행동이 변했다는 신호가 없다면, 아무것도 용서하지 마라.

우리의 분노는 길을 만든다

주변 사람들에게 각자의 분노에 이름을 붙이고 이야기하도록 가르쳐라. 당신이 육아를 책임지는 사람이라면, 아이들에게 건강히 화내는 습관을 가르쳐서 모두의 삶과 관계를 개선할 수 있다. 아이들이 모든 젠더고정관념의 덫을 피하기란 어렵지만, 대신 그것을 이해하고 알맞게 대응하는 법은 배울 수 있다. 그럼으로써 여자아이들은 분노에 대해, 분노가 다른 감정 및 행동과 연결되어 있다는 것에 대해 공개적으로 이야기를 나눌 뿐 아니라 건강한 습관을 형성할 수 있다. 특히 사춘기 여자아이들은 분노에 대해 공개적으로 이야기하는 과정을 통해 자신이 주변 환경을 만들어나가는 일에 직접 참여하고 생각할 기회를 얻는다. (남자아이들의 경우는 공감, 부끄러움, 남성 특권과 관련한 다른 가르침도 필요하다.) 여성은 분노를 이용할 때 많은 남성들이 누리는 사회적 이점을 기대할 수 없다. 누가 당신의 분노에 대해 당신에게 설명하려 드는 신호가 감지된다면 그것에 대해 공개적으로, 그리고 주기적으로 이야기하라.

전문적인 치료를 고려하라. 당신이 자기침묵을 하는 사람이든 분노하는 사람이든 당신의 감정이 당신과 다른 사람에게 파괴적으로 작용할 때는 인정을 하는 것이 중요하다. 어떤 여성은 폭발적이고 신체적으로 파괴적이며 예측할 수 없는 방식으로 분노를 분출하는데, 그러면 자신과 타인을 다치게 할 위험이 있다. 족쇄 풀린 분노는 수치심을 이끌어내고 자기혐오라는 깊은 감정을 덮어버리곤 한다. 연구 결과에 따르면 폭발, 복수, 응징은 기분을 고양시키지도, 의사소통을 개선하지도, 바람직한 변화를 이끌어내지도 못한다. 자주 이런 식으로 화를 내는 사람이라면 무슨 일이 왜 일어나는지 파악하는 것이 좋다.

만약 당신이 쉽게 좌절하고 짜증을 내고 스트레스를 받는다면 분명 당신의 분노가 잘못된 곳에 초점을 맞추고 있는 것이다. 예측할 수 없는 방식으로 폭발하는 것은 아무 변화를 만들지도, 기분이 낫게 만들지도 못한다. 이런 분노는 보통 해결되지 못한 감정이 있을 때 나타나는 증상이며, 거의 대부분은 감정을 표현하는 것이 나쁜 일일 뿐만 아니라 감정을 표현하는 당신도 나쁜 사람이라고 배운 경험이 있기 때문이다.

그러나 정신적 고통 속에서 도움을 구하는 사람의 대다수를 차지하는 여성에게 이 모든 종류의 치료는 비용이 만만치 않으며 비용 자체도 잘 언급되지 않는다. 내가 이삼십대일 때는 돈을 내고 치료를 받는 일이 경제적으로 선택지조차 되지 못했다. 보험이 부분적으로 적용된다 해도 비용이 늘 장애물이었다. 게다가 치료가 여성에게 반드시 이로운 것도 아니다. 이 분야는 우리에게 너무나 많은 해를 끼치는 불평등에 도전하기보다는 도리어 불평등을 강요하며 현상을 유지시킨 오랜 역사가 있다. 다른 의학적 치료와 마찬가지로 심리치료 역시 문화적, 사회적 규범 및 기대치를 따른다. 문화적, 사회적 규범과 기대치는 치료사와 환자 모두에게, 그리고 그들의 기대와 목표, 상호작용 방식에 영향을 끼친다. 치료사의 문화적 역량*은 결과를 크게 좌우할 수 있다. 치료사나 치료에 대한 평가도 고려해야 한다. 치

---

* 문화적 다양성을 존중하고 소수자의 필요에 효과적으로 대응하는 개인의 능력.

료를 진행하기 전에 면담을 하는 것은 늘 바람직하다. 어떤 경우에는 도움이 필요한 문제를 식별할 수 있지만 아닌 경우도 있다. 함께 작업하는 사람과 편안해지는 것이 중요한 첫 단계이다.

어떤 공동체는 치료의 대안으로 종교적 권위에 의지한다. 이 경우에도 문화적 억압, 비용, 신념과 관련해 유사한 문제가 있다. 그리고 심리치료와 마찬가지로 종교적 상담 역시 특정 조건에서는 득보다 실이 더 많을 수 있다. 미국 체조선수팀 주치의였던 래리 나사르에게 처음으로 성적 학대 혐의를 제기했던 레이철 덴홀랜더는 복음주의 기독교인이다. 다른 사람처럼 그녀 역시 위기에 처했을 때 자신의 공동체와 교회 지도자들에게 지도 및 감정적 지원을 요청했다. 하지만 이는 전문적인 치료사에게 가는 것과는 다르다. 어린 덴홀랜더는 겸손, 용서, 회개, 분노에 대한 종교의 가르침이 나사르의 학대를 방조한다는 것을 깨달았다. 책임은 문제가 되지 않는 듯했다.

덴홀랜더는 나사르가 재판을 받고, 유죄판결을 받고, 형을 선고받은 뒤 이렇게 설명했다. "교회는 성폭행의 피해와 참상에 대한 지식이 혐오스러울 정도로 부족하다. 도움을 청할 장소로는 최악이라고 말하게 되어 깊은 유감이다."[14]

나의 첫 기사를 발표하던 날, 나는 심리치료를 받기 위해 예약을 했다. 치료사는 똑똑하고 배려심 있고 인정이 많은 여성이었다. 몇 년간 이어진 그녀와의 오랜 상담은 분노와 나 자신에 대한 생각을 바꿔놓았다. 이 치료를 받지 못했다면 온라인상에서 여성으로 우여곡절을 헤쳐나가는 일, 끊임없이 쏟아지는 추악함을 받아내는 일은 한없이 고되기만 했을 것이다.

5. 신체자신감 기르기

외모가 당신에게 중요하다면(연구에 따르면 여성의 절대다수가 그렇다) 외형과 신체의 건강 및 유능감 사이의 균형을 의식적으로 맞추는 것이 중요하다. 여기서 건강과 유능감이란 매력적인 외모와는 별개인 몸의 건강과 기능을 의미한다. 자기대상화는 분노를 느끼는 일도, 그와 관련해 어떤 행동을 취하는 일도 어렵게 만든다. 위협과 폭행에도 더 취약하게 만든다. 이는 낮은 자존감, 자기침묵의 결과로 이어지고 자해, 불안, 우울의 가능성을 높인다. 당신이나 다른 여자아이들에게 "여자아이는 입을 다물어야 더 예쁘다"라고 말하는 사람이 있다면 그만하라고 요구하라. 운동선수를 대상으로 한 연구들에 따르면 신체능력과 자존감, 건강한 분노표출 사이에는 강한 상관관계가 있다.[15] 도처에 만연한 해로운 메시지들과 그에 필연적으로 따라오는 정신적 고통을 거부하기 위해서, 어떻게 해야 신체의 힘과 능력에 대한 감각을 기를 수 있을지 생각해보자.

개정교육법 9조 시대에 자란 여자아이들은 스포츠 분야의 선구자일 뿐만 아니라 여성의 공격성, 경쟁성, 분노, 리더십의 선구자이기도 하다. 이 조항은 1972년에 통과된 시민법의 일부이며, 모두에게 동등한 교육권을 보장해 운동선수들에게 영향을 미친 조항으로 잘 알려져 있다. 이 법 덕분에 여자아이들에게는 스포츠를 향한 문이 열렸다. 실제로 많은 여자아이들이 체육 분야로 대거 이동했으며, 그로 인해 한 세대 전체가, 지금은 정치적 주체로 인정받는 세대가 전례없던 방식으로 팀을 이뤄 경쟁심과 유대감을 쌓아가고, 공격성과 분노를 비롯한 여러 감정을 신체적으로 표현하는 일이 가능해졌다. 스포츠는 팀워크를 배우고 신체기량을 개발하는 방법 중 하나지만, 공격성과 폭력성, 힘을 조절하고 전환시키는 방법을 배울 수 있다는 이유로도 중요하다. 자기방어에 능숙해지는 것도 비슷한 이점이 있다.

팀 스포츠에 참여하는 여자아이들은 자존감이 더 높고 엄격한 젠더규범에 더 저항적이며 정치적으로, 또 직업적으로 야심차고 리더가 되려는 경향이 강하다.[16] 공격성에 깃든 잠재력은 환경을 바꾸기 위한 밑거름이 되는데, 스포츠를 통해서는 화를 내면서든 아니든 그에 대한 정교한 감각을 완벽하게 기를 수 있다. 교수이자 문화사학자인 모드 래빈(『다른 대안이 없으면: 공격적인 여성에 대한 새로운 이미지 *Push Comes to Shove: New Images of Aggressive Women*』의 저자)은 이를 "공격성을 내부가 아닌 외부로 발산하는 순수한 신체적 기쁨"이라고 표현했다.

래빈은 스포츠와 공격성의 상관관계를 검토하며 권투를 통해 이 주제를 고찰했다. "여성 권투는 대다수 사람들에게는 상징적으로, 복서들에게는 문자 그대로, 부끄러움 없이 싸우고 한 대 맞고 돌아오겠다는 의지를 보여준다."

그럼에도 불구하고 사회의 억압은 여전히 강력하다. 불행하게도 오늘날 미국은 여자아이들이 열네 살이면 남학생의 2배 비율로 스포츠를 떠나고, 열일곱 살이 되면 절반 이상이 어떠한 스포츠도 하지 않는다.[17] 경쟁력, 공격성, 리더십, 공공참여를 가르치는 제도로서 스포츠의 부가적인 이점은 그 중요성에도 불구하고 많은 경우 전면으로 드러나지 않으며, 최근의 경향으로 인해 점점 사라지고 있다.

브라질의 작가 바네사 바르바라는 2017년 〈뉴욕 타임스〉의 "브라질 여성은 소리지르는 법을 배울 수 있다"라는 간단한 제목이 붙은 논평에서 이렇게 말했다. "오랫동안 여자아이가 배워야 할 가장 중요한 덕목은 순종하고 예의바르게 구는 것이었다. 심지어 지금도 나의 나라 같은 개발도상국은 이것이 현실이다. 여성이 저지를 수 있는 최악의 일은 바로 자신이 몸담은 분야에 여성혐오가 존재한다고 발언하거나 권력자 남성이 저지른 성범죄를 비난하는 등, 자신을 위해 목소리를 높이고 '적절하지 못한' 생각을 퍼뜨리는 것이다. 언제나 조용히 입을 다물고 학대하는 사람이 마음대로 하도록 내버려두는 것이 좋다. 그런 다음 '감사합니다'라고 말할 수 있다면 한층 더 좋다."

바르바라는 평생의 사회화와 학대의 관계를 이야기하면서, 자신이 호신술수업을 신청한 까닭으로 이야기를 이어갔다. "제일 어려운 것은 잠재적 공격자를 막고, 피하고, 제압하고, 무장해제시키는 법을 배우는 게 아니었다. 제일 어려운 것은 고함을 지르는 일이었다." 강사는 공격자와 맞닥뜨린 상황을 가정해 연습을 시켰다고 한다. "우리는 공격자의 눈을 똑바로 쳐다보고 최대한 큰 소리로 외쳐야 했다. '안 돼!'가 되었든 '이것이 스파르타의 방식이다!' '난 머리끝까지 화났고 더이상은 안 참아!'든* 어떤 것이라도 좋았다. 그렇지만 우리 중 몇몇은 평생을 예의바르고 섬세하게 살아와서 도저히 외치질 못했다."

브라질 같은 나라에서만 여자아이들이 이렇게 자라는 것이 아니다. 모든 나라의 부모, 교사, 미디어가 남자아이는 위험을 감수하도록

---

* 각각 영화 〈300〉(잭 스나이더)과 〈네트워크〉(시드니 루멧)의 명대사.

기르고 여자아이는 조심하고 긴장하고 공포심을 느끼도록 기른다. 딸이 생긴 부모들은 위험을 덜 감수하는데, 아들을 둔 부모들보다 위험 회피도가 거의 2배 더 높았다.[18] UCLA 불안 및 우울 연구소의 소장인 미셸 크래스크는 고정관념과 달리 남자 아기들이 여자 아기들보다 더 초조해하고 더 많은 스트레스와 결핍의 신호를 보인다는 것을 발견했다.[19] 부모들은 남자아이들이 느끼는 두려움과 불안은 무시하고 반대로 여자아이들에게는 그것을 느끼도록 조장할 것이다.[20] 일곱 살이 될 때쯤이면 여자아이는 어머니의 화내는 습관과 위험인지력을 제 것으로 체득한다.[21]

『신경: 압박감 속의 침착, 스트레스 속의 고요, 두려움과 침착함에 대한 새로운 과학 Nerve: Poise Under Pressure, Serenity Under Stress, and the Brave New Science of Fear and Cool』의 저자 테일러 클라크는 이러한 역학을 "까진 무릎 효과"라고 일컫는다. 그는 이렇게 썼다. "부모들은 여자아이가 아픈 상처로 울면 안절부절못하면서 남자아이에게는 상처 부위를 입으로 빨라고 한다. 감정을 표출하면 엄마의 입맞춤을 받는다는 연관성이 여자아이로 하여금 이후 불쾌한 상황에 불안 같은 '부정적' 감정으로 반응하게 만든다. 한편 남자아이가 여자아이보다 유능하다는 편견은 부모들로 하여금 아들이 용기 있게 두려움에 맞서도록 가르치게 한다. 딸들은 인생의 여러 도전으로부터 훨씬 더 유리된다. 꼬마 올리비아는 두려움을 내비치면 포옹을 받고, 꼬마 올리버는 두려움을 내비치면 극복하도록 종용받는다."

신체유능감을 어떤 방법으로 획득하는지는 크게 중요하지 않고, 그저 당신의 건강, 나이, 능력과 관심에 어울리는 것이라야 한다. 핵심은 당신의 신체를 강렬히 지각하고, 신체적 능력을 기르고 활용하는 것이다.

6. 분노를 일터로 가져가기

———

분노는 일상적인 업무의 일부이며 직업의 지위가 분노를 느끼고 표현하는 데 직접적 영향을 미치기도 한다. 여성은 분노를 억누르고 그 여파가 사적인 삶으로 이어지는 직군에 종사할 확률이 훨씬 높다. 가령 의사와 환자 사이에서 종일 침묵한 간호사는 가정에서 상대적으로 사소한 좌절에도 폭발할 확률이 높다. 일터에서 무엇 때문에 화가 나는지를 이야기하는 여성은 삶의 다른 영역에서도 자신을 화나게 만드는 유사한 촉매제를 지속적으로 식별하며, 그런 상황의 예로는 당연한 존재 취급을 받는 것, 시간이 부족하고 스트레스를 받는 것, 책임을 다하지 못하거나 돌봄을 제대로 못하는 사람들에게 실망하는 것, 학대받는 기분이 드는 것, 인종·젠더·장애·임신으로 다양한 형태의 차별을 경험하는 것 등이 있다.

분노, 좌절감, 분개심을 표현하여 생계가 위태로워진다면 이 감정들을 다루는 일은 어렵고 복잡해진다. 위계가 존재하는 일터의 현실 및 보복에 대한 필연적인 두려움 때문에 다수는 분노를 느껴도 침묵한다. 대신 우리는 가정의 사랑하는 사람에게, 또는 우리에게 종속된 상대에게 비난을 하고 분노를 표출한다.

그러나 데버라 콕스, 캐린 브루크너, 샐리 스탭은 일터의 분노도 관계개선의 측면에서 접근할 수 있다고 지적한다. 삶에서 분노의 주요 원인이 무엇인지 물으면 여성들은 꾸준히 이렇게 대답한다. 업무가 과도하고 스트레스를 받는 상황, 당연한 존재로 취급받는 상황, 주변인이 무책임하거나 내가 한 일의 공을 가로채는 상황, 하대받거나 모욕을 당하거나 위신이 떨어지는 상황. 분노 연구와 관련된 문헌에서 이는 타인의 무책임함, 무력감, 불의의 인지로 정리된다. 맥락이 어떻든 접근은 같다. 인지, 발언, 경청, 전략화.

대부분 사람들에게 분노는 일터에서 더 큰 통제력을 갖고 싶다는 열망, 즉 커리어, 물리적 안전, 생계를 꾸릴 능력, 건강을 통제하려는 열망과 관련된다. 분노를 표현하지 않으면 이들 중 무엇도 얻을 수 없다. 사람들을 뒷걸음질치게 만드는 신랄한 비난으로 하루를 시작하는 것이 바람직하다는 말은 아니다. 뚜렷한 목표를 갖고 생각과 행동을 정리하라. 이 과정이 필요한 상황은 한참 전에 올랐어야 할 연봉의 인상을 요구하는 경우일 수도 있지만, 형편없는 직장을 관두고 다른 직장을 찾기 위해 돈을 절약하거나, 괴롭힘 신고를 하기 위해 필요한 단계를 밟는 경우일 수도 있다.

당신이 어떤 문제에 화가 나 있다면 다른 사람도 그럴 확률이 높으며, 이것은 당신이 유용하게 사용할 수 있는 정보가 된다. 직접 대면하기엔 너무 과열된 문제가 있다면 목적 달성을 위해 트로이목마를 만들 수 있는지 생각해보자. 결과나 보복이 두렵다면 당신의 이해관계를 대변할 협력자와 옹호자를 찾자. 멘토나 지원군이 없다면 한 명쯤 만들어두자. 분노가 일터에 긍정적으로 기여할 수 있는 바를 다양한 아이디어나 결과의 측면에서 고용인에게 터놓고 설명하는 것도 괜찮다. 분노를 주제로 한 소통은 조직의 기능과 일터 환경을 개선할 수 있고 당신뿐만 아니라 주변 사람들에게도 유익할 것이다.[22]

일터에 편견이나 괴롭힘 등 당신의 분노를 유발하는 특정한 촉매제가 없는데 낮은 수준의 짜증과 불만이 이어진다면, 진정 무엇이 당신을 지속적으로 몹시 화나게 만드는지 생각해보라. 미국 총기규제를 촉구하는 어머니회의 창립자 섀넌 와츠는 내게 말했다. "직장에 다닐 때는 분노의 방향이 잘못돼 있었어요. 하는 일에서 충족감을 느끼지 못하니 그게 일터의 인간관계에 드러난 거죠. 그때는 제 인생이 행복하지 않았지만, 사람들을 돕는 방향으로 분노를 써야 한다는 걸 깨달은 이후로는 완전히 바뀌었어요."

7. 공동체와 책임 기르기
—

분노는 혼자만의 고립된 감정 같지만 사실은 소통과 대화를 요구한다. 분노는 또한 공동체의 힘을 발견하게 한다.

당신의 분노를 인정하고 함께 나누는 공동체를 찾는 것은 효과적인 사회적 집단행동을 할 수 있는 강력한 기회로 이어진다. 이런 환경에서 분노는 에너지, 기쁨, 유머, 저항의 원천이 된다.[23] 분노, 인지, 경청, 전략화는 모두 사회운동의 핵심 요소다.

자신들을 화나게 하는 문제에 대응하기 위해 여성들 스스로 만든 공동체는 여성의 분노와 여성의 공동체를 공공의 영역에 가시화하고, 그 대표성과 이해에 중요한 변화를 이끌어낸다는 장점도 있다.[24]

앞서 이야기한 것처럼 우리의 정치문화와 감정문화에서 정치적 분노는 여전히 남성 및 남성의 권리, 권력과 연결되어 있다.

분노는 여자아이와 성인 여성을 결집해 저항하고 시위하게 만드는 것이 사실이지만, 그 분노의 정치적 본질은 일상적으로 무시되곤 한다. 그래서 공개적으로 분노를 표출할 필요가 있다. 전 세계 여자아이들에게 흔한 문제인 학교의 복장규정을 예로 들어보자. 일반적으로 복장규정은 섹슈얼리티, 수치심, '겸손함' '전문성'에 대한 성차별적, 인종차별적 견해를 제도화하는 장치이며, 여자아이들에게 압도적으로 부정적인 영향을 미친다.

교실에 들어가는 것을 금지당하거나 '수치 복장'*을 강요받는 등 훈계를 받고 공개적으로 창피당하는 일에 여자아이들이 저항하면, 미디어는 '레깅스'와 헤어스타일을 둘러싼 학생들의 시도에 집중하며 논점을 사소하게 만들 뿐 무엇이 학생들을 분노하고 저항하게 만들었는지 진지하게 고찰하지 않는다. 문제는 그들의 인권을 차별하는 성차별적 이중잣대와 인종차별적인 규범, 호모포비아적 사고인데 말이다.

누군가에게는 공동체를 찾는다는 것이 물리적으로 밀접한 관계를 넘어 확장되는 것을 의미한다. 인터넷은 여성을 위한 공간, 여성의 화를 이용하기 위한 변혁의 공간이 되어주었다. 2011년 어느 더운 여름날, 켄터키주 루이빌에서 강연이 끝난 후 열다섯 살 여자아이가 나와 이야기를 나누고 싶어했다. 다른 사람들이 떠날 때까지 기다

---

* 복장규정을 위반하는 학생이 입어야 하는 옷. '규칙 위반자' 등의 문구가 적혀 있다.

렸다가 아이는 자신이 분노와 절망감을 느끼는 문제에 대해 털어놓으며 어떻게 하면 좋을지 물었다. 그녀는 가정에서 젠더불평등에 대한 이야기를 꺼낼 때마다 부모가 저녁을 굶기고 침실에 가두며 벌을 준다고 했다.

나는 이상하다고 생각했다. 부모가 인터넷은 끊지 않았기 때문이었다. 나는 그녀를 지지해줄 온라인상의 페미니즘 공간을 찾아보라고 말했다. 오늘날 그녀는 파키스탄, 콜롬비아, 티베트처럼 머나먼 곳의 여자아이들과 이야기를 나눌 수 있다. 삼십 년 전만 되었어도 자신과 비슷한 문제를 겪는 다른 사람들과 전혀 닿지 못한 채 살았을 것이다.

오늘날의 여성은 이전 세대에게는 없었던 기회를 갖고 있다. 가상의 공간에 접속해 초국가적 관계를 구축할 수 있는 능력이다. 인터넷과 네트워크의 위력은 극도로 파괴적일 수도 있지만 해방적이고 혁신적일 수도 있다. 역사적으로 서로 닿을 수 없었던 여성은 이제 고립을 초월할 수 있다. 소셜미디어와 테크놀로지를 활용해 네트워크를 형성하고 공동체를 만들어 이웃을 확장하고 국경을 넘을 수 있다. 여자아이들의 세계가 확장된다는 것이 진정으로 어떤 의미인지 이해하려면 몇십 년이 걸릴 테지만, 우리는 이미 전 세계적 페미니즘 운동의 영향력을 목격하고 있다. 그 핵심에 있는 이 테크놀로지는 수십 년의 사회운동과 학계 연구는 절대 하지 못했던 방식으로 공적/사적 영역의 경계를 허물고 있다.

마지막으로, 인터넷이 아니라면 조우하지 못할 사람을 찾아라. 별다른 노력을 기울이지 않으면 당신이 만든 공동체는 구성원이 거의 균일할 것이다. 연구 결과에 따르면 인종, 종교, 민족의 분리는 여전히 만연하고 모두에게 부정적 영향을 미치고 있다. 다른 목소리와 관점으로 당신의 세상을 채워라.

8. 이분법에 도전하기

이분법은 세상에 남녀라는 구조를 만든다. 이분법은 가정과 직장, 개인적인 것과 직업적인 것, 사적인 것과 정치적인 것, 감성과 이성 등을 구별한다.

맥락은 많은 경우 분노를 느끼고 표현하는 방식을 좌우한다. 여성이 화를 낼 때 가장 먼저 제약을 가하는 것은 공적인 영역과 사적인 영역에서 각각 어떻게 행동해야 마땅한지에 대한 규정이다. 여성은 두 영역에서 모두 자신의 어조를 감시하지만, 공적인 영역에서는 그 정도가 더욱 심하다.

사적인 영역과 공적인 영역의 분리는 역사적으로 그래왔듯 여성들을 각각 고립해 정치와 경제에 관여하는 것을 막는 핵심적인 요소다. 이 분리는 또한 개인적인 관계에서 발생하는 성차별과 제도화된 차별 사이의 관계를 가려버린다.

에이다 허타도 교수에 따르면 이러한 분리는 유색인종 이민자 여성, 흑인 여성, 노동자계급 여성, 성소수자 여성에게 역사적으로 동일하게 해당되었던 것은 아니다. 가령 미국의 경우 백인 여성이 이상화된 가정 내 여성의 영역에 격리될 가능성이 가장 높았다. 이는 사적인 영역으로, 백인 남성의 권리를 지키고자 (공적 영역인) 통치의 접근을 제한한 것이다. 비백인 여성에게 통치체제는 늘 더 공격적이고 그들의 신체와 사적인 삶, 개인적 결정에 자유롭게 간섭했다. 허타도는 이렇게 설명했다. "유색인종 사람들에게 사적인 영역이란 존재하지 않는다. 적대적 환경으로부터 자신들을 보호해줄 또다른 영역이 없다면 말이다."

재검토가 필요한 두번째 중대한 이분법은 감정과 이성, 본능과 사고에 대한 고정관념을 지지하는 이분법이다. 이는 여성들의 분노와 우려를 무효화하는 데 빈번하게 이용된다. 이러한 이분법 안에서 여성은 더 감정적인 존재로 지정되는데, 그 구분이 거꾸로 여성의 이성적인 사고력을 약화시킨다. 이런 구조에서 사고하는 사람인 남성은 감정도 가질 수 있지만, 느끼는 사람인 여성은 그저 감정적일 뿐이다.[25] 한 연구를 달리 말하면, 만약 한 남성이 화가 나면 평소와 다르게 컨디션이 나쁜 날인 것이지만 여성이 화가 나면 그녀는 분노하는 개인 셈이다.[26]

우리가 감정은 이성과 대립한다고 생각하는 것은 무엇보다 그렇게 배웠기 때문이다. 여성에게 이 가르침은 더욱이 음험할 수 있는데, 왜냐하면 이런 이원론을 통해 당신은 좋든 아니든 '감정적'이고 '짜증을 잘 내는', 그래서 '열등한' 측에 속하기 때문이다. 이 전체적인 설정으로 인해 당신이 하는 말은 비이성적으로 보이기 쉽다. 당신이 취할 수 있는 중요한 조치 하나는 이 경기의 규칙을 거부하는 것이다.

당신이 화가 났을 때, 당신의 어떤 부분도 화와 무관할 수 없다. 어떤 감정을 느끼는 것은 환경에 대한 반응이지만 이성적 사고에 대한 반응이기도 하며,[27] 이러한 반응은 당신의 신경계, 심혈관계, 내분비계(호르몬계) 등 어디서든 일어난다. 당신의 반응 방식이 맥락 속에서 작동하는 화의 '기질'을 결정한다. 감정과 이성이라는 두 영역을 고루 고려할수록 자신의 경험을 잘 이해하게 되고, 자신의 정서와 행동을 세심히 살펴서 더 나은 결정을 내리게 된다. '감정적' 정보를 아무렇게나 무시한다면 그 반대의 결과를 낳는다.

9. 다른 여성 신뢰하기
—

때로는 우리가 우리의 최악의 적이다. 개인적 차원에서는 화가 나는 일에 대해 이야기를 나눌 만한 사람이 오히려 분노를 유발하는 경우가 왕왕 있다. 우리는 어릴 때 타인과 대립하지 말 것, 특히 다른 여성과 대립하지 말 것을 배운다. 대신 우리 중 몇몇은 얄궂게 대하기, 무시하기, 수동공격하기, 못되게 굴기 등 여성의 본성이라고 여겨지는 행동을 배운다. 아니면 관계에 위협이 되지 않도록 분노를 다른 통로로 돌리지만 배출구를 찾지도, 우리를 괴롭히는 것을 해결할 대책을 찾지도 못한다. 콕스와 동료 연구자들에 따르면 이러한 방법은 진솔한 개별적 교류보다 우정을 깊게 만들어주지 못한다.

친구가 화가 났다고 할 때 왜 그런지 묻고 들어주는가? '발끈하는' 여성을 보면 그 사람을 놀리는가? 어떤 여자아이가 '언짢아하면' 대체 사람이 왜 그러냐고 묻는 대신 무슨 일이 있는지 물어보는가?

당신은 든든한 정예부대 같은 여성 친구들이 있는가? 그렇지 않다면, 여성 간의 우정은 변덕스럽고 까다로우며 남성 친구들이 '대하기 훨씬 쉽다'고 언제나 생각해왔다면 당신이 바로 남자들이 좋아하는 '쿨한 여자', 즉 '여주인공처럼 굴지 않는' 타입은 아닌지, 그리고 그게 의미하는 바가 무엇일지 생각해보는 편이 좋다.

다른 여성이 화가 났을 때 당신은 비판적으로 구는가? 여성으로서 우리는 다른 여성이 분노에 관한 규칙을 위반한 경우 남성보다 훨씬 더 비판적으로 나온다. 사춘기가 되기도 전부터 우리는 다른 여자아이들의 화를 감시하라고 배운다. 여성으로서 우리는 여성혐오의 기본적 가르침, 즉 여자는 믿을 수 없고 결함이 있으며 화가 나면 위험하다는 가르침에 저항하는 법을 배울 필요가 있다. '화난 흑인 여자' '다혈질 라틴 여자' '슬픈 동양인 여자아이' 같은 고정관념에 브레이크를 걸어라. 아니면 다른 여성이 당신과는 다른 방식으로 어떻게 그 고정관념들을 헤쳐나가야 할지 생각해보라. 다른 여성을 신뢰하고 그들에게 자유를 줘라. 기꺼이 그녀를 비판하려 들 사람은 엄청나게 많을 것이다.

우리는 남성들만큼 성차별적 사고에 노출되어 있고, 이를 강요하는 것에 책임이 있다. 다른 여성을 폄하하는 것은 피를 보는 스포츠일 수 있다.[28]

이는 얼토당토않은 행동을 무조건 못 본 체하거나, 누군가 다칠 수 있거나 불쾌한 태도를 무시하라는 의미가 아니다. 분노는 문제를 해결하려는 감정이고, 그래서 예의가 중요하다. 공감이 핵심이고 보통은 친절과도 공존할 수 있다. 친구에게 화가 났거나 친구가 나를 실망시켰거나 상처입혔다면 내가 느끼는 바를 평화적으로 전달해 보다 효과적이고 지속 가능한 해결책을 도출할 수 있다. 공격성이나 적대감을 언제나 피할 수 있다거나 내보여서는 안 된다는 것이 아니라, 그것은 관계에서 지속적으로 이용할 수 있는 선택지가 아니라는 뜻이다.

또한 주변 여성들을 더 높은 별도의 기준에 묶어두고 있는 것은 아닌지 고찰하는 것도 중요하다. 나 같은 경우 아버지 때문에 화가 난 일은 어머니 때문에 화났던 일에 비해 빨리 용서한다는 것을 깨닫곤 한다. 그녀에게 기대치가 더 높은 것이다. 그녀가 더 인내하고 더 희생하고 더 많이 절제할 거라고 기대하는 것이다. 이것은 불공평한 기대다. 내가 엄마에게 짜증이나 불만을 품고 대응하고 있다는 걸 깨달을 때, 그 대응이 어떤 것인지를 천천히 생각해봐야 한다.

여성의 분노 중에서, 딸이 어머니에게 내는 화만이 유일하게 용인되고 예상한 대로 이야기를 나눌 수 있는 형태의 분노라는 사실은 커다란 성차별의 징후다. 청소년기에는 더욱 그렇다. 우리가 우리의 불평등을 인지하게 되었을 때, 다른 여성을 향한 우리의 분노에도 주목해야 한다는 것은 틀림없는 사실이다. 내 경우 10대 딸을 둬서 얼마나 힘드냐고 몇 차례나 질문을 받았는지 이루 다 셀 수 없다. 통념에 의하면 자녀는 분노하고 어머니는 당황해서 고압적으로 굴기 때문이다. 나의 딸들이 사춘기에 가까워졌을 때 나는 우리 아이들에게 만족했고, 우리는 서로를 싫어하는 10대 딸과 엄마에 대한 고정관념을 함께 타파했다.

이 책을 쓰는 동안 나는 이제까지 생각해보지 못했던 패턴에 몹시 놀랐다. 바로 엄마를 옹호하는 딸들에 대해서는 이 문화가 침묵하는 현상이다. 내 연구의 중요한 부분 중 하나는 자신의 분노를 고찰하고 그 분노가 정치적, 사회적, 개인적 삶에서 어느 자리에 위치해야 하는지 의식적으로 생각하게 된 여성들에 대한 것이었다. 나는 무력감과 분노를 사회적 운동으로, 영향력 있는 예술적 결과물로 성공리에 전환한 여러 나라의 여성들을 인터뷰했다. 나와 이야기를 나눈 여성들은 하나의 주제로 계속해서 돌아왔다. 그들은 각자 어릴 때 어머니가 어떤 모욕과 폭력, 부당함과 불공평함을 겪었는지, 그런 어머니를 위해 자신이 어떻게 싸우는지 이야기를 꺼냈다.

계속해서 그들은 어머니가 가정폭력에서 살아남는 걸 지켜봤던 경험을 이야기하며 어머니의 삶을 야망이 꺾이고 기회를 놓쳤다는 관점에서 묘사했다. 그들은 여성의 권리를 둘러싼 종교적 억압, 정치적 권한 박탈, 사회적 제재에 대해 자신의 이야기를 들려주며 그런 것들이 매일의 일상적인 삶과 스트레스에 영향을 미친다고 말했다. 그들 각각은 자기 삶의 작업이 잔인하고 고된 차별의 현실을 목격한 과거의 유산이라고 분명하게 정의내렸다. 그리고 말한다. "엄마의 삶의 방식에 분노했다. 그 분노가 변화를 종용했고, 내 삶을 만들었다." 그들 중 몇몇은 곁에서 분노의 용도와 남용에 대해 명쾌하게 가르쳐준 어머니 덕분에 이에 대해 잘 알고 있었다. 그러나 대다수는 그러지 못했고, 그들은 어머니를 옹호해야 하는 존재로 인식했다.

우리가 처음으로 알게 된 여성은 우리의 어머니들이며, 우리는 그들을, 특히 화가 난 그들을 절대로 공감해주려 하지 않는다. 그것이 우리가 다른 여성을 대하는 본보기가 된다.

10. 권력에 대한 욕망을 받아들이기

———

분노와 권력은 언제나 결부돼 있다. 여성도 남성과 마찬가지로 권력욕에 동기를 부여받는다. 그저 문화가 권력과 여성성을 연관짓지 않을 뿐이다. 당신이 여성이라면, 자신도 모르게 권력과 관련된 개념들을 남성성과 연관지으며 자랐을 가능성이 높다. 돌봄이 우리의 주된 역할이기 때문에 권력도 경쟁이나 갈등처럼 남성의 것으로 여기게 되는 것이다. 예를 들어 암묵적 편견에 대한 연구에 따르면 권력은 양육이 아니라 지배와 연관된다. 반면 권력 없음은 여성성에 포함된다.

개인적 관계에서 권력의 불균형은 여성의 분노와 그 분노의 표출 및 해결과 관련이 있다. 파트너와의 관계에서 권력의 격차와 변화를 인정하는 것은 그 정도가 아무리 미묘하다 하더라도 어렵거나 벅찬 일일 수 있다. 여성이 권력의 균형잡힌 분배와 보다 평등한 교환을 요구하면 저항에 부딪힌다. 이런 상황에서 돈은 일촉즉발의 발화점이 된다. 레슬리 브로디는 저서 『젠더, 감정, 가족Gender, Emotion, and the Family』에서 이렇게 설명했다. "두 사람의 상대적 경제자원이 평등해질수록 커플 사이의 권력도 균형이 맞춰진다."

관계에서 기대하는 바가 무엇인지 사전에 이야기를 나누는 것도 중요한데, 논의하지 않으면 문제가 된다. 권력에 대한 기대와 젠더 간의 연관성은 공개적으로 검토할 가치가 있다. 개인적 관계에서든 사회적 관계에서든 여성들은 남성의 조롱을 예상하는 동시에 두려워하는데, 적지 않은 상황에서 경멸로 이어지는 이 조롱은 높은 지위

를 정당화하기 위한 남성의 심리와 떼어놓을 수 없다.[29]

성역할로 인해 파트너와 갈등이 있는 경우, 관계에서 평등을 추구하는 여성 중 다수는 기대치와 돌봄의 동등함을 요구하는 것이 '부자연스럽고' 해로운 일인 것처럼 죄책감을 느낀다. 이런 상황에서는 극심한 울분이라는 결과만이 남는다. 예컨대 브로디가 인용한 연구에 따르면 여성은 타인을 행복하게 만드는 행동을 하도록 "내키지 않지만 동의"했거나 압력을 받았을 때 한층 더 화가 나며, 그것은 낮은 지위와 권력 없음을 드러내는 증거다. 우리가 이를 표현하는 방법은 화가 난다고 말하는 대신 "상처받았다"라고 말하는 것이다. 여성이 단호하게 말로 주장하는 대신 울어버리는 것도 비슷한 맥락이다. 이것은 커플만이 아니라 부모와 자식, 형제자매 사이의 소통에서도 드러나는 문제다.

세이프시티의 창립자인 엘자마리 디실바는 나와 이야기를 나누며 이렇게 말했다. "솔직히 화가 날 때마다 눈물이 나요. 눈물의 의미가 좌절과 분노라는 걸 아는 사람은 많이 없어요. 눈물은 연약함의 증거로 보이지, 분노에 대한 강렬한 감정반응으로 보이진 않아요. 여자로서 화가 나고 좌절감이 들 때 눈물을 흘리면 더 취약한 입장에 서게 되죠."

디실바는 유년기의 분노, 늘 통제받아야 했고 무력했다고 묘사한 그 시절의 분노를 강렬한 사회운동으로 전환시켰다. 그리고 지금은 분노한 사람들과 대면하고 직접 소통하는 분야에서 일하고 있다. 그녀는 자기 자신의 분노를 이해하는 과정이 필수적이었다고 말한다. "분노가 큰 역할을 했습니다. 그렇게 강렬한 분노가 아니었다면 용기가 나지 않았을 거예요. 그 감정으로 인해 나는 무엇보다 나 자신을 세상에 내보이고, 기꺼이 나의 이야기를 털어놓고, 가장 정점에 있던 커리어를 뒤로한 채 다른 일을 선택하고, 편안하고 안락했던 삶을 포기하고, 다른 사람에게 귀기울일 수 있었습니다."

공적이고 정치적인 측면에서 여성은 또한 권력의 불균형으로 분노를 경험하고 종속적인 지위에 있을 가능성이 높으며, 제도적 권력을 성취하고 사회 및 미디어 환경을 통제할 수단이 적다. 우리는 우리의 분노와 그 분노가 내포하는 도덕적 판단을 현실의 제도적 권력을 지닌 위치에서 표현하는 경우가 거의 없다. 여성 행진과 #미투 운동의 가장 놀랍고 두드러지는 특징 중 하나는 분노한 여성들이 얼마나 많이 나서야 대중의 반응을 얻을 수 있는지 보여준다는 점이다.

당신 스스로를 대변하고 당신이 속한 공동체와 제도에 책임을 물어라. '걸파워' 같은 캐치프레이즈가 있긴 하지만, 진지한 변화를 요구하는 일은 많은 사람들이 걷지 않는 길이다. 분노하여 공적인 공간에서 지분을 요구하는 일에 익숙해질수록 우리의 노력은 더욱 효과를 볼 수 있을 것이다.

✖✖

분노에는 창조력이 있고 창조력에는 더 많은 분노가 있다. 여성들은 계속해서 창조적이고 생산적이고 선구적인 방식으로 분노를 표명한다. 1963년 9월 15일 일요일 아침, 앨라배마주 버밍엄에서 KKK 단원들이 아프리카계 미국인이 다니는 16번가침례교회에 폭탄을 터

트려 네 명의 여자아이가 사망했다. 1930년대부터 프랑스 국민이지만 세인트루이스에서 태어난 유명 가수 니나 시몬은 충격과 분노에 휩싸였다. 그녀는 20세기의 가장 감동적이고 강렬한 저항의 노래인 〈빌어먹을 미시시피Mississippi Goddamn〉가 탄생한 일화를 이렇게 설명했다. "나는 밖으로 나가 누구라도 죽이고 싶었다. 그래서 내 손으로 직접 권총을 만들려고 했다." 그러자 남편이 그녀에게 돌아서서 말했다. "아무도 죽여선 안 돼. 당신은 음악가잖아. 당신의 일을 해."[30]

우리는 저마다 다른 행동을 취한다. 올바른 길이 하나만 있는 것이 아니다. 내 경우는 막대한 부정적 감정을 글쓰기를 통해 만족스럽고 생산적인 일로 전환할 수 있었다. 글쓰기는 나를 행동으로, 명료함으로, 나처럼 생각하고 느끼는 사람들의 공동체로 이끌었다. 나를 잡아먹을 듯했던 분노는 글을 통해 목적 대신 수단이 되었다. '승화'는 이를 표현하는 의학적 용어로, 사회적으로 용인될 수 없는 감정과 행동을 용인될 수 있는 것으로 무의식중에 바꾸는 성숙한 방어 메커니즘으로 정의된다. 어떤 사람들은 분노조절이라 부르겠지만, 이것은 말 그대로 탈바꿈의 과정이다.

승화는 무의식적 과정이지만, 분노를 일상에 의식적으로 편입시킬 수도 있다. 파괴적 행동으로 '분노를 끄집어내려는' 시도와 혼동해서는 안 된다. 그 예로 전국에 개장한 '스트레스 해소방' 사업을 들 수 있다.[31] 사람들은 꽃병을 던지고 텔레비전을 부수며 무용한 공간을 물리적으로 파괴할 수 있다. 이러한 파괴는 재밌고 웃기고, 그 이십 분이 제공하는 안도감에 기분이 나아질 수는 있지만 현실적으로 분노의 감정을 전환하거나 상황을 변화시키는 데는 아무 도움이 되지 않는다.

핵심은 본인의 일에 최선을 다하고 다른 사람이 활용할 수 있는 정보를 만들어내는 것이다. 자신을 "치카나 다이크 페미니스트, 테하나 파틀라체 시인,* 작가, 문화 이론가"라고 소개했던 글로리아 안살두아는 자신의 분노를 글에 멋진 효과를 주는 데 이용했다. "글을 씀으로써 나는 세상에 질서를 부여하고 내가 붙들 손잡이를 만들었다. 나는 쓴다. 삶이 내 욕구와 분노를 달래주지 않으므로. (……) 나 자신과, 그리고 당신과 좀더 친밀해지기 위해 쓴다."[32]

애리조나주립대학의 조교수 재클린 워니몬트는 그녀의 표현을 빌리자면 "분노의 참고문헌"을 만들어나간다. 학계에서 다양한 목소리가 지속적으로 소거되는 현상에 대응하고자 그녀는 다양한 학자들의 연구 정보를 업데이트한다. 그녀는 이렇게 설명한다. "디지털 아카이브에서 윤리적 방어선과 권력관계가 보이지 않는다면, 우리는 폭력을 행사할 것이다. 더 제대로 해라."[33] 스포츠 기자인 시린 아메드와 제시카 루서는 여성의 목소리를 무시하는 문제적인 주류 스포츠계에 대항하는 미디어를 만들기 위해 팟캐스트 〈다 불태우자Burn It All Down〉를 시작했다. 내가 이 책을 쓰기 위해 조사할 때는 수많은 여성들이 분노를 표출하는 노래를 선곡해 '분노의 플레이리스트'를 공유했다.

자넬 모네와 이야기를 나누며 그녀의 작업에서 분노가 차지하는

---

* 치카나(chicana)는 멕시코계 미국 여성을, 다이크(dyke)는 레즈비언을 가리키는 말이다. 테하나(tejana)는 텍사스주에서 태어난 히스패닉계 여성을, 파틀라체(patlache)는 멕시코 원주민 언어인 나우아틀로 레즈비언을 의미한다.

위치에 대해 내가 물었을 때 그녀는 분노의 자리, 역할, 문화적 유산에 대해 깔끔하게 설명했다. "곧바로 분명하게 '화가 났다'고 말하기는 어렵습니다. 예술가로서 공연하는 동안에는 내 감정에 대해 과하게 생각하지 않아요. 그냥 '하는' 거죠." 그러나 그녀는 왜 그러한 감정들이 몹시 중요한지를 알고 있다. "이 음악을 우리의 무기로 만들고 있어요. 사람들이 참여하도록요. 우리는 이 사람들[경찰 폭력의 희생자들]을 기억하고 무슨 일이 일어났는지 기억하고 싶었어요. 다음 세대가 이 일을 기억하도록요. 이러한 불의에 음악으로 싸우길 택한 거예요. 분노를 감당하는 일에 우리 목소리를 쓰고 싶었어요." 2016년 모네는 엔터테인먼트업계의 여성 평등을 대변하는 시민단체인 펨더퓨처Fem the Future를 출범시켰다.

사회정의를 삶의 우선순위로 삼는 사람들, 또는 사회적 부정의가 일상의 현실인 사람들에게 이러한 문제는 끊임없이 지속된다. 가령 시민권운동 시기에 돌로레스 우에르타는 세사르 차베스와 함께 지금의 농장노동자조합을 공동으로 설립했다. 평생을 활동가로 살았던 우에르타는 2017년 그녀의 나이 여든일곱 살에 발표된 자신의 인생을 다룬 영화 〈돌로레스〉에서 이렇게 설명했다. "당신은 이 모든 인종불평등 사이에서 자라고 이것이 정말 당신을 화나게 한다." 그녀 말에 따르면 거친 파괴와 분노는 "당신을 어디로도 데려다주지 않는다."[34]

글을 쓰는 내내 나는 반복적으로 사회정의와 평등으로 돌아왔다. 당신이 정치적으로 활동적이든 아니든 사회정의와 평등은 분노와 분노의 피드백 루프에서 핵심적으로 중요한 역할을 한다. 여성이 개인 혼자만의 힘으로 자신의 분노와 불평등에서 벗어날 수 있는 확률은, 특히 지금 이 세계의 경제환경에서는 더더군다나 희박하다. 당신이 얼마나 회복력이 좋든, 얼마나 야심차든, 아니면 얼마나 분노를 잘 '조절'하든, 언제나 당신의 개인적 통제력, 기술, 욕구, 재능을 한참 벗어나는 맥락이 있기 마련이다.

우리 문화와 환경이 우리의 가장 사적인 감정과 소통에까지 어떤 영향을 끼치는지, 그리고 우리의 가장 사적인 소통이 우리의 문화와 환경에 어떤 영향을 끼치는지를 저절로 깨닫는 것은 불가능하다. 지극히 예외인 경우도 있지만, 필요에 의해서든 타인에게 공감해서든 별다른 선택지가 없어서든 정보를 찾고 변화를 추구하는 사람들은 개인적 필요, 호기심, 경험, 노력 덕분에 원하는 것을 손에 넣는다. 우리가 공동체에 도전할 때 가르침을 주거나 최소한 무조건적으로 사랑해줄 부모, 교사, 친구, 멘토가 있다면 운이 좋은 경우다. 안타깝지만 여성으로서 우리의 감정과 경험을 이해해줄 가족과 학교라는 울타리가 모두에게 주어진 것은 아니다. 사회적, 정치적 맥락에서 우리 자신의 경험을 바라보려는 시도는 고의적인 방해를 받을 가능성이 높다.

삶에 영향을 미치는 사회적, 정치적 문제들을 이해하는 것은 분노를 고찰하는 일에서 가장 중요한 부분이다. 이는 또한 팩트를 들이대도 설득되기를 완강히 거부하며 현실을 부인하고 침묵을 강요하는 이들을 대할 때도 도움이 된다. 생각과 행동이 절대 바뀌지 않는 사람들은 존재한다. 당신은 그에 맞춰 노력의 완급을 조절할 수 있다.

당신이 느끼는 분노를 어떻게 최적으로 사용할지 계획을 세워라.

집중하고 사고하고 분석하라. 전략은 언제 말하고 언제 말하지 않는 것이 좋을지, 스트레스를 유발하는 상황을 어떻게 예측할지 명확히 판단하게 해준다. 그리고 눈앞의 문제를 어떻게 풀어가고 싶은지를 상황의 열기가 아닌 명료한 정신으로 생각하게 해준다. 잘 알면 알수록 더 잘 대비하게 된다. 잘 대비할수록 당신의 분노는 더 제대로 활용될 수 있을 것이다. 분노가 판단능력을 흐리게 한다는 편견과는 반대로, 제대로 이해된 분노는 놀라우리만치 시야를 밝혀주는 감정이다.

현명한 분노

이 나이든 남자들에게 폭풍우가 다가온다.
그들이 이해할 수 없는 종류의 폭풍우가.
—로드

분노는 대를 잇는 현상이다. 나의 화는 나의 엄마 노마와 관련이 있고, 그녀의 화는 그녀의 엄마 줄리아와 관련이 있다. 우리는 페미니스트 철학자 앨리슨 재거가 "금지된 감정"*이라고 말한 것에 대해 각자 생각을 만들어나갔다.

엄마가 일흔 살이 되었을 때, 그러니까 그 접시 던지기 사건으로부터 무려 사십 년도 더 지났을 때 나는 혹시 그 일을 기억하는지 물었다. 엄마는 웃으면서 자신이 던진 접시는 내가 그날 본 것보다 훨씬, 훨씬 더 많다고 했다. 오랜 세월 동안 엄마의 삶은 다른 수백만 여성의 일상이 그러하듯 음소거된 분노로 가득차 있었다. 그녀는 60대가 되어서야 비로소 본인을 소진시키는 분노를, 바닥 모르게 끝도 없이

---

* outlaw emotions, 관습적인 기대와는 다른 방식으로 느끼는 감정.

평생토록 축적해온 그 분노를 시인했는데, 그것은 자신의 엄마의 분노에 대한 반응이기도 했다.

자리페의 딸인 나의 할머니 줄리아는 2015년 아흔네번째 생일 전날에 돌아가셨다. 그 이야기를 듣고 내가 처음으로 한 생각은 이제 결코 그녀의 목소리를 들을 수 없다는 것이었다. 돌아가시는 날까지 할머니의 목소리는 우렁차고 거칠게 갈라지는 테너 톤이었다. 애정이나 긍지를 떠올리게 할 만한 목소리는 아니었지만 그래도 손주들에겐 그런 감정을 불러일으켰다.

한 사람이 지닐 수 있는 그 모든 특징 중에 목소리에 집중하는 게 이상해 보일지도 모르겠다. 할머니와 그 삶의 배경을 알지 못한다면 말이다. 할머니는 그녀가 하는 말은 들을 가치가 없고 그녀는 주위 남성들처럼 똑똑하지도 않으니 지나친 기대 없이 조용히 살아야 한다고 가르치도록 축조된 세상을 살던 소녀였다. 그녀는 그렇게 살기를 단호하게 거부했고 손녀들에게도 그러도록 가르쳤다. 딸이 아니라 손녀인 이유는 다른 많은 여성들, 특히 그 세대 여성들이 그러했듯 줄리아 역시 50대가 될 때까지 진정한 자기 자신으로 살지 못했기 때문이다. 자식들이 아는 줄리아와 손녀들이 아는 줄리아는 다른 사람이었다.

그녀가 "어려운 아버지"라 불렀던 남자와 상처입은 여자의 자녀로 사는 것은 위축되는 일일 수도 있었지만 줄리아는 맹렬했고 회복력이 좋았다. 곱씹는 성격이 아니었다. 그녀는 자기 어머니의 삶을 '가엾은 사람'이라는 뜻의 애정어린 크레올어 "po diable" 한마디로 요약했다. 그리고 어머니의 경험이 어떤 것이었는지 안다는 듯 "누구도 내 허락 없이는 내 몸에 손끝 하나 못 댄다"라고 힘주어 말했다. 아이티 독재자인 프랑수아 뒤발리에, 일명 '파파 독Papa Doc'의 민병대였던 통통 마쿠트 대원 하나와 싸운 지 하루 만에 감옥에 잡혀갔다는 점에서 그녀의 말은 진실이었다. 출장을 떠나는 할아버지를 배웅하고 포르토프랭스공항에 서 있을 때, 그 남자가 할머니의 머리를 쓰다듬고 음란한 말을 하며 희롱했다. 그녀는 그를 밀어내며 혼자서나 하라고 말했고, 그래서 그는 그녀를 체포하고 수감시켜버렸다. 그녀가 이 사건에 대해 자세히 이야기해준 적은 없지만 한 달이 채 되지 않아 나의 가족은 아이티를 떠났다.

젊은 그녀는 반짝이고 생기와 매력이 넘쳤으며 배짱이 좋았다. 파트너 없이 외출해서 남자들과 담배를 피우고 카드를 치며 기쁨을 만끽했다. 좋은 파티가 있으면 결코 거절하지 않았고, 자신이 파티를 여는 것으로도 유명했다. 그녀가 즐거움을 추구하고 그게 자신에게 무엇을 의미하는지를 똑똑히 알았다는 것은 스물세 살에 나의 할아버지 프레드 스미스와 결혼했다는 사실만 봐도 분명했다. 그을린 피부, 파란 눈동자의 바하마인이었던 할아버지는 상상할 수 있는 모든 방면에서 다른 '이방인'이었고 그녀는 커다란 모험을 감행했다. 할아버지를 만나고 그녀는 동네의 누군가와 맺었던 약혼을 파기했다. 두 사람이 결혼했을 때, 우리가 가족모임 때마다 놀리곤 하는 부분인데, 그들은 말이 통하지 않아서 온전한 대화를 나눌 수 없을 정도였다. 내게 그는 다정하고 배려심 깊은 할아버지였지만 두 사람의 결혼생활은 사십오 년간 슬로모션으로 진행되는 재앙이었고 결국 잔해만이 남았다. 기쁨, 모험, 장기간의 험악한 언쟁 끝에 요란히 종지부가

찍혔다.

할아버지는 아주 전형적인 분노 제조기처럼 결혼생활을 했다. 그런 태도는 아마 두 가지 상징적인 현상 때문에 가능했을 것이다. 하나는 그가 먼 곳에서 일을 하고 두루 여행다니게 해준 팬아메리칸항공의 전 세계적 확장이었고, 다른 하나는 『플레이보이』 제국이라는 욕망의 실현이었다. 이 두 가지 덕분에 할아버지는 성차별적 쾌락주의자가 되어도 좋다는 면허를 얻었다. 1975년 내가 할머니의 부엌에 있던 어느 날 그녀는 콜롬비아로 출장을 간 그에게 전화를 걸었다. 한 여성이 전화를 받았고, 할머니가 자신이 그의 아내이며 통화를 하고 싶다고 밝혔을 때 그 여성이 대답했다. "내가 그 사람 아내인데요." 놀랍게도 그는 두 집 살림을 하는 바람둥이인 동시에 술도 마시지 않고 자녀들에게는 절대 거짓말을 하지 말라고 가르치는 독실한 성공회 신자였다. 그가 체현한 그 매력적 위선은 주변의 진을 빼놓았던 게 분명하다.

하지만 할머니 같은 여성에게 이혼은 선택지가 아니었다. 그녀는 가톨릭교도였고 배운 것도 없는데다 아내의 지위를 무엇보다 우선시하도록 사회화된 사람이었다. 게다가 상대는 그녀가 좋아서 선택한 사람이었다. 할아버지가 말을 타고 와 그녀를 낚아챈 것이 아니었다. 그는 비행기를 타고 와서 점잖게 물었다. 그래도 그녀는 화가 났다. 울분을 노골적으로 드러냈다.

쉰을 넘겼을 때 할아버지는 뇌졸중을 앓고 쇠약해졌다. 훗날 겪을 여러 질환 중 하나였다. 할아버지가 자기 앞가림을 할 수 없게 되고부터는 할머니가 그를 돌봤는데 자애로운 것과는 거리가 멀었다. 힘든 일인데다 아무 고맙단 소리도 못 들었고 할아버지는 종종 일을 더 버겁게 만들었다. 그녀의 마음은 비난으로 들끓었지만 아무도 왜 그녀가 화가 나 있고 적대적으로 구는지를 헤아리지 않는 듯했다. 모두가 그녀에게 수십 년의 상처와 위선, 모욕감은 제쳐두고 조용하고 다정한, 헌신적인 간병인이 되기를 기대하는 것만 같았다. 할머니는 성미 나쁘고 매정하고 야박하고 무심한 사람으로 여겨졌다.

양육은 결코 나의 할머니와 크게 인연이 있는 단어가 아니었다. 연로해지기 전까지 할아버지와 자손들을 대하는 할머니의 태도는 정원을 세심하게 가꾸는 정원사라기보다 공사장을 헤집는 불도저에 가까웠다. 오래도록 그녀는 자녀 양육을 다른 사람에게 맡겼고, 아이들이 여덟 살이 되면 보내버려서 잔인하다는 소릴 들었다. 나는 그녀와 여러 차례 이야기를 나누고서야 그녀의 '선택'에 담긴 깊은 슬픔을 느낄 수 있었다. 그 결정들은 할아버지가 내린 것이었고, 그가 내세우는 구실과 권위 때문에 아이들은 떠나야 했다. 그녀는 여자아이가 장난감인 곳에서 자라나는 딸들이 다른 곳에 가면 더 안전하리라는 것을 알았지만, 왜 보냈는지 대외적으로는 말하지 못했다. 그렇게 그녀는 '화나고' '잔인한' 사람이 되었다.

할아버지가 가족의 일을 책임지고 결정할 능력을 잃어가자 할머니가 그들의 삶을 관리하며 점점 더 주장이 강해졌다. 아이들과 그 외의 모든 것을 돌보는 대신 일을 해서 돈을 벌겠다고 했을 때 그녀는 이상하고 난감한 사람 취급을 받았다. 그녀의 자립심도, 존중을 기대하는 마음도, 당연시되는 무보수노동의 제공을 거부하는 것도 모두 이기적이고 바람직하지 못한 것으로 여겨졌다.

할머니로서 그녀는 가볍게 보거나 당연하게 여길 만한 사람이 아니었다. 나는 조용히 시간을 들여 그녀의 행적 하나하나를 연구했다. 나를 비롯한 손자손녀 무리가 어렸을 때 할머니의 포옹은 꾀를 내서라도 피하고 싶은 거친 공격처럼 느껴졌다. 우리가 오는 것을 보면 그녀는 현관문을 잠근 채 물 한 병과 함께 우리를 집 바깥에 내놓았고, 우리는 정원의 잔인한 더위 속에서 기나긴 오후를 버텨야 했다. 불평이라도 할라치면 파리채로 맞을 것 같았다. 그녀가 우리를 사랑한다는 것은 알았지만, 만일 누군가 물었다면 어떻게 그걸 아는지는 오래도록 대답하지 못했을 것이었다.

주의를 기울여야 했다. 그녀가 필요로 하고 사랑한 것이 정확히 무엇인지 알려면. 그녀는 우리의 장난을 봐주는 정도가 아니라 부추겼다. 아기였을 때 나는 "나 잡아봐라!"라고 외치면서 그녀의 냉장고에서 뛰어내리곤 했다. 그만하라는 말을 들은 기억은 없다. 그러나 부엌 바닥에 머리를 찧은 기억도 없다. 그녀는 늘 나를 잡아주었다. 하루는 나에게 자기 머리를 빗게 해주었다. 그때까지 나는 할머니의 머리카락이 단단하고 우아한 검은색 빵 모양으로 머리 위에 붙어서 자라는 줄 알고 있었다. 검은 머리카락이 폭포수처럼 등으로 드리웠을 때 나는 그녀가 마법을 부린 줄 알고 넋을 잃었다. 훤히 보이는 곳에 비밀을 숨겨놓았던 것이다. 어른이 되고서야 그녀가 늘 나를 기쁨으로 채워줬다는 걸 깨달았다. 가족에게는 어려운 사람이었지만, 그녀는 만나는 사람들 대부분에게 사랑을 받았다.

나의 할머니는 나이든 여성에게 의무처럼 부과되는 특징이 하나도 없었다. 연애와 출산을 마친 여성에게 기대되는, 눈에 띄지 않고 조용히 지내는 기질이 없었다. 평온하고 조용하고 침착한 것은 그녀와 거리가 멀었다. 그녀는 또한, 다른 사람들의 말을 빌리자면, 허영심이 있었다. 하지만 이것 역시 의도적인 곡해다. 죽는 날까지 그녀는 존엄하게 살기를 요구했고, 이는 허영심 같은 것이 아니었다. 그녀가 죽음을 향해 천천히 가까워지는 동안 병원의 간호사들은 그녀를 "넌자"라고 불렀다. 치료를 조금 수월하게 해주는 시술을 하려 들면 간호사들과 몸으로 싸웠기 때문이었다. 그녀는 150센티가 채 되지 않았지만 간호사 서넛이 달려들어도 순순히 말을 들어주지 않았다.

그녀는 화가 나면 화가 난다고 말했다. 주로 큰 소리로 말했다. 그러나 할아버지가 돌아가신 지 몇 년이 지나고 내가 20대일 때, 할머니의 까다로움, 완강하고, 거센 성격이 부드럽고 관대하고 배려심 있는 성격으로 변하기 시작했다. 손을 쓰다듬어주고 전화기 너머로 키스를 보내고 널 사랑한다고, 네 아이들과 아이들의 아이들까지 사랑한다고 크게 말해주었다. 손주와 얼굴을 모르는 증손주들에게도 10달러씩 우편으로 부쳤다. 몇 년 동안 계속 그랬고 나는 놀랄 수밖에 없었다.

줄리아는 막대한 역경을 겪었지만 회복력이 좋았다. 개인적 문제와 식민통치의 폭력을 견디며 당당하게 살았던 그녀는 현명하게 나이든 여인이 되어갔다. 내가 자라면서 관찰했던 모든 여성 중 그녀는 가장 자유롭게 화를 냈다. 나이가 들면서 그녀도 다른 사람처럼 감정을 잘 극복하는 방법을 배웠다. 타인과의 갈등이 줄어들었고 더 침착하게 사람들을 대했다. 주변의 낮은 기대에도 불구하고 스스로를 높게 평가했고 원하는 대로 살고자 노력했다. 그녀는 자신의 생각을 말했다. 사회적으로 사는 것과 자신에게 진실되게 사는 것, 인기 있는 것과 그렇지 않은 것의 차이를 직감으로 알았다. 결함이 있어도 사랑을 찾으며 살라고, 열심히 일하라고, 조용히 돌보라고, 크게 불평하고 신의 있고 굳건한 사람이 되라고 우리에게 가르쳐주었다. 어떻게 자급자족하는 사람이 될 수 있는지, 우리가 성차별적인 문화에 부식되는 여자아이일 때 어떻게 하면 당연시할 수 없는 존재가 될 수 있는지를 우리에게 보여주었다. 직접적인 조언 몇 마디만으로 이 모든 것을 전해주었다. 다시 말하자면, 권력 없던 이 나이든 여성은 우리에게 최선이 무엇인지 우리 스스로 알 것이라 믿었다. 지나치게 많은 권력을 지닌 나이 많은 남성 무리는 이해하기를 거부하는 것이었다.

그녀의 분노는 생존에 필수적이었다. 나의 아버지와 삼촌이 그녀를 구두쇠라 할 때, 나는 자신의 재정상황을 이해하고 미래를 계획하려 애쓰던 똑똑하고 현실적인 여성을 보았다. 그들이 그녀를 비이성적이라 할 때, 나는 자신이 기나긴 게임을 하고 있다는 것을 알고 남들에게 이해받지 못할지라도 자신이 해야 할 일을 하는 여성을 보았다. 그들이 그녀더러 이기적이라 할 때, 나는 영원한 시녀가 아니라 하나의 개인인 자신이 중요하다는 그녀의 주장을 보았다.

할머니가 세상을 떠났을 때 그녀의 얼굴은 깊게 주름이 져 있었다. 하지만 그녀는 아름다웠고 그 미소는 눈부셨다. 그녀가 그립지만 슬프지는 않다. 그 대신 나는 폭력으로 조각난 나라와 세상 대부분의 가정처럼 남성의 규칙이 지배하는 가정에서 한 세기가량을 살았던 그녀가 생존하기 위해 무엇을 감당해야 했을지를 생각한다.

어릴 때 내 마음속에서 그녀와 나의 엄마는 서로 날카롭게 대립하며 빙빙 돌곤 했다. 둘 다 분명히 분노가 있었지만 다른 방식으로 존재했다. 한 명은 분노를 표현하고 경멸받았다. 다른 하나는 분노를 억누르고 상처입었다. 두 경우 다 교훈은 평범했을 것이다. 분노는 전적으로 부정적이라는 것. 하지만 나는 언제나 그것은 진실이 아니라고 느꼈다. 그들의 분노는 문제가 아니었다. 그 분노에 대한 이해가 부족한 것이 문제였다.

할머니가 떠나고, 여성과 분노에 관해 내가 체득한 모든 부정적인 가르침을 되돌리기 위해 나는 분노의 모든 긍정적 측면을 적어내려갔다.

분노는 가치와 권리의 주장이다. 분노는 소통이자 평등이자 지식이다. 분노는 친밀함, 받아들임, 의연함, 구현, 반란, 화해다. 분노는 기억이고 격분이다. 이성적 사고이고 비이성적 고통이다. 자유이고 독립이고 확산이고 권리다. 정의고 열정이고 명징함이고 동기다. 분노는 긴요하고 사려 깊고 복잡하고 결연하다. 당신의 마음에 들든 들지 않든, 분노에는 진실이 담겨 있다.

분노는 책임감을 요구한다. 분노는 평가이고 판단이고 반박이다. 분노는 성찰이고 선견지명이고 참여다. 발화행위이고 사회적 표현이며 의도이자 목적이다. 위험이고 위협이다. 승인이고 바람이다. 권력 없음인 동시에 권력이고, 완화제이자 자극제다. 분노에서 당신은 흉포함과 위안을, 취약함과 상처를 볼 것이다. 분노는 희망의 표현이다.

어느 정도의 분노가 지나친 분노인가? 우리 대부분이 기억하는, 숨기고 잠재우도록 배운 분노는 분명 아닐 것이다. 분노는 제멋대로에 반항적이다. 분노는 생존, 해방, 창조, 위기, 활기다. 필요의 표현이다. 인정의 요구다. 분노는 경계선이다. 분노는 경계가 없다. 분노는 사색과 자기인지를 위한 기회다. 분노는 헌신이다. 공감이다. 자기애다. 사회적 책임이다. 분노가 독이라면 분노는 또한 해독제이다. 여성으로서 우리의 분노는 급진적 상상의 행위다. 분노하는 여성은 태양보다 밝게 타오른다.

앞으로도 몇 년은, 분노는 파괴적인 힘이며 통제되어야 한다는 이야기를 다시 듣게 될 것이다. 면밀히 살펴보라. 모든 사람이 같은 수준의 통제를 요구받진 않을 것이므로. 특히나 여성들은 분노를 접어두고 변화를 위해 더 친절하고 부드럽게 접근하라는 요구를 받을 것이다. 이것은 잘못된 조합이다. 다시 말하자면, 분노는 가장 여성스러운 덕목이 될 수 있다. 그것은 자비롭고도 맹렬하며, 현명하고도 강렬하기 때문이다. 내가 가장 존경하는 여성들, 즉 자기 자신을 보살피고 신체의 한계와 역경을, 그에 따르는 기대를 주의깊게 들여다보았던 여성들은 모두 자신의 분노를 의미 있는 변화로 바꿀 방법을 찾아냈다. 그들에게 분노는 연약함에서 해방으로 바뀌었다.

당신의 분노는 당신 자신에게, 또 당신의 세계에 줄 수 있는 선물이다. 분노를 통해 나는 더 충만하고 자유롭고 강렬하고 민감하게, 정치적으로 살아왔다. 당신이 스스로를 침묵시키는 대신 건강한 장소와 선택으로 분노를 돌려야 할 때가 있다면, 바로 지금이다.

감사의 말

빛나는 사람들의 훌륭한 말과 글을 운좋게도 이 책에 실을 수 있었다는 것에 영원히 감사하고 싶다. 목록으로 정리하자니 지나치게 많지만, 유용한 미주와 참고문헌을 언급하려 최선을 다했다.

훌륭한 친구 재클린 프리드먼, 에이전트 애나 스프룰라티머, 그리고 사이먼앤드슈스터의 편집자 대니얼라 웩슬러가 없었더라면 이 책은 영원히 이 컴퓨터에서 저 컴퓨터로 옮겨가며 수정만 하는 제안서에 그쳤을 것이다. 그들의 전문성과 격려, 날카로운 유머에 큰 감사를 표한다. 고되고 치열했던 2017년 하반기 육 개월에 특히나 도움이 되었다. 편집자 제인 프랜슨의 정확함과 유머, 그리고 지금의 우정은 영원히 고마울 것이다. 로라 불러드의 사실관계 확인작업에도 언제고 존경을 보낸다.

2011년 기나긴 공백 끝에 다시 글쓰기로 돌아왔을 때, 나는 불확실성에 시달렸다. 맹목적으로 소셜미디어에 뛰어들었고 할 수 있는 한 여기저기 부딪치며 한없이 성가시게 굴었다. 그 과정에서 존경스러운 사고관을 가진 사람들을 많이 만났다. 로빈 모건, 로런 울프, 애너 노스, 홀리 컬, 줄리 버튼, 케이트 매카시, 제이미아 윌슨, 리베카 트레이스터, 로라 베이츠, 크리스털 윌리엄스 챈슬러, 제시카 밸런티, 글로리아 스타이넘, 아비털 노먼 내스먼, 리즈 플랭크, 질 필리포빅, 이마니 갠디, 조디 제이컵슨, 캐서 폴릿, 디애나 잰트, 린 포비치, 절리나 맥스웰, 레이철 스클라. 동료이자 편집자, 작가인 그들이 건넨 격려의 말은 당시 그들이 뜻한 바 그 이상의 의미가 있었다.

현명한 친구이자 지적인 지지자가 되어준 대니얼 시트론, 수전 브라이슨, 매리 앤 프랭크스, 앤 콜리어, 수전 베네시, 쇼나 딜라부, 샌드라 페퍼라에게도 빚을 졌다.

바쁜 와중에도 기꺼이 시간을 내어 나의 질문에 답을 해주고 그들의 이야기를 싣게 도와준 여성들, 로라 베이츠, 엘자마리 디실바, 앨리시아 가자, 애슐리 저드, 자넬 모네, 디오르 바르가스, 섀넌 와츠, 레지나 야우에게도 깊은 감사를 표한다.

이 책에는 수년간의 이야기와 생각이 담겼고, 인내심 많은 가족들이 기꺼이 내 말에 귀기울여주고 진정으로 어려운 대화를 나눠준 경험도 포함된다. 말하자면 이 책은 내가 여덟 살일 때 아버지 에드워드로부터 엄마를 거들어 함께 저녁을 치워달라고 부탁받은 그때 시작된 것이다. 아버지가 의도하진 않았겠지만, 어린 시절부터 의식을 일깨우는 연습을 시켜준 것에 감사하고 싶다. 어머니 노마에게도 내게 결연한 불꽃을 준 것에, 그녀의 이야기를 싣도록 허락해준 것에 감사하고 싶다. 나는 당신들이 부모로서 준 사랑과 지원에 빚을 졌다.

무엇보다 마지막으로 남편 토머스 존스의 격려, 날카롭고도 훌륭한 유머, 배려와 지성 없이는 이 책을 결코 쓰지 못했을 것이다. 두려움을 모르는 나의 딸들 이저벨, 캐럴라인, 노엘과 용감한 자매 코럴린 소여에게 감명받지 않았더라면 이 책을 쓰지 않았을 것이다. 무한한 인내와 무조건적인 지지에 감사한다.

같은 맥락에서, 오래도록 영감과 우정, 동지애를 나눈 나의 형제 에드워드와 오마에게, 영혼의 자매 비벌리 프랭크, 재클린 벤디, 패니 림, 수전 크로포드, 마리아 스타크, 로라 엉거, 모니카 스팰러, 캐서린 버니에게, 그리고 나의 첫 페미니스트 선생님인 캐런 캐플런과 마이클 콜린스에게 변함없는 고마움을 전한다. 마지막으로, 칼라 엘리엇 닐리 박사를 빼고 이 감사의 말을 완성할 수는 없을 것이다. 무한한 친절과 지혜에 감사드린다.

이 책을 쓰기 위해 자료를 조사하면서 알게 된 점은, 젠더에 관한 사고가 구체적인 감정과 어떤 연관이 있는지, 특히 인종, 계급, 성정체성을 비롯한 우리의 제반 정체성과 어떻게 교차되는지 깊이 파고드는 최신 연구가 많지 않다는 것이다. 가능한 경우 구체적인 조사 결과를 인용하고 그와 관련된 연구를 최대한 미주에 포함시키려고 노력했다.

두드러지게 뛰어나 따로 언급할 만한 가치가 있는 연구들이 있다. 사라 아메드의 『감정의 문화정치학 *The Cultural Politics of Emotion*』, 레슬리 브로디의 『젠더, 감정, 가족 *Gender, Emotion, and the Family*』, 데버라 콕스, 캐린 H. 브루크너, 샐리 D. 스탭의 『분노 어드밴티지: 분노의 놀라운 이점과 분노가 여성의 삶을 바꾸는 방법 *The Anger Advantage: The Surprising Benefits of Anger and How It Can Change a*

Woman's Life』, 캐럴 태브리스의 고전『화: 잘못 이해된 감정*Anger: The Misunderstood Emotion*』이 그것이다. 정치이론에서는 앤드리아 밀러와 유진 보기다의 학술논문「젠더불평등의 분리된 영역 모델*The Separate Spheres Model of Gendered Inequality*」, 마이클 A. 밀번과 셰리 D. 콘래드의 책『분노하도록 길러지다*Raised to Rage*』가 특히나 통찰력 있었다.

　이 책을 쓰면서 스포티파이에 '우리의 분노는 길을 만든다' 플레이리스트도 만들어보았다(https://spoti.fi/2M7KHm3). 나는 글을 쓸 때 음악을 듣는데, 이 책을 쓰는 몇 달 동안은 많은 사람들이 공유해준 최고의 '분노의 노래'들을 들었다. 부디 들으시고, 당신의 노래도 추가해달라. 그리고 주변에도 추가해달라고 격려해주길 바란다.

독자들에게 유용한 자료를 제공하기 위해 다양한 분야에 걸친 수십 년의 연구
와 페미니즘적 사고를 아우르려 노력했고, 여기에는 노래가사, 인터뷰, 시, 법률문
서, 논문, 연설문 등 다양한 자료의 인용이 포함된다. 참고문헌 목록에는 본문에
서 언급한 자료 이외에 직접 인용하지 못한 논문과 저서들과 더불어, 빼어난 자료
와 사례로 가득한 여러 연구에 대한 메타분석도 몇몇 포함시켰다. 하지만 미주만
으로도 이미 길기 때문에 해당 목록은 출판사와 상의 끝에 온라인에 올리기로 결
정했다. 아래 주소에서 확인할 수 있다.

http://www.simonandschuster.com/rage-becomes-her-bibliography

서문 | '분노'를 맞이하며

1 Dana Crowley Jack, "Understanding Women's Anger: A Description of
Relational Patterns," *Health Care for Women International* 22, no. 4(June
2001): pp. 385 – 400, https://doi.org/10.1080/07399330121599.

2 Jiyoung Park et al., "Social Status and Anger Expression: The Cultural
Moderation Hypothesis," *Emotion* 13, no. 6(December 2013): pp. 1122 –
1131, https://doi.org/10.1037/a0034273.

3 Beverly A. Kopper and Douglas L. Epperson, "The Experience
and Expression of Anger: Relationships with Gender, Gender Role
Socialization, Depression, and Mental Health Functioning," *Journal of
Counseling Psychology* 43, no. 2(April 1996): pp. 158 – 165, http://dx.doi.
org/10.1037/0022-0167.43.2.158.

4 Yaling Deng et al., "Gender Differences in Emotional Response: Inconsistency Between Experience and Expressivity," *PLOS ONE* 11, no. 6(June 2016): e0158666, https://doi.org/10.1371/journal.pone.0158666.

5 Brenda Mae Woodhill and Curtis A. Samuels, "Positive and Negative Androgyny and Their Relationship with Psychological Health and Well-Being," *Sex Roles* 48, nos. 11−12 (June 2003): pp. 555−565, https://doi.org/10.1023/A:1023531530272.

6 Elizabeth V. Spelman, "Virtue of Feeling and the Feeling of Virtue," in *Feminist Ethics*, ed. Claudia Card(Lawrence: University Press of Kansas, 1991).

1장 | 화난 여자아이들

1 Shannon B. Wanless et al., "Measuring Behavioral Regulation in Four Societies," *Psychol Assess.* 23, no. 2(June 2011): pp. 364−378, https://doi.org/10.1037/a0021768.

2 John Condry and Sandra Condry, "Sex Differences: A Study of the Eye of the Beholder," *Child Development* 47, no. 3(1976): www.jstor.org/stable/1128199.

3 Olga Silverstein and Beth Rashbaum, *The Courage to Raise Good Men*(Toronto: Penguin, 1995).

4 Judith A. Lyons and Lisa A. Serbin, "Observer Bias in Scoring Boys' and Girls' Aggression," *Sex Roles* 14, nos. 5−6(1986): pp. 301−313, https://link.springer.com/article/10.1007/BF00287581.

5 Kristina Dell, "Mothers Talk Differently to Daughters Than Sons, Study," *Time*, November 13, 2014, http://time.com/3581587/mothers-emotion-words-girls-boys-surrey-study-mothers-encourage-emotionsmore-in-daughters-over-sons-study-says.

6 Ana Aznar and Harriet R. Tenenbaum, "Gender and Age Differences in Parent–Child Emotion Talk," *British Journal of Developmental Psychology* 33, no. 1(March 2015): pp. 148–155, https://doi.org/10.1111/bjdp.12069.

7 Judy Dunn, Inge Bretherton, and Penny Munn, "Conversations About Feeling States Between Mothers and Their Young Children," *Developmental Psychology* 23, no. 1(1987): pp. 132–139, www.ncbi.nlm.nih.gov/pmc/articles/PMC2610353/#R17.

8 Robert D. Kavanaugh, Betty Zimmerberg, and Steven Fein, eds., *Emotion: Interdisciplinary Perspectives*(Mahwah, NJ: L. Erlbaum, 1996).

9 Anna North, "Baseball Reveals Women Get Sad, Men Get Angry," *Jezebel*, March 7, 2011, https://jezebel.com/5778566/baseball-reveals-women-get-sad-men-get-angry; Kerri L. Johnson, Lawrie S. McKay, and Frank E. Pollick, "He Throws Like a Girl(But Only When He's Sad): Emotion Affects Sex-Decoding of Biological Motion Displays," *Cognition* 119, no. 2(2011): pp. 265–280, doi:10.1016/j.cognition.2011.01.016.

10 Reginald B. Adams Jr. et al., "Emotion in the Neutral Face: A Mechanism for Impression Formation?" *Cognition & Emotion* 26, no. 3(2012): pp. 431–441, www.ncbi.nlm.nih.gov/pmc/articles/PMC3392118; D. V. Becker et al., "The Confounded Nature of Angry Men and Happy Women," *Journal of Personality and Social Psychology* 92, no. 2(February 2007): pp. 179–190, http://dx.doi.org/10.1037/0022-3514.92.2.179; E. Ashby Plant et al., "The Gender Stereotyping of Emotions," *Psychology of Women Quarterly* 24, no. 1(2000): pp. 81–92, https://doi.org/10.1111/j.1471-6402.2000.tb01024.x.

11 Adams Jr. et al., "Emotion in the Neutral Face."

12 Elaine Fox et al., "Facial Expressions of Emotion: Are Angry Faces Detected More Efficiently?" *Cognition & Emotion* 14, no.1(2000): pp. 61–

92, www.ncbi.nlm.nih.gov/pmc/articles/PMC1839771.

13 Ursula Hess et al., "Face Gender and Emotion Expression: Are Angry Women More Like Men?" *Journal of Vision* 9, no. 12(2009): http://jov.arvojournals.org/article.aspx?articleid=2122332.

14 W. Gerrod Parrott, ed., *The Positive Side of Negative Emotions*(New York: Guilford Press, 2014).

15 Eddie Harmon-Jones and Jonathan Sigelman, "State Anger and Prefrontal Brain Activity: Evidence That Insult-Related Relative Left-Prefrontal Activation Is Associated with Experienced Anger and Aggression," *Journal of Personality and Social Psychology* 80, no. 5(May 2001): pp. 797 – 803, www.socialemotiveneuroscience.org/pubs/hj&sigelman_jpsp2001.pdf.

16 Larissa Z. Tiedens, "Anger and Advancement Versus Sadness and Subjugation: The Effect of Negative Emotion Expressions on Social Status Conferral," *Journal of Personality and Social Psychology* 80, no. 1(January 2001): pp. 86 – 94, http://web.mit.edu/curhan/www/docs/Articles/15341_Readings/Affect/Tiedens.pdf.

17 Jennifer S. Lerner and Dacher Keltner, "Fear, Anger, and Risk," *Journal of Personality and Social Psychology* 81, no. 1(July 2001): pp. 146 – 159, https://doi.org/10.1037/0022-3514.81.1.146.

18 Carsten K. W. De Dreu, Bernard A. Nijstad, and Matthijs Baas, "Behavioral Activation Links to Creativity Because of Increased Cognitive Flexibility," *Social Psychological and Personality Science* 2, no. 1(January 2011): pp. 72 – 80, https://doi.org/10.1177/1948550610381789.

19 Deborah A. Small and Jennifer S. Lerner, "Emotional Policy: Personal Sadness and Anger Shape Judgments About a Welfare Case," *Political Psychology* 29, no. 2(2008): pp. 149 – 168, http://scholar.harvard.edu/files/jenniferlerner/files/small_lerner_2008.pdf.

20 Jennifer S. Lerner, Ye Li, and Elke U. Weber, "The Financial Costs of Sadness," *Psychological Science* 24, no. 1(January 2013): pp. 72–79, https://doi.org/10.1177/0956797612450302.

21 Jennifer Coates and Pia Pichler, *Language and Gender: A Reader*(Malden, MA: Blackwell, 2011).

22 Agneta H. Fischer, ed., *Gender and Emotion: Social Psychological Perspectives*(Cambridge: Cambridge University Press, 2000).

23 D. E. Hagood et al., "Joke's on You! Preschool Boys' Preference for Aggressive Humor"(lecture, Annual Meeting of the Western Psychological Association, San Francisco, July 2012).

24 Rachel Simmons, *Odd Girl Out: The Hidden Culture of Aggression in Girls*(London: Piatkus, 2012).

25 Leslie Brody, *Gender, Emotion, and the Family*(Cambridge, MA: Harvard University Press, 1999).

26 J. A. Hall and A. G. Halberstadt, "Smiling and Gazing," in *The Psychology of Gender: Advances Through Meta-Analysis*, ed. Janet Shibley Hyde and Marcia C. Linn(Baltimore: John Hopkins University Press, 1986).

27 Frantz Fanon, *Black Skin, White Masks*, trans. Richard Philcox(New York: Grove Press, 2008).

28 2012년에 출간된 5000권가량의 책 중에 3.3퍼센트만이 아프리카계 미국인을 다루었다. 2.1퍼센트는 아시아계 미국인이나 태평양제도 출신을, 1.5퍼센트는 라틴계를, 0.6퍼센트는 아메리카 원주민을 다루었다. 애니메이션의 경우 남성 캐릭터는 100퍼센트 등장하지만 여성 캐릭터는 33퍼센트의 비율로 등장했다. Joan Katrina Mann-Boykin, "What the Children Are Reading: A Content Analysis of Minority Male Characters in Preschool Children's Libraries"(thesis, University of Denver, 2016), https://digitalcommons.du.edu/etd/?utm_source=digitalcommons.du.edu%2Fetd%2F1208&utm_medium=PDF&utm_campaign=PDFCoverPages.

29 자세한 것은 다음 단체 및 사이트의 연구를 참조할 것. Geena Davis Institute on Gender in Media; Media, Diversity, and Social Change Initiative; Media Action Network for Asian Americans; Dismantling Arab Stereotypes; Common Sense Media; National Association for Media Literacy Education; National Hispanic Media Coalition, Racebending.com.

30 Stacy L. Smith, Marc Choueiti, and Katherine Pieper, *Inclusion or Invisibility? Comprehensive Annenberg Report on Diversity in Entertainment*(Los Angeles: Media, Diversity, & Social Change Initiative, Annenberg School for Communication and Journalism, University of Southern California, 2016), http://annenberg.usc.edu/sites/default/files/2017/04/07/MDSCI_CARD_Report_FINAL_Exec_Summary.pdf.

31 Stacy L. Smith, Marc Choueiti, and Katherine Pieper, *Gender Bias Without Borders: An Investigation of Female Characters in Popular Films Across 11 Countries*(Los Angeles: Media, Diversity, & Social Change Initiative, Annenberg School for Communication & Journalism, University of Southern California, 2014), https://seejane.org/wp-content/uploads/gender-bias-without-borders-full-report.pdf.

32 Stacy L. Smith et al., *Inequality in 900 Popular Films: Examining Portrayals of Gender, Race, Ethnicity, and LGBT Status from 2007 to 2014*(Los Angeles: Media, Diversity, & Social Change Initiative, Annenberg School for Communication & Journalism, University of Southern California, 2015), https://annenberg.usc.edu/sites/default/files/Dr_Stacy_L_Smith-Inequality_in_900_Popular_Films.pdf; 지나 데이비스 인스티튜트의 연구를 더 참조할 것. 다음 사이트에서 볼 수 있다. https://seejane.org/research-informs-empowers; Jeff Guo, "Researchers Have Found a Major Problem with *The Little Mermaid* and Other Disney Movies," *Washington Post*, January 25, 2016, www.washingtonpost.com/news/wonk/wp/2016/01/25/researchers-have-discovered-a-major-problem–with-thelittle-mermaid-and-other-disney-movies/?utmterm=.96cf765e49d6.

화면에 드러나는 비율이 70대 30인 것도 나쁘지만, 영화에서 여성의 목소리를 듣는 경우는 더욱 드물다. 2007~2012년 할리우드의 상위 100위권 영화에서 여성은 대사 비율이 감소했다. 전 세계 아동들에게 가장 인기 있는 디즈니의 '걸파워' 공주영화는 더 심했다. 제프 구오가 2016년에 설명했듯, 〈백설공주와 일곱 난쟁이〉(1937)처럼 오래된 애니메이션은 퇴행한 것처럼 보일지 모르지만 실제로는 여성 캐릭터들의 대사가 있었다. 그러나 디즈니가 근래에 만들어낸 대형 공주영화의 첫 타자인 〈인어공주〉에서 "애리얼은 말 그대로 목소리를 잃는다. 그리고 나머지 다섯 편의 공주 애니메이션에서 여성은 더더욱 말수가 없어진다. 공주 애니메이션들의 평균을 내면, 남성 캐릭터가 여성 캐릭터보다 세 배 대사가 많다". 디즈니 애니메이션 속 나이든 여성은 십중팔구 못생기고 신뢰할 수 없는, 위험한 인물로 나온다.

33 Aaron Benavot and Catherine Jere, "Gender Bias Is Rife in Textbooks," World Education blog, March 8, 2016, https://gemreportunesco.wordpress.com/2016/03/08/gender-bias-is-rife-in-textbooks.

34 Nicole Martins and Kristen Harrison, "Racial and Gender Differences in the Relationship Between Children's Television Use and Self-Esteem," *Communication Research* 39, no. 3(2011): pp. 338 – 357, www.researchgate.net/publication/254084555_Racial_and_Gender_Differences_in_the_Relationship_Between_Children's_Television_Use_and_Self-Esteem_A_Longitudinal_Panel_Study; Smith, Choueiti, and Pieper, *Inclusion or Invisibility?*

35 Sesali Bowen, "Bitches Be Like… : Memes as Black Girl Counter and Disidentification Tools"(thesis, Georgia State University, 2016), https://scholarworks.gsu.edu/wsi_theses/56.

36 Katrina Woznicki, "Parents Encourage Thin Daughters and Substantial Sons at Age Three," *MedPage Today*, December 15, 2005, www.

medpagetoday.com/Pediatrics/EatingDisorders/2339.

37 Elizabeth Saewyc, "Global Perspective on Gender Roles and Identity," *Journal of Adolescent Health* 61, no. 4(October 2017): S1–S2, http://www.jahonline.org/article/S1054-139X(17)30356-7/fulltext.

38 Elizabeth E. O'Neal, Jodie M. Plumert, and Carole Peterson, "Parent-Child Injury Prevention Conversations Following a Trip to the Emergency Department," *Journal of Pediatric Psychology* 41, no. 2(March 2015): pp. 256–264, https://academic.oup.com/jpepsy/article/41/2/256/2579803.

39 Zach Miners, "The First Woman CEO to Appear in a Google Images Search Is . . . CEO Barbie," *PC World*, April 9, 2015, www.pcworld.com/article/2908592/the-first-woman-ceo-to-appear-in-a-google-images-search–is-ceo-barbie.html.

40 다음은 다른 여성들과 분리된 채 홀로 남성 무리에 속한 여성을 미디어가 어떻게 다루는지 그 현상을 측정하는 방법들이다. (1)리즈 월리스와 앨리슨 벡델이 개발한 영화 속 여성의 존재 테스트(두 명 이상의 여성이 나오는가? 그들이 남자 이외 주제로 이야기를 나누는가?). (2)카샤 폴리트가 만든 스머페트 법칙(남성 무리에 존재하는 한 여성). 남성 군단에 성애화된 여자 한 명이 있는 비율을 다룬다. (3)애리얼 레비의 '루프홀 여성'. 이사회에 들어갈 정도로 성공한 예외적인 기업 여성을 말한다.

41 Woznicki, "Parents Encourage Thin Daughters and Substantial Sons."

42 Julia Serano, "Bending Over Backwards: An Introduction to the Issue of Trans Woman-Inclusion," in *On the Outside Looking In*(self-published, 2005), www.juliaserano.com/outside.html. 개정된 버전이 다음 책에 실려 있다. Julia Serano, *Whipping Girl: A Transsexual Woman on Sexism and the Scapegoating of Femininity*(Berkeley, CA: Seal Press, 2016).

43 Judith Worell, *Encyclopedia of Women and Gender: Sex Similarities and Differences and the Impact of Society on Gender*(San Diego: Academic, 2001).

44 Lin Bian, Sarah-Jane Leslie, and Andrei Cimpian, "Gender Stereotypes About Intellectual Ability Emerge Early and Influence Children's Interests," *Science* 355, no. 6323(January 2017): pp. 389 – 391, http://science. sciencemag.org/content/355/6323/389.

45 Richard Weissbourd and the Making Caring Common Team, *Leaning Out: Teen Girls and Leadership Biases*(Cambridge, MA: Harvard Graduate School of Education, 2015), https://mcc.gse.harvard.edu/files/gse-mcc/ files/leanout-report.pdf.

46 Simmons, *Odd Girl Out*.

47 Simmons, *Odd Girl Out*.

48 Victoria D. Gillon, "The Killing of an 'Angry Black Woman': Sandra Bland and the Politics of Respectability"(student paper, Augustana College, 2016), https://digitalcommons.augustana.edu/cgi/viewcontent. cgi?referer=https://www.google.co.uk/&httpsredir=1&article=1008&cont ext=mabryaward; Kelly Brown Douglas, "Sandra Bland and Other 'Angry Black Women,'" *Huffington Post*, July 20, 2015, www.huffingtonpost. com/kelly-brown-douglas/sandra-bland-and-other-angry-black-women_ b_7821876.html.

49 Adria Y. Goldman et al., eds., *Black Women and Popular Culture: The Conversation Continues*(Lanham, MD: Lexington Books, 2014).

50 Adaku Onyeka-Crawford, Kayla Patrick, and Neena Chaudhry, *Let Her Learn: Stopping School Pushout for Girls of Color*(Washington, DC: National Women's Law Center, 2017), https://nwlc.org/resources/ stopping-school-pushout–for-girls-of-color.

51 Eden E. Torres, *Chicana Without Apology: The New Chicana Cultural Studies*(New York: Routledge, 2003).

52 Lela Lee, "About," Angry Little Girls, https://angrylittlegirls.com/ pages/about.

53 C. M. Liebler, "Me(di)a Culpa?: The 'Missing White Woman Syndrome' and Media Self-Critique," *Communication, Culture & Critique* 3, no. 4(December 2010): pp. 549–565, https://doi.org/10.1111/j.1753-9137.2010.01085.x.

54 Melissa Dittman, "Anger Across the Gender Divide: Researchers Strive to Understand How Men and Women Experience and Express Anger," *Monitor on Psychology* 34, no. 3(March 2003): 52, www.apa.org/monitor/mar03/angeracross.aspx. 세인트존스대학의 심리학과장인 레이먼드 디주세페가 18~90세의 약 1200명을 대상으로 실시한 설문조사 결과에 따르면, 남성은 신체적 공격성과 수동적 공격성 모두 여성보다 더 높은 수치가 나왔다.

55 Joyce F. Benenson, "The Development of Human Female Competition: Allies and Adversaries," Philosophical Transactions of the Royal Society B: Biological Sciences 368, no. 1631(December 2013): https://doi.org/10.1098/rstb.2013.0079.

56 Norbert Mundorf, James Weaver, and Dolf Zillmann, "Effects of Gender Roles and Self Perceptions on Affective Reactions to Horror Films," *Sex Roles* 20, nos. 11–12(June 1989): pp. 655–673, https://doi.org/10.1007/BF00288078.

57 James Garbarino, *See Jane Hit: Why Girls Are Growing More Violent and What We Can Do About It*(New York: Penguin Books, 2007); Deborah Prothrow-Stith and Howard R. Spivak, *Sugar and Spice and No Longer Nice: How We Can Stop Girls' Violence*(San Francisco: Jossey-Bass, 2005).

58 젠더와 사회규범, 테스토스테론에 대한 훌륭한 논의로 다음을 참조할 것. Cordelia Fine, *Testosterone Rex: Myths of Sex, Science, and Society*(New York: W. W. Norton, 2017).

59 Sari M. van Anders, Jeffrey Steiger, and Katherine L. Goldey, "Effects of Gendered Behavior on Testosterone in Women and Men," *Proceedings of the National Academy of Sciences of the United States of America*

112, no. 45(November 2015): pp. 13805 – 13810, https://doi:10.1073/pnas.1509591112.

60 Lee T. Gettler et al., "Longitudinal Evidence That Fatherhood Decreases Testosterone in Human Males," *Proceedings of the National Academy of Sciences of the United States of America* 108, no. 39(September 2011): pp. 16194 – 16199, https://doi.org/10.1073/pnas.1105403108.

61 Menelaos L. Batrinos, "Testosterone and Aggressive Behavior in Man," *International Journal of Endocrinology and Metabolism* 10, no. 3(2011): pp. 563 – 568, https://doi.org/10.5812/ijem.3661.

62 Lisa Damour, *Untangled: Guiding Teenage Girls Through Seven Stages to Adulthood*(New York: Ballantine Books, 2017).

63 Lyn Mikel Brown, *Raising Their Voices: The Politics of Girls' Anger*(Cambridge, MA: Harvard University Press, 1999).

64 Erin B. Godfrey, Carlos E. Santos, and Esther Burson, "For Better or Worse? System-Justifying Beliefs in Sixth-Grade Predict Trajectories of Self-Esteem and Behavior Across Early Adolescence," *Child Development*(2017): http://onlinelibrary.wiley.com/doi/10.1111/cdev.12854/full.

65 Jerald G. Bachman et al., "Adolescent Self-Esteem: Differences by Race/Ethnicity, Gender, and Age," *Self and Identity* 10, no. 4(2011): pp. 445 – 473, www.ncbi.nlm.nih.gov/pmc/articles/PMC3263756.

66 같은 곳.

67 이러한 차이가 일관되고 유의미하기는 해도, 학생의 성적 및 대학 진학 계획과 밀접하게 연관되는 것은 젠더나 민족성보다는 자존감이라고 연구자들은 지적한다.

68 Lonnae O'Neal Parker, "Black Women Heavier and Happier with Their Bodies Than White Women, Poll Finds," *Washington Post*, February 27, 2012, www.washingtonpost.com/lifestyle/style/black-womenheavier-and-happier-with-their-bodies-than-white-women-poll-finds/2012/02/22/gIQAPmcHeR_story.html?utm_term=5b972a871190.

69 Maxine Baca Zinn et al., *Gender Through the Prism of Difference*, 5th ed.(New York: Oxford University Press, 2015).

70 Thomas M. Carmony and Raymond DiGiuseppe, "Cognitive Induction of Anger and Depression: The Role of Power, Attribution, and Gender," *Journal of Rational-Emotive and Cognitive-Behavior Therapy* 21, no. 2(June 2003): pp. 105-118, https://doi.org/10.1023/A:1025099315118.

2장 | 여자는 토스터가 아니다

1 Kaitlin Lounsbury, Kimberly J. Mitchell, and David Finkelhor, "The True Prevalence of 'Sexting,'" Crimes Against Children Research Center, University of New Hampshire, April 2011, www.unh.edu/ccrc/pdf/SextingFactSheet4_29_11.pdf.

2 Nicola Doring, "Consensual Sexting Among Adolescents: Risk Prevention Through Abstinence Education or Safer Sexting?" *Cyberpsychology* 8, no. 1(2014): article 9, https://dx.doi.org/10.5817/CP2014-1-9.

3 Leora Tanenbaum, *I Am Not a Slut: Slut-Shaming in the Age of the Internet*(New York: HarperCollins, 2015).

4 이 주제에 대해 더 읽으려면 다음을 참조할 것. Martha Nussbaum, *Anger and Forgiveness: Resentment, Generosity, Justice*(New York: Oxford University Press, 2016).

5 Rachel Dickerson, "America Objectified: An Analysis of the Self-Objectification of Women in America and Some Detrimental Effects of Media Images," *Elements*(2014): pp. 39-44, www.csustan.edu/sites/

default/files/honors/documents/journals/elements/Dickerson.pdf.

6 Susan Bordo and Leslie Haywood, *Unbearable Weight: Feminism, Western Culture, and the Body*(Berkeley: University of California Press, 2004).

7 Samantha M. Goodin et al., "'Putting on' Sexiness: A Content Analysis of the Presence of Sexualizing Characteristics in Girls' Clothing," *Sex Roles* 65, nos. 1 – 2(July 2011): pp. 1 – 12, https://doi.org/10.1007/S11199-011-9966-8.

8 Stephanie R. Damiano et al., "Dietary Restraint of 5-Year-Old Girls: Associations with Internalization of the Thin Ideal and Maternal, Media, and Peer Influences," *International Journal of Eating Disorders* 48, no. 8(December 2015): pp. 1166 – 1169, https://doi.org/10.1002/eat.22432.

9 *Children, Teens, Media, and Body Image: A Common Sense Research Brief*(San Francisco: Common Sense Media, January 21, 2015), www.commonsensemedia.org/children-teens-body-image-media-infographic.

10 Deborah L. Cox, Karin H. Bruckner, and Sally D. Stabb, *The Anger Advantage: The Surprising Benefits of Anger and How It Can Change a Woman's Life*(New York: Broadway Books, 2003).

11 Margaret L. McGladrey, "Lolita Is in the Eye of the Beholder: Amplifying Preadolescent Girls' Voices in Conversations About Sexualization, Objectification, and Performativity," *Feminist Formations* 27, no. 2(Summer 2015): pp. 165 – 190, https://doi.org/10.1353/ff.2015.0012.

12 Laurel B. Watson et al., "Understanding the Relationships Among White and African American Women's Sexual Objectification Experiences, Physical Safety Anxiety, and Psychological Distress," *Sex Roles* 72, nos. 3 – 4(February 2015): pp. 91 – 104, https://doi.org/10.1007/s11199-014-0444-y.s.

13 Kimberly A. Burdette, "Self-Objectification and Self-Surveillance in African American and Latina Girls: Links to Body Dissatisfaction and Self-Worth"(master's thesis, Loyola University Chicago, 2014), http://ecommons.luc.edu/cgi/viewcontent.cgi?article=3231&context=luc_theses.

14 Marissa Higgins, "LGBT Students Are Not Safe at School," *The Atlantic*, October 18, 2016, www.theatlantic.com/education/archive/2016/10/school-is-still-not-safe-for-lgbt-students/504368.

15 Judith Rodin, Lisa R. Silberstein, and Ruth H. Striegel-Moore, "Women and Weight: A Normative Discontent," in *Nebraska Symposium on Motivation*, vol. 32, ed. T. B. Sonderegger(Lincoln, NE: University of Nebraska Press, 1984): pp. 267–307; Jamie L. Goldenberg, "Immortal Objects: The Objectification of Women as Terror Management," chap. 4 in *Nebraska Symposium on Motivation*, vol. 60, ed. Sarah J. Gervais(New York: Springer, 2013): pp. 73–95.

16 Ana Sofia Elias, Rosalind Gill, and Christina Scharff, *Aesthetic Labour: Rethinking Beauty Politics in Neoliberalism*(London: Palgrave Macmillan, 2017).

17 Rodin et al., "Women and Weight."

18 Sarah J. Gervais et al., "Seeing Women as Objects: The Sexual Body Part Recognition Bias," *European Journal of Social Psychology* 42, no. 6(2012): pp. 743–753, https://doi.org/10.1002/ejsp.1890.

19 "사회인지능력을 검사하면 대부분 사람들의 목표는 타인이 생각하고 의도하는 바를 파악하는 것이다. 그리고 이 데이터에는 그러한 흔적이 없다는 것이 확인된다. 이 사진들 속 전전두엽 피질의 비활성화는 정말 충격적이다." Susan Fiske, "Women as Sex Objects," *Scientific American* podcast, February 17, 2009.

20 Elizabeth Landau, "Men See Bikini-Clad Women as Objects, Psychologists Say," CNN, April 19, 2009, www.cnn.com/2009/

HEALTH/02/19/women,bikinis,objects.

21 Emma Rooney, "The Effects of Sexual Objectification on Women's Mental Health," *Applied Psychology OPUS*(Spring 2016), http://steinhardt.nyu.edu/appsych/opus/issues/2016/spring/rooney.

여자아이는 수학을 못하고 남자아이는 잘한다는 것이 잘못된 관념임을 미국 여성은 알고 있다. (전 세계적으로 여학생의 점수는 남학생보다 평균 2퍼센트 낮을 뿐이다. 그러나 일본의 여학생이 미국의 남학생보다 점수가 높다.) 가령 여학생이 수학시험을 치르기 전에 비키니를 입은 여성의 이미지를 보면 점수가 낮아지지만 스웨터를 입은 여성의 이미지를 보면 그렇지 않다. 남학생은 같은 실험에 영향을 받지 않는다. 수학시험을 치르기 전에 '여자' 항목에 표시를 하는 것만으로도 여학생의 수학점수가 평균 20퍼센트 낮아졌다. 고정관념에 대한 우려만으로도 집중력과 수행력이 흔들리는 것이다. 뿐만 아니라 병렬사고(두 개 이상의 개별 사고영역을 동시에 유지하는 것)를 하느라 흔히 '몰입(flow)'이라고 하는 창조적인 정신상태, 인간이 전적으로 무아지경에 빠져 집중하는 상태에 빠지지 못하고 학습의 의욕을 잃는다.

22 Vivien Ainley and Manos Tsakiris, "Body Conscious? Interoceptive Awareness, Measured by Heartbeat Perception, Is Negatively Correlated with Self-Objectification," *PLOS ONE* 8, no. 2(February 2013): e55568, https://doi.org/10.1371/journal.pone.0055568.

23 Bonnie Moradi and Yu-Ping Huang, "Objectification Theory and Psychology of Women: A Decade of Advances and Future Directions," *Psychology of Women Quarterly* 32, no. 4(December 2008): pp. 377–398, https://doi.org/10.1111/j.1471-6402.2008.00452.x.

24 Tomi-Ann Roberts and Jennifer Y. Gettman, "Mere Exposure: Gender Differences in the Negative Effects of Priming a State of Self-Objectification," *Sex Roles* 51, nos. 1–2(July 2004): pp. 17–27, https://link.springer.com/article/10.1023/B:SERS.0000032306.20462.22.

25 Leora Pinhas et al., "The Effects of the Ideal of Female Beauty

on Mood and Body Satisfaction," *International Journal of Eating Disorders* 25, no. 2(March 1999): pp. 223 – 226, www.ncbi.nlm.nih.gov/pubmed/10065400.

26 Haroon Siddique, "Poor Body Image Makes Girls Less Assertive and Risks Health, Study Finds," *Guardian*, October 5, 2017, www.theguardian.com/uk-news/2017/oct/05/poor-body-image-makes-girls-less-assertive-and-risks-health-study-finds.

27 Dana Crowley Jack, *Silencing the Self: Women and Depression*(Cambridge, MA: Harvard University Press, 1991).

28 Jill M. Cyranowski et al., "Adolescent Onset of the Gender Difference in Lifetime Rates of Major Depression: A Theoretical Model," *Archives of General Psychiatry* 57, no. 1(January 2000): pp. 21 – 27, https://doi.org/10.1001/archpsyc.57.1.21.

29 R. C. Kessler et al., "Lifetime Prevalence and Ageof-Onset Distributions of DSM-IV Disorders in the National Comorbidity Survey Replication(NCS-R)," *Archives of General Psychiatry* 62, no. 6(June 2005): pp. 593 – 602, https://doi.org/10.1001/archpsyc.62.6.593; "Prevalence of Any Anxiety Disorder Among Children," National Institutes of Mental Health, April 28, 2017, www.nimh.nih.gov/health/statistics/prevalence/any-anxiety-disorder-among-children.shtml.

30 M. Macht, "Characteristics of Eating in Anger, Fear, Sadness and Joy," *Appetite* 33, no. 1(August 1999): pp. 129 – 139, https://doi.org/10.1006/appe.1999.0236; Anne E. Becker, "Television, Disordered Eating, and Young Women in Fiji: Negotiating Body Image and Identity During Rapid Social Change," *Culture, Medicine and Psychiatry* 28, no. 4(December 2004): pp. 533 – 559, www.asu.edu/lib/tutorials/empirical/narrative.pdf.

한 연구에 따르면, 벨리즈의 여자아이들은 서구 미디어에 직접 노출되면서부터 섭식장애를 경험하기 시작했다. 서부 피지도 비슷한 콘텐츠를 소비하면서 여자아이들의 신체이미지에 대한 관점이 부정적으로 바뀌기 시작했다.

31 "임상 섭식장애 여성과 남성의 비율은 9:1이며, 전임상 비율은 3:1이다." H. Sweeting et al., "Prevalence of Eating Disorders in Males: A Review of Rates Reported in Academic Research and UK Mass Media," *International Journal of Men's Health* 14, no. 2(2015): https://doi.org/10.3149/jmh.1402.86; Niva Piran and Holly C. Cormier, "The Social Construction of Women and Disordered Eating Patterns," *Journal of Counseling Psychology* 52, no. 4(October 2005): pp. 549 – 558, https://doi.org/10.1037/0022-0167.52.4.549.

32 Canadian Pediatric Society, "Position Statement: Dieting in Adolescence," *Paediatrics Child Health* 9, no. 7(September 2004): pp. 487 – 491, https://www.ncbi.nlm.nih.gov/pmc/articles/PMC2720870/pdf/pch09487.pdf.

33 "Almost Half of Female Dieters Use Laxatives to Lose Weight," *Huffington Post* UK, October 2, 2013, www.huffingtonpost.co.uk/2013/10/02/weight-loss-half-female-dieters-use-laxatives_n_4028159.html; Joyce T. McFaddyn, *Your Daughter's Bedroom: Insights for Raising Confident Women*(New York: Macmillan, 2011).

34 Denee T. Mwendwa et al., "Coping with Perceived Racism: A Significant Factor in the Development of Obesity in African American Women?" *Journal of the National Medical Association* 103, no. 7(July 2011): pp. 602 – 608, www.ncbi.nlm.nih.gov/pmc/articles/PMC5003024.

35 Lisa S. Wechsler et al., "Mutuality, Self-Silencing, and Disordered Eating in College Women," *Journal of College Student Psychotherapy* 21, no. 1(2006): pp. 51 –76, http://psychology.unt.edu/riggspg/riggspg3/Wechsler,%20Riggs%20et%20al.pdf.

36 Megan E. Haines et al., "Predictors and Effects of Self-Objectification in Lesbians," *Psychology of Women Quarterly* 32, no. 2(June 2008), pp. 113 –

224, http://onlinelibrary.wiley.com/doi/10.1111/j.1471-6402.2008.00422.x/ full.

37 Marcie C. Wiseman and Bonnie Moradi, "Body Image and Eating Disorder Symptoms in Sexual Minority Men: A Test and Extension of Objectification Theory," *Journal of Counseling Psychology* 57, no. 2(April 2010): pp. 154-166, https://dx.doi.org/10.1037/a0018937.

38 Patricia A. Adler and Peter Adler, *The Tender Cut: Inside the Hidden World of Self-Injury*(New York: New York University Press, 2011).

39 Kate Kelland, "One in 12 Teenagers Self-Harm, Study Finds," Reuters, November 16, 2011, www.reuters.com/article/us-self-harm-idUSTRE7AG02520111117.

40 Denis Campbell, "NHS Figures Show 'Shocking' Rise in Self-Harm Among Young," *Guardian* UK, October 23, 2016, www.theguardian.com/society/2016/oct/23/nhs-figures-show-shocking-rise-self-harm-young-people.

41 Kim L. Lehnert, James C. Overholser, and Anthony Spirito, "Internalized and Externalized Anger in Adolescent Suicide Attempters," *Journal of Adolescent Research* 9, no. 1(January 1994): pp. 105-119, http://journals.sagepub.com/doi/abs/10.1177/074355489491008.

42 Len Sperry et al., eds., *Psychopathology and Psychotherapy: DSM-5 Diagnosis, Case Conceptualization, and Treatment*, 3rd edition(New York, Routledge, 2014).

43 Harvey A. Whiteford et al., "Global Burden of Disease Attributable to Mental and Substance Use Disorders: Findings from the Global Burden of Disease Study 2010," *Lancet* 382 , no. 9904(November 2013): pp. 1575-1586, https://doi.org/10.1016/S0140-6736(13)61611-6; Christopher J. L. Murray et al., "The State of US Health, 1990-2010: Burden of Diseases, Injuries, and Risk Factors," *Journal of the American Medical Association*

310, no. 6(August 2013): pp. 591 –606, https://jamanetwork.com/journals/jama/fullarticle/1710486.

44 "Anxiety Disorders Are More Common in Women," *Scientific American*, January 29, 2018. 데이터는 다음을 인용. Ronald C. Kessler et al., "Lifetime Prevalence and Age-of-Onset Distributions of DSM-IV Disorders in the National Comorbidity Survey Replication." R. C. Kessler et al., "Prevalence, Severity, and Comorbidity of 12-Month DSM-IV Disorders in the National Comorbidity Survey Replication," *Archives of General Psychiatry* 62, no. 6(June 2005): pp. 617 –627, https://doi.org/10.1001/archpsyc.62.6.617; Philip S. Wang et al., "Twelve-Month Use of Mental Health Services in the United States: Results from the National Comorbidity Survey Replication," *Archives of General Psychiatry* 62, no. 6(June 2005): pp. 629 –640, https://doi.org/10.1001/archpsyc.62.6.629.

45 Walter O. Bockting, Gail Knudson, and Joshua M. Goldberg, "Counseling and Mental Health Care for Transgender Adults and Loved Ones," *International Journal of Transgenderism* 9, nos. 3 –4(2006): pp. 35 –82, https://doi.org/10.1300/J485v09n03_03.

46 Ernest Becker, *The Denial of Death* (London: Souvenir Press, 1997).

47 Mark R. Zaslav, "Shame-Related States of Mind in Psychotherapy," *Journal of Psychotherapy Practice and Research* 7, no. 2(Spring 1998): pp. 154 –166, www.ncbi.nlm.nih.gov/pmc/articles/PMC3330497.

48 Tomi-Ann Roberts, "Female Trouble: The Menstrual Self-Evaluation Scale and Women's Self-Objectification," *Psychology of Women Quarterly* 28, no. 1(March 2004): pp. 22 –26, https://doi.org/10.1111/j.1471-6402.2004.00119.x.

49 Joan C. Chrisler, *From Menarche to Menopause: The Female Body in Feminist Therapy* (Philadelphia: Haworth Press, 2004).

50 "Treating 'Resting Angry Face' with Plastic Surgery," NBC4

Washington, video, 2:32, January 29, 2018, www.nbcwashington.com/news/health/Treating-_Resting-Angry-Face_-With-Plastic-Surgery_Washington-DC-304358501.html.

51 Maud Lavin, *Push Comes to Shove: New Images of Aggressive Women* (Cambridge, MA: MIT Press, 2010).

52 Esther D. Rothblum and Sondra Solovay, eds., *The Fat Studies Reader* (New York: New York University Press, 2009).

53 Sandra Lee Bartky, "Foucault, Femininity and the Modernization of Patriarchal Power," in *Writing on the Body: Female Embodiment and Feminist Theory*, eds. Katie Conboy, Nadia Medina, and Sarah Stanbury (New York: Columbia University Press, 1997), pp. 129–154.

54 David Benatar, *Cutting to the Core: Exploring the Ethics of Contested Surgeries* (Lanham, MD: Rowman & Littlefield, 2006).

55 Lizette Borreli, "Do Beauty Standards Fuel Income Inequality? Study Finds Women Who Wear Makeup Earn More Money," *Medical Daily*, June 28, 2016, www.medicaldaily.com/beauty-standards-income-inequality-390837.

56 Rebecca Busanich and Kerry R. McGannon, "Deconstructing Disordered Eating: A Feminist Psychological Approach to the Body, Food, and Exercise Relationship in Female Athletes," *Quest* 62, no. 4 (2010): pp. 385–405, https://doi.org/10.1080/00336297.2010.10483656.

57 Amber L. Horan, "Picture This! Objectification Versus Empowerment in Women's Photos on Social Media" (undergraduate thesis, Bridgewater State University, 2016), http://vc.bridgew.edu/honors_proj/155.

58 Shira Tarrant, *The Pornography Industry: What Everyone Needs to Know* (New York: Oxford University Press, 2016).

59 Lucia C. Lykke and Philip N. Cohen, "The Widening Gender Gap in Opposition to Pornography, 1975–2012," *Social Currents* 2, no.

4(December 2015): pp. 307 – 323, www.terpconnect.umd.edu/~pnc/
SC2015.pdf; Tom Jacobs, "Study: Porn Viewing Impacts Attitudes on
Women in Workplace," *Pacific Standard*, September 16, 2013, www.psmag.
com/books-and-culture/porn-viewing-impacts-attitudes-women-
workplace-66280.

60 Adrienne Rich, *On Lies, Secrets, and Silence: Selected Prose, 1966–
1978*(New York: W. W. Norton, 1995).

61 Tracy L. Tylka and Ashley M. Kroon Van Diest, "You Looking at
Her 'Hot' Body May Not Be 'Cool' for Me: Integrating Male Partners'
Pornography Use into Objectification Theory for Women," *Psychology of
Women Quarterly* 39, no. 1(2015): pp. 67 – 84, http://u.osu.edu/tracyltylka/
files/2015/02/Psychology-of-Women-Quarterly-2015-Tylka-67-84-
1l8c5l2.pdf.

62 Liana Fattore and Miriam Melis, "Editorial: Exploring Gender and Sex
Differences in Behavioral Dyscontrol: From Drug Addiction to Impulse
Control Disorders," in *Exploring Gender and Sex Differences in Behavioral
Dyscontrol: From Drug Addiction to Impulse Control Disorders*, eds. Liana
Fattore and Miriam Melis(Lausanne, Switzerland: Frontiers Media, 2016),
https://doi.org/10.3389/fpsyt.2016.00019.

63 Eileen L. Zurbriggen, "Objectification, Self-Objectification, and
Societal Change," *Journal of Social and Political Psychology* 1, no. 1(2013):
pp. 188 – 215, https://jspp.psychopen.eu/article/view/94/pdf.

3장 | 화가 난 몸들

1 Gillian Bendelow and Simon Williams, "Pain and the Mind-Body
Dualism: A Sociological Approach," *Body & Society* 1, no. 2(June 1995):

pp. 83 – 103, http://journals.sagepub.com/doi/abs/10.1177/135703
4x95001002004.

2 Roger B. Fillingim et al., "Sex, Gender, and Pain: A Review of Recent Clinical and Experimental Findings," *Journal of Pain: Official Journal of the American Pain Society* 10, no. 5(May 2009): pp. 447 – 485, https://doi. org/10.1016/j.jpain.2008.12.001.

3 Anke Samulowitz et al., " 'Brave Men' and 'Emotional Women': A Theory-Guided Literature Review on Gender Bias in Health Care and Gendered Norms Towards Patients with Chronic Pain," *Pain Research and Management*(2018): 6358624, https://doi.org/10.1155/2018/6358624.

4 Fillingim et al., "Sex, Gender, and Pain."

5 O. A. Alabas et al., "Gender Role Affects Experimental Pain Responses: A Systematic Review with Meta-Analysis," *European Journal of Pain* 16, no. 9(October 2012): pp. 1211 – 1223, https://doi.org/10.1002/j.1532-2149.2012.00121.x.

6 Ephrem Fernandez and Dennis C. Turk, "The Scope and Significance of Anger in the Experience of Chronic Pain," *Pain* 61, no. 2(May 1995): pp. 165 – 175, https://doi.org/10.1016/0304-3959(95)00192-U.

7 Judy Foreman, *A Nation in Pain: Healing Our Nation's Biggest Health Problem*(New York: Oxford University Press, 2015).

8 Fernandez and Turk, "The Scope and Significance of Anger in the Experience of Chronic Pain," pp. 165 – 175.

9 Ernest H. Johnson and Clifford L. Broman, "The Relationship of Anger Expression to Health Problems Among Black Americans in a National Survey," *Journal of Behavioral Medicine* 10, no. 2(April 1987): pp. 103 – 116, https://link.springer.com/article/10.1007/BF00846419.

10 Fernandez and Turk, "The Scope and Significance of Anger in the Experience of Chronic Pain"; Karina W. Davidson and Elizabeth

Mostofsky, "Anger Expression and Risk of Coronary Heart Disease: Evidence from the Nova Scotia Health Survey," *American Heart Journal* 159, no. 2(February 2010): pp. 199–206, https://doi.org/10.1016/j.ahj.2009.11.007; Elizabeth Mostofsky, Elizabeth Anne Penner, and Murray A. Mittleman, "Outbursts of Anger as a Trigger of Acute Cardiovascular Events: A Systematic Review and Meta-Analysis," *European Heart Journal* 35, no. 21(June 2014): pp. 1404–1410, https://doi.org/10.1093/eurheartj/ehu033.

11 Kevin T. Larkin and Claudia Zayfert, "Anger Expression and Essential Hypertension," *Journal of Psychosomatic Research* 56, no. 1(January 2004): pp. 113–118, https://doi.org/10.1016/S0022-3999(03)00066-7.

12 A. Romero-Martinez et al., "High Immunoglobulin A Levels Mediate the Association Between High Anger Expression and Low Somatic Symptoms in Intimate Partner Violence Perpetrators," *Journal of Interpersonal Violence* 31, no. 4(February 2014): pp. 732–742, https://doi.org/10.1177/0886260514556107.

13 Philip D. Evans and Nick Edgerton, "Life-Events and Mood as Predictors of the Common Cold," *British Journal of Medical Psychology* 64, no. 1(March 1991): pp. 35–44, https://doi.org/10.1111/j.2044-8341.1991.tb01640.x.

14 DeLisa Fairweather, Sylvia Frisancho-Kiss, and Noel R. Rose, "Sex Differences in Autoimmune Disease from a Pathological Perspective," *American Journal of Pathology* 173, no. 3(September 2008): pp. 600–609, https://doi.org/10.2353/ajpath.2008.071008.

15 Laurie Edwards, "The Gender Gap in Pain," *New York Times*, March 16, 2013, www.nytimes.com/2013/03/17/opinion/sunday/women-and-the-treatment-of-pain.html; Muhammad B. Yunus, "Gender Differences in Fibromyalgia and Other Related Syndromes," *Journal of Gender*

Specific Medicine(March/April 2002), https://www.ncbi.nlm.nih.gov/
pubmed/11974674.

16 Ahmedin Jemal et al., "Factors That Contributed to Black-White
Disparities in Survival Among Nonelderly Women with Breast Cancer
Between 2004 and 2013," *Journal of Clinical Oncology* 36, no. 1(January
2018): pp. 14-24, https://doi.org/10.1200/JCO.2017.73.7932; S. Greer and
Tina Morris, "Psychological Attributes of Women Who Develop Breast
Cancer: A Controlled Study," *Journal of Psychosomatic Research* 19, no.
2(April 1975): pp. 147-153, https://doi.org/10.1016/0022-3999(75)90062-8.

17 Benjamin P. Chapman et al., "Emotion Suppression and Mortality
Risk over a 12-Year Follow-Up," *Journal of Psychosomatic Research*
75, no. 4(October 2013): pp. 381-385, https://doi.org/10.1016/
j.jpsychores.2013.07.014.

18 Claire C. Conley, Brenden T. Bishop, and Barbara L. Andersen,
"Emotions and Emotion Regulation in Breast Cancer Survivorship,"
Healthcare 4, no. 3(August 2016): E56, https://doi.org/10.3390/
healthcare4030056; Barry D. Bultz and Linda E. Carlson, "Emotional
Distress: The Sixth Vital Sign in Cancer Care," *Journal of Clinical Oncology*
23, no. 26(September 2005): pp. 6440-6441, https://doi.org/10.1200/
JCO.2005.02.3259; M. Pinquart and P. R. Duberstein, "Depression
and Cancer Mortality: A Meta-Analysis," *Psychological Medicine* 40,
no. 11(November 2010): pp. 1797-1810, https://doi.org/10.1017/
S0033291709992285.

19 Carol Graham, "The High Costs of Being Poor in America: Stress,
Pain, and Worry," Social Mobility Memos blog, Brookings Institution,
February 19, 2015, www.brookings.edu/blog/social-mobility-
memos/2015/02/19/the-high-costs-of-being-poor-in-america-stress-
pain-and-worry.

20 Anne Case and Angus Deaton, "Rising Morbidity and Mortality in Midlife Among White Non-Hispanic Americans in the 21st Century," *Proceedings of the National Academy of Sciences* 112, no. 49(2015): 15078–83, https://www.ncbi.nlm.nih.gov/pubmed/26575631.

21 Michael Lewis, *Shame: The Exposed Self*(New York: Free Press, 1995).

22 David R. Williams and S. A. Mohammed, "Racism and Health I: Pathways and Scientific Evidence," *American Behavioral Scientist* 57, no. 8(2013): pp. 1152–1157, https://doi.org/10.1177/0002764213487340.

23 Yasamin Sharifzadeh et al., "Pain Catastrophizing Moderates Relationships Between Pain Intensity and Opioid Prescription," *Anesthesiology* 127, no. 1(July 2017): pp. 136–146, https://doi.org/10.1097/ALN.0000000000001656.

24 Janine A. Clayton, Claudette E. Brooks, and Susan G. Kornstein, *Women of Color Health Data Book*, 4th ed.(Washington, DC: National Institutes of Health Office of Research on Women's Health, 2014), https://orwh.od.nih.gov/resources/pdf/WoC-Databook-FINAL.pdf.

25 Mihaela Fadgyas Stănculete, Cristina Pojoga, and Dan Lucian Dumitraşcu, "Experience of Anger in Patients with Irritable Bowel Syndrome in Romania," *Clujul Medical* 87, no. 2(2014): pp. 98–101, www.ncbi.nlm.nih.gov/pmc/articles/PMC4462420.

26 Deborah Cox, Sally Stabb, and Karin Bruckner, *Women's Anger: Clinical and Developmental Perspectives*(Abingdon, VA: Routledge, 1999).

27 Maya Dusenbery, *Doing Harm: The Truth About How Bad Medicine and Lazy Science Leave Women Dismissed, Misdiagnosed, and Sick*(New York: HarperOne, 2018).

28 Peter Dodek et al., "More Men Than Women Are Admitted to 9 Intensive Care Units in British Columbia," *Journal of Critical Care* 24, no. 4(December 2009): p. 630el–630e8, https://doi.org/10.1016/

j.jcrc.2009.02.010.

29 Deborah Dillon McDonald and R. Gary Bridge, "Gender Stereotyping and Nursing Care," *Research in Nursing & Health* 14, no. 5(October 1991): pp. 373 – 378, www.ncbi.nlm.nih.gov/pubmed/1891623.

30 Josefina Robertson, "Waiting Time at the Emergency Department from a Gender Equality Perspective"(thesis, University of Gothenburg, Sweden, 2014), https://gupea.ub.gu.se/bitstream/2077/39196/1/gupea_2077_39196_1.pdf.

31 같은 곳.

32 Joanne Silberner, "Study: Longer Wait Times for Emergency Rooms," NPR, January 15, 2008, www.npr.org/templates/story/story.php?storyId=18106275.

33 I. Kirschberger et al., "Sex Differences in Patient-Reported Symptoms Associated with Myocardial Infarction(from the Population-Based MONICA/KORA Myocardial Infarction Registry)," *Yearbook of Cardiology*(2012), https://doi.org/10.1016/j.amjcard.2011.01.040.

34 Dennis Thompson, "Women and Chronic Pain," *Everyday Health*, July 22, 2013, www.everydayhealth.com/pain-management/women-and-chronic-pain.aspx.

35 Robertson, "Waiting Time at the Emergency Department from a Gender Equality Perspective."

36 Shankar Bedantam, "Remembering Anarcha, Lucy, and Betsey: The Mothers of Modern Gynecology," *Hidden Brain*, February 16, 2016.

37 Breanna Edwards, "Family Charges Calif. High School Cheerleader Died After Hospital Dismissed Her Chest Pain Twice," *The Root*, July 19, 2017, www.theroot.com/calif-high-school-cheerleader-dies-after-hospital-dism-1797047892.

38 Kelly M. Hoffman et al., "Racial Bias in Pain Assessment," *Proceedings* *of the National Academy of Sciences of the United States of America* 113, no. 6(April 2016): pp. 4296–4301, https://doi.org/10.1073/pnas.1516047113.

39 Jochen Profit et al., "Racial/Ethnic Disparity in NICU Quality of Care Delivery," *Pediatrics* 140, no. 3(September 2017): e20170918, https://doi.org/10.1542/peds.2017-0918.

40 J. H. Lichtman et al., "Symptom Recognition and Healthcare Experiences of Young Women with Acute Myocardial Infarction," *Circulation: Cardiovascular Quality and Outcomes* 8, no. S2(March 2015): pp. S31–S38, https://doi.org/10.1161/CIRCOUTCOMES.114.001612.

41 Pallavi Latthe, Rita Champaneria, and Khalid Khan, "Clinical Evidence Handbook: Dysmenorrhea," *American Family Physician* 85, no. 4(February 2012): www.aafp.org/afp/2012/0215/p386.html.

42 E. H. Chen et al., "Gender Disparity in Analgesic Treatment of Emergency Department Patients with Acute Abdominal Pain," *Academic Emergency Medicine* 15, no. 5(May 2008): pp. 414–418, https://doi.org/10.1111/j.1553-2712.2008.00100.x; "75% of Aussie Women Who Have Suffered from Period Pain Say It Has Affected Their Ability to Work," YouGov Survey, August–September 2017, https://au.yougov.com/news/2017/10/12/period-pain-suffer/.

43 Olivia Blair, "Endometriosis: The Common Condition Which Usually Takes Women 10 Doctors Visits Before Being Diagnosed," *Independent*(UK), May 8, 2017, www.independent.co.uk/life-style/health-and-families/endometriosis-common-condition-women-health-10-doctors-visits-before-diagnosed-treatment-periods-a7723796.html.

44 Radhika Sanghani, " 'It's Just Lady Pains': Are Doctors Not Taking Women's Agony Seriously Enough?" *Telegraph*(UK), October 22, 2015, www.telegraph.co.uk/women/womens-life/11948057/lady-pains-are-doctors-not-taking-womens-pain-seriously-enough.html.

45 Diane L. Lachapelle et al., "Attractiveness, Diagnostic Ambiguity, and Disability Cues Impact Perceptions of Women with Pain," *Rehabilitation Psychology* 59, no. 2(May 2014): pp. 162 – 170, https://doi.org/10.1037/a0035894.

46 같은 곳.

47 "Women in Pain Survey Results," National Pain Report, September 9, 2014, http://nationalpainreport.com/women-in-pain-survey-results-8824686.html.

48 Paolo Riva et al., "Gender Effects in Pain Detection: Speed and Accuracy in Decoding Female and Male Pain Expressions," *European Journal of Pain* 15, no. 9(October 2011): p. 985.e1 – 985.e11, https://doi.org/10.1016/j.ejpain.2011.02.006.

49 Diane E. Hoffmann and Anita J. Tarzian, "The Girl Who Cried Pain: A Bias Against Women in the Treatment of Pain," *Journal of Law, Medicine & Ethics* 29(2001): pp. 13 – 27, https://doi.org/10.2139/ssrn.383803.

50 Judy Foreman, "Why Women Are Living in the Discomfort Zone," *Wall Street Journal*, January 31, 2014, www.wsj.com/articles/SB10001424052702304691904579349212319995486.

51 Marcus Heneen, "User Insights Promote GenderEquality in the ER," *Veryday*, January 29, 2018, http://veryday.com/case/genuslabbet.

52 Randee Dawn, " 'The Worst Pain a Woman Can Go Through': ER Docs Misdiagnosed My Twisted Ovary," *Today*, June 28, 2017, www.today.com/health/anne-wheaton-er-doctors-misdiagnosed-my-twisted-ovary-t113173.

53 Sonya Huber, *Pain Woman Takes Your Keys: And Other Essays from a Nervous System*(Lincoln, NE: University of Nebraska Press, 2017).

54 Ephrem Fernandez, "The Relationship Between Anger and Pain," *Current Pain and Headache Reports* 9, no. 2(March 2005): pp. 101 – 105, https://doi.org/10.1007/s11916-005-0046-z

55 2008년, 분노를 표현하는 한 실험에서 연구자들은 만성통증 환자들에게 자신의 분노에 대한 편지를 써달라고 요청했다. 통제집단에 속한 사람들은 자신의 목표에 대해 적도록 요청받았다. 편지는 분노가 표현된 수준과 환자가 '의미를 찾아내는' 정도에 따라 평가되었고 이를 통해 그들이 왜 화가 났는지 통찰할 수 있었다. 9주 동안 분노편지를 쓴 사람들은 통증조절력이 증가하고 우울증이 줄어들었으며 심지어 통증의 정도가 감소했다. 연구자들은 분노를 표현하는 정도와 그 표현이 이끌어낸 의미가 만성통증 환자의 삶이 상당히 개선된 원인을 설명한다고 지적했다. Jennifer E. Graham et al., "Effects of Written Anger Expression in Chronic Pain Patients: Making Meaning from Pain," *Journal of Behavioral Medicine* 31, no. 3(June 2008): pp. 201–212, https://link.springer.com/article/10.1007/s10865-008-9149-4.

56 Pyoung Sook Lee, "Correlational Study Among Anger, Perceived Stress and Mental Health Status in Middle Aged Women," J*ournal of Korean Academy of Nursing* 33, no. 6(October 2003): pp. 856–864, https://doi.org/10.4040/jkan.2003.33.6.856.

57 Whitney Scott et al., "Anger Differentially Mediates the Relationship Between Perceived Injustice and Chronic Pain Outcomes," *Pain* 154, no. 9(September 2013): pp. 1691–1698, http://sullivan-painresearch.mcgill.ca/pdf/abstracts/2013/Pain_154_1691-1698.pdf.

58 Ann-Mari Estlander et al., "Pain Intensity Influences the Relationship Between Anger Management Style and Depression," *Pain* 140, no. 2(November 2008): pp. 387–392, https://pdfs.semanticscholar.org/b349/23b80dd8e93ce51844e639712b910a2e157d.pdf.

59 Francis J. Keefe et al., "Psychological Aspects of Persistent Pain: Current State of the Science," *Journal of Pain* 5, no. 4(May 2004): pp. 195–211, https://doi.org/10.1016/j.jpain.2004.02.576.

60 Scott et al., "Anger Differentially Mediates the Relationship Between

Perceived Injustice and Chronic Pain Outcomes."

61 Charles M. Blow, "Opinion: Rosa Parks, Revisited," *New York Times*, February 1, 2013, www.nytimes.com/2013/02/02/opinion/blow-rosa-parks-revisited.html.

62 Peter Dreier, "Rosa Parks: Angry, Not Tired," *Huffington Post* blog, February 3, 2013, www.huffingtonpost.com/peter-dreier/rosa-parks-civil-rights_b_2608964.html.

4장 | 돌봄의무

1 Olivia Remes et al., "A Systematic Review of Reviews on the Prevalence of Anxiety Disorders in Adult Populations," *Brain and Behavior* 6, no. 7(July 2016): e00497, https://doi.org/10.1002/brb3.497.

2 Sandra P. Thomas, "Distressing Aspects of Women's Roles, Vicarious Stress, and Health Consequences," *Issues in Mental Health Nursing* 18, no. 6(November/December 1997): pp. 539–557, https://doi.org/10.3109/01612849709010339.

3 Physiological Society, "Stress of Major Life Events Impacts Women More Than Men, Shows Poll of 2,000 People," *ScienceDaily,* March 15, 2017, www.sciencedaily.com/releases/2017/03/170315094541.htm.

4 US Centers for Disease Control, "QuickStats: Percentage of Adults Who Often Felt Very Tired or Exhausted in the Past 3 Months, by Sex and Age Group—National Health Interview Survey, United States, 2010–2011," *Morbidity and Mortality Weekly Report* 62, no. 14(April 2013): 275, www.cdc.gov/mmwr/pdf/wk/mm6214.pdf.

5 Ada Calhoun, "The New Midlife Crisis: Why (and How) It's Hitting Gen X Women," Oprah.com, January 29, 2018, www.oprah.com/sp/newmidlife-crisis.html.

6 이 단락의 통계는 다음 자료에서 찾을 수 있다. US Department of Labor, *Women in the Labor Force in 2010*, January 2011, https://www.dol.gov/wb/factsheets/qf-laborforce-10.htm; Sarah Jane Glynn, "Breadwinning Mothers Are Increasingly the Norm," Center for American Progress, December 19, 2016, https://www.americanprogress.org/issues/women/reports/2016/12/19/295203/breadwinning-mothers-are-increasingly-the-u-s-norm/; Philip Cohen, "Family Diversity Is the New Normal for America's Children," Council on Contemporary Families, September 4, 2014, https://contemporaryfamilies.org/the-new-normal/.

7 Jason Deparle and Sabrina Tavernise, "For Women Under 30, Most Births Occur Outside Marriage," *New York Times*, February 17, 2012, www.nytimes.com/2012/02/18/us/for-women-under-30-most-births-occur-outside-marriage.html.

8 Cohen, "Family Diversity Is the New Normal for America's Children."

9 US Department of Labor, Bureau of Labor Statistics, "American Time Use Survey Summary," June 27, 2017, www.bls.gov/news.release/atus.nr0.htm.

10 Council on Contemporary Families, "Mother's Day Social Science—Housework, Gender & Parenting," May 7, 2015, https://contemporaryfamilies.org/housework-symposium-press-release.

11 *Leisure Time in the UK: 2015*(Newport, UK: Office for National Statistics, October 24, 2017), www.ons.gov.uk/economy/nationalaccounts/satelliteaccounts/articles/leisuretimeintheuk.

12 Evrim Altintas and Oriel Sullivan, "Fifty Years of Change Updated: Cross-National Gender Convergence in Housework," *Demographic Research* 35(August 2016): pp. 455-470, www.demographic-research.org/volumes/vol35/16. 이 글에서 저자들은 1980년대와 1990년대의 미국 데이

터의 문제를 다루고 있다.

13 American Sociological Association, "Sex and Gender More Important Than Income in Determining Views on Division of Chores," *ScienceDaily*, April 7, 2018, www.sciencedaily.com/releases/2016/08/160821093100.htm.

14 US Department of Labor, Bureau of Labor Statistics, "American Time Use Survey Summary."

15 N. Qualin and L. Doan, "Making Money, Doing Gender, or Being Essentialist?: Partner Characteristics and Americans' Attitudes Toward Housework," American Sociological Association, 2016.

16 Alan B. Krueger, "Are We Having More Fun Yet? Categorizing and Evaluating Changes in Time Allocation," *Brookings Papers on Economic Activity*, no. 2(Fall 2007): pp. 193–217, www.brookings.edu/wpcontent/uploads/2007/09/2007b_bpea_krueger.pdf.

17 Daniel S. Hamermesh and Jungmin Lee, "Stressed Out on Four Continents: Time Crunch or Yuppie Kvetch?" *Review of Economics and Statistics* 89, no. 2(May 2007): pp. 374–383, www.mitpressjournals.org/doi/abs/10.1162/rest.89.2.374.

18 Gary Novak and Martha B. Peleaz, *Child and Adolescent Development: A Behavioral Systems Approach*(Thousand Oaks, CA: Sage, 2004).

19 Sarah Damaske, "CCF Research Brief: Really? Work Lowers People's Stress Levels," Council on Contemporary Families, May 22, 2014, https://contemporaryfamilies.org/work-lowers-stress-levels.

20 Brigid Schulte, *Overwhelmed: Work, Love and Play When No One Has the Time*(London: Picador, 2015).

21 Melissa Dahl, "Why Men Think They're Doing More Chores Than They Actually Are," *The Cut*, November 13, 2015, http://nymag.com/scienceofus/2015/11/why-men-think-theyre-doing-more-chores.html.

22 Joe Mellor, "Men Messing Up Household Chores Is No Accident,"

London Economic, November 6, 2014, www.thelondoneconomic.com/
lifestyle/men-messing-up-household-chores-is-no-accident/06/11.

23 Beatrix Campbell, *End of Equality*(Kolkata, India: Seagull Books,
2014).

24 Jo Jones and William D. Mosher, "Fathers' Involvement with Their
Children: United States, 2006 – 2010," *National Health Statistics Reports*
71(December 2013): pp. 1 – 22, https://www.cdc.gov/nchs/data/nhsr/
nhsr071.pdf.

25 Safiya A. Jardine and Arlene Dallalfar, "Sex and Gender Roles:
Examining Gender Dynamics in the Context of African American
Families," *Journal of Pedagogy, Pluralism and Practice* 4, no. 4(Spring
2012): pp. 17 – 26, www.lesley.edu/journal-pedagogy-pluralism-practice/
safiya-jardine-arlene-dallalfar/sex-gender-roles.

26 Ellie Lisitsa, "The 12 Year Study," Gottman Relationship blog,
Gottman Institute, December 14, 2012, www.gottman.com/blog/the-12-
year-study.

27 Kenneth Matos, "Modern Families: Same- and Different-sex Couples
Negotiating at Home," Families and Work Institute, 2015, https://cdn.
sanity.io/files/ow8usu72/production/60c48ce374802f4fbfb5ff84b692d244a
324d024.pdf.

28 Robert Jay Green, "Same-Sex Couples May Have More Egalitarian
Relationships," interview by Lourdes Garcia-Navarro, *All Things
Considered*, December 29, 2014, www.npr.org/2014/12/29/373835114/
same-sex-couples-may-have-more-egalitarian-relationships.

29 Maryam Navaie-Waliser et al., "When the Caregiver Needs Care: The
Plight of Vulnerable Caregivers," *American Journal of Public Health* 92,
no. 2:(March 2002): pp. 409 – 413, www.ncbi.nlm.nih.gov/pmc/articles/
PMC1447090.

30 "Daughters Provide as Much Elderly Parent Care as They Can, Sons Do as Little as Possible," *ScienceDaily*, August 19, 2014, www.sciencedaily. com/releases/2014/08/140819082912.htm; Angelina Grigoryeva, "Own Gender, Sibling's Gender, Parent's Gender: The Division of Elderly Parent Care Among Adult Children," *American Sociological Review* 82, no. 1(2017): pp. 116–146, https://doi.org/10.1177/0003122416686521.

31 Yi Zeng et al., "Older Parents Enjoy Better Filial Piety and Care from Daughters Than Sons in China," *American Journal of Medical Research* 3, no. 1(2016): pp. 244–272, https://doi.org/10.22381/AJMR3120169.

32 *Underpaid & Overloaded: Women in Low-Wage Jobs*(Washington, DC: National Women's Law Center, 2014), www.nwlc.org/sites/default/files/ pdfs/final_nwlc_lowwagereport2014.pdf.

33 Taryn Hillin, "Not Feeling It: Why So Many Women Are Faking Orgasms," *Splinter*, November 25, 2014, https://splinternews.com/not-feeling-it-why-so-many-women-are-faking-orgasms-1793844262.

34 David A. Frederick et al., "Differences in Orgasm Frequency Among Gay, Lesbian, Bisexual, and Heterosexual Men and Women in a U.S. National Sample," *Archives of Sexual Behavior* 47, no. 1(January 2018): pp. 273–288, https://doi.org/10.1007/s10508-017-0939-z.

35 Gayle Brewer and Colin A. Hendrie, "Evidence to Suggest That Copulatory Vocalizations in Women Are Not a Reflexive Consequence of Orgasm," *Archives of Sexual Behavior* 40, no. 3(June 2011): pp. 559–564, https://doi.org/10.1007/s10508-010-9632-1.

36 Lili Loofbourow, "The Female Price of Male Pleasure," *The Week*, January 25, 2018, http://theweek.com/articles/749978/female-price-male-pleasure.

37 Emma Lindsay, "Men Dump Their Anger into Women," *Medium*, November 30, 2016, https://medium.com/@emmalindsay/men-dumptheir-anger-into-women-d5b641fa37bc.

38 *Harnessing the Power of Data for Girls: Taking Stock and Looking Ahead to 2030*(New York: UNICEF, October 2016), www.unicef.org/gender/files/Harnessing-the-Power-of-Data-for-Girls-Brochure-2016-1-1.pdf.

39 Lisa Wade, "Children, Chores, and the Gender Pay Gap at Home," Sociological Images blog, March 16, 2015, https://thesocietypages.org/socimages/2015/03/16/children-chores-and-the-gender-pay-gap-at-home.

40 Olga Khazan, "Even in Babysitting, Men Make More Than Women," *The Atlantic*, March 14, 2014, www.theatlantic.com/business/archive/2014/03/even-in-babysitting-men-make-more-than-women/284426.

41 Institute for Social Research, University of Michigan, "Time, Money and Who Does the Laundry," *Research Update* 4(January 2007): pp. 1–2, http://ns.umich.edu/podcast/img/ISR_Update1-07.pdf; Lisa Power, "A Household Flaw Allows Boys to Pocket More for Doing Household Chores," *Daily Telegraph*, July 15, 2013, www.dailytelegraph.com.au/business/a-household-flaw-allows-boys-to-pocket-more-for-doing-household-chores/story-fni0cp8j-122667981315.

42 Yasemin Besen-Cassino, *The Cost of Being a Girl: Working Teens and the Origins of the Gender Wage Gap*, 1st ed.(Philadelphia, PA: Temple University Press, 2017).

43 Sharon Lamb, Lyn Mikel Brown, and Mark Tappan, *Packaging Boyhood: Saving Our Sons from Superheroes, Slackers, and Other Media Stereotypes*(New York: St. Martin's Press, 2009). Isabelle D. Cherney and Kamala London, "Gender-Linked Differences in the Toys, Television Shows, and Outdoor Activities of 5-13 Year Old Children," *Sex Roles*, 54, no 9 – 19(2006).

44 Joanna Moorhead, "Are the Men of the African Aka Tribe the Best Fathers in the World?" *Guardian*(US), June 15, 2005, www.theguardian. com/society/2005/jun/15/childrensservices,familyandrelationships.

45 Stephanie Hallett, "Changing Your Last Name: Survey Reveals How Americans Feel About Women, Men Changing Their Names," *Huffington Post*, April 14, 2013, www.huffingtonpost.com/2013/04/14/changing-your-last-name_n_3073125.html

46 Laura Hamilton, Claudia Geist, and Brian Powell, "Marital Name Change as a Window into Gender Attitudes," *Gender & Society* 25, no. 2(April 2011): pp. 145 – 175, http://gas.sagepub.com/content/25/2/145.full. pdf+html.

47 Robin Hilmantel, "How Men Really Feel When You Keep Your Last Name," *Women's Health*, August 8, 2013, https://www.womenshealthmag. com/relationships/a19903379/how-men-really-feel-when-you-keep-your-last-name/.

48 Ben Zimmer, "Ms.," *New York Times*, October 23, 2009, https://www. nytimes.com/2009/10/25/magazine/25FOB-onlanguage-t.html.

49 Carla Challis, "Computer Says No! Gym's Sexist System Locks Female Doctor Out of Women's Changing Room," *BT*, March 15, 2015, http:// home.bt.com/lifestyle/computer-says-no-gyms-sexist-system-locks-female-doctor-out-of-womens-changing-room-11363969434794.

50 Melissa A. Barnett, "Economic Disadvantage in Complex Family Systems: Expansion of Family Stress Models," *Clinical Child and Family Psychology Review* 11, no. 3(September 2008): pp. 145 – 161, https://doi. org/10.1007/s10567-008-0034-z; Elizabeth Mendes, Lydia Saad, and Kylie McGeenwy, "Stay-at-Home Moms Report More Depression, Sadness, Anger," Gallup, May 18, 2012, www.gallup.com/poll/154685/stay-homemoms-report-depression-sadness-anger.aspx.

51 Agneta H. Fischer, ed., *Gender and Emotion: Social Psychological Perspectives*(Cambridge: Cambridge University Press, 2000).

52 Michael J. Rosenfeld, "Who Wants the Breakup? Gender and Breakup in Heterosexual Couples," in *Social Networks and the Life Course: Integrating the Development of Human Lives and Social Relational Networks*, eds. Duane F. Alwin, Diane Helen Felmlee, and Derek A. Kreager(Basel, Switzerland: Springer International Publishing, 2018).

53 Lisa Wade, "Women Are Less Happy Than Men in Marriage, but Society Pretends It Isn't True," *Business Insider*, January 8, 2017, www.businessinsider.com/society-should-stop-pretending-marriage-makes-women-so-happy-2017-1.

54 Bella DePaulo, "Once Married, Twice Shy: Remarriage Rates Are Plummeting," Single at Heart blog, October 3, 2015, http://blogs.psychcentral.com/single-at-heart/2015/10/once-married-twice-shy-remarriage-rates-are-plummeting.

55 Lois M. Collins, "Men Are Helping More Around the House and Favor More Gender Equality, New Research Shows," *Deseret News*, April 3, 2018.

56 Joanna R. Pepin and David A. Cotter, "Trending Towards Traditionalism? Changes in Youths' Gender Ideology"(briefing paper, Council on Contemporary Families, March 31, 2017), https://thesocietypages.org/ccf/2017/04/06/trending-towards-traditionalism-changes-in-youths-gender-ideology.

57 Claire Cain Miller, "Millennial Men Aren't the Dads They Thought They'd Be," *New York Times*, July 30, 2015, www.nytimes.com/2015/07/31/upshot/millennial-men-find-work-and-family-hard-to-balance.html.

58 David S. Pedulla and Sarah Thebaud, "Can We Finish the Revolution? Gender, Work-Family Ideals, and Institutional Constraint," *American*

Sociological Review 80, no. 1(February 2015): pp. 116 – 139, http://asr. sagepub.com/content/80/1/116.abstract.

59 Olga Khazan, "Emasculated Men Refuse to Do Chores—Except Cooking," *The Atlantic*, October 24, 2016, https://www.theatlantic.com/health/archive/2016/10/the-only-chore-men-will-do-is-cook/505067/.

60 Joanna R. Pepin and David A. Cotter, "Reactions to Other Contributors"(briefing paper, Council on Contemporary Families by Department of Sociology, March 31, 2017), https://contemporaryfamilies. org/9-pepin-cotter-reactions.

61 Emily W. Kane, "Racial and Ethnic Variations in Gender-Related Attitudes," *Annual Review of Sociology* 26(August 2000): pp. 419 – 439, https://doi.org/10.1146/annurev.soc.26.1.419.

62 David Cotter, Joan M. Hermsen, and Reeve Vanneman, "The End of the Gender Revolution? Gender Role Attitudes from 1977 to 2008," *American Journal of Sociology* 117, no. 1(July 2011): pp. 259 – 289, https:// doi.org/10.1086/658853.

63 William A. Galston, "Data Point to a New Wave of Female Political Activism That Could Shift the Course of US Politics," Brookings Institution, January 10, 2018, www.brookings.edu/blog/fixgov/2018/01/10/a-new-wave-of-female-political-activism.

64 *Stress in America: The State of Our Nation*(Washington, DC: American Psychological Association, November 2017), www.apa.org/news/press/releases/stress/2017/state-nation.pdf.

65 US Department of Labor, Bureau of Labor Statistics, "Occupational Outlook Handbook," January 30, 2018, https://www.dol.gov/wb/stats/most_common_occupations_for_women.htm; Annalyn Kurtz, "Why Secretary Is Still the Top Job for Women," CNN, January 30, 2013, http://money.cnn.com/2013/01/31/news/economy/secretary-women-jobs/

index.html.

66 Jack Morse, "Google Translate Might Have a Gender Problem," *Mashable*, November 30, 2017, https://mashable.com/2017/11/30/google-translate-sexism/#D2.dTXMEEsq9.

67 Melanie M. Keller et al., "Teachers' Emotional Experiences and Exhaustion as Predictors of Emotional Labor in the Classroom: An Experience Sampling Study," *Frontiers in Psychology* 5(December 2014): 1442, https://doi.org/10.3389/fpsyg.2014.01442.

68 Jenny Grant Rankin, "The Teacher Burnout Epidemic," *Psychology Today*, April 5, 2018, https://www.psychologytoday.com/us/blog/much-more-common-core/201611/the-teacher-burnout-epidemic-part-1-2.

69 Won Hee Lee and Chun Ja Kim, "The Relationship Between Depression, Perceived Stress, Fatigue and Anger in Clinical Nurses," *Journal of Korean Academy of Nursing* 36, no. 6(October 2006): pp. 925 – 932, https://doi.org/10.4040/jkan.2006.36.6.925.

70 감정노동은 무언가 지불하는 대가로 감정을 요구하는 일이다. 승무원, 간호사, 교사, 서비스업 종사자는 구매자와 고객에게 특정한 행동을 보여줌으로써 보수를 받는다. Arlie Russell Hochschild, *The Managed Heart: The Commercialization of Human Feeling*, 3rd ed.(Berkeley, CA: University of California Press, 2012).

71 Deborah L. Kidder, "The Influence of Gender on the Performance of Organizational Citizenship Behaviors," *Journal of Management* 28, no. 5(October 2002): pp. 629 – 648, https://doi.org/10.1177/014920630202800504.

72 Victoria L. Brescoll and Eric Luis Uhlmann, "Can an Angry Woman Get Ahead? Status Conferral, Gender, and Expression of Emotion in the Workplace," *Psychological Science* 19, no. 3(March 2008): pp. 268 – 275, https://doi.org/10.1111/j.1467-9280.2008.02079.x.

73 Liz Posner, "Why Is the US Lagging Behind Other Countries in Closing the Gender Pay Gap?" *Salon*, February 6, 2018, www.salon.com/2018/02/06/why-is-the-us-lagging-behind-other-countries-in-closing-the-gender-pay-gap_partner.

74 Sarah Jane Glynn, *Explaining the Gender Wage Gap*(Center for American Progress, May 19, 2014), https://www.americanprogress.org/issues/economy/reports/2014/05/19/90039/explaining-the-gender-wage-gap/; Heather Boushey, "Is 'Comparable Worth' Worth It? The Potential Effects of Pay Equity Policies in New York," *Regional Labor Review*(Fall 2000): pp. 29-38, www.hofstra.edu/pdf/CLD_RLR_f00_compworth.pdf.

75 Ruth Mantell, "Women Earn Less Than Men Even in Woman-Dominated Jobs," Capitol Report blog, April 7, 2014, https://www.marketwatch.com/story/women-earn-less-than-men-even-in-woman-dominated-jobs-1396875574.

76 Emily Liner, "A Dollar Short: What's Holding Women Back from Equal Pay?" *Third Way*, March 18, 2016, www.thirdway.org/report/a-dollar-short-whats-holding-women-back-from-equal-pay.

77 Melissa Wylie, "Debt-Ridden Millennials Drive Gig Economy," *Bizwomen*, February 8, 2018, www.bizjournals.com/bizwomen/news/latest-news/2018/02/debt-ridden-millennials-drive-gig-economy.html?page=all; Madeline Farber, "Women Hold $833 Billion of America's $1.3 Trillion Student Debt," *Fortune*, May 24, 2017, http://fortune.com/2017/05/24/women-student-loan-debt-study.

모든 인구통계집단은 상당한 젠더별 임금격차가 일관되게 존재한다. 흑인 여성은 흑인 남성 임금의 94퍼센트를 번다. 히스패닉계 여성은 히스패닉계 남성 임금의 91퍼센트를 번다. 아시아계 여성은 아시아계 남성 임금의 83퍼센트를 번다. 백인 여성은 백인 남성 임금의 81퍼센트를 번다. 흑인과 히스패닉계 여성의 임금격차가 작은 것은 인종에 기반한 임금격차가 이미 높아서 남성도 임금차별을 겪기 때문이다. 인구통계 범주 전반에 걸쳐 비교하면 차이는 더욱 뚜렷하다. 히스패닉계 여성은 백인 남성 임금의 59퍼센트를 번다. 아프리카계 미국인 여성은 68퍼센트, 백인 여성은 81퍼센트, 아시아계 여성은 88퍼센트를 번다. 이러한 차이의 큰 원인은 교육기회의 차이에 있다. 흑인과 히스패닉계 여성은 고등교육을 받을 가능성이 적고, 받아도 미국에서는 막대한 학자금대출 빚이 생긴다. 미상환 학자금대출의 3분의 2는 여성이 차지한다.

78 Heejung Chung, "New Research: Women Aren't Paid Less Because They Have More Flexible Jobs," *Slate*, January 30, 2018, https://slate.com/human-interest/2018/01/the-gender-wage-gap-is-not-about-wome-getting-more-flexibility-they-get-less.html?via=recircrecent.

79 Dana Wilkie, "Managers Distrust Women Who Ask for Flextime More Than Men," Society for Human Resource Management, May 19, 2017, www.shrm.org/ResourcesAndTools/hr-topics/behavioral-competencies/global-and-cultural-effectiveness/Pages/Managers-Distrust-Women-Flextime.aspx.

80 Lawrence F. Katz and Alan Krueger, "The Rise and Nature of Alternative Work Arrangements in the United States, 1995 – 2015," Princeton University and National Bureau of Economic Research, March 29, 2016, https://krueger.princeton.edu/sites/default/files/akrueger/files/katz_krueger_cws_-_march_29_20165.pdf.

81 일부 유럽국가의 경우 여성은 1~3년의 유급휴가를 받을 권리가 보장된다. Christopher Ingraham, "The World's Richest Countries Guarantee Mothers More Than a Year of Paid Maternity Leave. The U.S. Guarantees Them Nothing," *Washington Post*, February 5, 2018, https://www.washingtonpost.com/news/wonk/wp/2018/02/05/the-worlds-richest-countries-guarantee-mothers-more-than-a-year-of-paid-maternity-leave-the-u-s-guarantees-them-nothing/?utm_term=.603724989423.

82 Grace Wyler, "Wisconsin Republican: Women Are Paid Less Because 'Money Is More Important for Men,'" *Business Insider*, April 9, 2012, www.businessinsider.com/wisconsin-republican-says-women-are-paid-less-because-money-is-more-important-for-men-2012-4.

83 Gloria Steinem, *Moving Beyond Words: Age, Rage, Sex, Power, Money, Muscles: Breaking the Boundaries of Gender*(London: Bloomsbury, 1995).

84 Kelli B. Grant, "More Millennials Are Giving Back to the 'Bank of Mom and Dad,'" CNBC, August 24, 2016, www.cnbc.com/2016/08/24/turnabout-more-millennials-helping-mom-and-dad.html.

85 "NAB Consumer Behavior Survey: Q1 2017," NAB Business Research and Insights, May 24, 2017, https://business.nab.com.au/nab-consumer-behavior-survey-q1-2017-24567.

86 Carolyn C. Cannuscio et al., "Reverberations of Family Illness: A Longitudinal Assessment of Informal Caregiving and Mental Health Status in the Nurses' Health Study," *American Journal of Public Health* 92, no. 8(August 2002): pp. 1305–1311, www.ncbi.nlm.nih.gov/pubmed/12144989.

87 *The MetLife Study of Caregiving Costs to Working Caregivers: Double Jeopardy for Baby Boomers Caring for Their Parents*(Westport, CT: MetLife Mature Market Institute, June 2011), www.caregiving.org/wp-content/uploads/2011/06/mmi-caregiving-costs-working-caregivers.pdf.

88 Cannuscio et al., "Reverberations of Family Illness."

89 Jonathan Platt et al., "Unequal Depression for Equal Work? How the Wage Gap Explains Gendered Disparities in Mood Disorders," *Social Science & Medicine* 149(January 2016): pp. 1–8, https://doi.org/10.1016/j.socscimed.2015.11.056.

90 Susan Roxburgh, "Parenting Strains, Distress, and Family Paid Labor," *Journal of Family Issues* 26, no. 8(November 2005): pp. 1062–1081, http://

journals.sagepub.com/doi/abs/10.1177/0192513X05277813.

91 American Academy of Neurology, "Living with Children May Mean Less Sleep for Women, but Not for Men," *ScienceDaily*, February 26, 2017, www.sciencedaily.com/releases/2017/02/170226212745.htm.

92 Shirley A. Thomas and A. Antonio Gonzalez-Prendes, "Powerlessness, Anger, and Stress in African American Women: Implications for Physical and Emotional Health," *Health Care for Women International* 30, nos. 1–2(2009): pp. 93–113, https://doi.org/10.1080/07399330802523709.

93 "Household Survey Shows More Men Than Women Meet Physical Activity Guidelines," NHS Digital, December 13, 2017, https://digital.nhs. uk/article/8359/Household-survey-shows-more-men-than-women-meet-physical-activity-guidelines.

94 Shirley Yee, *Black Women Abolitionists: A Study in Activism, 1828-1860*(Knoxville, TN: University of Tennessee Press, 1992); Gladys Martinez, Kimberly Daniels, and Anjani Chandra, "Fertility of Men and Women Aged 15–44 Years in the United States: National Survey of Family Growth, 2006–2010," *National Health Statistics Reports* 51(April 2012): pp. 1–28, www.cdc.gov/nchs/data/nhsr/nhsr051.pdf.

95 Aaron Rupar, "Paul Ryan Says American Women Need to Have More Babies," *ThinkProgress,* December 14, 2017, https://thinkprogress. org/paul-ryan-says-american-women-need-to-have-more-babies-dc45cb1afec2.

96 Cecilia L. Ridgeway, *Framed by Gender: How Gender Inequality Persists in the Modern World*(New York: Oxford University Press, 2011).

1 Soraya Chemaly, "That Male Birth Control Story? Women Are Laughing Because We're So Fed Up," *Huffington Post,* November 2, 2016, www.huffingtonpost.com/entry/women-arent-laughing-at-that-male-birth-control-story_us_5818f13fe4b0922c570bd335.

2 David Robson, "Why Do We Laugh Inappropri-ately?" BBC Future, March 23, 2015, www.bbc.com/future/story/20150320-why-do-we-laugh-inappropriately.

3 Kevin G., "Men Don't Know Anything About Birth Control," BirthControl.com, March 31, 2017, www.birthcontrol.com/men-dont-know-anything-birth-control.

4 Laurel Raymond, "52 Percent of Men Say They Haven't Benefited from Women Having Affordable Birth Control," *ThinkProgress*, March 22, 2017, https://thinkprogress.org/congress-is-more-regressive-on-womens-rights-than-most-voters-poll-finds-88efc93d7e59.

5 Kelly Mickle, "What Guys Really Know About Birth Control: A Cosmopolitan Survey," *Cosmopolitan*, October 9, 2017, www.cosmopolitan.com/sex-love/news/a56423/what-guys-really-know-about-birth-control-cosmopolitan-survey.

6 "Inching Towards Progress: ASEC's 2015 Pharmacy Access Study," American Society of Emergency Contraception, December 2015, http://americansocietyforec.org/uploads/3/4/5/6/34568220/asec_2015_ec_access_report_1.pdf.

7 C. McLeod, "Harm or Mere Inconvenience? Denying Women Emergency Contraception," *Hypatia* 25, no. 1(2010): pp. 11–30, https://doi.org/10.1111/j.1527-2001.2009.01082.x.

8 Jonah Lehrer, "The Psychology of Nakedness," *Wired,* June 3, 2017, www.wired.com/2011/11/the-psychology-of-nakedness.

9 Nathan A. Heflick and Jamie L. Goldenberg, "Seeing Eye to Body: The Literal Objectification of Women," *Current Directions in Psychological Science* 23, no. 3(June 2014): pp. 159 - 163, http://journals.sagepub.com/doi/full/10.1177/0963721414531599.

10 1950년대에 렌나르트 닐손은 과학적 이미지를 만드는 여러 가지 새로운 기법을 실험했다. 1965년 『라이프』지의 태아 발달 호는 5일도 안 되어 800만 부 이상이 팔렸고 그해 말 사진들은 『아기의 탄생*A Child Is Born*』이라는 책에 실렸다. 그러나 닐손의 '자궁 내' 사진이 전부 자궁 안에서 촬영된 것은 아니다. 몇몇은 스웨덴에서 '여러 의학상의 이유로 수술을 통해 제거된' 태아의 사진으로(스웨덴은 임신중절에 관련된 법률이 보다 진보적이었다) 그는 제각기 다른 발달단계의 태아를 각종 소품과 장비를 이용해 인위적 포즈를 취하게 만들 수 있었다. 태아의 손을 입 가까이로 옮겨 마치 손가락을 빠는 것처럼 보이게 만든 것도 그중 하나다.

11 Rosalind P. Petchesky, "Fetal Images: The Power of Visual Culture in the Politics of Reproduction," in *Reproductive Technologies: Gender, Motherhood and Medicine,* ed. Michelle Stanworth(Cambridge, UK: Polity Press, 1987).

12 "Maternal Mental Health: Fact Sheet," World Health Organization, November 2016, http://www.who.int/mental_health/maternal-child/maternal_mental_health/en/.

13 Kristina W. Whitworth et al., "Accessing Disadvantaged Pregnant Women in Houston, Texas, and Characterizing Biomarkers of Metal Exposure: A Feasibility Study," *International Journal of Environmental Research and Public Health* 14, no. 5(May 2017): 474, https://doi.org/10.3390/ijerph14050474; Jamila Taylor and Christy M. Gamble, "Suffering in Silence: Mood Disorders Among Pregnant and Postpartum Women of Color," Center for American Progress, November 17, 2017, www.americanprogress.org/issues/women/reports/2017/11/17/443051/

suffering-in-silence.

아프리카계 미국인 여성의 28~44퍼센트가 산후우울증을 겪는 반면, 백인 여성은 약 31퍼센트가 겪는다. 또한 아프리카계 미국인 여성들은 치료를 받을 의사가 있음에도 불구하고 처치 가능성이 낮다.

14 Cynthia A. Mannion et al., "The Influence of Back Pain and Urinary Incontinence on Daily Tasks of Mothers at 12 Months Postpartum," *PLOS ONE* 10, no. 6(2015): https://doi.org/10.1371/journal.pone.0129615.

15 E. A. McDonald et al., "Dyspareunia and Childbirth: A Prospective Cohort Study," BJOG 122, no. 5(April 2015): pp. 672 – 679, https://doi.org/10.1111/1471-0528.13263; "Postnatal Depression May Be Preventable," *Live Science*, August 18, 2010. https://www.livescience.com/34847-postnatal-depression-can-be-prevented-study-shows.html.

출산 후에도 지속되는 통증은 높은 산후우울증 위험성과 관련이 있다.

16 Chelsea Ritschel, "The 'Husband Stitch' During Episiotomy Repair Is a Disturbing Reality for Many New Mothers," *Independent*(UK), January 29, 2018, www.independent.co.uk/life-style/husband-stitch-episiotomy-misogyny-motherhood-pregnancy-surgery-stitch-sexism-childbirth-a8184346.html.

17 Martinez et al., "Fertility of Men and Women Aged 15 – 44 Years in the United States: National Survey of Family Growth, 2006 – 2010," *National Health Statistics Reports* 51(April 2012): pp. 1 – 28, www.cdc.gov/nchs/data/nhsr/nhsr051.pdf.

18 Shelley J. Correll, Stephen Benard, and In Paik, "Getting a Job: Is There a Motherhood Penalty?" *American Journal of Sociology* 112, no. 5(March 2007): pp. 1297 – 1338, https://doi.org/10.1086/511799.

19 Michelle J. Budig, "The Fatherhood Bonus and the Motherhood Penalty: Parenthood and the Gender Gap in Pay," *Third Way*, September 2, 2014, www.thirdway.org/report/the-fatherhood-bonus-and-themotherhood-penalty-parenthood-and-the-gender-gap-in-pay.

20 "Divorce Can Mean a Trip Down the Economic Ladder for Women," NBC News, March 7, 2015, www.nbcnews.com/feature/in-plain-sight/divorce-can-mean-trip-down-economic-ladder-women-n311101.

21 Press Association, "40% of Managers Avoid Hiring Younger Women to Get Around Maternity Leave," *The Guardian*, August 11, 2014, https://www.theguardian.com/money/2014/aug/12/managers-avoid-hiring-younger-women-maternity-leave.

22 Alicia Adamczyk, "Senate Health Care Bill: How It Impacts Women," *Time*, June 23, 2017, http://time.com/money/4829295/senate-health-care-bill-bcra-coverage-women.

23 *The Cost of Having a Baby in the United States: Truven Health Analytics Marketscan Study*(Ann Arbor, MI: Truven Health Analytics, January 2013), http://transform.childbirthconnection.org/wp-content/uploads/2013/01/Cost-of-Having-a-Baby1.pdf; Martha Cook Carter et al., "2020 Vision for a High-Quality, High-Value Maternity Care System," *Women's Health Issues* 20, no. 1, supp.(January/February 2010): pp. S7–S17, https://doi.org/10.1016/j.whi.2009.11.006.

24 Ann Crittenden, *The Price of Motherhood: Why the Most Important Job in the World Is Still the Least Valued*, 10th Anniversary ed.(London: Picador, 2010).

25 Anna Maria Barryjester, "Maternal Health By the Numbers: 20 from '20/20,'" *ABC News*, December 17, 2011, http://abcnews.go.com/Health/maternal-health-numbers/story?id=15172525.

26 "Maternal Mortality: Fact Sheet," World Health Organization, November 2016, http://www.who.int/news-room/fact-sheets/detail/maternal-mortality.

27 Nina Martin and Renee Montagne, "Nothing Protects Black Women from Dying in Pregnancy and Childbirth," *ProPublica*, December 7, 2017, www.propublica.org/article/nothing-protects-black-women-from-dying-in-pregnancy-and-childbirth.

28 Selena Simmons-Duffin, "Providence Hospital Closed Its Maternity Ward; Many Women Still Don't Know," WAMU, November 1, 2017, https://wamu.org/story/17/11/01/providence-hospital-closed-maternity-ward-many-women-still-dont-know.

29 Eugene R. Declercq et al., *Listening to Mothers III: Pregnancy and Birth—Report of the Third National U.S. Survey of Women's Childbearing Experiences* (New York: Childbirth Connection, May 2013), http://transform.childbirthconnection.org/wp-content/uploads/2013/06/LTM-III_Pregnancy-and-Birth.pdf.

30 Nina Martin and Renee Montaigne, "The Last Person You'd Expect to Die in Childbirth," *ProPublica* and National Public Radio, May 12, 2017, www.propublica.org/article/die-in-childbirth-maternal-death-rate-health-care-system.

31 Sarah Y. Thomas and Jennifer L. Lanterman, "A National Analysis of Shackling Laws and Policies as They Relate to Pregnant Incarcerated Women," *Feminist Criminology*, November 3, 2017, https://doi.org/10.1177/1557085117737617.

32 Serena Williams, "What My Life-Threatening Experience Taught Me About Giving Birth," CNN, February 20, 2018, www.cnn.com/2018/02/20/opinions/protect-mother-pregnancy-williams-opinion/index.html.

33 Korin Miller, "Christy Turlington Could Have Bled to Death After Giving Birth—What Moms-to-Be Need to Know," *Self*, April 18, 2016, https://www.self.com/story/christy-turlington-could-have-bled-to-death-after-giving-birth-what-moms-to-be-need-to-know.

34 Meghan A. Bohren et al., "The Mistreatment of Women During

Childbirth in Health Facilities Globally: A Mixed-Methods Systematic Review," *PLOS Medicine* 12, no. 6(June 2015): e1001847, https://doi.org/10.1371/journal.pmed.1001847.

35 Julia Kaye et al., "Health Care Denied: Patients and Physicians Speak Out About Catholic Hospitals and the Threat to Women's Health and Lives," American Civil Liberties Union and *MergerWatch*, May 2016, https://www.aclu.org/report/report-health-care-denied.

36 *Ethical and Religious Directives for Catholic Health Care Services*, 5th ed.(Washington, DC: US Conference of Catholic Bishops, November 17, 2009), www.usccb.org/issues-and-action/human-life-and-dignity/health-care/upload/Ethical-Religious-Directives-Catholic-Health-Care-Services-fifth-edition-2009.pdf.

37 Nicholas Kristof, "Sister Margaret's Choice," *New York Times*, May 26, 2010, www.nytimes.com/2010/05/27/opinion/27kristof.html; "Nun Excommunicated for Allowing Abortion," *All Things Considered*, May 19, 2010, https://www.npr.org/templates/story/story.php?storyId=126985072.

38 Kitty Holland, "Woman 'Denied a Termination' Dies in Hospital," *Irish Times*, November 14, 2012, https://www.irishtimes.com/news/woman-denied-a-termination-dies-in-hospital-1.551412.

39 Jordan Smith, "Oklahoma Lawmakers Want Men to Approve All Abortions," *The Intercept*, February 13, 2017, https://theintercept.com/2017/02/13/oklahoma-lawmakers-want-men-to-approve-all-abortions.

40 David G. Savage, "Trump Official Sought to Block Abortion for a 17-Year-Old Rape Victim," *Los Angeles Times*, December 21, 2017, http://www.latimes.com/politics/la-na-pol-abortion-trump-migrant-20171221-story.html.

41 Carter Sherman, "Undocumented Teen Wanting an Abortion Had

Been Raped," *Vice News*, December 21, 2017, https://news.vice.com/enus/
article/bjynwv/undocumented-teen-wanting-an-abortion-had-been-
raped; Carter Sherman, "Exclusive: Trump Official Discussed 'Reversing'
Abortion for Undocumented Teen," *Vice News*, January 31, 2018, https://
news.vice.com/enus/article/yw5a5g/exclusive-trump-officials-
discussed-reversing-abortion-for-undocumented-teen.

42 Robin Marty(@robinmarty), Twitter post, January 31, 2018, 11:27 a.m.,
https://twitter.com/robinmarty/status/958783713122271233.

43 Licentiathe8th, "Rachel Maddow—Anti-Abortion Ohio Legislator
Never Thought About Women," YouTube, September 7, 2012, www.
youtube.com/watch?v=xBKieGz5QiMt.

44 Lauren Barbato, "At 11th Hour, Georgia Passes 'Women as
Livestock' Bill," Ms. Magazine Blog, April 1, 2012, http://msmagazine.
com/blog/2012/03/31/at-11th-hour-georgia-passes-women-as-
livestock-bill; Adam Peck, "Georgia Republican Compares Women to
Cows and Pigs," *ThinkProgress*, March 12, 2012, https://thinkprogress.org/
georgia-republican-compares-women-to-cows-pigs-and-chickens-
283a4a182964/.

45 Chris Gentilviso, "Todd Akin on Abortion: 'Legitimate Rape' Victims
Have 'Ways to Try to Shut That Whole Thing Down,'" *Huffington Post*,
August 19, 2012, www.huffingtonpost.com/2012/08/19/todd-akin-
abortion-legitimate-rape_n_1807381.html.

46 Katie McDonough, "Lawmaker Who Thinks the Stomach and Vagina
Are Connected: Question Was About 'Safety of the Woman,'" *Salon*,
February 24, 2015, www.salon.com/2015/02/24/lawmaker_who_thinks_
the_stomach_and_vagina_are_connected_question_was_about_safety_of_
the_woman.

47 Loretta Ross and Rickie Solinger, *Reproductive Justice: An*

Introduction(Berkeley, CA: University of California Press, 2017).

48 Dorothy Roberts, "Reproductive Justice, Not Just Rights," *Dissent*, Fall 2015, www.dissentmagazine.org/article/reproductive-justice-not-just-rights.

49 "Induced Abortion in the United States Fact Sheet," Guttmacher Institute, January 2018, https://www.guttmacher.org/fact-sheet/induced-abortion-united-states.

50 Corinne H. Rocca et al., "Decision Rightness and Emotional Responses to Abortion in the United States: A Longitudinal Study," *PLOS ONE* 10, no. 7(2015): e0128832, https://doi.org/10.1371/journal.pone.0128832.

51 2015년 한 활동가 단체는 여성이 '슬픔, 부끄러움, 후회' 없이 임신중절 경험을 공유할 수 있도록 장려하며 임신중절의 오명을 벗기는 소셜미디어 캠페인 '#너의임신중절을말해봐(#ShoutYourAbortion)'를 시작했다. 그리고 불과 몇 주 만에 전 세계 수만 명의 여성이 자신의 계정에 해시태그를 달았다. Vauhini Vara, "Can #ShoutYourAbortion Turn Hashtag Activism into a Movement?" *New Yorker*, November 10, 2015, www.newyorker.com/news/news-desk/can-shoutyourabortion-turn-hashtag-activism-into-a-movement.

52 David A. Grimes, "Abortion Denied: Consequences for Mother and Child," *Huffington Post*, April 2, 2015, www.huffingtonpost.com/david-a-grimes/abortion-denied-consequences-for-mother-and-child_b_6926988.html.

53 Diana Greene Foster et al., "Socioeconomic Outcomes of Women Who Receive and Women Who Are Denied Wanted Abortions in the United States," *American Journal of Public Health* 108, no. 3(March 2018): pp. 407–413, https://doi.org/10.2105/AJPH.2017.304247.

54 *Unwanted Pregnancy: Forced Continuation of Pregnancy and Effects on Mental Health: Position Paper*(Colombia: Global Doctors for Choice

Network, December 2011), http://globaldoctorsforchoice.org/wp-content/uploads/Unwanted-Pregnancy-Forced-Continuation-of-Pregnancy-and-Effects-on-Mental-Health-v2.pdf.

55 Hans Villarica, "Study of the Day: Mother-Toddler Blowups Create Angry Little Bullies," *The Atlantic*, October 26, 2011, www.theatlantic.com/health/archive/2011/10/study-of-the-day-mother-toddler-blowups-create-angry-little-bullies/247171.

56 Rachel Thompson, "Doctor No: The Women in Their 20s Being Refused Sterilisations," *Mashable*, May 25, 2016, http://mashable.com/2016/05/25/female-sterilisation-uk.

57 Bill Chappell, "California's Prison Sterilizations Reportedly Echo Eugenics Era," *National Public Radio*, July 9, 2013, https://www.npr.org/sections/thetwo-way/2013/07/09/200444613/californias-prison-sterilizations-reportedly-echoes-eugenics-era.

58 Olivia Petter, "Childless Women Are on the Rise," *The Independent*, August 8, 2017, https://www.independent.co.uk/life-style/childless-women-on-rise-more-than-ever-before-fertility-crisis-menopause-career-study-reveals-a7882496.html.

59 Orna Donath, "Regretting Motherhood: A Sociopolitical Analysis," *Signs* 40, no. 2(Winter 2015): pp. 343-367, www.academia.edu/9820246/Regretting_Motherhood_A_Sociopolitical_Analysis.

60 1988년에 진행된 이 흥미로운 비교문화 연구에 의하면, 미국 여성 응답자의 60퍼센트 이상이 분노를 감추는 것을 선호한다고 답한 반면, 독일 여성은 아무도 그렇게 답하지 않았다. Shula Sommers and Corinne Kosmitzki, "Emotion and Social Context: An American-German Comparison," *British Journal of Social Psychology* 27, no. 1(March 1988): https://doi.org/10.1111/j.2044-8309.1988.tb00803.x.

61 Jedidajah Otte, "Love and Regret: Mothers Who Wish They'd Never

Had Children," *The Guardian*(US), May 9, 2016, www.theguardian. com/lifeandstyle/2016/may/09/love-regret-mothers-wish-never-had-children-motherhood.

62 Barbara Ehrenreich and Arlie Russell Hochschild, *Global Woman: Nannies, Maids, and Sex Workers in the New Economy*(New York: Holt Paperbacks, 2004).

63 Arthur L. Greil, Kathleen Slauson-Blevins, and Julia McQuillan, "The Experience of Infertility: A Review of Recent Literature," *Sociology of Health & Illness* 32, no. 1(January 2010): pp. 140-162, https://doi.org/10.1111/j.1467-9566.2009.01213.x.

64 John A. Barry et al., "Testosterone and Mood Dysfunction in Women with Polycystic Ovarian Syndrome Compared to Subfertile Controls," *Journal of Psychosomatic Obstetrics and Gynaecology* 21, no. 2(June 2011): pp. 104-111, https://doi.org/10.3109/0167482X.2011.568129.

65 S. Fassino et al., "Anxiety, Depression and Anger Suppression in Infertile Couples: A Controlled Study," *Human Reproduction* 17, no. 11(November 1, 2002): pp. 2986-2994, https://doi.org/10.1093/humrep/17.11.2986.

66 Jen Gunter, "When a Grieving Mother Talks, Listen," *New York Times*, December 21, 2017, www.nytimes.com/2017/12/21/style/perinatal-death-stillbirth-childbirth.html.

67 Kate Kripke, "13 Things You Should Know About Grief After Miscarriage or Baby Loss," *Postpartum Progress*, February 19, 2014, http://www.postpartumprogress.com/13-things-you-should-know-about-grief-after-miscarriage-or-baby-loss.

1 "The Prevalence of Street Harassment Statistics," Stop Street Harassment, http://www.stopstreetharassment.org/resources/statistics/statistics-academic-studies/; Holly Kearl, *Unsafe and Harassed in Public Spaces: A National Street Harassment Report*(Reston, VA: Stop Street Harassment, Spring 2014), www.stopstreetharassment.org/wp-content/uploads/2012/08/National-Street-Harassment-Report-November-29-20151.pdf.

2 "Cornell International Survey on Street Harassment," Hollaback!, May 2015, www.ihollaback.org/cornell-international-survey-on-street-harassment.

3 "Takin," *Bitch Media*, May 2, 2011, https://www.bitchmedia.org/post/takin%E2%80%99-it-to-the-streets-so-take-it-already; Wendy Lu, "I'm Disabled and I Get Sexually Harassed—Here's Why That Matters," *Teen Vogue*, November 1, 2017, https://www.teenvogue.com/story/disability-and-sexual-harassment.

4 "Disabled Women & Sexual Objectification (or Lack Thereof)," Crippled Scholar blog, September 2016, https://crippledscholar.com/tag/street-harassment/.

5 "Half of LGBT Members in the EU Avoid Public Places Because of Harassment," Stop Street Harassment, May 17, 2013, www.stopstreetharassment.org/2013/05/eustudy.

6 Holly Kearl, *Stop Global Street Harassment: Growing Activism Around the World*(Westport, CT: Praeger, 2015).

7 Heather R. Hlavka, "Normalizing Sexual Violence Young Women Account for Harassment and Abuse," *Gender and Society* 28, no. 3(June 2014): pp. 337–358, https://doi.org/10.1177/0891243214526468.

8 Hawley G. Fogg-Davis, "Theorizing Black Lesbians Within Black Feminism: A Critique of Same-Race Street Harassment," *Politics & Gender* 2, no. 1(March 2006): pp. 57 –76, https://doi.org/10.1017/ S1743923X06060028; Ronald Smothers, "Man Charged with Bias Crime for Girl's Killing in Newark," *New York Times*, November 25, 2003, https:// www.nytimes.com/2003/11/25/nyregion/man-charged-with-bias-crime-for-girl-s-killing-in-newark.html; Delia Paunescu, "Transgender Woman's Death May Have Happened After Come-on Gone Wrong," *New York Daily Intelligencer*, August 24, 2013, http://nymag.com/daily/ intelligencer/2013/08/islan-nettles-assaulted-after-come-on-gone-wrong.html.

9 Clare Carter, "The Brutality of 'Corrective Rape,'" *New York Times*, July 25, 2013, www.nytimes.com/interactive/2013/07/26/opinion/26corrective-rape.html.

10 Haley Miles-McLean et al., " 'Stop Looking at Me!' Interpersonal Sexual Objectification as a Source of Insidious Trauma," Psychology of Women Quarterly 39, no. 3(September 2014): pp. 287 –304, https://doi. org/10.1177/0361684314561018.

11 "Adrian Mendez Kidnapped a 14-Year-Old Girl, Left Her for Dead," *Ocala Post*, December 7, 2016, www.ocalapost.com/adrian-mendez-kidnapped-14-year-old-girl.

12 Shanita Hubbard, "Russell Simmons, R. Kelly, and Why Black Women Can't Say #MeToo," *New York Times*, December 15, 2017, https://mobile.nytimes.com/2017/12/15/opinion/russell-simmons-black-women-metoo.html?smid=tw-share&_r=0&referer=https://t.co/ AphKOJ2A3J?amp=1.

13 Damon Young, "Her Name Was Janese Talton-Jackson and She Was Killed Because She Said No," *The Root*, January 25, 2016, www.

theroot.com/her-name-was-janese-talton-jackson-and-she-was-killed-b-1790854021.

14 "Florida on Alert After Man Harasses Agents," *Realtor Mag*, January 25, 2016, http://realtormag.realtor.org/daily-news/2016/01/25/florida-alert-after-man-harasses-agents.

15 Laura Tarzia et al., "Sexual Violence Associated with Poor Mental Health in Women Attending Australian General Practices," *Australian and New Zealand Journal of Public Health* 41, no. 5(October 2017): pp. 518–523, https://doi.org/10.1111/1753-6405.12685.

16 Laurel B. Watson et al., "Understanding the Relationships Among White and African American Women's Sexual Objectification Experiences, Physical Safety Anxiety, and Psychological Distress," *Sex Roles* 72, no. 3–4(2015): pp. 91–104, http://doi.org/10.1007/s11199-014-0444-y.

17 "The Global Rape Epidemic: How Laws Around the World Are Failing to Protect Girls and Women," Equality Now, March 2017, https://www.equalitynow.org/campaigns/rape-laws-report.

18 "Domestic Violence Cases," Bureau of Justice Statistics, March 17, 2018, https://www.bjs.gov/index.cfm?ty=tp&tid=235.

19 "Perpetrators of Sexual Violence: Statistics," Rape, Abuse & Incest National Network, accessed January 30, 2018, https://www.rainn.org/statistics/perpetrators-sexual-violence.

20 Christopher Krebs et al., *Campus Climate Survey Validation Study: Final Technical Report*(Washington, DC: Bureau of Justice Statistics, January 2016), www.bjs.gov/content/pub/pdf/ccsvsftr.pdf.

21 Timothy Williams, "For Native American Women, Scourge of Rape, Rare Justice," *New York Times*, May 22, 2012, www.nytimes.com/2012/05/23/us/native-americans-struggle-with-high-rate-of-rape.html?pagewanted=all.

22 "Domestic Violence in Communities of Color," Women of Color Network, June 2016, www.doj.state.or.us/victims/pdf/women_of_color_network_facts_sexual_violence_2006.pdf.

23 Malika Saada Saar et al., *The Sexual Abuse to Prison Pipeline: The Girls' Story*(Washington, DC: Georgetown Law Center on Poverty and Inequality, 2015), https://rights4girls.org/wp-content/uploads/r4g/2015/02/2015_COP_sexual-abuse_layout_web-1.pdf.

24 Jill Filipovic, "Is the US the Only Country Where More Men Are Raped Than Women?" *The Guardian*(US), February 21, 2012, www.theguardian.com/commentisfree/cifamerica/2012/feb/21/us-more-men-raped-than-women; Christopher Glazek, "Raise the Crime Rate," *N+1*, no. 13(Winter 2012): https://nplusonemag.com/issue-13/politics/raise-the-crime-rate/.

25 Shauna Prewitt, "Raped, Pregnant and Ordeal Not Over," CNN, August 23, 2012, http://edition.cnn.com/2012/08/22/opinion/prewitt-rapist-visitation-rights.

26 Tribune Media Wire, "Michigan Man Accused of Raping 12-Year-Old Girl Granted Joint Custody of Their Child, Victim's Attorney Says," KTLA, October 9, 2017, http://ktla.com/2017/10/09/man-accused-of-raping-12-year-old-girl-given-joint-custody-of-their-child-attorney-says.

27 Estelle B. Freedman, *Redefining Rape: Sexual Violence in the Era of Suffrage and Segregation*(Cambridge, MA: Harvard University Press, 2013).

28 Peggy Sanday, *Fraternity Gang Rape: Sex, Brotherhood, and Privilege on Campus*(New York: New York University Press, 1990).

29 Ellen Barry, "In Rare Move, Death Sentence in Delhi Gang Rape Case Is Upheld," *New York Times*, May 5, 2017, https://www.nytimes.com/2017/05/05/world/asia/death-sentence-delhi-gang-rape.html.

30 "Rio de Janeiro Bus Rape: Shock over Latest Brazil Attack," BBC

우리의 분노는 길을 만든다

News, May 5, 2013, www.bbc.com/news/world-latin-america-22421512.

31 Dan Morse, " 'Don't Do This to Me': Woman Testifies She Was Raped at Knifepoint on Moving Metro Train," *Washington Post*, January 12, 2018, https://www.washingtonpost.com/local/public-safety/dont-do-this-to-me-woman-testifies-she-was-raped-at-knifepoint-on-moving-metro-train/2018/01/12/3121a774-f724-11e7-b34a-b85626af34ef_story.html?utm_term=.90c25b9d7e4b.

32 Jill Langlois, "Perspective: An Epidemic of Sexual Assault on Sao Paulo Public Transit," A Beautiful Perspective blog, September 6, 2017, http://abeautifulperspective.com/2017/08/31/perspective-epidemic-sexual-assault-sao-paulo-public-transit.

33 Sandra Laville, "John Worboys Back in Wakefield Prison as Victims Fight His Release," *The Guardian* (UK), February 4, 2018, www.theguardian.com/uk-news/2018/feb/04/john-worboys-wakefield-prison-london.

34 Julia Dahl, "Lawsuit: Cops Subjected Woman to 11-Minute Body Cavity Search During Traffic Stop," CBS News, August 18, 2017, www.cbsnews.com/news/lawsuit-cops-subjected-woman-to-11-minute-body-cavity-search-during-traffic-stop; Tom Dart, "Dashcam Video Shows Police Sexually Assaulted Texas Woman, Lawyer Says," *The Guardian*, August 16, 2017, https://www.theguardian.com/us-news/2017/aug/16/charnesia-corley-houston-texas-police-dashcam-video.

35 Kevin Krause, "Irving Women Sue State Troopers in Federal Court, Alleging Roadside Body Cavity Searches," *Dallas News*, December 2012, https://www.dallasnews.com/news/irving/2012/12/18/irving-women-sue-state-troopers-in-federal-court-alleging-roadside-body-cavity-searches.

36 Jessica Lussenhop, "Daniel Holtzclaw Trial: Standing with 'Imperfect'

Accusers," BBC News, November 13, 2015, www.bbc.com/news/
magazine-34791191.

37 Claire Martin, "Detroit Businesswomen Team Up to Get Rape
Kits Tested," *New York Times*, November 7, 2015, www.nytimes.
com/2015/11/08/business/detroit-businesswomen-team-up-to-get-
rape-kits-tested.html.

38 Michael Safi, "Indian Women Still Unprotected Five Years After
Gang-Rape That Rocked Nation," *The Guardian*(US), November 8,
2017, www.theguardian.com/world/2017/nov/08/indian-women-still-
unprotected-five-years-after-gang-rape-that-rocked-nation.

39 "Police Family Violence Fact Sheet," National Center for Women
and Policing, accessed January 30, 2018, http://womenandpolicing.com/
violencefs.asp.

40 "Violence Prevention," Centers for Disease Control and Prevention,
accessed January 30, 2018, www.cdc.gov/ViolencePrevention/index.
html; M.C. Black et al., *The National Intimate Partner and Sexual Violence
Survey(NISVS): 2010 Summary Report.*(Atlanta, GA: National Center
for Injury Prevention and Control, Centers for Disease Control and
Prevention, 2010), https://www.cdc.gov/violenceprevention/pdf/nisvs_
executive_summary-a.pdf.

41 Philip W. Cook, *Abused Men: The Hidden Side of Domestic Violence*,
2nd ed.(Westport, CT: Praeger, 2009), "Appendix."

42 "Disarming Domestic Abusers," Coalition to Stop Gun Violence,
accessed January 30, 2018, https://www.csgv.org/issues/disarming-
domestic-violence.

43 Olga Khazan, "Nearly Half of All Murdered Women Are Killed by
Romantic Partners," The Atlantic, July 20, 2017, www.theatlantic.com/
health/archive/2017/07/homicides-women/534306.

44 "Guns and Domestic Violence Fact Sheet," Everytown for Gun Safety, https://everytownresearch.org/guns-domestic-violence/; Katie Sanders, "Americans Are 20 Times as Likely to Die from Gun Violence," *Politifact*, January 17, 2014, http://www.politifact.com/punditfact/statements/2014/jan/17/lisa-bloom/americans-are-20-times-likely-die-gun-violence-cit/.

45 Andre B. Rosay, *Violence Against American Indian and Alaska Native Women and Men: 2010 Findings from the National Intimate Partner and Sexual Violence Survey*(Washington, DC: National Institute of Justice, May 2016), www.ncjrs.gov/pdffiles1/nij/249736.pdf.

46 Claudia Garcia-Moreno et al., *Global and Regional Estimates of Violence Against Women: Prevalence and Health Effects of Intimate Partner Violence and Nonpartner Sexual Violence*(Geneva: World Health Organization Department of Reproductive Health and Research, 2013), http://apps.who.int/iris/bitstream/10665/85239/1/9789241564625_eng.pdf; "Domestic Violence Affects over 100,000 Women in Germany," *DW*, November 22, 2016, www.dw.com/en/domestic-violence-affects-over-100000-women-in-germany/a-36482282.

2015년 독일에서 처음으로 공개한 파트너 범죄 통계에 따르면 살해, 강간, 성폭행, 스토킹을 당하거나, 위협, 폭력의 대상이 된 피해자 12만 7457명의 82퍼센트가 여성이었다. 6만 5000명 이상이 부상을, 1만 1400명이 중상을 입었다. 인도에서는 매일 22명의 여성이 신부의 지참금 문제로 살해당하며 신부 화형, 의심스러운 자살, 사고사 의심, 명예살인을 포함하면 수치는 늘어난다. 남아프리카에서는 6시간마다 여성 1명이 파트너에 의해 죽임을 당한다. 브라질에서는 15초마다 여성 1명이 폭행을 당한다.

47 *Washington's Offender Accountability Act: Department of Corrections' Static Risk Instrument*(Olympia, WA: Washington State Institute for Public Policy, March 2007), www.wsipp.wa.gov/ReportFile/977/Wsipp_

Washingtons-Offender-Accountability-Act-Department-of-Corrections-Static-Risk-Instrument_Full-Report-Updated-October-2008.pdf; Laura L. Hayes, "Can We Have Compassion for the Angry?" *Slate*, June 18, 2016, http://www.slate.com/articles/health_and_science/medical_examiner/2016/06/the_biggstpredictor_of_future_violence_is_past_violence_but_mindfulness.html.

48 Pamela Shifman and Salamishah Tillet, "To Stop Violence, Start at Home," *New York Times*, February 3, 2015, https://www.nytimes.com/2015/02/03/opinion/to-stop-violence-start-at-home.html; Melissa Jeltsen, "We're Missing the Big Picture on Mass Shootings," *Huffington Post*, January 11, 2017, www.huffingtonpost.com/entry/mass-shootings-domestic-violence-women55d3806ce4b07addcb44542a; Soraya Chemaly, "America's Mass Shooting Problem Is a Domestic Violence Problem," *Village Voice*, November 8, 2017, www.villagevoice.com/2017/11/08/americas-mass-shooting-problem-is-a-domestic-violence-problem.

49 Melissa Jeltsen, "What the 2 Deadliest Mass Shootings This Year Have in Common," *Huffington Post*, September 13, 2017, www.huffingtonpost.com/entry/plano-texas-mass-shooting_us_59b7e02ce4b09be416581d2b.s-mass-shooting_us_59b7e02ce4b09be416581d2b.

50 "Female Genital Mutilation," World Health Organization, accessed January 30, 2018, www.who.int/mediacentre/factsheets/fs241/en.

51 Martin Selsoe Sorensen, "Kim Wall Was Stabbed After Boarding Submarine, Danish Prosecutor Says," *New York Times*, December 22, 2017, https://nytimes.com/2017/10/04/world/europe/kim-wall-peter-madsen-submarine.html.

52 "Kim Wall Death: Danish Inventor Madsen Admits Dismembering Journalist," BBC News, October 30, 2017, www.bbc.com/news/world-

우리의 분노는 길을 만든다

europe-41804590.

53 Jerry Markon, Kimberly Kindy, and Manuel Roig-Franzia, "Ariel Castro, Under Arrest in Cleveland Kidnapping, Had Contradictory Sides," *Washington Post*, May 8, 2013, www.washingtonpost.com/politics/ariel-castro-under-arrest-in-cleveland-kidnapping-had-contradictory-sides/2013/05/08/ecdf6d22-b802-11e2-92f3-f291801936b8_story.html?utm_term=.2017b962655e.

54 Candace Goforth Desantis et al., "Ariel Castro Is Lone Brother to Be Charged in Kidnapping, Rape of Three Women in His Cleveland Hell House," *Daily News*, May 9, 2013, http://www.nydailynews.com/news/crime/castro-brothers-spend-night-jail-article-1.1338131.

55 "Anthony Sowell's Home of Horror," CBS News, April 4, 2016, www.cbsnews.com/pictures/anthony-sowells-home-of-horror; "'The Cleveland Strangler': The Story of a Brutal Serial Killer and His Forgotten Victims," *Vice News*, November 3, 2015, https://www.vice.com/en_us/article/5gjkq8/cleveland-strangler-part-100.

56 John Kuntz, "Anthony Sowell Home 'Smelled Like a Dead Body' for Years; How Did Cops Miss Victims?" *Plain Dealer*, November 3, 2009, https://www.cbsnews.com/news/anthony-sowell-home-smelled-like-a-dead-body-for-years-how-did-cops-miss-victims/.

57 Steve Crabtree and Faith Nsubuga, "In U.S., 37% Do Not Feel Safe Walking at Night Near Home," Gallup, November 24, 2014, http://news.gallup.com/poll/179558/not-feel-safe-walking-night-near-home.aspx.

58 Evan Soltas and Seth Stephens-Davidowitz, "The Rise of Hate Speech," *New York Times*, December 12, 2015, www.nytimes.com/2015/12/13/opinion/sunday/the-rise-of-hate-search.html.

59 2017년 6월 버지니아주에서는 한 남성이 차를 타고 이슬람교도 청소년 무리에 접근했다. 학생들은 남자를 피해 모스크로 달려갔지만 열일곱 살 여자아

이 나브라 하사넨이 귀가하지 않았고 경찰은 수색에 나섰다. 언론에 공개된 사진에는 민첩한 젊은 여성 하사넨이 카메라를 정면으로 바라보고 있었고, 웃는 눈 위로 스냅챗 어플의 화관 장식이 있었다. 몇 시간 만에 방망이로 구타당한 그녀의 시신이 발견되었고 이후 스물두 살 남성이 체포됐다. 경찰은 로드 레이지(road rage, 운전을 방해당했다는 이유로 휘두르는 보복성 폭력)를 사건의 원인으로 보고 이를 혐오범죄로 간주하지 않았다. 그녀가 강간도 당했다는 사실이 알려진 것은 나중이었다. 하사넨이 죽은 것은, 일리노이주의 식당에서 어떤 남성이 이슬람교도 여자아이들에게 "존나 낙타나 타대는 개같은 씨발년들!"이라고 외치는 장면이 촬영된 지 불과 이 주밖에 지나지 않은 때였고, 오리건주 포틀랜드에서 열차 안의 두 남성이 반이슬람을 외치던 다른 남성으로부터 히잡을 쓴 여성과 다른 여성을 보호하다가 칼에 찔려 죽은 지 한 달이 지난 때였다. Stephanie Ramirez, "Man Faces Capital Rape, Murder Charges in Death of Muslim Teen Nabra Hassanen," *USA Today*, October 17, 2017, www.usatoday.com/story/news/nation-now/2017/10/17/murder-rape-charge-muslim-teen-death/771064001.

60 Mona Eltahawy, "Don't Tell Me Nabra Hassanen's Murder Wasn't a Hate Crime," *The Cut*, June 19, 2017, www.thecut.com/2017/06/nabra-hassanen-murder-hate-crime-mona-eltahawy.html.

61 Catherine MacKinnon, *Are Women Human?: And Other International Dialogues*(New York: Belknap Press, 2007).

62 Nancy K. Dess, "Tend and Befriend," *Psychology Today*, September 1, 2000, https://www.psychologytoday.com/us/articles/200009/tend-and-befriend.

63 Daniel J. Canary and Tara M. Emmers-Sommer, *Sex and Gender Differences in Personal Relationships*(New York: Guilford Press, 1998).

64 Esther Inglis-Arkell, "Why Do We Smile and Laugh When We're Terrified?" *io9*, October 7, 2013, https://io9.gizmodo.com/why-do-we-smile-and-laugh-when-were-terrified-1441046376.

65 Rachel Kimerling, Paige Ouimette, and Jessica Wolfe, *Gender and PTSD*(New York: Gilford Press, 2002).

66 Janice M. Thompson, Valerie E. Whiffen, and Jennifer A. Aube, "Does Self-Silencing Link Relationships and Depressive Symptoms?" *Journal of Social and Personal Relationships* 18, no. 4(August 2001): pp. 503–516, http://journals.sagepub.com/doi/pdf/10.1177/0265407501184004.

67 Lundy Bancroft, *Why Does He Do That? Inside the Minds of Angry and Controlling Men*(New York: Berkeley Books, 2003).

68 "10 Startling Statistics About Children of Domestic Violence," Childhood Domestic Violence Association, February 21, 2016, https://cdv. org/2014/02/10-startling-domestic-violence-statistics-for-children.

69 "Depression," *Psychology Today*, accessed January 30, 2018, https:// www.psychologytoday.com/basics/depression.

70 Kweilin Ellingrud et al., *The Power of Parity: Advancing Women's Equality in the United States*(New York: McKinsey Global Institute, April 2016), www.mckinsey.com/~/media/McKinsey/Global%20Themes/ Employment%20and%20Growth/The%20power%20of%20parity%20 Advancing%20womens%20equality%20in%20the%20United%20States/ MGI-Power-of-Parity-in-US-Full-report-April-2016.ashx.

71 US Department of Health and Human Services, "Domestic Violence and Homelessness: Statistics"(2016), https://www.acf.hhs.gov/fysb/ resource/dv-homelessness-stats-2016.

72 *Domestic Violence Counts: 11th Annual Census Report*(National Network to End Domestic Violence, 2017), https://nnedv.org/latest_ update/11th-annual-census/.

73 "Florida Woman Sentenced to 20 Years in Controversial Warning Shot Case," CNN, May 11, 2012, http://edition.cnn.com/2012/05/11/justice/ florida-stand-ground-sentencing.

74 Alex Campbell, "Battered, Bereaved, and Behind Bars," BuzzFeed, October 2, 2014, www.buzzfeed.com/alexcampbell/how-the-law-turns-battered-women-into-criminals?utm_term=.uvzKQpyn4#.avW1yBljM.

75 Mariame Kaba and Colby Lenz, "Bresha Meadows Returns Home After Collective Organizing Efforts," *Teen Vogue*, April 4, 2018, www.teenvogue.com/story/bresha-meadows-returns-home-after-collective-organizing-efforts; Whitney Kimball and Bresha Meadows, "Teen Domestic Abuse Victim Prosecuted for Her Father's Death, Will Be Freed on Sunday," *Jezebel*, February 3, 2018, https://jezebel.com/bresha-meadows-teen-domestic-abuse-victim-prosecuted-f-1822693959.

76 Megan Hamilton, "Sentences Are Lighter for Men Who Murder Female Partners: Study," *Digital Journal*, November 23, 2015, http://www.digitaljournal.com/news/crime/sentences-are-lighter-for-men-who-murder-female-partners-study/article/450197; "Survivors of Abuse and Incarceration," Correctional Association of New York, accessed January 30, 2018, www.correctionalassociation.org/issue/domestic-violence; Anita Wadhwani, "Teen Killer's Story Inspires Push to Change Tennessee Law," *The Tennessean*, July 5, 2016, www.tennessean.com/story/news/crime/2016/06/30/ruling-offers-hope-teens-sentenced-life-but-not-tennessee/86247118.

7장 | 뚝, 뚝, 뚝

1 Joan C. Williams, Katherine W. Phillips, and Erika V. Hall, *Double Jeopardy? Gender Bias Against Women of Color in Science*(San Francisco: WorkLifeLaw, UC Hastings College of the Law, 2014), www.uchastings.edu/news/articles/2015/01/double-jeopardy-report.pdf.

2 Heather Sarsons, "Gender Differences in Recognition for Group Work"(working paper, Harvard University, Cambridge, MA, November 4, 2017), https://scholar.harvard.edu/files/sarsons/files/full_v6.pdf.

3 Parul Sehgal, "Fighting Erasure," *New York Times*, February 2, 2007, https://www.nytimes.com/2016/02/07/magazine/the-painful-consequences-of-erasure.html.

4 Silvia Knobloch-Westerwick and Carroll J. Glynn, "The Matilda Effect —Role Congruity Effects on Scholarly Communication," *Communication Research* 40, no. 1(February 2013): pp. 3 – 26, http://journals.sagepub.com/doi/full/10.1177/0093650211418339.

5 Alice H. Wu, "Gender Stereotyping in Academia: Evidence from Economics Job Market Rumors Forum"(thesis, Princeton University Center for Health and Well-Being, available at Social Science Research Network, December 2017), https://dx.doi.org/10.2139/ssrn.3051462.

6 David Sadker, Myra Sadker, and Karen R. Zittleman, *Still Failing at Fairness: How Gender Bias Cheats Girls and Boys in School and What We Can Do About It*(New York: Scribner, 2009).

7 A. Jule, *Gender, Participation and Silence in the Language Classroom: Sh-shushing the Girls*(London: Palgrave Macmillan, 2003).

8 Keela Keeping, "Shushing the Girls: Study Shows Boys Encouraged to Speak While Girls Silenced in the Classroom," Trinity Western University, July 20, 2015, www8.twu.ca/about/news/general/2004/shushing-the-girlsstudy-shows-boys-encouraged-to-.html.

9 Sadker, Sadker, and Zittleman, *Still Failing at Fairness*.

10 Dev A. Patel, "In HLS Classes, Women Fall Behind," *Harvard Crimson*, May 8, 2013, www.thecrimson.com/article/2013/5/8/law-school-gender-classroom.

11 Peter Kunsmann, "Gender, Status and Power in Discourse Behavior of Men and Women," *Linguistik Online* 5, no. 1(2000): www.linguistik-online.de/1_00/KUNSMANN.HTM.

12 Deborah Tannen, *Gender and Conversational Interaction*(New York: Oxford University Press, 1993).

13 D. R. Rhoades et al., "Speaking and Interruptions During Primary Care Office Visits," *Family Medicine* 33, no. 7(July/August 2001): pp. 528 – 532, www.stfm.org/Portals/49/Documents/FMPDF/FamilyMedicineVol33Issue7Rhoades528.pdf.

14 Sarah Kaplan, " 'A Towering Legacy of Goodness': Ben Barres's Fight for Diversity in Science," *Washington Post*, December 28, 2017, https://www.washingtonpost.com/news/speaking-of-science/wp/2017/12/28/a-towering-legacy-of-goodness-ben-barress-fight-for-diversity-in-science/?noredirect=on&utm_term=.62801a99d66f.

15 Shea Bennett, "On Twitter, Men Are Retweeted Far MoreThan Women(And You're Probably Sexist, Too)," *Adweek*, July 31, 2012, http://www.adweek.com/digital/twee-q-sexist-witter/?red=at.

16 Soraya Chemaly, "10 Simple Words Every Girl Should Learn," Role Reboot, May 5, 2014, www.rolereboot.org/culture-and-politics/details/2014-05-10-simple-words-every-girl-learn.

17 Xiaoquan Zhao and Walter Gantz, "Disruptive and Cooperative Interruptions in Prime-Time Television Fiction: The Role of Gender, Status, and Topic," *Journal of Communication* 53, no. 2(June 2003): pp. 347 – 362, www.interruptions.net/literature/Zhao-JCommunication03.pdf.

18 *UN Women Sourcebook on Women, Peace and Security*(UN Women, 2012), p. 6, citing *Women's Participation in Peace Negotiations: Connections Between Presence and Influence*(UN Women, 2012), p. 2, http://www.unwomen.org/en/what-we-do/peace-and-security/facts-and-figures#notes.

19 Lauren Bacon, "How Likely Is an All-Male Speakers List, Statistically Speaking? A Mathematician Weighs In," Lauren Bacon's Curiosity Labs blog, October 21, 2015, www.laurenbacon.com/how-likely-is-an-all-male-speakers-list-statistically.

20 Tod Perry, "Twitter User Mansplains Physics to a Female Astronaut," *Good*, November 8, 2017, www.good.is/articles/dude-manspains-in-space.

21 Derek Hawkins, "Flight Attendant to Black Female Doctor: 'We're Looking for Actual Physicians,'" *Washington Post*, October 14, 2016, www.washingtonpost.com/news/morning-mix/wp/2016/10/14/blatant-discrimination-black-female-doctor-says-flight-crew-questioned-her-credentials-during-medical-emergency/?utm_term=.cbb8d1646193; Tamika Cross, "I'm sure many...," Facebook, October 9, 2016, https://www.facebook.com/tamika.cross.52/posts/658443077654049?pnref=story.

22 Leon Jessen, "Why Did I Start the #AddMaleAuthorGate Tag?" Thoughts on Bioinformatics blog, May 1, 2015, https://leonjessen.wordpress.com/2015/05/01/why-did-i-start-the-addmaleauthorgate.

23 Cat Ferguson, "Women Scientists Share Their Awful Stories of Sexism in Publishing," *BuzzFeed*, May 2, 2015, www.buzzfeed.com/catferguson/women-scientists-share-their-stories-of-sexism-in-publishing?utm_term=.ymkR9aq40#.nmMeQkA5W.

24 Deborah Bach, "Male Biology Students Con-sistently Underestimate Female Peers, Study Finds," *UW News*, February 11, 2016, www.washington.edu/news/2016/02/11/male-biology-students-consistently-underestimate-female-peers-study-finds.

25 Maggie Fox, "Not Smart Enough? Men Overestimate Intelligence in Science Class Even When Grades Show Different, Men Overestimated Their Class Ranking," NBC News, April 4, 2018, https://www.nbcnews.

com/news/amp/ncna862801?_twitter_impression=true.

26 Rega Jha, "A Japanese Burger Chain Made Face Masks So Women Can Eat Burgers Elegantly," *BuzzFeed*, November 4, 2014, www.buzzfeed. com/regajha/a-japanese-burger-chain-made-face-masks-so-women-can-eat-bur?utm_term=.ggoYnGzd7#.oeXDqYg8n.

27 Agence France-Presse, "Turkish Deputy Prime Minister Says Women Should Not Laugh Out Loud," *The Guardian*(US), July 29, 2014, www. theguardian.com/world/2014/jul/29/turkish-minister-women-laugh-loud-bulent-arinc.

28 Amanda Terkel, "Legislator Calls Out Her 'White Male' Colleagues for Skipping Speeches By Women of Color," *Huffington Post*, April 4, 2017, https://www.huffingtonpost.com/entry/melissa-hortman-white-male_us58e3aed1e4b0d0b7e164c7cb.

29 Anna Dimond, "Limbaugh on Hillary Clinton: 'She Sounds Like a Screeching Ex-Wife... Men Will Know What I Mean By This,'" Media Matters for America, October 10, 2007, www.mediamatters.org/research/2006/03/07/limbaugh-on-hillary-clinton-she-sounds-like-a-s/135031.

30 "Johnny Rotten Settles Suit Alleging He Punched a Woman in the Face," *LA Weekly*, February 3, 2010, http://www.laweekly.com/music/johnny-rotten-settles-suit-alleging-he-punched-a-woman-in-the-face-2406723; Lars Brandle, "Johnny Rotten Outburst on Australian TV Brings an Apology," *Billboard*, April 12, 2013, https://www.billboard.com/articles/news/1557299/johnnys-rotten-outburst-on-australian-tv-brings-an-apology.

31 Brandle, "Johnny's Rotten Outburst on Australian TV Brings an Apology."

32 Lindsey Ellefson, "Panelist to Symone Sanders in Fiery Debate: 'Shut

Up,'" CNN, August 14, 2017, www.cnn.com/2017/08/14/us/cuccinelli-sanders-new-day-cnntv/index.html.

33 Andrew E. Taslitz, *Rape and the Culture of the Courtroom* (New York: New York University Press, 1999).

34 Christian B. May, "Anger in the Courtroom: The Effects of Attorney Gender and Emotion on Juror Perceptions"(thesis, Georgia Southern University, 2014), http://digitalcommons.georgiasouthern.edu/cgi/viewcontent.cgi?article=1055&context=honors-theses.

35 Meredith Bennett-Smith, "Male Jurors More Likely to Find Fat Women Guilty, Study Says," *Huffington Post*, January 14, 2013, www.huffingtonpost.com/2013/01/14/male-jurors-assume-fat-women-guilty-study-weight-discrimination_n_2464728.html?utm_source=everydayfeminism.com&utmmedium=referral&utm_campaign=pubexchange_article.

36 Tonja Jacobi and Dylan Schweers, "Justice, Interrupted: The Effect of Gender, Ideology and Seniority at Supreme Court Oral Arguments," *Virginia Law Review* 103, no. 7(November 2017): pp. 1379 – 1496, www.virginialawreview.org/sites/virginialawreview.org/files/JacobiSchweers_Online.pdf.

37 Tonja Jacobi and Dylan Schweers, "Female Supreme Court Justices Are Interrupted More by Male Justices and Advocates," *Harvard Business Review*, April 11, 2017, https://hbr.org/2017/04/female-supreme-court-justices-are-interrupted-more-by-male-justices-and-advocates.

38 Katy Steinmetz, "Study: Why We Think Women Are More Trustworthy Than Men," *Time*, December 13, 2010, http://healthland.time.com/2010/12/13/study-why-we-think-women-are-more-trustworthy-than-men.

39 Tess M. S. Neal, "Women as Expert Witnesses: A Review of the Literature," *Behavioral Sciences & the Law* 32, no. 2(March/April 2014): pp.

164 – 179, https://doi.org/10.1002/bsl.2113.

40 Kristin J. Anderson, *Modern Misogyny: Anti-Feminism in a Post-Feminist Era*(Oxford: Oxford University Press, 2015).

41 Catherine Nichols, "Homme de Plume: What I Learned Sending My Novel Out Under a Male Name," *Jezebel*, August 4, 2015, https://jezebel.com/homme-de-plume-what-i-learned-sending-my-novel-out-und-1720637627.

42 Jane C. Hu, "The Overwhelming Gender Bias in *New York Times* Book Reviews," *Pacific Standard Magazine*, August 28, 2017, https://psmag.com/social-justice/gender-bias-in-book-reviews.

43 Alison Flood, "Books About Women Less Likely to Win Prizes, Study Finds," *The Guardian*, June 1, 2015, https://www.theguardian.com/books/2015/jun/01/books-about-women-less-likely-to-win-prizes-study-finds.

44 Valentina Zarya, "Venture Capital's Funding Gender Gap Is Actually Getting Worse," *Fortune*, March 13, 2017, http://fortune.com/2017/03/13/female-founders-venture-capital.

45 John Paul Titlow, "These Women Entrepreneurs Created a Fake Male Cofounder to Dodge Startup Sexism," *Fast Company*, September 19, 2017, www.fastcompany.com/40456604/these-women-entrepreneurs-created-a-fake-male-cofounder-to-dodge-startup-sexism.

46 "The Vicious Cycle of the Gender Pay Gap," Knowledge@Wharton, June 6, 2012, http://knowledge.wharton.upenn.edu/article/the-vicious-cycle-of-the-gender-pay-gap.

47 Corinne A. Moss-Racusin et al., "Science Faculty's Subtle Gender Biases Favor Male Students," *Proceedings of the National Academy of Sciences*(September 2012): 201211286, http://doi.org/10.1073/pnas.1211286109.

48 Macrina Cooper-White, "When 'Deshawn' and 'Greg' Act Out in Class, Guess Who Gets Branded a Troublemaker," *Huffington Post*, April 17, 2015, www.huffingtonpost.com/2015/04/17/black-students-troublemakersn7078634.html.

49 Kieran Snyder, "The Abrasiveness Trap: High-Achieving Men and Women Are Described Differently in Reviews," *Fortune*, August 26, 2014, http://fortune.com/2014/08/26/performance-review-gender-bias.

50 Peter Glick and Susan T. Fiske, "The Ambivalent Sexism Inventory: Differentiating Hostile and Benevolent Sexism," *Journal of Personality and Social Psychology* 70, no. 3(1996): pp. 491–512, http://citeseerx.ist.psu.edu/viewdoc/download;jsessionid=2C351E87A024847BB699D6CAA71E36 31?doi=10.1.1.470.9865&rep=rep1&type=pdf.

51 Manuela Barreto and Naomi Ellemers, "The Burden of Benevolent Sexism: How It Contributes to the Maintenance of Gender Inequalities," *European Journal of Social Psychology* 35, no. 5(October 2005): pp. 633–642, https://doi.org/10.1002/ejsp.270.

52 Dana Dovey, "Not All Sexism Is Created Equal: Social Cues Predict Men's Benevolent or Hostile Attitudes Toward Women," *Medical Daily*, March 11, 2015, www.medicaldaily.com/not-all-sexism-created-equal-social-cues-predict-mens-benevolent-or-hostile-attitudes-325278.

53 Kathleen Connelly and Martin Heesacker, "Why Is Benevolent Sexism Appealing?" *Psychology of Women Quarterly* 36, no. 4(December 2012): pp. 432–443, http://journals.sagepub.com/doi/abs/10.1177/0361684312456369.

54 Andrea L. Miller and Eugene Borgida, "The Separate Spheres Model of Gendered Inequality," PLOS ONE 11, no. 1(2016): e0147315, https://doi.org/10.1371/journal.pone.0147315.

55 Rachel M. Calogero and John T. Jost, "Self-Subjugation Among

Women: Exposure to Sexist Ideology, Self-Objectification, and the Protective Function of the Need to Avoid Closure," *Journal of Personality and Social Psychology* 100, no. 2(February 2011): pp. 211–228, https://doi.org/10.1037/a0021864.

56 Benoit Dardenne, Muriel Dumont, and Thierry Bollier, "Insidious Dangers of Benevolent Sexism: Consequences for Women's Performance," *Journal of Personality and Social Psychology* 93, no. 5(November 2007): pp. 64–79, https://doi.org/10.1037/0022-3514.93.5.764.

57 Sreedhari D. Desai, Dolly Chugh, and Arthur Brief, "The Organizational Implications of a Traditional Marriage: Can a Domestic Traditionalist By Night Be an Organizational Egalitarian By Day?"(research paper 2013-99, University of North Carolina, Kenan-Flagler Business School, available at Social Science Research Network, March 2012), https://papers.ssrn.com/sol3/papers.cfm?abstract_id=2018259%20%20##.

58 Mariko Lin Chang, *Shortchanged: Why Women Have Less Wealth and What Can Be Done About It*(New York: Oxford University Press, 2010).

59 Janet G. Stotsky, "How Tax Systems Treat Men and Women Differently," *Finance & Development* 34, no. 1(March 1997): pp. 30–33, www.imf.org/external/pubs/ft/fandd/1997/03/pdf/stotsky.pdf.

60 John C. Havens, "The GDP Is Sexist," *Quartz*, January 9, 2018, https://qz.com/1174944/the-gdp-is-sexist.

61 "Photographer Defends 'Horrifying' Awkward Family Photo," News.com.au, December 17, 2015, www.news.com.au/lifestyle/relationships/family-friends/photographer-criticised-over-image-where-females-have-their-mouths-taped-up/news-story/f98fcb5376ba15ea7dff36c49d18a7d4.

62 Chris Matthews, "Here's Why Women Pay More for Mortgages Than Men," *Fortune*, September 8, 2016, http://fortune.com/2016/09/08/study-finds-women-are-charged-higher-rates-for-mortgages; Gillian B. White, "Why Blacks and Hispanics Have Such Expensive Mortgages," *The Atlantic*, February 25, 2016, www.theatlantic.com/business/archive/2016/02/blacks-hispanics-mortgages/471024.

63 Adam S. Miner, Arnold Milstein, and Stephen Schueller, "Smartphone-Based Conversational Agents and Responses to Questions About Mental Health, Interpersonal Violence, and Physical Health," *JAMA Internal Medicine* 176, no. 5(May 2016): pp. 619-625, https://jamanetwork.com/journals/jamainternalmedicine/fullarticle/2500043.

64 Madeline Messer, "I'm a 12-year-old Girl. Why Don't the Characters in My Apps Look Like Me?" *Washington Post*, March 4, 2015, https://www.washingtonpost.com/posteverything/wp/2015/03/04/im-a-12-year-old-girl-why-dont-the-characters-in-my-apps-look-like-me/?utm_term=.b441046c7728.

65 Sarah Larimer, "The 'Tampon Tax,' Explained," *Washington Post*, January 8, 2016, www.washingtonpost.com/news/wonk/wp/2016/01/08/the-tampon-tax-explained/?utm_term=.aeb1320c2abf.

66 Caroline Forell and Donna Matthews, *A Law of Her Own: The Reasonable Woman as a Measure of Man*(New York: NYU Press, 2000).

67 Clare Foran, "How to Design a City for Women," *CityLab*, October 21, 2016, www.citylab.com/transportation/2013/09/how-design-city-women/6739.

68 같은 곳.

69 Soraya Chemaly, "The Everyday Sexism of Women Waiting in Public Toilet Lines," *Time*, January 5, 2015, http://time.com/3653871/womens-bathroom-lines-sexist-potty-parity/.

70 2014년 선거철 인터뷰에 요리사 사리타는 이렇게 물었다. "일곱시에 집을 나와서 다시 돌아갈 때까지 용변을 참아야 합니다. 때로는 아홉 시간, 때로는 열

두 시간을 참아요. 배를 움켜쥐면 아픕니다. 하지만 뭘 해야 하죠? 남자는 어디든 갈 수 있지만 여자는 대체 어디로 갈 수 있나요?" Chhavi Sachdev, "Women in India Agitate for Their Right to Pee," Public Radio International, November 25, 2015, https://www.pri.org/stories/2014-11-25/women-india-agitate-their-right-pee.

71 Nancy McKeon, "Women in the House Get a Restroom," *Washington Post*, July 28, 2011, https://www.washingtonpost.com/lifestyle/style/women-in-the-house-get-a-restroom/2011/07/28/gIQAFgdwfI_story.html?utm_term=.bf2f94211931.

72 Robin Morgan, *Sisterhood Is Powerful*(New York: Vintage Books, 1970).

73 Janet K. Swim et al., "Everyday Sexism: Evidence for Its Incidence, Nature, and Psychological Impact from Three Daily Diary Studies," *Journal of Social Issues* 57, no. 1(Spring 2001): pp. 31-53, https://doi.org/10.1111/0022-4537.00200.

74 Elizabeth Brondolo et al., "Coping with Racism: A Selective Review of the Literature and a Theoretical and Methodological Critique," *Journal of Behavioral Medicine* 32, no. 1(February 2009): pp. 64-88, https://doi.org/10.1007/s10865-008-9193-0.

75 Douglas Jacobs, "We're Sick of Racism, Literally," *New York Times*, November 11, 2017, https://nytimes.com/2017/11/11/opinion/sunday/sick-of-racism-literally.html.

76 Nina Hansen and Kai Sassenberg, "Exploring the Self-Directed Anger of the Stigmatized," *Group Processes & Intergroup Relations* 14, no. 6(November 2011): pp. 807-818, http://journals.sagepub.com/doi/pdf/10.1177/1368430210392933.

77 Susan H. Berg, "Everyday Sexism and Posttraumatic Stress Disorder in Women: A Correlation Study," *Violence Against Women* 12,

우리의 분노는 길을 만든다

no. 10(October 2006): pp. 970 – 988, http://journals.sagepub.com/doi/10.1177/1077801206293082.

78 Lisa Molix, "Sex Differences in Cardiovascular Health: Does Sexism Influence Women's Health?" *American Journal of the Medical Sciences* 348, no. 2(August 2014): pp. 153 – 155, https://doi.org/10.1097/MAJ.0000000000000300.

79 Rodney Clark et al., "Racism as a Stressor for African Americans: A Biopsychosocial Model," *American Psychologist* 54, no. 10(October 1999): pp. 805 – 816, www.isr.umich.edu/williams/All%20Publications/DRW%20pubs%201999/racism%20as%20a%20stressor%20for%20african%20americans.pdf; Bell Hooks, *Killing Rage: Ending Racism*(New York: Henry Holt, 1995).

80 Andrea S. Kramer and Alton B. Harris, "Why Women Feel More Stress at Work," *Harvard Business Review*, August 4, 2016, https://hbr.org/2016/08/why-women-feel-more-stress-at-work.

81 Kristen Bellstrom, "Depressed? Anxious? Blame the Gender Pay Gap," *Fortune*, January 7, 2016, http://fortune.com/2016/01/07/depression-anxiety-pay-gap.

82 Janet K. Swim and Lauri L. Hyers, "Excuse Me—What Did You Just Say?!: Women's Public and Private Responses to Sexist Remarks," *Journal of Experimental Social Psychology* 35, no. 1(January 1999): pp. 68 – 88, https://doi.org/10.1006/jesp.1998.1370.

83 Cheryl R. Kaiser and Carol T. Miller, "Stop Complaining! The Social Costs of Making Attributions to Discrimination," *Personality and Social Psychology Bulletin* 27, no. 2(February 2001): pp. 254 – 263, http://journals.sagepub.com/doi/abs/10.1177/0146167201272010.

84 Dawn M. Szymanski et al., "Internalized Misogyny as a Moderator of the Link Between Sexist Events and Women's Psychological Distress,"

Sex Roles 61, nos. 1-2(July 2009): pp. 101-109, https://doi.org/10.1007/s11199-009-9611-y.

85 Janet K. Swim et al., "Self-Silencing to Sexism," *Journal of Social Issues* 66, no. 3(September 2010): pp. 493-503, https://doi.org/10.1111/j.1540-4560.2010.01658.x; Lauri L. Hyers, "Resisting Prejudice Ev-ery Day: Exploring Women's Assertive Responses to Anti-Black Racism, Anti-Semitism, Heterosexism, and Sexism," *Sex Roles* 56, nos. 1-2(January 2007): pp. 1-12, https://doi.org/10.1111/j.1540-4560.2010.01658.x.

86 Robin W. Simon and Kathryn Lively, "Sex, Anger and Depression," *Social Forces* 88, no. 4(June 2010): pp. 1543-1568, http://users.wfu.edu/simonr/pdfs/Simon_Lively%20Social%20Forces%202010.pdf.

87 Christa Reiser, *Reflections on Anger: Women and Men in a Changing Society*(Westport, CT: Praeger, 2001).

88 Charlotte Krause Prozan, *Feminist Psychoanalytic Psychotherapy*(Northvale, NJ: Jason Aronson, 1992).

89 Caitlin Dewey, "Men Who Harass Women Online Are Quite Literally Losers, New Study Finds," *Washington Post*, July 20, 2015, www.washingtonpost.com/news/the-intersect/wp/2015/07/20/men-who-harass-women-online-are-quite-literally-losers-new-study-finds/?utm_term=.f92088aff2d8.

90 Lucy Waterlow, "'Rape and Death Threats Are Common': Women Gamers Reveal the Vile Online Abuse They Receive Every Day from Men Who Say They Should 'Get Back in the Kitchen,'" *Daily Mail*(UK), February 26, 2016, www.dailymail.co.uk/femail/article-3454588/Women-gamers-reveal-vile-online-abuse-receive-DAY-men-say-kitchen.html.

91 Moya Bailey, "Contesting Misogynoir: Black Women's Digital Resistance in American Culture," Northwestern University, February 28, 2018, https://web.northeastern.edu/nulab/contesting-misogynoir-blackwomens-digital-resistance-in-american-culture-with-moya-bailey.

8장 │ 말이 없다

1 Miranda Flicker, *Epistemic Injustice: Power and the Ethics of Knowing*(New York: Oxford University Press, 2007).

2 Justin Wolfers, "Fewer Women Run Big Companies Than Men Named John," *New York Times*, March 2, 2015, www.nytimes.com/2015/03/03/upshot/fewer-women-run-big-companies-than-men-named-john.html?_r=0.

3 Christy C. Bulkeley, "A Pioneering Generation Marked the Path for Women Journalists," *Nieman Reports* 56, no. 1(Spring 2002): pp. 60–62, http://niemanreports.org/articles/a-pioneering-generation-marked-the-path-for-women-journalists.

4 Maria Edstrom et al., "The Media Is a Male Business," Nordic Information Center for Media and Communication Research(Nordicom), February 26, 2018, http://nordicom.gu.se/en/latest/news/media-male-business.

5 영화산업에서 프로듀서의 75퍼센트, 편집자의 80퍼센트, 작가의 86퍼센트, 감독의 95퍼센트는 남성이 차지하고 있다. 2015년 최상위 흥행영화를 살펴보면 감독의 3.6퍼센트, 작가의 13.5퍼센트가 여성이었다. 2007~2015년 사이 흥행영화 상위 800편에서 대사가 주어진 등장인물의 3분의 2 이상이 남성이었다. 2017년의 연구에 따르면, 모든 영화와 엔터테인먼트 분야에서 소수인종과 소수민족은 적게 등장할 뿐만 아니라 점점 입지를 잃어가고 있다. "Hollywood Equality: All Talk, Little Action," USC Annenberg School for Journalism and Communication, March 23, 2017, https://annenberg.usc.edu/news/faculty-research/hollywood-equality-all-talk-little-action.

6 Shanley Kane, "Who Is Verified on Twitter, and Why Does It Matter?" *Model View Culture*, August 18, 2016, https://modelviewculture.com/news/who-is-verified-on-twitter-and-why-does-it-matter.

7 *The Status of Women in the U.S. Media 2017*(New York: Women's Media Center, 2017), www.womensmediacenter.com/reports/the-status-of-women-in-u.s.-media-2017.

8 Colleen DeBaise, "Making Hollywood Less Sexist, One Crowd Scene at a Time," *Story Exchange*, March 5, 2015, https://thestoryexchange.org/making-hollywood-sexist-crowd-scene-time.

9 Anne Cutler and Donia R. Scott, "Speaker Sex and Perceived Apportionment of Talk," *Applied Psycholinguistics* 11, no. 3(September 1990): pp. 253–272, https://doi.org/10.1017/S0142716400008882.

10 Mark D. Alicke and Edward Largo, "The Role of Self in the False Consensus Effect," *Journal of Experimental Social Psychology* 31, no. 1(January 1995): pp. 28–47, https://doi.org/10.1006/jesp.1995.1002; Leandre R. Fabrigar and Jon A. Krosnick, "Attitude Importance and the False Consensus Effect," *Personality and Social Psychology Bulletin* 21, no. 5(May 1995): pp. 468–479, http://journals.sagepub.com/doi/abs/10.1177/0146167295215005; Lee Ross, David Greene, and Pamela House, "The 'False Consensus Effect': An Egocentric Bias in Social Perception and Attribution Processes," *Journal of Experimental Social Psychology* 13, no. 3(May 1977): pp. 279–301, www.kafaak.com/wp-content/uploads/2014/06/Ross-et-al-The-false-consensus-effect-an-egocentric-bias-in-social-perception-and-attribution-processes.pdf.

11 Isaac Chotiner, "Jodi Kantor on How She Broke the Harvey Weinstein Story," *Slate*, October 11, 2017, www.slate.com/articles/news_and_politics/interrogation/2017/10/ein_kantor_on_how_she_broke_the_harvey_weinstein_story.html.

12 Ronan Farrow, "From Aggressive Overtures to Sexual Assault: Harvey Weinstein's Accusers Tell Their Stories," *New Yorker*, October 23, 2017, https://www.newyorker.com/news/news-desk/from-aggressive-overtures-to-sexual-assault-harvey-weinsteins-accusers-tell-their-stories.

13 Lisa Ryan, "Hip New York Restaurant Reportedly Had a 'Rape Room,'" *The Cut*, December 12, 2017, www.thecut.com/2017/12/mario-batali-spotted-pig-rape-room.html.

14 Emily Stewart, "Mario Batali's Sexual Misconduct Apology Came with a Cinnamon Roll Recipe," *Vox*, December 16, 2017, www.vox.com/2017/12/16/16784544/mario-batali-cinnamon-roll-apology.

15 Adam B. Vary, "Actor Anthony Rapp: Kevin Spacey Made a Sexual Advance Toward Me When I Was 14," *BuzzFeed*, October 30, 2017, www.buzzfeed.com/adambvary/anthony-rapp-kevin-spacey-made-sexual-advance-when-i-was-14?utm_term=.uiQNq5OXK#.reROXNjPm.

16 Jessica Taylor, "Rep. Trent Franks to Resign from Congress After Discussing Surrogacy with Staffers," NPR, December 7, 2017, www.npr.org/2017/12/07/569291354/rep-trent-franks-to-resign-from-congress-after-asking-staffers-about-surrogacy.

17 Angelique Chrisafis, "'We Can No Longer Stay Silent': Fury Erupts over Sexism in French Politics," *The Guardian*(US), May 13, 2016, www.theguardian.com/world/2016/may/13/we-can-no-longer-stay-silent-fury-erupts-over-sexism-in-french-politics.

18 Rowena Mason, "Harriet Harman Says Sexist Habits Still Rife in Parliament," The *Guardian*(US), January 31, 2017, www.theguardian.com/politics/2017/jan/31/harriet-harman-sexist-habits-parliament-women-mps.

19 James Tapsfield, "Tory Grandee Sir Nicholas Soames Apologises

After Making Barking Noises at Female SNP MP in the House of Commons," *Daily Mail*(UK), January 30, 2017, www.dailymail.co.uk/news/article-4173134/Tory-grandee-sorry-BARKING-female-SNP-MP.html.

20 Doha Madani, "Congresswoman Invitesv#MeToo Creator Tarana Burke to State of the Union," *Huffington Post*, January 11, 2018, www.huffingtonpost.com/entry/jackie-speier-tarana-burke-metoo-state-of-the-union_us_5a57e7d9e4b0720dc4c594af.

21 Eliza Relmen, "The 22 Women Who Have Accused Trump of Sexual Misconduct," Business Insider, December 21, 2017, http://www.businessinsider.com/women-accused-trump-sexual-misconduct-list-2017-12; Sarah Fitzpatrick and Tracy Connor, "Stormy Daniels Offers to Pay Back $130,000 for Freedom to Speak About Trump," NBC News, March 12, 2018, https://www.nbcnews.com/news/us-news/stormy-daniels-offers-pay-back-130g-freedom-talk-trump-n855746.

22 Claudia Rosenbaum, "Harvey Weinstein Recast Lead Role Because She Wasn't 'Fuckable,' Director Says," *BuzzFeed*, October 17, 2017, https://www.buzzfeed.com/claudiarosenbaum/harvey-weinstein-lead-role-recast?utm_term=.iuJqJrgxa#.hgbNzvng8.

23 Debra Birnbaum, "Lena Dunham Apologizes for Defending 'Girls' Writer Accused of Sexual Assault," *Variety*, November 18, 2017, http://variety.com/2017/tv/news/lena-dunham-apology-girls-writer-murray-miller-1202618404/.

24 Bethonie Butler, "Gabrielle Union on #MeToo: 'The Floodgates Have Opened for White Women,'" *Washington Post*, December 8, 2017, www.washingtonpost.com/news/arts-and-entertainment/wp/2017/12/08/gabrielle-union-on-metoo-the-floodgates-have-opened-for-white-women/?utm_term=.c4f13b0c7c0c.

25 Moira Donegan, "I Started the Media Men List—My Name Is Moira

Donegan," *The Cut*, January 10, 2018, https://www.thecut.com/2018/01/ moira-donegan-i-started-the-media-men-list.html.

26 Adrienne LaFrance, "The 'Harvey Effect' Takes Down Leon Wieseltier's Magazine," *The Atlantic*, October 24, 2017, www.theatlantic. com/entertainment/archive/2017/10/the-harvey-effect-reaches-leon-wieseltier/543897.

27 Brian Stelter and Tom Kludt, "Matt Lauer Fired from NBC News After Complaint About Inappropriate Sexual Behavior," CNN Money, November 29, 2017, http://money.cnn.com/2017/11/29/media/matt-lauer/index.html.

28 Matt Wilstein, "When Mark Halperin Dismissed Sexual Assault Allegations Against Trump," *Daily Beast*, October 26, 2017, www. thedailybeast.com/when-mark-halperin-dismissed-sexual-assault-allegations-against-trump.

29 Rebecca Carroll, "My Experience at Charlie Rose Went Beyond Sexism," *Esquire*, December 4, 2017, www.esquire.com/entertainment/tv/a13978884/charlie-rose-sexual-harassment-accuser-story.

30 Sarah Jeong, "When Whisper Networks Let Us Down," *The Verge*, February 21, 2018, www.theverge.com/2018/2/21/17035552/sexual-assault-harassment-whisper-network-reporting-failure-marquis-boire.

31 Katelyn Beaty, "A Christian Case Against the Pence Rule," *New York Times*, November 15, 2017, https://www.nytimes.com/2017/11/15/opinion/pence-rule-christian-graham.html.

32 Alison Bailey, "On Anger, Silence and Epistemic Injustice," *Royal Institute of Philosophy Supplement* 84(May 2018): 93-115, https://ssrn.com/abstract=3082949..

33 Tarana Burke, "The Inception," *Just Be Inc.*, March 12, 2018, http://justbeinc.wixsite.com/justbeinc/the-me-too-movement-cmml.

34 Ellen Pao, "Has Anything Really Changed for Women in Tech?" *New*

York Times, September 16, 2017, www.nytimes.com/2017/09/16/opinion/sunday/ellen-pao-sexism-tech.html.

35 University of California, "Living for Tips: Why Waitresses Put Up with Sexual Harassment," *Slate*, February 5, 2015, www.slate.com/articles/news_and_politics/uc2/2015/05/why_waitresses_put_up_with_sexualharassment.html; *Hands Off Pants On: Sexual Harassment in Chicago's Hospitality Industry*(Chicago: Unite Here Local 1, July 2016), www.handsoffpantson.org/wp-content/uploads/HandsOffReportWeb.pdf.

36 Kathryn B. H. Clancy et al., "Survey of Academic Field Experiences (SAFE): Trainees Report Harassment and Assault," *PLOS ONE* 9, no. 7(July 2014): e102172, https://doi.org/10.1371/journal.pone.0102172.

37 Bryce Covert, "Sexual Harassment Will Change Your Career Forever," *The Cut*, October 24, 2017, www.thecut.com/2017/10/sexual-harassment-affects-women-career.html.

38 Chai R. Feldblum and Victoria A. Lipnic, *Select Task Force on the Study of Harassment in the Workplace*(Washington, DC: US Equal Employment Opportunity Commission, June 2016), www.eeoc.gov/eeoc/task_force/harassment/upload/report.pdf.

39 Tara Golshan, "Study Finds 75 Percent of Workplace Harassment Victims Experienced Retaliation When They Spoke Up," *Vox*, October 15, 2017, www.vox.com/identities/2017/10/15/16438750/weinstein-sexual-harassment-facts.

40 Louise F. Fitzgerald, Suzanne Swan, and Karla Fischer, "Why Didn't She Just Report Him? The Psychological and Legal Implications of Women's Responses to Sexual Harassment," *Journal of Social Issues* 51, no. 1(Spring 1995): pp. 117-138, https://doi.org/10.1111/j.1540-4560.1995.tb01312.x.

41 Rich Yeselson, "The Decline of Labor, the Increase in Inequality,"

Talking Points Memo, accessed February 23, 2018, http://talking
pointsmemo.com/features/marchtoinequality/onedeclineoflabor.

42 "Times Up," Times Up Now, February 23, 2018, www.timesupnow.
com.

43 Alice H. Wu, "Gender Stereotyping in Academia: Evidence
from Economics Job Market Rumors Forum"(thesis, University of
California, Berkeley, August 2017), available at www.dropbox.com/s/
v6q7gfcbv9feef5/Wu_EJMR_paper.pdf?dl=0; Valerie Aurora and Leigh
Honeywell, "The Al Capone Theory of Sexual Harassment," Valerie Aurora
blog, July 18, 2017, https://blog.valerieaurora.org/2017/07/18/the-al-
capone-theory-of-sexual-harassment; Rick Rojas, "Columbia Professor
Files Sexual Harassment Suit Against University," *New York Times*, March
23, 2016, www.nytimes.com/2016/03/24/nyregion/columbia-professor-
files-sexual-harassment-suit-against-university.html.

지난 사십 년 동안 제반 사회과학 분야에서 여성과 남성이 동등해지기 시작하
자 남성들은 그 분야를 벗어나 여성들에게 적대적이고 저항적으로 변한 경제학
으로 옮겨갔다. 그렇다면 경제학 분야는 어떤 상황일까? 현존하는 가장 저명한
경제학자 중 하나인 카르멘 라인하트의 경우, 그녀가 선배이고 알파벳 순서를 고
수하지 않는 것이 학계 관행임에도 후배 공저자의 이름이 그녀 앞에 실렸다. 이는
'작고' '무해한' 불평일 것이다. 라인하트가 시대를 풍미한 상위 50명의 경제학자
로 인정받은 유일한 여성이자, 상위 100명의 경제학자에 속한 단 4명의 여성 중
하나라는 사실을 고려하기 전까지는 말이다. 누군가를 멘토링하고, 고용하고, 공
저자로 삼고, 누구에게 종신재직권을 줄지 결정을 내리는 이들의 압도적 다수가
여성 동료를 이런 식으로 평가하는 것이 명백하다면, 이는 사소한 문제로 치부하
기 어렵다.

44 Caitin Flanagan, "The Humiliation of Aziz Ansari," *The Atlantic*,
January 14, 2018, www.theatlantic.com/entertainment/archive/2018/01/
the-humiliation-of-aziz-ansari/550541.

45 Katie Way, "I Went on a Date with Aziz Ansari. It Turned into the Worst Night of My Life," *Babe*, January 13, 2018, https://babe. net/2018/01/13/aziz-ansari-28355.

46 Rachael O'Byrne, Susan Hansen, and Mark Rapley, "'If a Girl Doesn't Say 'No' . . . : Young Men, Rape, and Claims of 'Insufficient Knowledge,'" *Journal of Community & Applied Social Psychology* 18, no. 3(May/June 2008): pp. 168-193, https://doi.org/10.1002/casp.922.

47 Ijeoma Oluo, "Does This Year Make Me Look Angry?" *Elle*, January 11, 2018, www.elle.com/culture/career-politics/a15063942/ijeoma-oluo-women-and-rage-2018.

48 Kyle Swenson, "Abuse Survivor Confronts Gymnastics Doctor: 'I Have Been Coming for You for a Long Time,'" *Washington Post*, January 17, 2018, https://www.washingtonpost.com/news/morning-mix/wp/2018/01/17/ive-been-coming-for-you-for-a-long-time-abuse-survivor-confronts-gymnastics-doctor/?utm_term=.ceab15bf9aed.

49 Des Bieler, "Here Are the Larry Nasser Comments That Drew Gasps in the Courtroom," *Washington Post*, January 24, 2018, https://www.washingtonpost.com/news/early-lead/wp/2018/01/24/here-are-the-larry-nassar-comments-that-drew-gasps-in-the-courtroom/?noredirect=on&utm_term=.746acae4e633.

50 "Larry Nassar Victim: 'How Much Is a Little Girl Worth?'" BBC News, January 24, 2018, video, 3:41, www.bbc.com/news/av/world-us-canada-42810609/larry-nassar-victim-how-much-is-a-little-girl-worth.

51 Kimberly Curtis, "Three Female Judges Just Made History by Convicting a Commander for Rapes Committed by His Troops," *UN Dispatch*, March 21, 2016, www.undispatch.com/three-female-judges-just-made-history-by-convicting-a-commander-for-rapes-committed-by-his-troops.

52 Katie J. M. Baker, "Here Is the Powerful Letter the Stanford Victim Read Aloud to Her Attacker," *BuzzFeed*, June 3, 2016, www.buzzfeed.com/katiejmbaker/heres-the-powerful-letter-the-stanford-victim-read-to-her-ra?utm_term=.pgqd0AMl6#.divoMj29D.

53 Max Fisher, "Intimate Video Emerges, Again, of Reporter Investigating Azerbaijan President's Family," *Washington Post*, August 7, 2013, www.washingtonpost.com/news/worldviews/wp/2013/08/07/intimate-video-emerges-again-of-reporter-investigating-azerbaijan-presidents-family/?utm_term=.81d3c618123a.

54 Becky Gardiner et al., "The Dark Side of Guardian Comments," *The Guardian*, April 12, 2016, https://www.theguardian.com/technology/2016/apr/12/the-dark-side-of-guardian-comments.

55 "How Women Make the Front Page in Britain: Get the Full Data," *The Guardian*, https://www.theguardian.com/news/datablog/2012/oct/15/women-newspapers-front-pages.

56 Justin Jouvenal, "Before Death of Student, an Altercation with Her Roommate," *Washington Post*, May 7, 2015, https://www.washingtonpost.com/local/crime/before-death-of-student-an-altercation-with-her-roommate/2015/05/07/276ea926-f4f1-11e4-b2f3-af5479e6bbdd_story.html?noredirect=on&utm_term=.353e2ec5b7b0.

57 Mark Serrels, "What Anita Sarkeesian Couldn't Say at the Sydney Opera House," *Kotaku*, March 10, 2015, video, 4:37, www.kotaku.com.au/2015/03/what-anita-sarkeesian-couldnt-say-at-the-sydney-opera-house.

58 Maeve Duggan, "Men, Women Experience and View Online Harassment Differently," Pew Research Center, July 14, 2017, www.pewresearch.org/fact-tank/2017/07/14/men-women-experience-and-view-online-harassment-differently.

59 Alana Barton and Hannah Storm, *Violence and Harassment Against Women in the News Media: A Global Picture*(Washington, DC: International Women's Media Foundation; London: International News Safety Institute, March 10, 2014), https://www.iwmf.org/wp-content/uploads/2014/03/Violence-and-Harassment-against-Women-in-the-News-Media.pdf.

60 "Women in the U.S. Congress 2018," Center for American Women and Politics, accessed February 23, 2018, www.cawp.rutgers.edu/women-us-congress-2018.

61 Soo Oh and Sarah Kliff, "The US Is Ranked 104th in Women's Representation in Government," *Vox*, March 8, 2017, www.vox.com/identities/2017/3/8/14854116/women-representation.

62 Richard Keen and Richard Cracknell, "Women in Parliament and Government"(briefing paper SN01250, House of Commons Library, February 12, 2018), http://researchbriefings.parliament.uk/ResearchBriefing/Summary/SN01250.

63 Marina Koren, "Anger in New Zealand's Parliament," *The Atlantic*, November 11, 2015, www.theatlantic.com/international/archive/2015/11/new-zealand-parliament-sexual-assault/415371.

64 Jimmy Jenkins, " 'Pads and Tampons and the Problems with Periods': All-Male Committee Hears Arizona Bill on Feminine Hygiene Products in Prison," KJZZ, February 5, 2018, https://kjzz.org/content/602963/%E2%80%98pads-and-tampons-and-problems-periods-all-male-committee-hears-arizona-bill-feminine.

65 Miranda Larbi, "Why Hundreds of Teens Marched on Westminster for Free Periods," *Metro*, December 21, 2017, http://metro.co.uk/2017/12/21/hundreds-teens-marched-westminster-free-periods-7176619.

66 Sam Reichman and Jessica Winter, "Watch: Every Single Time a Republican Interrupted the President of Planned Parenthood," *Slate*,

September 29, 2015, www.slate.com/blogs/xx_factor/2015/09/29/house_
committee_hearing_on_planned_parenthood_every_single_time_a_
republican.html?wpsrc=sh_all_dt_tw_ru.

67 Katie Rogers, "Kamala Harris Is (Again) Interrupted While Pressing
a Senate Witness," *New York Times*, June 13, 2017, www.nytimes.
com/2017/06/13/us/politics/kamala-harris-interrupted-jeff-sessions.
html?_r=0.

68 Christine Emba, " 'Reclaiming My Time' Is Bigger Than Maxine
Waters," *Washington Post*, August 1, 2017, https://www.washingtonpost.
com/blogs/post-partisan/wp/2017/08/01/reclaiming-my-time-is-bigger-
than-maxine-waters/?utm_term=.860bf9d0361a.

69 Tamara Lush, "For Many Women, Watching Trump Interrupt
Clinton 51 Times Was Unnerving but Familiar," PBS, September 27, 2016,
www.pbs.org/newshour/politics/for-many-women-watching-trump-
interrupt-clinton-51-times-was-unnerving-but-familiar.

70 Gayle Goldin, "Why Speaking Out Against Sexual Harassment
Backfires for Women in Office," *Glamour*, November 20, 2017, www.
glamour.com/story/rhode-island-senator-gayle-goldin-why-speaking-
out-against-sexual-harassment-backfires-for-women-in-office.

71 Azmina Dhrodia, "Unsocial Media: Tracking Twitter Abuse Against
Women MPs," *Medium*, September 4, 2017, https://medium.com/@
AmnestyInsights/unsocial-media-tracking-twitter-abuse-against-
women-mps-fc28aeca498a.

72 같은 곳.

73 Lizzy Davies, "Laura Boldrini: The Italian Politician Rising Above the
Rape Threats," *The Guardian*, February 9, 2014, https://www.theguardian.
com/politics/2014/feb/09/laura-boldrini-italian-politician-rape-threats.

74 Elisabetta Povoledo, "Slurs Against Italy's First Black National

Official Spur Debate on Racism," *New York Times*, June 22, 2013, www.nytimes.com/2013/06/23/world/europe/slurs-against-italys-first-black-national-official-spur-debate-on-racism.html.

75 Erica C. Barnett, "What Happens When Female Politicians Try to Stand Up to Sports Fans," *The Atlantic*, May 21, 2016, www.theatlantic.com/politics/archive/2016/05/seattle-sonics-arena-harassment/483743.

76 Nathan A. Heflick and Jamie L. Goldenberg, "Objectifying Sarah Palin: Evidence That Objectification Causes Women to Be Perceived as Less Competent and Less Fully Human," *Journal of Experimental Social Psychology* 45(2009): pp. 598–601.

77 Lizzy Davies, "Julia Gillard Speech Prompts Dictionary to Change 'Misogyny' Definition," *The Guardian*(US), October 17, 2012, www.theguardian.com/world/2012/oct/17/julia-gillard-australia-misogyny-dictionary.

78 "Digging into Data on the Gender Digital Divide," World Wide Web Foundation, October 31, 2016, https://webfoundation.org/2016/10/digging-into-data-on-the-gender-digital-divide.

79 Andrea Grimes, "To the Men Who Are Not Responsible for My Problem," *Medium*, November 10, 2017, https://medium.com/@andreagrimes/to-the-men-who-are-not-responsible-for-my-problem-e6dfb5b0eeb4.

80 @Gildedspine, #YesAllWomen One Year Later," *The Toast*, May 5, 2015, http://the-toast.net/2015/05/26/yesallwomen-one-year-later/.

9장 | 부인否認의 정치

1 Molly Dragiewicz and Ruth M. Mann, "Special Edition: Fighting

Feminism—Organised Opposition to Women's Rights: Guest Editors' Introduction," *International Journal for Crime, Justice and Social Democracy* 5, no. 2(2016), pp. 1 –5, https://www.crimejusticejournal.com/article/view/313/255.

2 Talia Lavin, "Someone Please Tell the *Times* That Incels Are Terrorists," Village *Voice*, May 3, 2018, https://www.villagevoice.com/2018/05/03/the-harpy-someone-please-tell-the-times-that-incels-are-terrorists/.

3 Darrell Etherington and Josh Constine, "Rap Genius Drops Co-Founder Following Elliot Rodger Manifesto Annotations," *TechCrunch*, May 26, 2014, https://techcrunch.com/2014/05/26/rap-genius-co-founder-resigns-following-elliot-rodger-manifesto-annotations.

4 Kim Parker, Juliana Menasce Horowitz, and Renee Stepler, "On Gender Differences, No Consensus on Nature vs. Nurture," Pew Research Center's Social & Demographic Trends Project, December 5, 2017, www.pewsocialtrends.org/2017/12/05/on-gender-differences-no-consensus-on-nature-vs-nurture.

5 Alexis Krivkovich et al., *Women in the Workplace 2017*(New York: McKinsey & Company, 2017), www.mckinsey.com/global-themes/gender-equality/women-in-the-workplace-2017.

6 Ian M. Handley et al., "Quality of Evidence Revealing Subtle Gender Biases in Science Is in the Eye of the Beholder," *Proceedings of the National Academy of Sciences of the United States of America* 112, no. 43(October 2015): pp. 13201 –13206, www.pnas.org/content/112/43/13201.full.pdf.

7 Laurel Raymond, "Even with Hard Evidence of Gender Bias in STEM Fields, Men Don't Believe It's Real," *ThinkProgress*, October 19, 2015, https://thinkprogress.org/even-with-hard-evidence-of-gender-bias-in-ste.

8 Kim Parker and Cary Funk, "Gender Discrimination Comes in Many

Forms for Today's Working Women," Pew Research Center, December 14, 2017, www.pewresearch.org/fact-tank/2017/12/14/gender-discrimination-comes-in-many-forms-for-todays-working-women.

9 Octavia Calder-Dawe and Nicola Gavey, "Jekyll and Hyde Revisited: Young People's Constructions of Feminism, Feminists and the Practice of 'Reasonable Feminism,'" *Feminism & Psychology* 26, no. 4(November 2016): pp. 487 – 507, https://doi.org/10.1177/0959353516660993.

10 Michael Kimmel, "Has a Man's World Become a Woman's Nation?" *Shriver Report*, September 11, 2009, http://shriverreport.org/has-a-mans-world-become-a-womans-nation.

11 Jena McGregor, "The Curious Political Effect of Men Losing Their Breadwinner Role," *Washington Post*, April 21, 2017, www.washingtonpost.com/news/on-leadership/wp/2017/04/21/the-curious-political-effect-of-men-losing-their-breadwinners-role.

12 "All the Single Ladies: 61% of Women in the UK Are Happy to Be Single, Compared to 49% of Men," *Mintel*, November 13, 2017, www.mintel.com/press-centre/social-and-lifestyle/all-the-single-ladies-61-of-women-in-the-uk-are-happy-to-be-single-compared-to-49-of-men.

13 Olivia Rudgard, "Women Prefer Being Single—Because Relationships Are Hard Work, Research Suggests," *The Telegraph*(UK), November 11, 2017, www.telegraph.co.uk/news/2017/11/11/women-prefer-single-relationships-hard-w.

14. Maya Dusenbery, "Men Want Sweet Wives and Independent Daughters," *Pacific Standard*, May 11, 2015, https://psmag.com/social-justice/in-this-economy-we-could-all-use-a-wife.

15 Andrea L. Miller and Eugene Borgida, "The Separate Spheres Model of Gendered Inequality," *PLOS ONE* 11, no. 1(2016): e0147315, https://doi.org/10.1371/journal.pone.0147315; Marianne Bertrand, Emir Kamenica, and Jessica Pan, "Gender Identity and Relative Income Within Households," *Quarterly Journal of Economics* 130, no. 2(May 2015): pp. 571 –614, https://doi.org/10.1093/qje/qjv001.

16 Anne M. Koenig and Alice H. Eagly, "Stereotype Threat in Men on a Test of Social Sensitivity," *Sex Roles* 52, nos. 7 –8(April 2005): pp. 489 –496, https://doi.org/10.1007/s11199-005-3714-x.

17 Eric Bonsang, Vegard Skirbekk, and Ursula M. Staudinger, "As You Sow, So Shall You Reap: Gender-Role Attitudes and Late-Life Cognition," *Psychological Science* 28, no. 9(September 2017): pp. 1201 –1213, https://doi.org/10.1177/0956797617708634.

18 Don Gonyea, "Majority of White Americans Say They Believe Whites Face Discrimination," NPR, October 24, 2017, www.npr.org/2017/10/24/559604836/majority-of-white-americans-think-theyre-discriminated-against.

19 Miller and Borgida, "The Separate Spheres Model of Gendered Inequality."

20 John T. Jost, Mahzarin R. Banaji, and Brian A. Nosek, "A Decade of System Justification Theory: Accumulated Evidence of Conscious and Unconscious Bolstering of the Status Quo," *Political Psychology* 25, no. 6(December 2004): pp. 881 –919, https://doi.org/10.1111/j.1467-9221.2004.00402.x; Melvin J. Lerner, *The Belief in a Just World: A Fundamental Delusion*(New York: Plenum Press, 1980).

체제정당화 이론은 1990년대 중반에 사회과학자인 존 T. 조스트와 마자린 R. 바나지가 발전시킨 것으로, 1960년대 중반 멜빈 러너가 처음 제안했던 '공정한 세상 이론'의 영향을 받았다.

21 Jost, Banaji, and Nosek, "A Decade of System Justification Theory."

22 John T. Jost and Orsolya Hunyady, "The Psychology of System

Justification and the Palliative Function of Ideology," *European Review of Social Psychology* 13, no. 1(2003): pp. 111–153, https://doi.org/10. l080/10463280240000046.

23 Virginia Eatough, Jonathan A. Smith, and Rachel Shaw, "Women, Anger and Aggression: An Interpretative Phenomenological Analysis," *Journal of Interpersonal Violence* 23, no. 12(December 2008): pp. 1767–1799, https://doi.org/10.1177/0886260508314932.

24 Jacqueline Yi, "The Role of Benevolent Sexism in Gender Inequality," Applied *Psychology OPUS*(Spring 2015), https://steinhardt.nyu.edu/appsych/opus/issues/2015/spring/yi.

25 Chris G. Sibley, Marc S. Wilson, and John Duckitt, "Antecedents of Men's Hostile and Benevolent Sexism: The Dual Roles of Social Dominance Orientation and Right-Wing Authoritarianism," *Personality and Social Psychology Bulletin* 33, no. 2(February 2007): pp. 160–172, https://doi.org/10.1177/0146167206294745.

26 Dan M. Kahan et al., "Culture and Identity-Protective Cognition: Explaining the White Male Effect in Risk Perception," *Journal of Empirical Legal Studies* 4, no. 3(November 2007): pp. 465–505, https://doi.org/10.1111/j.1740-1461.2007.00097.x.

27 Peter Glick and Susan T. Fiske, "An Ambivalent Alliance: Hostile and Benevolent Sexism as Complementary Justifications for Gender Inequality," *American Psychologist* 56, no. 2(2001): pp. 109–118, https://dx.doi.org/10.1037/0003-066X.56.2.109; 또한 다음을 참조할 것. Peter Glick and Susan T. Fiske, "The Ambivalent Sexism Inventory: Differentiating Hostile and Benevolent Sexism," *Journal of Personality and Social Psychology* 70, no. 3(March 1996): pp. 491–512, http://psycnet.apa.org/buy/1996-03014-006.

28 Katherine Stroebe et al., "Is the World a Just Place? Countering the

Negative Consequences of Pervasive Discrimination by Affirming the World as Just," *British Journal of Social Psychology* 50, no. 3(September 2011): pp. 484–500, www.manuelabarreto.com/docs/Stroebe_Dovidio_ Barreto_Ellemers_John_2011.pdf.

29 Anna Olofsson and Saman Rashid, "The White (Male) Effect and Risk Perception: Can Equality Make a Difference?" *Risk Analysis* 31, no. 6(June 2011): pp. 1016–1032, https://doi.org/10.1111/j.1539-6924.2010.01566.x.

30 G. Tendayi Viki and Dominic Abrams, "But She Was Unfaithful: Benevolent Sexism and Reactions to Rape Victims Who Violate Traditional Gender Role Expectations," *Sex Roles* 47, nos. 5–6(September 2002): pp. 289–293, https://doi.org/10.1023/A:1021342912248.

31 Mindi D. Foster and E. Micha Tsarfati, "The Effects of Meritocracy Beliefs on Women's Well-Being After First-Time Gender Discrimination," *Personality and Social Psychology Bulletin* 31, no. 12(December 2005): pp. 1730–1738, https://doi.org/10.1177/0146167205278709.

32 "American Rage: The *Esquire*/NBC News Survey," *Esquire*, January 3, 2016, www.esquire.com/news-politics/a40693/american-rage-nbc-survey.

33 Rachael E. Jack, Oliver G. B. Garrod, and Philippe G. Schyns, "Dynamic Facial Expressions of Emotion Transmit an Evolving Hierarchy of Signals over Time," *Current Biology* 24, no. 2(January 2014): pp. 187–192, https://doi.org/10.1016/j.cub.2013.11.064.

34 Michael Richardson, "The Disgust of Donald Trump," *Continuum* 31, no. 6(2017): pp. 747–756, http://doi.org/10.1080/10304312.2017.1370077.

35 Jeremy Diamond, "Lawyer: Donald Trump Called Me 'Disgusting' for Request to Pump Breast Milk," CNN, July 29, 2015, www.cnn. com/2015/07/29/politics/trump-breast-pump-statement.

36 Joan C. Chrisler, *From Menarche to Menopause: The Female Body in*

Feminist Therapy(Philadelphia: Haworth Press, 2004).

37 Kate Manne, "Why the Majority of White Women Voted for Trump," *Alternet,* November 7, 2017, https://www.alternet.org/2017/11/white-women-against-hillary-clinton-logic-misogyny-book.

38 Kasumi Yoshimura and Curtis D. Hardin, "Cognitive Salience of Subjugation and the Ideological Justification of U.S. Geopolitical Dominance in Japan," *Social Justice Research* 22, nos. 2–3(September 2009): pp. 298–311, https://doi.org/10.1007/s11211-009-0102-7; Johannes Ullrich and J. Christopher Cohrs, "Terrorism Salience Increases System Justification: Experimental Evidence," *Social Justice Research* 20, no. 2(June 2007): pp. 117–139, https://doi.org/10.1007/s11211-007-0035-y.

39 2015년 사우스캐롤라이나주 찰스턴에 있는 이매뉴얼 아프리카계 감리교회에서 딜런 루프가 벌였던 총기난사는, 백인 남성 우월주의 이데올로기가 어떻게 강간을 이용해 남성 폭력을 정당화하는지 보여주는 비극적 사례다. 당시 스물한 살이었던 루프는 아홉 명의 흑인 교인, 그중 여섯은 중장년이었던 흑인 여성들을 죽이기 전에 이렇게 말했다. "난 이 일을 할 수밖에 없다. 너흰 우리 여성들을 강간하고 우리나라를 점령했으니까. 너흰 떠나야만 해."

40 Reena Flores, "Men and Women Split on Trending Facebook Debate Topics, Trump Tapes," CBS News, October 9, 2016, http://www.cbsnews.com/news/men-and-women-split-on-trending-facebook-debate-topics-trump-tapes.

41 Melissa Harris Perry, "Women Are Angrier Than Ever Before and They Are Doing Something About It," *Elle*, March 9, 2018, https://www.elle.com/culture/career-politics/a19297903/elle-survey-womens-anger-melissa-harris-perry/.

42 "Exit Poll Results from National Election Pool," *Washington Post*, November 29, 2016, https://www.washingtonpost.com/graphics/politics/2016-election/exit-polls/.

43 Michael A. Milburn and Sheree D. Conrad, *Raised to Rage: The Politics of Anger and the Roots of Authoritarianism* (Cambridge, MA: MIT Press, 2016).

44 Gian Sarup, "Gender, Authoritarianism, and Attitudes Toward Feminism," *Social Behavior and Personality* 4, no. 1(February 1976): pp. 57–64, https://doi.org/10.2224/sbp.1976.4.1.57.

45 Carly Wayne, Nicholas Valentino, and Marzia Oceno, "How Sexism Drives Support for Donald Trump," Monkey Cage blog, October 23, 2016, www.washingtonpost.com/news/monkey-cage/wp/2016/10/23/how-sexism-drives-support-for-donald-trump/?utm_term=.44ac3da84ef1.

46 Mark J. Brandt and P. J. Henry, "Gender Inequality and Gender Differences in Authoritarianism," *Personality and Social Psychology Bulletin* 38, no. 10(October 2012): pp. 1301–1315, https://doi.org/10.1177/0146167212449871.

47 David Archard and Colin M. Macleod, *The Moral and Political Status of Children* (Oxford: Oxford University Press, 2005).

48 Bernard E. Whitley and Stefania Ægisdottir, "The Gender Belief System, Authoritarianism, Social Dominance Orientation, and Heterosexuals' Attitudes Toward Lesbians and Gay Men," *Sex Roles* 42, nos. 11–12(June 2000): pp. 947–967, https://doi.org/10.1023/A:1007026016001.

49 Milburn and Conrad, *Raised to Rage*.

50 Arlin James Benjamin Jr., "Right-Wing Authoritarianism and Attitudes Toward Torture," *Social Behavior and Personality: An International Journal* 44, no. 6(July 2016): pp. 881–887, https://doi.org/10.2224/sbp.2016.44.6.881.

51 Miller and Borgida, "The Separate Spheres Model of Gendered Inequality."

52 Michelle Goldberg, "Why Isn't Hillary Clinton Even Angrier?" *Slate*, September 14, 2017, www.slate.com/articles/news_and_politics/books/2017/09/hillary_clinton_s_what_happened_reviewed.html.

53 D. Soyini Madison, "Crazy Patriotism and Angry (Post)Black Women," *Communication and Critical/Cultural Studies* 6, no. 3 (September 2009): pp. 321 –326, https://doi.org/10.1080/14791420903063810.

54 Mark Hensch, "Michelle Obama: 'Angry Black Woman' Label Hurt Me," *The Hill*, December 19, 2016, http://thehill.com/homenews/administration/311033-michelle-obama-angry-black-woman-label-hurt-me.

55 Feminista Jones, "Mammy 2.0: Black Women Won't Save You, So Stop Asking," Feminista Jones blog, August 1, 2017, http://feministajones.com/blog/mammy-2-0-black-women-wont-save-you-so-stop-asking.

56 William A. Galston, "Data Point to a New Wave of Female Political Activism That Could Shift the Course of US Politics," Brookings Institution, January 10, 2018, www.brookings.edu/blog/fixgov/2018/01/10/a-new-wave-of-female-political-activism.

57 Hanna Kozlowska, "Mothers Fighting Against Gun Vi-olence Hope to Repeat the Success of Mothers Against Drunk Driving," *Quartz*, July 26, 2016, https://qz.com/742540/mothers-fighting-against-gun-violence-hope-to-repeat-the-success-of-mothers-against-drunk-driving.

58 Jenn Fang, "More Sexism from NYC City Councilman Peter Koo: 'An Angry Mom Can't Accomplish Much,'" Reappropriate blog, September 5, 2017, http://reappropriate.co/2017/09/more-sexism-from-nyc-city-councilman-peter-koo-an-angry-mom-cant-accomplish-much.

59 Ashley Dejean, "These Women Are Leading the Resistance in Texas," *Mother Jones*, September 24, 2017, www.motherjones.com/politics/2017/09/these-women-are-leading-the-resistance-in-texas.

60 Rhonda Colvin, "Resistance Efforts Are Taking Root in Pro-Trump Country—and Women Are Leading the Charge," *Washington Post*, August 14, 2017, www.washingtonpost.com/national/-efforts-are-taking-root-in-pro-trump-country—and-women-are-leading-the-charge/2017/08/14/91e69daa-7874-11e7-8f39-eeb7d3a2d304_story.html?utm_term=.447d1f909364.

61 Michael Alison Chandler, "In Desire to Turn Red States Blue, DC Women Return to Home Towns to Run for Office," *Washington Post*, July 8, 2017, www.washingtonpost.com/local/social-issues/as-more-women-run-for-office-district-residents-join-the-roster-of-candidates/2017/07/08/005cccf0-5b3d-11e7-a9f6-7c3296387341_story.html?utm_term=.cebf2c5df790.

62 Hanna Kozlowska, "Why Most of the Lawyers You See Battling Trump's Immigration Order Are Women," *Quartz*, February 1, 2017, https://qz.com/900416/most-immigration-lawyers-are-women-and-they-are-helping-stranded-immigrants-and-refugees-at-us-airports/?utm_source=qzfb.

63 Jaya Saxena, "The Safety Pin Box Is Making Allies Put Their Words into Action," *Daily Dot*, December 6, 2016, www.dailydot.com/irl/safety-pin-box.

64 L. A. Kauffman, "The Trump Resistance Can Be Best Described in One Adjective: Female," *The Guardian* (US), July 23, 2017, www.theguardian.com/commentisfree/2017/jul/23/trump-resistance-one-adjective-female-womens-march.

65 Michael Hansen, "Hidden Factors Contributing to Teacher Strikes in Oklahoma, Kentucky, and Beyond," Brookings Institution, April 6, 2018, https://www.brookings.edu/blog/brown-center-chalkboard/2018/04/06/hidden-factors-contributing-to-teacher-strikes-in-oklahoma-kentucky-

and-beyond/.

66 "West Virginia Teachers' Strike: Why It's Happening and Why It's Historic," *Fast Company*, March 2, 2018, https://www.fastcompany. com/40538618/west-virginia-teachers-strike-why-its-happening-and-why-its-historic.

67 Jaya Saxena, "Why Women Are Leading the Resistance, Not Men," *Daily Dot*, August 7, 2017, https://www.dailydot.com/irl/women-leading-resistance.

68 Vanessa Friedman, "Buzzed: The Politics of Hair," *New York Times*, April 5, 2018, https://www.nytimes.com/2018/04/05/fashion/buzzedpolitics-of-hair-emma-gonzalez-rosemcgowan.html.

69 Antonio Olivo, "Danica Roem of Virginia to Be First Openly Transgender Person Elected, Seated in a U.S. Statehouse," *Washington Post*, November 8, 2017, www.washingtonpost.com/local/virginia-politics/danica-roem-will-be-vas-first-openly-transgender-elected-official-after-unseating-conservative-robert-g-marshall-in-house-race/2017/11/07/d534bdde-c0af-11e7-959c-fe2b598d8c00_story.html

70 Beverly Fehr et al., "Anger in Close Relationships: An Interpersonal Script Analysis," *Personality and Social Psychology Bulletin* 25, no. 3(March 1999): pp. 299–312, https://doi.org/10.1177/0146167299025 003003; Agneta Fischer, ed., *Gender and Emotion: Social Psychological Perspectives*(Cambridge: Cambridge University Press, 2000).

71 Jessica M. Salerno and Liana C. Peter-Hagene, "One Angry Woman: Anger Expression Increases Influence for Men, but Decreases Influence for Women, During Group Deliberation," *Law and Human Behavior* 39, no. 6(December 2015): pp. 581–592, https://doi.org/10.1037/lhb0000147.

72 Sandra P. Thomas, "Women's Anger, Aggression, and Violence," *Health Care for Women International* 26, no. 6(June/July 2005): pp. 504–

522, https://doi.org/10.1080/07399330590962636; Fehr et al., "Anger in Close Relationships."

73 Lyn Mikel Brown, *Raising Their Voices: The Politics of Girls' Anger*(Cambridge, MA: Harvard University Press, 1999).

74 Valerie M. Hudson et al., *Sex and World Peace*(New York: Columbia University Press, 2014).

75 Mark J. Brandt, "Sexism and Gender Inequality Across 57 Societies," *Psychological Science* 22, no. 11(November 2011): pp. 1413 –1418, https:// doi.org/10.1177/0956797611420445.

76 Hudson et al., *Sex and World Peace*.

10장 | 자기만의 분노

1 Deborah Cox, Patricia Van Velsor, and Joseph Hulgus, "Who Me, Angry? Patterns of Anger Diversion in Women," *Health Care for Women International* 25, no. 9(2004): pp. 872 –893.

2 A. Antonio Gonzalez-Prendes, Nancy Praill, and Poco Kernsmith, "Age Differences in Women's Anger Experience and Expression," *International Journal of Psychological Studies* 5, no. 3(2013): pp. 122 –134, https://dx.doi. org/10.5539/ijps.v5n3p122; Nancy Praill, "An Evaluation of Women's Attitudes Towards Anger in Other Women and the Impact of Such on Their Own Anger Expression Style"(thesis, Wayne State University, 2010), https://digitalcommons.wayne.edu/oa_theses/25.

3 Maya Tamir et al., "The Secret to Happiness: Feeling Good or Feeling Right?" *Journal of Experimental Psychology* 146, no. 10(October 2017): pp. 1448 –1459, https://dx.doi.org/10.1037/xge0000303.

4 Audre Lorde, "The Uses of Anger: Women Responding to

Racism"(keynote presentation, National Women's Studies Association Conference, Storrs, Connecticut, June 1981).

5 Matthew D. Lieberman et al., "Putting Feelings into Words: Affect Labeling Disrupts Amygdala Activity in Response to Affective Stimuli," *Psychological Science* 18, no. 5(May 2007): pp. 421–428, https://doi. org/10.1111/j.1467-9280.2007.01916.x

6 Lauri L. Hyers, "Resisting Prejudice Every Day: Exploring Women's Assertive Responses to Anti-Black Racism, Anti-Semitism, Heterosexism, and Sexism," *Sex Roles* 56, nos. 1–2(January 2007): pp. 1–12, https://doi. org/10.1111/j.1540-4560.2010.01658.x.

7 Cox, Van Velsor, and Hulgus, "Who Me, Angry?"

8 Lisa A. Mainiero, "Coping with Powerlessness: The Relationship of Gender and Job Dependency to Empowerment-Strategy Usage," *Administrative Science Quarterly* 31, no. 4(December 1986): pp. 633–653, http://digitalcommons.fairfield.edu/cgi/viewcontent.cgi?article=1049&cont ext=business-facultypubs.

9 Megan Boler and Michalinos Zembylas, "Discomforting Truths: The Emotional Terrain of Understanding Difference," ch. 5, in *Pedagogies of Difference: Rethinking Education for Social Change*, ed. Peter Pericles Trifonas(New York: Routledge, 2003), pp. 110–136.

10 Agneta H. Fischer and Catharine Evers, "The Social Costs and Benefits of Anger as a Function of Gender and Relationship Context," *Sex Roles* 65, nos. 1–2 (July 2011): pp. 23–34, https://doi.org/10.1007/s11199-011-9956-x.

11 Anjilee Dodge and Myani Gilbert, "His Feminist Facade: The Neoliberal Co-option of the Feminist Movement," *Seattle Journal for Social Justice* 14, no. 2(Fall 2015): pp. 332–365, https://digitalcommons.law. seattleu.edu/cgi/viewcontent.cgi?article=1813&context=sjsj.

12 Patricia Van Velsor and Deborah L. Cox, "Anger as a Vehicle in the Treatment of Women Who Are Sexual Abuse Survivors: Reattributing Responsibility and Accessing Personal Power," *Professional Psychology: Research and Practice* 32, no. 6(December 2001): pp. 618–625, https://dx.doi.org/10.1037/0735-7028.32.6.618.

13 William H. Grier and Price M. Cobbs, *Black Rage: Two Black Psychiatrists Reveal the Full Dimensions of the Inner Conflicts and the Desperation of Black Life in the United States*(Eugene, OR: Wipf & Stock, 2000).

14 Carol Kuruvilla, "First Woman to Accuse Nassar Says Church Is One of the 'Worst Places' to Go for Help," *Huffington Post*, February 2, 2018, www.huffingtonpost.com/entry/rachael-denhollander-the-church-isnt-safe-for-sexual-abuse-victims_us_5a73264ce4b06fa61b4e1574?ncid=eng modushpmg00000004.

15 Janet Shibley Hyde and Nicole Else-Quest, *Half the Human Experience: The Psychology of Women*, 8th ed.(Belmont, CA: Wadsworth, Cengage Learning, 2013).

16 Beth Brooke-Marciniak, "Here's Why Women Who Play Sports Are More Successful," *Fortune*, February 4, 2016, http://fortune.com/2016/02/04/women-sports-successful; Katty Kay and Claire Shipman, "The Confidence Gap," *The Atlantic*, August 26, 2015, www.theatlantic.com/magazine/archive/2014/05/the-confidence-gap/359815.

17 "Factors Influencing Girls' Participation in Sports," Women's Sports Foundation, September 9, 2016, https://www.womenssportsfoundation.org/support-us/do-you-know-the-factors-influencing-girls-participation-in-sports.

18 Society for Risk Analysis, "Parents of Newborn Daughters Take Fewer Risks Study Suggests," *ScienceDaily*, June 21, 2017, www.sciencedaily.com/

releases/2017/06/170621125447.htm.

19 Taylor Clark, "Nervous Nellies: Girls Don't Start Out More Anxious Than Boys, But They Usually End Up That Way," *Slate*, April 20, 2011, www.slate.com/articles/life/family/2011/04/nervous_nellies.html.

20 같은 곳.

21 Sule Alan et al., "Transmission of Risk Preferences from Mothers to Daughters," *Journal of Economic Behavior & Organization* 134(February 2017): pp. 60 – 77, https://doi.org/10.1016/j.jebo.2016.12.014.

22 Ronda Roberts Callister, Deanna Geddes, and Donald F. Gibson, "When Is Anger Helpful or Hurtful? Status and Role Impact on Anger Expression and Outcomes," *Negotiation and Conflict Management Research* 10(May 2017): pp. 69 – 87, https://doi.org/10.1111/ncmr.12090.

23 Francesca Guizzo et al., "Objecting to Objectification: Women's Collective Action Against Sexual Objectification on Television," *Sex Roles* 77, nos. 5 – 6(September 2017): pp. 352 – 365, https://doi.org/10.1007/s11199-016-0725-8.

24 June Crawford et al., "Women Theorising Their Experiences of Anger: A Study Using Memory-Work," *Australian Psychologist* 25, no. 3(November 1990): pp. 333 – 350, https://doi.org/10.1080/00050069008260028.

25 Stephanie A. Shields, "Gender and Emotion: What We Think We Know, What We Need to Know, and Why It Matters," *Psychology of Women Quarterly* 37, no. 4(December 2013): pp. 423 – 435, https://doi.org/10.1177/0361684313502312.

26 Lisa Feldman Barrett and Eliza Bliss-Moreau, "She's Emotional. He's Having a Bad Day: Attributional Explanations for Emotion Stereotypes," *Emotion* 9, no. 5(October 2009): pp. 649 – 658, https://doi.org/10.1037/a0016821.

27 Drew Westen et al., "Neural Bases of Motivated Reasoning: An fMRI Study of Emotional Constraints on Partisan Political Judgment in the 2004 U.S. Presidential Election," *Journal of Cognitive Neuroscience* 18, no. 11(November 2006): pp. 1947–1958, https://doi.org/10.1162/jocn.2006.18.11.1947.

28 Phyllis Chesler, *Woman's Inhumanity to Woman*(Chicago: Chicago Review Press, 2009).

29 Agneta H. Fischer, ed., *Gender and Emotion: Social Psychological Perspectives*(Cambridge: Cambridge University Press, 2000).

30 Tom Maxwell, "A History of American Protest Music: When Nina Simone Sang What Everyone Was Thinking," *Longreads*, April 2017, https://longreads.com/2017/04/20/a-history-of-american-protest-music-when-nina-simone-sang-what-everyone-was-thinking.

31 Penelope Green, "Anger Rooms Are All the Rage. Timidly, We Gave One a Whack," *New York Times*, August 9, 2017, https://www.nytimes.com/2017/08/09/style/anger-rooms-the-wrecking-club.html.

32 Gloria Anzaldua, "Speaking in Tongues: A Letter to 3rd World Women Writers," May 21, 1980, in *Words in Our Pockets: The Feminist Writers Guild Handbook*, ed. Rudolph Steiner(San Francisco: Bootlegger, 1980).

33 Jacqueline Wernimont, "Angry Bibliography," Jacqueline Wernimont, June 13, 2017, https://jwernimont.com/justice-and-digital-archives-a-working-bibliography/.

34 Ryan P. Smith, "Civil Rights Icon Dolores Huerta Offers Advice to a New Generation of Activists," Smithsonian.com, August 25, 2017, www.smithsonianmag.com/smithsonian-institution/civil-rights-icon-dolores-huerta-offers-advise-new-generation-activists-180964630.

우리의 분노는 길을 만든다

옮긴이 **류기일**
고려대학교에서 서문학과 국문학을 공부하고 출판 편집자로 일했다. 지금은 해외에서 한국
어를 가르치고 있다.

우리의 분노는 길을 만든다

초판 인쇄 2022년 2월 18일 | 초판 발행 2022년 3월 8일

지은이 소라야 시멀리 | 옮긴이 류기일
기획·책임편집 박아름 | 편집 김지연 이희연
디자인 최윤미 이원경 | 저작권 박지영 형소진 이영은 김하림
마케팅 정민호 이숙재 박보람 한민아 김혜연 이가을 안남영 김수현 정경주 이소정
브랜딩 함유지 함근아 김희숙 정승민
제작 강신은 김동욱 임현식 | 제작처 영신사

펴낸곳 (주)문학동네 | 펴낸이 김소영
출판등록 1993년 10월 22일 제2003-000045호
주소 10881 경기도 파주시 회동길 210
전자우편 editor@munhak.com | 대표전화 031) 955-8888 | 팩스 031) 955-8855
문의전화 031) 955-8895(마케팅) 031) 955-2646(편집)
문학동네카페 http://cafe.naver.com/mhdn | 트위터 @munhakdongne
북클럽문학동네 http://bookclubmunhak.com

ISBN 978-89-546-8542-9 03330

www.munhak.com